普通高等教育新形态教材

U0366912

人力资源
开发与管理

冯红霞　薛章林　主　编
伏　敏　朱晓燕　副主编

RENLI ZIYUAN
KAIFA YU GUANLI

清華大學出版社
北　京

内 容 简 介

本教材是作者多年人力资源管理教学实践与研究的成果,以人力资源管理的八大职能为主线进行章节设计,融入了课程思政元素,并增加了大量电子资源,让全书更翔实生动。本教材结构框架清晰、内容新颖全面、教学方法务实,每章开篇都设有学习目标、素养目标与导入案例,并在章末附有线上自测模块与复习思考题。线上自测包括单选题、多选题与判断题;复习思考题包括简答题、论述题与案例分析题。本教材的导入案例与课后案例分析均为中国本土案例,便于学生在学习中领悟中国优秀企业的人力资源管理实践经验。

本书既可作为经济管理专业本科生、研究生的专业课程教材,又可作为企业、事业单位和政府部门管理者的培训用书。

图书在版编目 (CIP) 数据

人力资源开发与管理 / 冯红霞, 薛章林主编 .

北京 : 清华大学出版社 , 2024. 11. -- (普通高等教育新形态教材).

ISBN 978-7-302-67616-4

Ⅰ. F241;F243

中国国家版本馆 CIP 数据核字第 2024JH3279 号

责任编辑:吴 雷
封面设计:汉风唐韵
版式设计:方加青
责任校对:宋玉莲
责任印制:刘海龙

出版发行:清华大学出版社
　　　　网　　　址:https://www.tup.com.cn,https://www.wqxuetang.com
　　　　地　　　址:北京清华大学学研大厦 A 座　　　　　邮　　编:100084
　　　　社 总 机:010-83470000　　　　　　　　　　　邮　　购:010-62786544
　　　　投稿与读者服务:010-62776969,c-service@tup.tsinghua.edu.cn
　　　　质 量 反 馈:010-62772015,zhiliang@tup.tsinghua.edu.cn
印 装 者:三河市人民印务有限公司
经　　销:全国新华书店
开　　本:185mm×260mm　　　印　　张:19.25　　　字　　数:465 千字
版　　次:2024 年 11 月第 1 版　　　印　　次:2024 年 11 月第 1 次印刷
定　　价:59.00 元

产品编号:107844-01

前言 PREFACE

人力资源管理是企业管理的重要职能之一，与经济社会环境的发展变化密切相关，是组织在内外部环境不确定性逐渐加剧的条件下健康发展的重要手段。当前，国际经济形势复杂多变，移动互联网、大数据和人工智能等新技术广泛应用于社会生活，这使人力资源管理的内容与模式都发生了巨大变化。

本书在借鉴最新的人力资源管理相关研究成果和实践经验的基础上，从人力资源战略与规划、职位分析与胜任力模型、员工招聘、员工培训与开发、绩效管理、薪酬管理、员工关系管理、国际人力资源管理八个方面系统介绍了人力资源管理的主要理论、操作技能和最新的理论及实践变革内容。

为使教材充分满足学习与课程思政的要求，本书在每章设置了学习目标与素养目标，以便教师与学生对照目标进行教学设计与学习。同时，在导入案例和课后案例分析中，全部采用本土案例，使学生充分了解与领悟我国企业的成功人力资源管理经验与先进模式，增强学生对我国人力资源管理实践的认可与尊重。

本书在编写中，增加了我国人力资源管理的发展历史：我国古代产生了大量丰富的、优秀的人力资源管理思想；新中国成立初期在物质资源极度匮乏的情况下，中国共产党激励全国人民建设社会主义新中国，取得了举世瞩目的成就，积累了宝贵的人力资源管理经验；同时吸引和激励了大批优秀的人才回国参与国家建设，有力地维护了我国的国家安全与国际地位。我国一直以来就拥有优秀的人力资源管理思想基础并且取得了丰富的实践成果。

本书在编写上，充分融入了"数字化"元素：一是把部分拓展阅读资料以二维码形式嵌入教材中；二是增加了线上课堂（线上自测），包含单项选择题、多项选择题和判断题，使教材涵盖内容更全面、立体、生动。

本书由冯红霞担任第一主编，负责全书的基本内容与框架体系的设计与审稿工作；薛章林担任第二主编，负责线上自测题、复习思考题的设计与全书的校对工作；伏敏、朱晓燕担任副主编，负责教学课件制作、线上自测题、复习思考题的作答和参考答案修订工作。本书编写分工如下：冯红霞编写第一章；薛章林编写第二章、第七章；伏敏编写第三章、第八章、第九章；朱晓燕编写第四章、第五章、第六章。

本书的编写得到了兰州财经大学郝金磊教授与荆炜教授的悉心指导与帮助，同时感谢为本书的编写提供过帮助的所有专家学者。本书在编写过程中，参考和引用了国内外学者的大量学术论文与著作，限于篇幅，未能一一注明，在此向著作者深表谢意。本书也是薛章林主持的重庆市 2021 年高校课程思政示范课程"人力资源管理"和重庆市 2021

年高等教育教学改革研究项目"新文科背景下应用型高校人力资源管理专业人才培养模式改革创新研究"的系列教学及研究成果之一。

由于作者知识和经验的局限性，本书难免存在错误与疏漏，恳请专家、学者和广大读者批评指正。

编　者

2024 年 6 月

目录 CONTENTS

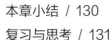

第一章
人力资源管理概述

学习目标

1. 明确人口资源、人力资源与人才资源的含义与区别；
2. 了解人力资源的数量与质量及影响因素；
3. 明确人力资源的特征与作用；
4. 了解人力资源与人力资本的区别与联系；
5. 明确人力资源管理的含义与目标；
6. 明确人力资源管理的基本职能与相互关系；
7. 了解国内外人力资源管理的发展历史和趋势。

素养目标

1. 通过本章学习，使学生充分认识人力资源对于我国经济社会发展的重要作用；
2. 了解与领悟我国古代优秀的人力资源管理思想；
3. 培养学生文化自信与民族自信，树立"以人为本"的现代人力资源管理理念与全面、辩证、发展的人才观，将人力资源管理与社会主义核心价值观相融合；
4. 明确构建和谐的"社会－组织－员工"关系，实现"员工－组织－社会"共同发展是人力资源管理的终极目标。

导入案例

比亚迪的人力资源管理体系

比亚迪坚持以"技术为王，创新为本"作为发展理念，从1995年成立至今，29岁的比亚迪已在全球设立30多个工业园，实现全球六大洲的战略布局，业务布局涵盖电子、汽车、新能源和轨道交通等领域。

比亚迪员工总数超60万人，在这庞大的体系下，比亚迪的人力资源管理体系显得尤为重要。

招聘与培训

比亚迪的迅速发展离不开人才的支撑。2023年，比亚迪开启了最大规模的校招，招聘了3.18万名新员工，其中超过60%的毕业生拥有硕士或博士学位。在裁员高峰的年度

里，比亚迪依旧广招人才，足以看出比亚迪对人才的渴求。比亚迪贯彻践行以人为本的人力资源方针，在人才的招聘和培养环节，别具风格。

1.招聘板块多

比亚迪的招聘板块主要分为社会招聘、校园招聘、技术招聘、普工招聘。其中，校园招聘面向全球高校本、硕、博毕业生开放，应聘者需经过"投递简历－宣讲会－综合面试－专业面试－发放offer－签约"等流程，才能进入比亚迪工作。比亚迪在招聘过程中更加注重候选人的素质、潜能、品格、学历和经验，HR需要综合考虑以上几个因素，来判断候选人与岗位的适配性。

2.培训内容精：因人而异的培训方案

工厂员工：入厂后会进行为期一周的"入厂综合教育"；培训内容包含了《公司发展史》《公司组织结构及职能》《员工行为准则及公司处罚条例》《规章制度教育》《电池知识简介》《"5S"管理制度》等。工厂员工的培训更加强调制度的遵守，如员工的行为准则、考勤制度等。其中《"5S"管理制度》是指：整理、整顿、清扫、清洁、素养。该制度规范了工厂员工的行为举止和工作方式方法，推动了工厂员工的统一管理。

职能员工：新员工进入比亚迪后会迎来特定的培训课程，培训内容涵盖了专业技能培训和团队合作，如公司文化、组织架构、产品知识、销售技巧、客户服务。专业知识培训包括：电动汽车的原理、技术、性能等。

管理与发展

比亚迪的英文名称"BYD"，比亚迪公司用企业文化"build your dreams"来诠释，意为"成就梦想"，比亚迪不仅成就企业的理想，还成就员工的梦想。比亚迪坚持以人为本的人力资源方针，尊重人、培养人、善待人，为员工建立一个公平、公正、公开的工作和发展环境。

1.员工管理

对管理层要求：比亚迪员工分为9个职级，从高到低依次是ABCDEFGHI，G级及以上管理人员与其配偶，原则上不得属于上下级关系；G级及以上管理人员的直系亲属原则上不得在同一部门工作。在同一部门工作的，需要告知事业部、人事部备案。此举目的是防止员工因"关系"而滥用职权，确保部门能够更加公平公正地执行工作。

对普通员工的要求：员工要遵守"5S"制度，严格执行公司的考勤、考核制度。

2.员工发展

（1）晋升制度：每个层级的晋升都需要经过考核。比亚迪共有ABCDEFGHI九个大级别，每个大级别又细分有三个小级别，A级是总裁，B级是副总裁、总工程师，C级是事业部经理，D级是部门经理，E级是科长，F、G级是工程师，H级是技术人员，I级是普工。要想升级，必须经过考核，并且比亚迪的晋升制度秉承着"先培训、后上岗"的原则，员工晋升前需要先学习完公司指定的课程。此外，比亚迪的员工晋升还与学历挂钩，如E级晋升至D级的员工，必须是硕士学位，并且在E级岗位工作半年以上或是本科毕业后在E级岗位工作一年以上。受过公司警告处分的人员半年内不能晋升，受过公司记过及以上处分的人员一年内不能晋升。

（2）轮岗制度：比亚迪的员工可以通过内部招聘，由员工本人提出申请或主管推荐等途径进行轮岗。各级别的轮岗申请有不同的要求，I级员工申请轮岗用《人员调动表》；H级及以上的员工轮岗申请用《人员调动审批表》。层级越高的员工，申请手续越多。

薪酬与福利

坚持以"事业留人，待遇留人，感情留人"的比亚迪，不仅为每位员工提供了明确的发展通道，更为员工提供了看得见、摸得着的薪酬与福利。

1. 比亚迪的薪酬：明码标价

应届生薪酬：比亚迪的应届生薪资待遇直接跟其学校、学历、专业挂钩。比亚迪的薪酬与员工的职级挂钩。应届本科毕业生进来一般定级是F，应届硕士毕业生一般定级是E，所以同时进来的，硕士的薪酬会高于本科生的薪酬。

其他员工薪酬：比亚迪的薪酬结构为"底薪＋工龄工资＋奖金"，普工的月综合工资一般在5000～8000元。另外，员工的薪酬与工作表现、业务能力等多方面因素挂钩。

2. 比亚迪的员工福利：几乎覆盖了员工衣食住行的方方面面

住房保障：比亚迪建立了自己的亚迪村，并以远低于市场价格出售给比亚迪的员工，为员工解决住房问题，提供住房保障。

出行保障：比亚迪为员工提供0首付购车的福利政策，并且提供3年内免利息的福利，购车的员工每月还能领取购车补贴。

教育保障：比亚迪与深圳中学联合成立了深圳亚迪学校，师资雄厚，提供了完善的教育保障，让比亚迪员工的子女上学无忧。

除了以上福利，比亚迪的员工福利还有：医疗补贴、五险一金、各类奖金、带薪年假、出差补贴、餐饮补贴、交通补助、话费补助……

资料来源：HR新逻辑（HRL）.比亚迪的人力资源管理体系[EB/OL].（2024-01-24）. https://baijiahao.baidu.com/s?id=1788966474732300575&wfr=spider&for=pc.

导入案例思考

比亚迪的人力资源管理特点有哪些？

获取、激励、开发、保持及整合是人力资源管理的主要功能，比亚迪公司在这些方面都做得非常出色。本章从人力资源管理的组织层面和历史发展的角度对人力资源管理的基本情况进行介绍。

对人的管理，从一定意义上讲，是任何一位管理者都必须要做的。因为管理者要管事，而任何事都是通过人来做的，所以管理必定要管人，也就是说管理者是广义的人力资源管理职能的执行者。狭义的人力资源管理是指那些在人力资源管理部门中专职人员所做的工作。

人力资源管理是近几十年来才逐渐出现并普及的新概念，最早称之为人事管理。人力资源管理与生产、营销、财务管理等同为企业管理中不可或缺的基本管理职能。但由于早期人事管理的内容主要是简单的、行政事务性的、低技术性的工作，所以曾长期被忽略和轻视。随着企业内、外环境的变化，这项工作的作用日渐重要起来。人事管理也随之更名为人力资源管理，这不仅是名称上的改变，具体的工作内涵也有了深刻的变化。更重要的是，在观念上对企业最宝贵的资源——人的认识，有了质的改变。

第一节　人力资源的基本问题

一、人力资源的含义

（一）资源

人力资源属于资源范畴，是资源的一种具体形式。在解释人力资源之前，应先对资源进行简要阐述。《辞海》中将资源定义为"生产资料或生活资料等的来源"[①]。经济学通常把为了创造物质财富而投入生产过程中的一切要素称为资源，包括自然资源、资本资源、信息资源和人力资源等。在相当长的时期，自然资源和资本资源一直是财富形成的主要来源。但是随着科学技术的突飞猛进，人力资源对财富形成的贡献越来越大，并逐渐占据了主导地位。

马克思认为，生产力三要素是生产资料、劳动对象、劳动者，即以生产工具为主的生产资料，引入生产过程的劳动对象，以及具有一定生产经验与劳动技能的劳动者。经济学家萨伊（Jean-Baptiste Say）认为，土地、劳动、资本是构成资源的三要素。熊彼特（Joseph Alois Schumpeter）认为，构成资源的要素除土地、劳动、资本外，还包括企业家精神。随着信息技术的广泛应用与知识经济的兴起，许多经济学家认为，应该把信息与知识也作为资源的要素。但无论社会如何发展，人力资源都是物质财富创造中不可或缺的重要资源，也是生产活动中最活跃的因素，还是最具影响力、最富有潜力的资源，被经济学家称为第一资源。

（二）人力资源

"人力资源"（human resources，HR）这一概念最早于1919年和1921年由康芒斯（J. R. Commons）在其《产业信誉》和《产业政府》中提出。在管理学领域，人力资源的概念是彼得·德鲁克（Peter F. Drucker）在1954年出版的《管理的实践》中首先正式提出并明确界定的。德鲁克指出，人力资源即企业雇佣的整个人，是所有资源中最富有生产力，具有多种才能且最丰富的资源。他认为，与其他资源相比，人力资源是一种特殊的资源，拥有其他资源所没有的素质，即协调能力、融合能力、判断力和想象力。人力资源必须通过有效的激励机制才能充分发挥作用，并为组织带来经济价值。

在我国，最早使用"人力资源"概念的文献是毛泽东于1956年为《中国农村社会主义高潮》所写的按语。他写道："中国的妇女是一种伟大的人力资源，必须发掘这种资源，为建设一个伟大的社会主义国家而奋斗"[②]。

20世纪60年代以后，经济学家西奥多·W·舒尔茨（Theodore W. Schultz）和加里·斯坦利·贝克尔（Gary Stanley Becker）提出了现代人力资本理论。该理论认为，人

[①] 夏征家，陈至立.辞海 [M].6版（缩印本）.上海：上海辞书出版社，2010，第2540页。

[②] 毛泽东.毛泽东文集（第6卷）[M].北京：人民出版社，1999，第458页。

力资本是体现在具有劳动能力（现实和潜在）的人身上的、以劳动者的数量和质量（即知识、技能、经验、体质和健康）所表示的资本，它是通过投资形成的。该理论的提出使得人力资源的概念更加深入人心。

经济学家哈比森（Harbison）在《国民财富的人力资源》中写道："人力资源被视为国民财富的最终基础。资本和自然资源是被动的生产要素，人是积累资本、开发自然资源、建立社会、经济和政治并推动国家向前发展的主动力量。显而易见，一个国家如果不能发展人们的知识和技能，就不能发展任何新的东西。"从此，对人力资源的研究越来越多，学者们对人力资源的含义也提出了越来越多的解释，更多的观点见表1-1。

表 1-1　国内外学者关于人力资源的主要观点

专家	主要观点	范畴	强调的特征
彼得·德鲁克	企业雇佣的人，拥有其他资源所没有的素质，即"协调能力、融合能力、判断力和想象力"	广义	人的资源独特性、人具有的各种能力
伊万·伯格	人类可用于生产产品或提供各种服务的能力、技能和知识	广义	能力、技能、知识
内贝尔·埃利斯	企业内部成员及外部与企业相关的人，可提供潜在合作与服务及有利于企业预期经营活动的人力的总和	狭义	与企业相关的人及人力
时勘	一定时空条件下，劳动者的数量和质量的总和	广义	劳动者的数量和质量
张德	能够推动整个经济和社会发展的劳动者的能力，即处在劳动年龄的已直接投入建设和尚未投入建设的人口的能力	广义	劳动者能力
姚裕群	一定范围内的人所具有的劳动能力的总和	狭义	劳动能力
赵曙明	表现在劳动者身上的、以劳动者的数量和质量表示的资源，它对经济起着生产性的作用，使国民收入持续增长	广义	劳动者的数量和质量
董克用	人用于创造价值并且能够被组织利用的体力和脑力的总和	狭义	体力和脑力

综合国内外学者的观点，人力资源有广义和狭义之分，广义的人力资源是指人类社会所拥有的一切可以利用的人们的劳动能力（体力、智力）的总和；狭义的人力资源采用董克用的定义，指人用于创造价值并且能够被组织利用的体力和智力的总和。在本书中，除特殊说明外，都表示狭义的人力资源概念。

这一概念强调三个要点：

（1）人力资源的本质是人所具有的体力和智力的总和，统称为劳动能力。

（2）这一能力对价值创造起贡献作用，是价值形成的来源。

（3）这一能力能够被组织所利用。这里的组织主要指经济社会活动中的微观组织，如企业、学校、医院等。

二、人力资源与相关概念

与人力资源相关的概念还有人口资源、劳动力资源、人才资源和人力资本，准确地把握这些概念及它们与人力资源的关系，有助于我们准确地理解人力资源的实质、内涵与重要性。

（一）人力资源与人口资源、劳动力资源、人才资源

1. 人口资源

人口资源是指一个国家或地区的人口总体的数量表现。人口资源主要表明人的数量概念，是形成劳动力资源、人力资源和人才资源的基础。人口资源可分为具备劳动能力者、暂时不具备劳动能力而将来具备劳动能力者和丧失劳动能力者。

2. 劳动力资源

劳动力资源是指一个国家或地区在"法定劳动年龄"范围内有劳动能力的人口的总和。它是指人口资源中拥有劳动能力并且属于法定劳动年龄的人口。劳动年龄的范围，各国不尽相同。虽然在劳动年龄范围，但已丧失劳动能力而不能参加社会劳动者，如残疾者、精神病患者、严重慢性病患者等，不应计算在劳动力资源内。在劳动年龄段的人口是构成劳动者的主体，是人力资源的主体，代表着劳动力的供给量。

3. 人才资源

人才资源是指一个国家或地区具有较强的管理能力、研究能力、创造能力和专门技术能力的人的总称。

人口资源中具备劳动能力的人是人力资源；人口资源中具备劳动能力且在法定劳动年龄内的人是劳动力资源；而人才资源是人力资源中质量较高的那部分，是具有特殊智力资本和体能的人力资源。人口资源和劳动力资源突出了人的数量和劳动者数量，而人力资源、人才资源则侧重于人的质量。四者的关系如图 1-1 所示。

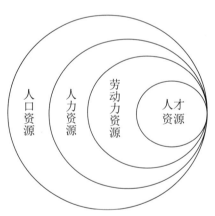 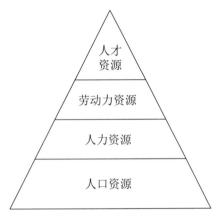

（a）人口资源、人力资源、劳动 力资源、人才资源四者的包含关系

（b）人口资源、人力资源、劳动 力资源、人才资源四者的数量关系

图 1-1　人口资源、人力资源、劳动力资源、人才资源四者关系

我国是拥有 14 亿人口的大国，人口资源丰富，但高素质的劳动力资源，特别是人才资源比较匮乏，主要表现在：劳动力素质结构失调，高素质劳动力供不应求；人口老龄化严重；科技创新人才短缺，高新专业技术人才不足，专业技术人才资源素质结构无法满足经济社会发展需要。因此，人力资源的合理开发与使用已经成为全社会的共识。只要我们坚持贯彻"人才强国"战略，重视人才培养，就能够充分利用我国人口资源的优势，不断提升人才资源数量，实现我国从人口大国向人才强国的转变。

（二）人力资源与人力资本

"人力资源"与"人力资本"是一对容易混淆的概念，它们在含义上有一定的区别。

1. 人力资本的含义

西奥多·W·舒尔茨认为，人力资本（human capital）是劳动者身上所具备的两种能力，一是通过其先天遗传获得的，是由个人与生俱来的基因所决定的；另一种是后天获得的，由个人通过努力学习而形成。在现代社会，人的素质（知识、才能和健康等）的提高，对社会经济增长所起的作用，比物质资本和劳动（指非技术性劳动）的增加所起的作用要大得多，而人的知识才能基本上是投资（特别是教育投资）的产物。

人力资本理论的主要内容包括：①人力资源是一切资源中最主要的资源，人力资本理论是经济学的核心理论；②在经济增长中，人力资本的作用大于物质资本的作用；③人力资本投资与国民收入成正比，比物质资本增值速度快；④人力资本的核心是提高人口质量，教育投资是人力资本投资的主要方式；⑤教育投资应以市场供求关系为依据，以人力价格的浮动为衡量符号。

根据这一理论，人力资本的再生产不应视为一种消费，而应视为一种投资，并且这种投资的经济效益远大于物质投资的经济效益。同时，人力资本投资不遵循边际收益递减规律，而是边际收益递增的。人力资本投资主要有三种形式：教育和培训、迁移、医疗保健，其中教育和培训是最主要的人力资本投资形式。人们在进行人力资本投资决策时主要考虑收益与成本，当预期收益大于成本时，人们才愿意进行人力资本投资。

2. 人力资源和人力资本的关系

人力资源和人力资本是既有联系又有区别的两个概念。它们都是以人为基础而产生的概念，研究的对象都是人拥有的智力和体力。同时，现代人力资源理论大都是以人力资本理论为依据；人力资本理念是人力资源理论的重点内容和基础；人力资源经济活动及收益的核算是基于人力资本理论进行的；两者都是在研究人力作为生产要素在经济发展中的重要作用时产生的。但两者之间仍然存在一定的区别。

（1）两者与社会财富和社会价值的关系不同。人力资本是由投资形成的，强调以某种代价获得的能力或技能的价值，投资的代价可在提高生产力过程中以更大的收益收回。劳动者将自己拥有的智力和体力投入生产过程中参与价值创造，据此获取相应的劳动报酬和经济利益，与社会价值的关系是由因索果关系。而人力资源作为一种资源，劳动者拥有的智力和体力对价值创造有重要贡献。人力资源强调人力作为生产要素在生产过程中的生产、创造能力，它在生产过程中可以生产产品、创造财富，促进经济发展。它与社会价值的关系是由果溯因的关系。

（2）两者研究问题的角度和关注重点不同。人力资本是通过投资形成的存在于人体中的资本形式，是形成人的智力和体力的物质资本在人身上的价值凝结，是从成本收益的角度研究人在经济增长中的作用。其关注的重点是收益问题，即人力资本投资能否带来收益及多少收益的问题。人力资源则是将人作为财富的来源看待，从投入产出角度研究人对经济发展的作用，关注的重点是产出问题，即人力资源对经济发展的贡献有多大，对经济发展的推动力有多强。

（3）人力资源和人力资本的计量形式不同。人力资源是存量概念，人力资本则是兼有存量和流量的概念。人力资源是指一定时间、一定空间内人所具有的对价值创造起贡献作用并且能够被组织所利用的体力和脑力的总和。人力资本从生产活动角度看，是与流量核算相联系的，表现为经验的不断积累、技能的不断增进、产出量的不断变化和体能的不断损耗；从投资活动的角度看，它与存量核算相联系，表现为投入教育培训、迁移和健康等方面的资本在人身上的凝结。

三、人力资源的特征

与自然资源和资本资源等相比，人力资源的特殊性在于，人力资源既是生产的承担者，又是生产发展目的的实现者。因为，一切生产都是为了满足人类的发展和社会全面进步的需要。除此之外，人力资源和组织的其他资源相比，还具有如下特征：

（一）生物性

人力资源存在于人体之中，是有生命的"活"资源，这是人力资源最基本的特点。因此，在对人力资源进行管理时，首先要了解人的自然属性，根据人的自然属性与生理特征进行符合人性的管理。人力资源为人类自身所特有，具有不可剥夺性，因此生物性是人力资源最根本的特征。

（二）能动性

能动性是人力资源与其他资源的最根本的区别。人力资源是劳动者所具有的体力和脑力的总和，人力资源具有思想、情感和思维，具有主观能动性，能有目的地、有意识地主动利用其他资源开展工作。因此，在价值创造过程中，人力资源处于主动的地位，是劳动过程中最积极、最活跃的因素，能够自我强化、选择职业、积极投入等。而其他资源处于被动的、被利用、被改造的地位。

（三）社会性

人力资源因为受到社会、文化和时代等因素的影响，所以具有社会属性。不同国家、地区、民族的社会、政治、经济和文化不同，也会导致人力资源质量的不同。例如，古代整体人力资源质量低于现代，发达国家整体人力资源质量优于发展中国家。每一个国家、地区或民族都有其独特的文化特征，每一种文化都代表一个国家或民族的共同价值取向，这些文化特征是以人为载体表现出来的。由于每个人所处民族文化、组织文化和社会环境不同，其价值观也不相同，这会在参与社会经济活动中表现出来。人力资源的社会性，要求人力资源管理注重团队建设，注重人与人、人与群体、人与社会的关系及利益协调与整合，倡导团队精神和社会责任感。

（四）时效性

人力资源是以人为载体，表现为人的智力和体力，因此它与人的生命周期是紧密相连的，并随着人的生命终结而消失。人的生命周期一般可以分为成长发育期、成年期、老年期三个大的阶段，在人的成长发育期，体力和智力还处在一个不断增强和积累的过程中，这时人的智力和体力还不足以用来进行价值创造，因此还不能称之为人力资源。当人们进入成年期以后，体力和智力的发展都达到了可以从事劳动的程度，可以对财富的创造作出贡献，因而也就形成了现实的人力资源。当人们进入老年期以后，其体力和智力都会不断衰退，人力资源的价值也会减少。人力资源的时效性，说明了人力资源无法储存，如果不及时使用，就不能得到人力资源的创造价值。同时，由于知识和技术的快速发展，人力资源的"保质期、保鲜期"越来越短。因此，必须有计划、适时地进行人力资源开发和使用，否则就会浪费宝贵的人力资源。

（五）再生性

人力资源是一种可再生资源，在使用过程中，再生性可通过人口总体内个体的不断替换更新和劳动力再生产的过程得以实现。人力资源在使用过程中会出现有形磨损和无形磨损。有形磨损是指人自身的疲劳和衰老，这是一个不可避免的、无法抗拒的损耗；无形磨损是指个人的知识和技能的相对老化。物质资源在投入使用并磨损以后，一般以折旧的方式进行"贬值"。而人力资源有一个丰富再生的独特过程。人力资源的有形磨损通过人类繁衍、吃饭休息等方式获得最大程度的再生，而无形磨损则可通过持续的学习、培训与开发进行恢复与再生。

（六）增值性

人力资源在开发与使用过程中：一方面，可以不断创造财富以实现价值增值；另一方面，人力资源所拥有的知识、经验和技能不会因为使用而消失，反而会因为在使用中不断学习与实践，通过更新知识、积累经验、提高技能而不断增值。因此，人力资源能够实现自我补偿、自我更新、自我提高，持续开发。这就要求人力资源管理注重培训和开发，强化终身学习理念，不断提高人力资源的价值创造水平。

（七）可变性

人力资源和自然资源、资本资源等不同，在使用过程中会因为其身体和心理变化而表现出不同的人力资源水平，即具有一定的可变性。人力资源是人所具有的智力和体力，以人为载体，因此人力资源的使用就表现为人的劳动过程，而人在劳动过程中又会因为身体状况和心理状态的不同而影响劳动效果。当人受到有效激励并且身体健康时，就会主动地进行工作，较充分地发挥自身的能力，人力资源的价值就能得到充分的发挥；相反，如果他不愿意或无法积极主动投入工作，其拥有的智力和体力不会充分发挥。因此，人力资源具有一定的可变性，在不同的条件下，同样的人力资源创造的价值也会不同。

（八）可开发性

人力资源像自然资源一样，具有可开发性。人力资源的形成不是自发的过程，而是需要有组织、有计划地培养与开发。但人力资源开发的途径和方法不同于自然资源。教育和培训是人力资源开发的主要手段，也是人力资源管理的重要职能。

拓展阅读 1.1

真知灼见

人力资源的可开发性是企业发展、组织创新和个人职业生涯管理的重要基石。人力资源开发具有投入少、产出大的特点。正如著名经济学家舒尔茨所说，人力资源是回报率最高的投资领域。人力资源具有无限的开发潜能与价值，人力资源的使用过程也是开发过程，可以连续不断地进行。

四、人力资源的数量、质量与分类

作为一种资源，人力资源具有量的规定性和质的规定性。由于人力资源是依附于人身上的劳动能力，和劳动者是密不可分的，因此可以用劳动者的数量和质量来反映人力资源的数量和质量。

（一）人力资源的数量

对于组织或企业而言，人力资源的数量一般来说就是其员工的数量。对于国家而言，人力资源的数量可以从现实人力资源数量和潜在人力资源数量两个方面来计量。

潜在人力资源的数量，可依据一个国家具有劳动能力的人口总量加以计量。为此，各国都根据其国情对人口进行劳动年龄的划分，我国现行的劳动年龄规定是男性 16～60 岁，女性 16～55 岁①。在劳动年龄上下限之间的人口称为"劳动适龄人口"。小于劳动年龄下限的称为"未成年人口"，大于劳动年龄上限的称为"老年人口"，一般认为这两类人口不具有劳动能力。

但是在现实中，劳动适龄人口内部，存在一些丧失劳动能力的病残人口；此外，还存在一些因为各种原因暂时不能参加社会劳动的人口，如在校就读的学生。在劳动适龄人口之外，也存在一些具有劳动能力，正在从事社会劳动的人口，如退休返聘人员等。在计量人力资源时，上述两种情况都应当加以考虑，这也是划分现实人力资源与潜在人力资源的依据。

按照上述思路，可以对我国的人口构成作如下的划分（见图 1-2）：

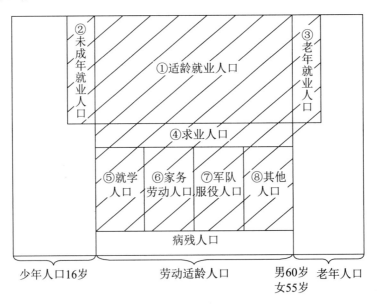

图 1-2　人口构成示意图

① 2024 年 9 月 13 日第十四届全国人民代表大会常务委员会第十一次会议通过《全国人民代表大会常务委员会关于实施渐进式延迟法定退休年龄的决定》，同步启动延迟男、女职工的法定退休年龄，用十五年时间，逐步将男职工的法定退休年龄从原六十周岁延迟至六十三周岁，将女职工的法定退休年龄从原五十周岁、五十五周岁分别延迟至五十五周岁、五十八周岁。实施渐进式延迟法定退休年龄应坚持小步调整、弹性实施、分类推进、统筹兼顾的原则。

现实人力资源数量由①②③④这四个部分构成，即未成年就业人口、适龄就业人口、老年就业人口和求业人口。这部分人口也称为经济活动人口或劳动力人口。潜在人力资源数量由⑤⑥⑦⑧四个部分构成，即就学人口、家务劳动人口、军队服役人口和其他人口。

现实人力资源的相对数量可用劳动参与率表示，具体公式如下：

$$劳动参与率 = \frac{劳动力人口（现实人力资源）}{劳动力人口 + 潜在人力资源} \times 100\%$$

由该公式可以看出，人力资源的数量受到许多因素的影响，概括起来主要有以下几方面：

1. 人口的总量

人力资源属于人口的一部分，因此人口的总量会影响人力资源的数量。人口的总量由人口基数和自然增长率两个因素决定，自然增长率又取决于出生率和死亡率，用公式表示如下：

$$人口的总量 = 人口基数 \times [1 + （出生率 - 死亡率）]$$

2. 人口的迁移

人口的迁移一般指的是人口在两个地区之间的空间移动，通常涉及人口居住地由迁出地到迁入地的永久性或长期性的改变。

3. 人口的年龄结构

人口的年龄结构也会对人力资源的数量产生影响。相同的人口总量下，不同的年龄结构会使人力资源的数量有所不同。劳动适龄人口在人口总量中所占的比重比较大时，人力资源的数量相对会比较多；相反，人力资源的数量相对会比较少。

（二）人力资源的质量

人力资源是人所具有的智力和体力，因此劳动者的素质直接决定了人力资源的质量。人力资源质量最直观的表现，是人力资源或劳动要素的体质水平、文化水平、专业技术水平以及心理素质的高低、道德情操水平等。此外，也可以用每百万人口中接受高等教育的人数、小学教育普及率、中学教育普及率、专业人员占全体劳动者比重等经济社会统计常用指标来表示。

劳动者的素质由体能素质、智能素质及非智力素质三部分构成。就体能素质而言，又有先天的素质和后天的素质之分；智能素质包括经验知识和科技知识两个方面，而科技知识又可分为通用知识和专业知识两个部分。此外，劳动者的积极性和心理素质是劳动者发挥其体力和脑力的重要条件，如图1-3所示。

人类社会发展历史表明，在人力资源对经济发展的贡献中，智能因素的作用越来越大，体能因素的作用相对逐渐降低；智能因素中，科技知识的作用不断上升，经验知识的作用相对下降。就现代专业科学知识和技术能力而言，存在着"老化"与"更新"速度不断加快的规律性。与这一趋势相适应，劳动者的类型大致发生了如下变化（见图1-4）。

在这个链条中，第一类劳动者全凭体力去劳动；第二类劳动者具有一定文化程度，但还是以体力劳动为主；第三类劳动者具有较高的一般文化程度，劳动不再以体力为主，他们主要通过机械技术相联系；最后一类劳动者以专业技术为主，基本上摆脱了体力劳动，他们与当代和将来的自动化技术联系在一起。

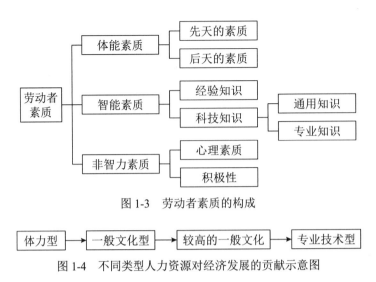

图 1-3 劳动者素质的构成

体力型 → 一般文化型 → 较高的一般文化 → 专业技术型

图 1-4 不同类型人力资源对经济发展的贡献示意图

与人力资源的数量相比，其质量方面更重要。人力资源的数量反映可以推动物质资源的人的规模，人力资源的质量则反映可以推动哪种类型、哪种复杂程度和多大数量的物质资源。一般来说，复杂的劳动只能由高质量的人力资源来完成，简单劳动则可以由低质量的人力资源完成。经济越发展，技术越现代化，对于人力资源的质量要求越高，现代化的生产体系要求人力资源具有极高的质量水平。从人力资源内部替代性的角度，也可以看出其质量的重要性。一般来说，人力资源质量对数量的替代性较强，而数量对质量的替代性较差，甚至有时不能代替。影响人力资源质量的因素有以下几个方面：

1. 遗传、其他先天和自然生长因素

人类的体质和智能具有相当程度的继承性，遗传从根本上决定着人力资源的先天质量，决定了人力资源的可能发展限度。因此，要宣传和倡导优生优育，减少不健康新生儿的出生率。

2. 营养因素

营养是人体正常发育和正常活动的重要条件。尤其是在人力资源的生长发育阶段，能否获取充足适宜的营养，是其身体和智力能否正常发育的重要保障。因此，要采取切实有效措施提高人民群众尤其是偏远山区群众的收入与生活水平，确保儿童和青少年都能健康成长。

3. 教育培训因素

教育是人类传授知识、经验的一种社会活动，是提升人力资源质量的最重要手段，对人力资源素质有着决定性的影响。教育是立国之本，我们一定要坚持教育的公平性、普及性，切实提升我国人力资源的素质水平。

（三）人力资源的分类

为反映企业的人力资源成本收益情况，需要按照资源的使用价值与价值进行分类。其中，不同类别的人力资源价值不同，在招聘、选拔、培训开发、薪酬管理、绩效管理等方面的成本也有差异。因此，对人力资源进行分类是人力资源开发与管理的基础性工作之一。人力资源可以从不同角度进行分类。

1. 美国劳工统计局的人力资源分类

美国劳工统计局自 20 世纪以来先后采用过 3 种人力资源的统计分类方法，见表 1-2。

表 1-2 美国劳工统计局的人员统计分类

传统分类法（20 世纪 80 年代前）		美国商务部 20 世纪 80 年代颁布的分类法	新分类方案
白领 专业技术人员 经理和行政人员 销售人员 职员	蓝领 技工 操作工 非工业劳动力 服务业工人 农业工人	管理人员和专业人员 技术人员 服务人员 农、林、渔业工人 技工 操作工	行政长官 经理及行政管理人员 专业人员 职员 熟练工人及技工 非熟练工及半熟练工

2. 我国的人力资源分类

我国对人力资源的分类主要有按照行业分类、按照职业分类和按照企业员工统计分类 3 种方法。

（1）按照行业分类如下：

①农、林、牧、渔、水利业。

②工业。

③地质普查和勘探业。

④建筑业。

⑤交通运输、邮电通信业。

⑥商业、公共饮食业、物资供销和仓储业。

⑦房地产管理、公用事业、居民服务和咨询服务业。

⑧卫生、体育和社会福利事业。

⑨教育、文化艺术、广播电视。

⑩科学研究和综合技术服务业。

⑪金融保险业。

⑫国家机关、党政机关和社会团体。

⑬其他行业。

（2）按照职业分类如下：

①各类专业技术人员：科学研究人员，工程技术人员，科学技术管理人员与辅助人员，教学人员，飞机船舶技术人员，卫生技术人员，经纪服务人员，法律工作人员，文艺体育工作者，文化工作人员，宗教职业者。

②国家机关、党群组织、企事业单位负责人：国家机关及其工作机构负责人，党群组织负责人，企事业单位及其工作机构负责人。

③办事人员和有关人员：行政办事人员，政治保卫工作人员，邮电工作人员，其他办事人员。

④商业工作人员：售货人员，采购员及供销人员，收购人员，其他商业工作人员。

⑤服务性工作人员：服务员、厨师及炊事员，导游员，生活日用品修理人员，其他服务性工作人员。

⑥农林牧渔劳动者：农林牧渔业劳动者，狩猎业劳动者，农业机械操作人员，其他农林牧渔劳动者。

⑦生产工人、运送工人和有关人员。

⑧不便分类的其他劳动者。

（3）企业根据国家统计局劳动分类经常使用的6类人员统计分类如下：

①工人。

②学徒。

③工程技术人员。

④管理人员。

⑤服务人员。

⑥其他人员。

小测试

你属于哪一类型人才？

深夜，由车站步行20分钟回家，家人已沉睡，门和窗都上了锁，敲门敲窗均无回应。要爬窗进去也不太可能，偏偏手机又没电了，要想打电话，就必须原路返回公交车站去打公用电话。犹豫之间，站在楼下观望了一阵，见二楼的窗口似乎有一丝亮光。如果是你遇到了这样的事，你会怎么做？

1. 想办法弄坏门或窗的锁，或用铁丝等想办法把门打开。

2. 脱下鞋子扔向二楼。

3. 返回车站打电话。

4. 干脆到酒吧去喝一杯，看那里能不能打电话，不行就喝到天亮。

5. 拼命地敲门和窗。

答案：

1. 选择方法一者属于具有一技之长型人才，你有专业知识，可提升素质，在工作中容易获得成绩。

2. 选择方法二者属于勇于挑战型人才，你具有创业精神。

3. 选择方法三者属于企业型人才，你重视人际关系和团队工作，认为应该与企业共存共荣。

4. 选择方法四者属于运动型人才，你重视新点子，偶尔会去冒险。

5. 选择方法五者缺乏领导才干，总是以一种方法重复同几件事情。

资料来源：你属于哪一类型人才 [EB/OL].（2020-10-20）https://www.yjbys.com/jiuyezhidao/zhiyeceping/634683.html.

五、人力资源的作用

（一）人力资源是财富形成的关键要素

人力资源是构成社会经济运动的基本前提。人力资源不仅在经济管理中必不可少，还是组合、运用其他各种资源的主体，是能够推动和促进各种资源实现配置的特殊资源。因此，人力资源是最重要和最宝贵的资源。它不仅同自然资源、资本资源等共同构成财富的源泉，还在财富的形成过程中发挥着关键作用。

社会财富由对人类的物质生活和文化生活具有使用价值的产品构成。自然资源、资本资源等物质资源不能直接形成财富，必须有一个转化过程，而人力资源在这个过程中起了非常重要的作用。人将自己的智力和体力通过各种方式转移到物质资源上，改变了物质资源的形态，使物质资源转化为各种形式的社会财富。在这一过程中，人力资源的价值也得以转移和体现。没有人力资源的作用，社会财富就无法形成。同时，人力资源的使用量决定了财富的形成量。一般来讲，在其他要素可以同比例获得并投入的情况下，人力资源的使用量越大，创造的财富就越多；反之，创造的财富就越少。因此，人力资源是财富形成的关键要素。

（二）人力资源是经济发展的主要力量

人力资源不仅决定着财富的形成，而且是推动经济发展的主要力量。随着科学技术的不断发展，知识技能的不断提高，人力资源对价值创造的贡献越来越大，社会经济发展对人力资源的依赖程度也越来越高。许多经济学家认为，"知识发展"是当前经济增长的最主要因素。正是因为人力资源对经济发展的巨大推动作用，目前世界各国都非常重视本国的人力资源开发与管理，力图通过不断提高人力资源的质量来实现经济和社会的快速发展。

（三）人力资源是企业的首要资源

企业是集中各种资源，如土地、资金、技术、信息、人力等，通过有效的方式加以整合利用，从而实现自身利益最大化并满足利益相关者要求的组织。在现代社会中，企业是构成社会经济系统的细胞单元，也是社会经济活动中最基本的经济单位，还是价值创造最主要的组织形式。

企业要想正常运转，就必须投入各种资源。而在企业投入的各种资源中，人力资源是首要资源。人力资源的存在和有效利用能够充分激活其他物质资源，从而实现企业的目标。由此可以看出，人力资源是保证企业最终目标得以实现的最重要也是最有价值的资源。

通过以上分析可知，无论是对一个国家、地区还是一个企业而言，人力资源都发挥着极其重要的作用。必须对人力资源足够重视，创造各种有利条件保证其作用充分发挥，实现财富的不断增加，以及经济的不断发展和企业的不断壮大。

第二节　人力资源管理的基本问题

一、人力资源管理的含义

人力资源管理这一概念，是在彼得·德鲁克 1954 年提出人力资源的概念之后出现的。1958 年，社会学家怀特·巴克（Wright Bakke）出版了《人力资源职能》一书，首次将人力资源管理作为管理的普通职能加以论述。此后，随着人力资源管理理论和实践的不断发展，国内外产生了人力资源管理的各种流派，他们从不同的侧面对人力资源管理的概念进行了阐释，综合起来，可以将这些概念归纳为五类：

第一类，根据人力资源管理的目的进行定义，认为它是通过对人力资源的管理来实现组织的目标。

第二类，从人力资源管理的过程或承担的职能出发来进行解释，把人力资源管理看成一个活动过程。

第三类，揭示了人力资源管理的实体，认为它就是与人有关的制度、政策等。

第四类，从人力资源管理的主体出发解释其含义，认为它是人力资源部门或人力资源管理者的工作。

第五类，从目的、过程等方面出发综合地进行解释。

综上所述，考虑到经济管理类学科的特点，本书给出如下人力资源管理的定义：

人力资源管理（human resource management，HRM）是指企业为实现其战略发展目标，对人力资源的获取、保持、开发、激励等方面所进行的计划、组织、协调、控制等一系列管理活动。

人力资源管理的基本任务是根据企业发展要求，吸引、保留、激励与开发企业所需的人力资源，促成企业目标实现，从而使企业在市场竞争中得以生存和发展。具体表现在：选人、用人、育人、留人、激励人等方面。

二、人力资源管理的基本职能

人力资源管理的职能（human resource functions）是指人力资源管理在实现组织目标的过程中，围绕选人、用人、育人、留人、激励人等一系列的核心管理活动，所发挥的主要职责、功能和管理作用。

不同的学者对人力资源管理的主要职能有着不同的理解。美国人力资源管理协会（The Society for Human Resource Management，SHRM）确定了人力资源管理的六大职能，即人力资源规划、招聘与选拔、人力资源开发、薪酬和福利、安全和健康、劳资关系。

我国大多数学者认为，人力资源管理的职能可以归纳为 8 个方面，如图 1-5 所示。部分学者把职业生涯规划与管理纳入培训与开发职能中，认为员工培训与开发职能包括对员工的职业生涯规划与管理。

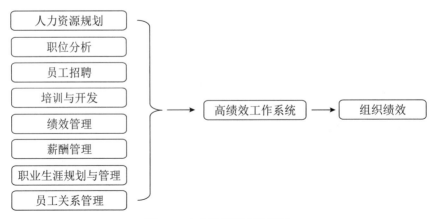

图 1-5　人力资源管理的职能

（一）人力资源规划

人力资源规划是对组织在一定时期内的人力资源需求和供给作出预测，再根据预测的结果制定出平衡供需的规划。通过制定人力资源规划，一方面保证人力资源管理活动与企业的战略方向和目标相一致；另一方面保证人力资源管理活动的各个环节相互协调，避免冲突。同时，在制定人力资源规划时还必须遵守国家相关法律法规和公平公正的社会道德规范。

（二）职位分析

人力资源规划与职位分析是人力资源管理其他职能履行的基础与前提。职位分析主要包括两个方面的工作，一是对组织内各职位从事的工作内容和承担的工作职责进行清晰的界定，二是确定出各职位的任职资格，如学历、专业、年龄、技能、工作经验、工作能力、工作态度等，工作分析的结果一般体现为职位说明书。

（三）员工招聘

员工招聘是组织为了发展的需要，根据人力资源规划和工作分析中对人力资源数量和质量的需求，招募、甄选与录用员工，将合适的人放到合适的位置上，做到人尽其才，才尽其用。这一职能包含招募、甄选、录用、评估四部分，招募是指通过各种途径发布招聘信息，将应聘者吸引过来；甄选是对应聘者进行知识、技能、经验、人格等方面的测评与评价，以选拔最合适人选的过程；录用则是指从应聘者中确定符合要求的人选并办理相关手续；评估是指对招聘计划、招聘组织、招聘方法、招聘结果等进行全面的总结与评价。

（四）培训与开发

培训与开发是组织提升员工素质水平与工作效率，进而提升组织核心竞争力的最重要、最有效的手段与职能，包括培训需求分析、确定培训目标、制订培训计划、实施培训、培训迁移、培训评估等内容。

（五）绩效管理

绩效管理是根据组织目标来确定员工目标与部门目标，以此目标为标准来考核、评价员工业绩，并根据考核结果对员工的工作行为与绩效目标进行修正的过程。这一职能所要进行的活动有：确定考核对象与考核标准，确定考核内容与方法，确定考核主体，根据考核内容对员工的工作结果作出评价，发现其工作中存在的问题并加以改进。一般包括制定绩效计划、绩效考核、绩效沟通和改进等活动。通过考核员工工作绩效，及时进行信息反馈，奖优罚劣，进一步提高和改善员工的工作绩效，更好地实现组织目标。

（六）薪酬管理

薪酬管理是企业根据员工的工作岗位、绩效评价、社会与行业平均薪酬、组织文化等因素，给予员工相应的报酬与福利；并采用不同的激励手段，调动员工的工作积极性、主动性和创造性。这一职能所要进行的工作有：确定薪酬结构与水平，实施工作评价以及薪酬的测算和发放，制定具有激励性的员工福利制度等。

（七）职业生涯规划与管理

职业生涯规划与管理既包括从员工个人角度，把员工个人发展与组织发展相结合，对影响职业生涯的个人因素、组织因素和社会因素等进行分析，制订个人职业发展的目标路线与计划安排并进行积极管理；又包括从组织角度，以组织为主体开展和提供的，用于帮助和促进组织内员工实现其职业发展目标的行为过程。其内容有职业生涯设计、开发、评估、反馈和修正，职业生涯早期、中期、后期管理等一系列工作。

（八）员工关系管理

员工关系管理既包括劳动合同的签订、劳动纠纷的处理、劳动保护、平等就业和公平对待、员工安全与健康等法律意义上的劳动关系管理；又包括构建和谐的企业-员工关系，营造公平、沟通、平等、合作、友爱的工作氛围，减少矛盾与纠纷，让员工在融洽的环境中工作。这样既能使员工保持较高的工作效率，又能保持身心健康，不断成长，与企业建立较强的心理契约，愿意为企业长期工作，与企业建立利益与共、共同发展的稳固关系。

应当用系统的观点来看待人力资源管理的各项职能间的关系。它们不是彼此割裂、孤立存在的，而是相互联系、相互影响，共同形成了一个有机的系统。人力资源管理系统由这些紧密联系的职能构成，既体现了人力资源管理目标实现的主要方式，又体现了人力资源管理的主要内容，如图1-6所示。

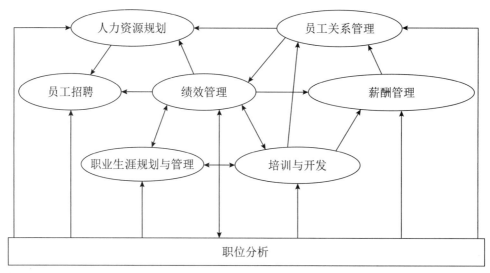

图1-6　人力资源管理各项职能之间的关系

在这个职能系统中，职位分析是一个平台，其他各项职能的实施都要以此为基础。

三、人力资源管理的目标

人力资源管理应当达到或实现什么样的目标是学术界与人力资源管理专业人员都十分感兴趣的问题。

美国部分学者提出了人力资源管理的四大目标：第一，保证适时地雇佣到组织所需要的员工；第二，最大限度地挖掘每个员工的潜质，既服务于组织目标，又确保员工的发展；第三，留住那些通过自己的工作有效地帮助组织实现目标的员工，同时排除那些无法对组织提供帮助的员工；第四，确保组织遵守政府有关人力资源管理方面的法令和政策。

英国皇家人力开发研究院、管理咨询学院院士迈克尔·阿姆斯特朗（Michael Armstrong）在《战略化人力资源基础：全新的人力资源管理战略方法》一书中，提出人力资源管理应实现以下 10 个目标：①通过公司最有价值的资源——员工来实现公司的目标；②使人们把促成组织的成功当作自己的义务；③建立具有连贯性的人力资源管理方针和制度；④努力寻求人力资源管理方针和企业目标之间的统一；⑤当企业文化合理时，人力资源管理方针应起支持作用；当企业文化不合理时，人力资源管理方针应促使其改善；⑥创造理想的组织氛围，鼓励个人的创造性，培养积极向上的作风；⑦创造灵活的组织体系，帮助公司实现竞争环境下的具体目标；⑧提高员工个人在决定工作时间和职能分工方面的灵活性；⑨提供工作和组织条件，为员工充分发挥潜力提供支持；⑩维护和完善员工队伍以及产品和服务。

萧鸣政将人力资源管理的目标归纳为三点：①保证组织人力资源的需求得到最大限度的满足；②最大限度地开发和管理组织内外的人力资源，促进组织的持续发展；③维护和激励组织内部的人力资源，使其潜能得到最大限度的发挥，使其人力资本得到应有的提升和扩充。

张德也认为人力资源管理的目标有三点：①取得最大的使用价值；②发挥最大的主观能动性；③培养全面发展的人。

《华为公司基本法》对人力资源管理的目标是这样概括的："人力资源管理的基本目标是建立一支宏大的高素质、高境界和高度团结的队伍，以及创造一种自我激励、自我约束和促进人才脱颖而出的机制，为公司的快速成长和高效运作提供保障。"

我们借鉴董克用的观点，对于人力资源管理的目标应当从最终目标和具体目标两个层次来理解。人力资源管理的最终目标就是实现组织整体目标。人力资源管理是企业的基本管理职能之一，它与生产、营销、财务等管理职能一样，都是为实现组织整体目标而服务的。需要指出的是，虽然不同企业的目标可能有所不同，但最基本的目标都是一样的，那就是要创造价值以满足相关利益群体的需要。在最终目标之下，人力资源管理还要达成一系列的具体目标，包括：①保证价值源泉中人力资源的数量和质量；②为价值创造营建良好的人力资源环境；③保证员工价值评价的准确性和有效性；④实现员工价值分配的公平、合理。人力资源管理的最终目标和具体目标可以用图 1-7 表示。

图 1-7　人力资源管理的最终目标和具体目标

四、人力资源管理者应具备的素质

素质是指一个人所具有的在工作情境中创造高绩效所必需的知识、技能、动机、个性、自我形象、价值观和社会角色等潜在特征。素质也决定了一个人能否胜任某项工作或很好地完成某项任务。一般认为，知识与技能在一个人的素质中处于表层，易于观察和测量，同时也易于模仿，它们在一个人的成功中起作用但不起决定性作用；而那些处于深层的特征，如动机、个性、社会角色、自我形象和价值观等则常常成为一个人取得成功的关键，但它们不易观察和测量。美国学者莱尔·M. 斯潘塞博士（L. M. Spencer）和塞尼·M. 斯潘塞博士（S. M. Spencer）所提出的素质冰山模型①形象地反映了这些个性特征所处的层次（见图 1-8）。

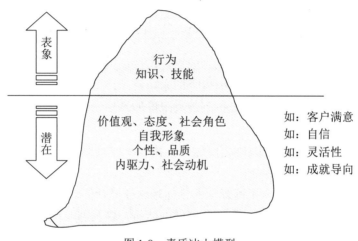

图 1-8　素质冰山模型

为了充分地履行职责，人力资源管理者必须具备一定的素质。区分不同绩效水平的人力资源管理者，除了要考察其表现出来的知识、技能与行为外，更要考察其潜在素质特征，如价值观、态度、社会角色、自我形象、个性、品质、内驱力、社会动机等。当然，潜在素质特征考察难度较大，必须采取适当的科学方法对人力资源管理者进行测评与评价，才能得出正确结论。

在对人力资源管理者素质模型的研究中，美国密歇根大学商学院的研究获得了较为一致的认可。通过长时间的大量研究，他们认为人力资源管理者应该具备以下五项素质：战略贡献、个人可信度、HR 实施能力、业务知识和 HR 技术，如表 1-3 所示。

表 1-3　人力资源管理者的素质结构

领　　域	因　　素
战略贡献	文化管理 战略决策 快速变革 由市场驱动的连接

① 彭剑锋. 人力资源管理概论 [M]. 3 版. 上海：复旦大学出版社，2018.

领　　域	因　　素
个人可信度	有效的关系 得到结果 个人沟通
HR 实施能力	开发 组织结构与 HR 尺度 员工配置管理 绩效管理
业务知识	价值链 价值主张 劳动力
HR 技术	HR 技术

（一）战略贡献

组织要实现战略目标，必须要有定位于战略层面的人力资源管理专业人员，他们在组织中进行文化管理，推动组织的快速变革，参与组织的战略决策，并创造市场驱动的连接。有研究表明，战略贡献这一维度解释了人力资源管理对组织绩效总体影响的 43%，相当于其他素质维度对组织绩效影响的两倍以上。

（二）个人可信度

人力资源管理专业人员必须被所服务的组织员工所信任。他们需要与组织内外的关键人员保持有效的联系；需要作出承诺、传递结果，建立可信赖的人际交往；需要具备有效的书面和口头沟通技能。

（三）HR 实施能力

HR 实施能力是指人力资源管理专业人员要具备推行和实施各种人力资源制度和方案的能力，主要包括以下几个方面。①开发：设计员工开发方案，为员工提供职业生涯规划方面的服务，促进内部沟通。既包括对个体的开发又包括整个组织范围内的开发方案。②员工配置管理：包括员工的吸引、调配、保留、解雇等工作。③组织结构与 HR 尺度：建立或优化组织结构，评价人力资源管理实践对组织结构的影响。④绩效管理：开展绩效管理，建立以绩效为基础的测评体系和薪酬体系等。⑤员工关系管理：与员工建立合法的劳动关系，并关注组织内部的上下级关系、同事关系，注重沟通与合作，构建和谐的企业－员工关系、员工－员工关系。

（四）业务知识

为了发挥战略作用，人力资源管理专业人员必须理解所属组织的业务和所在行业的状况，尤其是对组织价值链整合的理解（企业如何实现横向整合）和对组织价值主张的理解

（企业如何创造财富）。

（五）HR 技术

人力资源技术越来越丰富和成熟，并发展出一系列的人力资源管理工具，成为进行人力资源管理的平台和载体。人力资源管理专业人员要熟悉并能够使用各种人力资源管理技术和工具，如 E-HR，有效率地创造更多的价值。

上述素质模型，可用图 1-9 表示：

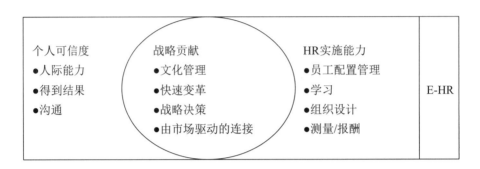

图 1-9　密歇根大学商学院提出的人力资源管理者素质模型

由图 1-9 可以看出，战略贡献是人力资源管理者素质的核心；个人可信度和 HR 实施能力为人力资源管理者赢得一席之地。业务知识是基础，人力资源管理技术是人力资源管理的重要载体。

因此，要成为优秀的人力资源管理专业人员，仅具备人力资源管理的专业知识是不够的，比专业知识更重要的是，能否参与到组织的战略层面，为组织的战略实施作出贡献。同时，人力资源管理者还需要具备出色的人际沟通能力，在组织内外部取得他人尤其是所服务对象的信赖。

拓展阅读 1.2

猴子与食物

第三节　人力资源管理的产生与发展

一、人力资源管理在西方的发展阶段

在工业革命之前，人类社会有许多宏伟壮观的"世界奇迹工程"，如中国的长城、埃及的金字塔等。在当时的生产力发展水平下，必须对大批量人力资源进行有效的组织与管理，才能实现如此伟大的组织目标。但到目前为止，还没有相应的证据说明这一管理过程是如何运行的。因此，管理学界普遍认为，人力资源管理是发达国家在工业革命之后逐步产生和发展起来的。国内外学者对人力资源管理的发展阶段进行了深入的研究，提出了各自的观点。典型的理论包括六阶段论、五阶段论、四阶段论、三阶段论和二阶段论，这些划分从不同的角度揭示了人力资源管理渐进发展的历史（见表 1-4）。

表 1-4 人力资源管理发展阶段的不同观点

主要代表人物	阶段划分		理论发展与关注要点
佛伦奇 （W. L. French）	（1）科学管理运动阶段		改进工具、关注生产任务
	（2）工业福利运动阶段		改善待遇、关注员工福利
	（3）早期工业心理学阶段		人员测评，关注人机匹配
	（4）人际关系运动阶段		调适情绪，关注人际关系
	（5）劳工运动阶段		建立工会，关注劳工权益
	（6）行为科学与组织理论阶段		弹性组织，关注文化与团队
罗兰和菲利斯 （K.W.Rowland& G.R.Ferris）	（1）工业革命阶段		前四个阶段与佛伦奇的六阶段理论和关注点相同
	（2）科学管理阶段		
	（3）工业心理阶段		
	（4）人际关系阶段		
	（5）工作生活质量阶段		参与、分享、关注工作生活质量
韦恩·F.卡西欧 （Wayne F. Casicio）	（1）档案保管阶段		建立部门，管理员工档案
	（2）政府职责阶段		政府介入，建立政策法规
	（3）组织职责阶段		组织负责，加强人力资源管理
	（4）战略伙伴阶段		核心战略，获取组织竞争优势
福姆布龙、蒂奇和德兰纳（Fombrun, Tichy & Deranna）	（1）操作性角色阶段		简单事务性工作
	（2）管理性角色阶段		相对独立的管理职责和任务
	（3）战略性角色阶段		进入企业战略高度思考、解决问题
赵曙明	人事管理阶段	（1）科学管理阶段	人事阶段及三个分阶段与佛伦期的六阶段理论和关注点相同
		（2）人群关系阶段	
		（3）行为科学阶段	
	人力资源管理阶段	人力资源的提出阶段	强调人及人力资源管理的价值 概括人力资源管理的职能
		人力资源的发展阶段	吸引、激励员工，获取战略优势

结合不同学者的划分方法，我们借鉴董克用的观点，将人力资源管理在西方的产生与发展划分为七个阶段。

（一）萌芽阶段

人力资源管理的前身被称为人事管理，人事管理的出现是伴随着 18 世纪 60 年代第一次工业革命的到来而产生的。第一次工业革命有三大特征，即机械设备的发展、人与机器的联系、需要雇佣大量员工的工厂的建立。这次革命导致了两个现象：一是劳动专业化的提高；二是工人生产能力的提高和工厂生产的产品剧增。"劳动分工"已成为这次革命的强有力的共同呼声。由于劳动分工思想的提出，个体劳动逐渐在工厂中消失，工人的协同劳动成为主体，所以对工人的管理问题应运而生。这一阶段，在工人的管理方面产生了许多新的管理思想。比如，在劳动分工的基础上对每个工人的工作职责进行界定并实行具有激励性的工资制度；推行福利制度；对工人的工作业绩进行考核等。这些管理思想基本上都以经验为主，并没有形成科学的理论，但是奠定了人力资源管理形成的基础。

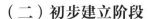

（二）初步建立阶段

这一阶段即科学管理阶段，从20世纪初至20世纪30年代左右。科学管理思想的出现，宣告了科学管理时代的到来。管理从经验管理阶段步入科学管理阶段，在管理思想发展史上有着划时代的意义。1911年，"科学管理之父"弗雷德里克·泰勒（Frederick W. Taylor）在《科学管理原理》中提出"科学管理的目的是谋求最高效率，要用科学化、标准化的管理方式代替经验管理"。他提出科学管理的四项原则：①提出工人操作的每一动作的科学方法，以代替过去仅凭经验做事的方法；②科学地挑选工人，并进行培训和教育，使之成长成才；③与工人密切合作，以确保所有工作都按照所制定的科学原则进行；④管理者应与工人进行明确、适当的分工与合作。为了解决工人消极怠工问题，泰勒对工作时间进行了研究，从而制定了工作的标准时间。他提出要挑选一流的工人，对工人进行培训，提倡劳资合作。他还提出了差别计件工资制。泰勒提出科学管理思想几年之后，企业中开始出现人事部门，专门负责员工的雇佣、挑选和安置工作，这些都标志着人力资源管理的初步建立。

（三）反思阶段

这一阶段即人际关系阶段，时间跨度为20世纪30年代到第二次世界大战结束。1924—1932年，哈佛大学的乔治·梅奥（George E. Mayor）组织开展了"霍桑实验"，开启了组织中人的态度如何影响人的行为的研究，包括了照明实验、福利实验、访谈实验和群体实验等。霍桑实验引发了人们对科学管理思想的反思，把员工视为"经济人"的假设受到了现实的挑战。霍桑实验发现了人际关系在提高劳动生产率中的重要性，揭示了人性的尊重、人的需要的满足、人与人的相互作用、归属意识等对工作绩效的影响。这表明人是社会人，人与人之间的关系对组织行为的影响作用至关重要；组织中存在着非正式组织，并且会对工人的行为产生影响；新型领导能力在于提高员工的满意度。人际关系理论开创了管理中重视人的因素的时代，是西方管理思想发展史上的一个里程碑。这一理论同时揭开了人力资源管理发展的新阶段，设置专门的培训主管、强调对员工的关心和理解、增强员工和管理者之间的沟通等人事管理的新方法被许多企业采用。人事管理人员负责设计和实施这些方法，人事管理的职能被极大地丰富。

（四）发展阶段

这一阶段即行为科学阶段，时间跨度为20世纪50年代到70年代。第二次世界大战之后，行为科学的不断发展使得人本主义的管理理念深入人心。从20世纪50年代开始，人际关系的人事管理方法逐渐受到了挑战。"快乐的员工是一个好员工"并没有得到事实证明，组织行为学的方法逐渐兴起。组织行为学探讨个体、群体及结构对组织内部行为的影响，目的是应用这些知识改善组织绩效。1957年，克里斯·阿吉里斯（Chris Argris）在《个性与组织》一书中指出，在人际关系运动的影响下，管理者只是在改善福利待遇、增加员工休息时间、延长休假等方面下工夫，但总不让员工多负责任，结果仍然不能解决问题。管理者应从组织上进行改革，鼓励员工多承担责任，让他们有成长和发展的机会。1960年，道格拉斯·麦克雷戈（Douglas M·Mc Gregor）在《企业的人性面》一书中指出，人并不天生厌恶工作，人在工作中能够自我控制，在现有的工作条件下，一般人没有发挥其潜力。管理人员应该让员工承担更多责任，发挥他们的潜力。组织行为学的发展使人事管理从对个体的研究与管理扩展到对群体和组织的整体研究与管理。在这一阶段，人力资源管理概念开始流行起来。以人为本的人力资源管理，将员工视为企业经营发展中最重要的、最应优先考虑的因素。当企业满足员工的各种需求时，员工的效率和创造力将大大提高，从而为企业作出更多的贡献，最终实现员工与企业的共赢。人力资源管理与原来的人事管理内容截然不同，从监督制裁到人性激发，从消极处罚到积极激励，从专制领导到民主领导，从唯我独尊到意见沟通，从权力控制到感情投资，并且努力寻求人与工作的配合。

（五）整合阶段

这一阶段即权变管理阶段，时间跨度为 20 世纪 70 年代到 80 年代。这一阶段，由于政治经济等因素的影响，企业的经营环境发生了巨大的变化，各种不确定性因素增加。企业管理不仅要考虑自身内部因素，还要考虑外部各种因素的影响。在这种背景下，权变管理理论应运而生，它强调管理的方法和技术要随企业内外环境的变化而变化，应综合运用各种管理理论与方法。在这一理论的影响下，人力资源管理也发生了深刻的变化，强调针对不同的员工、不同的岗位、不同的工作内容等要采取不同的人力资源管理方式，实施不同的人力资源管理政策。

（六）战略阶段

这一阶段即战略管理阶段，时间跨度为 20 世纪 80 年代到 21 世纪初。进入 20 世纪 80 年代以后，西方国家经济发展过程中一个突出的现象是兼并重组、竞争加剧。为了适应激烈竞争的需要，企业必须制定明确的长期发展战略，战略管理逐渐成为企业管理的重点。戴瓦纳、福姆布龙和蒂希（Devanna, Formbrun & Tichy, 1981）在《人力资源管理：一个战略视角》一文中首次提出战略人力资源管理这个概念，并系统阐述了战略人力资源管理的相关概念和基本理论，极大地推动了人力资源管理理论的发展，为战略人力资源管理理论体系的创建奠定了基础。人力资源管理对企业战略实现有着重要的支撑作用，所以从战略的角度思考人力资源管理问题，将其纳入企业战略范畴成为人力资源管理的主要特点和发展趋势。根据战略人力资源管理理论的相关观点，获得知识和技能的人力资源是所有生产资源中最重要的资源。企业团队的协作精神和响应能力是推动企业战略发展的重要动力，对提升企业市场竞争具有重要意义。将人力资源管理与企业的整体战略业务联系起来，通过认真规划、严格实施、过程控制等方式科学地管理企业的人力资源，可为战略实施提供良好条件，在人力资源方面保障企业战略目标的实现。与此同时，以信息技术为代表的新技术革命在发达国家崭露头角，掌握高新技术的知识型员工在生产过程中发挥着越来越重要的作用。以机器为代表的资本的地位相对下降，以激励开发为出发点的现代人力资源管理占据了主导地位。

（七）循证管理与数字化阶段

进入 21 世纪，人力资源管理无论是在理论研究还是在管理实践上都面临着新挑战。人们认识到，虽然学术界对管理进行了大量的科学研究，积累了丰富的管理知识，但是管理者依旧习惯于依靠直觉经验来进行决策，忽视了科学证据的运用。2006 年，丹尼斯·卢梭（Denise Rousseau）提出循证管理理论，即将建立在最佳科学证据之上的科学管理原理转化为组织的行为。通过循证管理，管理者成为专家，他们作出的组织决策建立在充分的社会科学和管理学研究成果基础之上，这是一个划时代的进步。加里·德斯勒（Gary

Dessler）将循证人力资源管理定义为：运用数据、事实、分析方法等来制定人力资源管理决策，将最佳证据运用到人力资源管理实践过程中。

近年来，随着流程再造思想的普及以及计算机和网络技术的发展，人力资源管理部门的架构也发生了根本性的变化，从而产生了一种以客户为导向、以流程为主线的新的组织结构形式，并被称为人力资源三支柱结构。在这种新型结构中，人力资源管理部门以服务提供者的身份出现，内部的工作和人员可划分为三部分：一是人力资源共享服务中心（human resource shared service center，HRSSC），主要完成日常事务性工作，如办理入职、离职手续、解答人力资源政策、接受申诉等，对人员的素质要求相对较低；二是业务合作伙伴（human resource business partner，HRBP），它是人力资源管理部门与业务部门沟通的桥梁，主要协调业务部门经理完成人力资源管理的各种职能活动，如招聘、培训、绩效考评等，对业务合作伙伴的人员素质要求相对较高；三是人力资源专家中心（human resource center of expert，HRCOE），相当于人力资源管理部门的研发中心，主要是出台相关的人力资源管理制度与政策，向企业内部其他部门提供有关咨询等。专家中心的人员素质要求最高，必须精通人力资源管理的专业知识，具备现代人力资源管理理念与技能，通常是该领域的杰出专家。通过这种结构形式的转变，人力资源管理部门的职能得以更好地履行，工作层次清晰，业务合作伙伴和专家中心的人员摆脱了日常事务性工作，可以集中精力从事高附加值的工作，有助于更好地发挥人力资源管理的作用。

21 世纪以来的另一大趋势是以云计算、大数据、人工智能、区块链等为代表的信息化、数字化技术越来越多地运用于人力资源管理，并且带领人力资源管理进入了数字化阶段。在这一全新的阶段，人力资源管理中的招聘、培训、绩效、薪酬、职业生涯与员工关系管理也随之发生了翻天覆地的变化。以招聘为例，数字化技术可以根据候选人在各类社交媒体如微博、知乎、领英等留下的数据，对候选人既往的"痕迹"进行分析，帮助企业快速找到需要的人才。大数据、人工智能和机器学习等技术可以帮助招聘人员快速对候选人的简历进行分析，寻找最符合需要的人才。此外，还能通过对事实逻辑的分析和与海量真实简历的对比，提示风险点并鉴别虚假信息。在人才选拔阶段，数字化催生了一些新型测评工具，机器人已经被用于面试过程，并可对记录的信息进行智能化分析。联合利华从2016 年起开始在招聘中引入数字化计划，启用算法筛选简历，并设计了三轮人工智能面试，以初筛符合要求的候选人。相信，随着现代人工智能（artificial intelligence，AI）技术的发展，越来越多的人力资源管理事务性工作将会被 AI 替代。

在企业的生产运营中，数字化技术会取代员工的部分工作，同时数字化技术还会将人与设备、设备与设备之间的交互信息以数据形式记录下来，通过对相关数据分析，找出每个员工的工作"瓶颈"以及在工作中容易出现的错误，进而给员工提供个性化的培训，提高员工的工作效率与绩效。以谷歌智能眼镜为代表的增强现实（augmented reality，AR）技术，则可直接应用于技能工作的培训中，通过模拟现实情境，提高培训的真实感。数字化人力资源管理还可以为员工提供全过程的人力资源管理信息和自助服务，增强员工的自主管理体验，优化组织与员工的劳动关系。

以上关于发展阶段的划分是以企业为主的研究划分。从发达国家的经验来看，人力资源管理不仅在企业，而且在公共部门（通常包括政府机关和事业单位）也得到了越来越多的应用。公共部门与企业的性质不同，企业以营利为目的，公共部门则以维护公共利益为首要目标。但是，企业人力资源管理的大部分理论、原理与方法，同样适用于公共部门，如人力资源规划、职位分析、员工招聘、培训与开发、绩效管理、薪酬管理、职业生涯规划与管理、员工关系管理等。本书以研究企业人力资源管理一般规律为主要目标，研究结果同样适用于公共部门的人力资源管理。

二、人力资源管理在我国的发展

（一）我国古代的人事管理思想

中国具有五千年文明史，在古代文化典籍之中蕴藏着丰富的人事管理思想，在人才的重要性、如何选拔人才、如何用好人才等方面都有过精辟的论述。例如：（1）有关人才的重要性，唐太宗的"为政之要，唯在得人"就是把"得人"看作"为政"的关键。康熙更是将人才提到治国的首要位置，认为"致治之道，首重人才"。（2）有关如何选拔人才，汉朝的王符指出"德不称其任，其祸必酷，能不称其位，其殃必大"，强调人员的品行和能力必须与其职位相符，否则会带来严重的后果。（3）有关如何用好人才，诸葛亮曾说过："古之善将者，养人如养己子，有难，则以身先之；有功，则以身后之；伤者，泣而抚之；死者，哀而丧之；饥者，舍食而食之；寒者，解衣而衣之；智者，礼而录之；勇者，赏而劝之。将能如此，所向必捷矣。"这段话说明作为将军，如果能爱兵如子，以心换心，以情感人，满足每个士兵不同的需求，就能调动士兵的积极性，军队必将战无不胜。宋代政治家王安石指出："一人之身，才有长短，取其长则不问其短。"强调应用人之长。这些思想对于今天的人力资源管理者来说都具有很强的借鉴意义。

（二）我国近代人事管理的概况

鸦片战争之后到新中国成立之前，我国由传统的封建社会演变为半殖民地半封建社会。这一时期虽然我国经历了长期的内忧外患，但民族企业仍然在夹缝中成长。民族企业的人事管理具有两个基本特点，一是带有浓厚的封建色彩。那时的企业大多是家族性质的小型私有企业，许多企业实行包工制度，将工作包给包工头，然后由包工头招收工人，组织生产，进行监督，发放工资。二是学习引进西方资本主义国家的科学管理方法。一些规模较大的企业学习引进了泰勒的科学管理方法，开始对人员进行比较规范的管理，如天津东亚毛纺厂开始按照"雇佣工人程序图"招工，同时取消学徒制，举办艺徒培训班，培训熟练技术工人。该厂还引进了时间动作研究，确定劳动定额，实行差别计件工资制，制定了一套厂训、口号等，以提高企业的凝聚力。当时的民族企业虽然生存条件恶劣，但仍然获得了一定的发展，更为宝贵的是，为我国培养了一批思想素质较高的工人队伍，为中国新民主主义革命的胜利奠定了坚实的基础。

（三）新民主主义革命、社会主义革命和建设时期的人力资源管理

在中国共产党的领导下，经过几代人的艰苦努力，我们不仅建立了新中国，而且全面建成小康社会，并已经开启全面建设社会主义现代化国家新征程。在这一过程中，发挥我国人力资源优势，调动广大人民群众的积极性一直是党和政府的工作重心。

在新民主主义革命时期，以毛泽东同志为代表的中国共产党人在物质资源极度匮乏、

军事实力敌强我弱的背景下，广泛发动人民群众，充分调动人民群众的积极性和创造性，推翻了压在人民头上的"三座大山"——帝国主义、封建主义和官僚资本主义，建立了新中国，体现了中国共产党在新民主主义革命时期充分发挥人力资源优势的英明决策。

在社会主义革命和建设时期，为了更好地发挥我国广大人民的人力资源优势，毛泽东提出，"为了建设伟大的社会主义社会，发动广大的妇女群众参加生产活动，具有极大的意义"。① 在当时，通过发展经济等措施，很快解决了旧社会留下的城镇失业问题，使人力资源更多地投入经济建设。

20 世纪五六十年代，我国虽然还没有形成规范的人力资源管理相关概念体系，但是许多先进的人力资源管理思想已经贯穿其中。在当时的艰苦条件下，全国人民发挥爱国主义、集体主义精神，"舍小我为大我"，不畏困难，艰苦奋斗，为我国的经济建设贡献力量。同时，以毛泽东同志为核心的第一代党中央领导集体，为了保卫国家安全、维护世界和平，果断地作出了独立自主研制"两弹一星"的战略决策。大批优秀的科技工作者，包括许多在国外已经有杰出成就的科学家，以身许国，怀着对新中国的满腔热爱，响应党和国家的召唤，义无反顾地投身到这一神圣而伟大的事业中来。到 20 世纪 70 年代末，新中国已经建立了独立的比较完整的工业体系和国民经济体系。但是，在改革开放之前的计划经济体制下，企业实行"统包统配"的就业制度，企业没有用人自主权，不能自行招聘所需人员；劳动力没有自主就业选择权；人员只进不出，没有形成正常的退出机制；在企业内部，没有完善的考核制度，大家干好干坏一个样，干多干少一个样；工资分配中存在严重的平均主义。在此阶段，人事管理的内容主要是一些流程性的事务性工作，如员工人事档案管理、招工录用、劳动纪律、考勤、职称评定、离职退休、计发工资等。企业人事部门完全服从和服务于上级领导和国家有关政策。

党的十八大以来，以习近平同志为核心的党中央更加重视人力资源开发，更加重视人才强国战略。习近平指出："人才是实现民族振兴，赢得国际竞争主动的战略资源。要坚持党管人才原则，聚天下英才而用之，加快建设人才强国。实行更加积极、更加开放、更加有效的人才政策，以识才的慧眼、爱才的诚意、用才的胆识、容才的雅量、聚才的良方，把党内和党外、国内和国外各方面优秀人才集聚到党和人民的伟大奋斗中来"。② "人才是衡量一个国家综合国力的重要指标。国家发展靠人才，民族振兴靠人才。我们必须增强忧患意识，更加重视人才自主培养，加快建立人才资源竞争优势"。③ 党的二十大提出全面建成社会主义现代化强国、以中国式现代化全面推进中华民族伟大复兴的宏伟目标，提出实施科教兴国战略，强化现代化建设人才支撑。党的二十大关于教育、科技、人才的战略部署，将引领我国人力资源管理迈上一个新的台阶。

改革开放以来，随着我国经济体制改革的不断深入，国有企业拥有了自主用工权，劳动者也拥有了自主选择就业岗位的权利。同时，多种所有制企业蓬勃发展，不少三资企业

拓展阅读 1.3

"两弹一星"
元勋

① 毛泽东．毛泽东文集（第 6 卷）[M]．北京：人民出版社，1999 年，第 452 ～ 453 页。
② 习近平．习近平谈治国理政（第三卷）．北京：外文出版社，2020：第 50 页．
③ 《习近平在中央人才工作会议上强调深入实施新时代人才强国战略，加快建设世界重要人才中心和创新高地》，《人民日报》2021 年 9 月 29 日。

将发达国家人力资源管理的模式引入企业。1993 年 12 月颁布的《中华人民共和国公司法》和 1994 年 7 月颁布的《中华人民共和国劳动法》，有力地推动了人力资源管理在企业的发展。越来越多的企业学习人力资源管理理论，运用人力资源管理的方法，制定了适应本企业特点的人力资源管理制度。

21 世纪以来，随着我国社会主义市场经济体制的确立，多种经济成分得以蓬勃发展。民营经济和外资经济在国民经济中的比重显著上升，我国经济发展迈上新台阶。企业综合实力不断增强，规模不断扩大，经济、政治、社会、技术等的变化对人力资源管理产生了深远的影响，人力资源管理开始呈现多元化发展格局。这一阶段，"90 后""00 后"逐步进入职场，跟"70 后""80 后"相比，他们受高等教育的比例较大，知识和技能水平显著提高。但他们的职业需求也发生了较大变化，物质回报不再是最重要的需求，尊重、沟通、自我价值实现、自主工作、和谐的人际氛围、个性化的福利等成为他们新的需求。同时，随着人工智能、数字技术的不断发展，人力资源管理也面临新的挑战，既包括内容创新以适应员工多元化的需求；也包括手段和方法的创新以适应数字化、信息化的时代特征。

此阶段又可以细分为三个小阶段：（1）人力资源管理的唤起阶段。随着改革开放的深入进行，企业面临的竞争压力增大，企业间人才流动速度加快，企业管理遇到挑战，企业管理层尤其是中高层开始关注如何调动员工的工作积极性，以及如何留住优秀员工，并督促人力资源管理部门研究解决这些难题。在此阶段，高层管理者仍起着决定性的作用，主导着企业人力资源管理的发展方向。许多企业改头换面，将人事部更名为人力资源部，企业的人事管理逐步向人力资源管理转型。（2）人力资源管理的形成阶段。人力资源经理开始注重相关理论的学习，研究有关企业人力资源管理的理论书籍，参加有关人力资源管理的研讨会，初步形成了相对完整的理论体系，对人力资源的理念也有了较深入的认识，并在企业中初步建立了招聘管理、培训管理、绩效管理、薪酬管理等人力资源管理体系。（3）战略人力资源管理阶段。随着其职能的不断完善与创新，人力资源管理开始进入战略人力资源管理阶段。人力资源管理在战略体系中具有核心地位，承担战略制定和执行的核心职能。组织只有全面解决战略体系中的人力资源问题，才能真正实现预期的战略目标。在此阶段，人力资源管理和组织战略具有一体化关系。在战略规划制定和执行过程中，人力资源管理者在组织中的定位更加重要，他们是高层管理团队的重要成员，并发挥重要作用。同时，在战略规划和战略目标确定之后，人力资源管理者需要指导实施人力资源领域的战略决策，以便为组织发展提供良好的人力资源保障，进而加速实现组织战略目标。这一阶段，人力资源管理需要将战略决策作为核心职能，结合外部环境和内部条件，推动组织结构调整，制定合理的人力资源规划，在人力资源实践活动中发挥管理和主导作用。

需要说明的是，要正确理解人事管理与人力资源管理的区分，需要摒弃两种错误的观点，一是将人力资源管理等同于人事管理，认为两者一样，只不过换了一个名称而已；二是将人力资源管理与人事管理彻底割裂开来，认为两者毫无关系，人力资源管理与人事管理没有交叉重叠。实际上，人力资源管理和人事管理之间是一种继承和发展的关系：一方面，人力资源管理是对人事管理的继承，它是从人事管理演变过来的，在人力资源管理阶段仍然要履行相当比例的人事管理的职能；另一方面，人力资源管理是对人事管理的发展，它的立场和角度完全不同于人事管理，是一种全新视角下的人事管理，两者之间的区别可用表 1-5 概括。

表 1-5 人事管理与人力资源管理的区别

比较项目	人力资源管理	人事管理
管理理念	视员工为有价值的重要资源	视员工为负担、成本
管理内容	丰富：建立人力资源规划、开发、使用与管理系统，提高组织竞争力	简单：行政的、事务性的工作
管理活动	重视培训开发：主动	重使用、轻开发：被动
管理性质	战略性、整体性、未来性	战术性、分散性
管理地位	战略层	执行层
管理目的	组织和员工长远利益的共同实现	组织短期目标的实现
工作模式	以人为中心，人本化管理，参与、透明	以事为中心，命令、控制
与其他部门关系	和谐、合作	对立、抵触
本部门与员工的关系	帮助、服务	管理、控制
角色	挑战、变化	例行、记载
部门属性	生产与效益部门	非生产、非效益部门

传统人事管理把人看作一种成本，而现代人力资源管理把人作为一种资源。传统人事管理将人当作一种工具，注重的是投入、使用和控制，认为可以随意控制人、使用人；而现代人力资源管理的观点更注重对人的培训和开发。因此，有学者提出要重视人的资源性的管理，并且认为 21 世纪的管理哲学是"只有真正解放了被管理者，才能最终解放管理者自己"。

传统人事管理的特点是以"事"为中心，而现代人力资源管理是以"人"为核心。传统人事管理，只看见事或人的某一方面，而不见人与事的整体和系统性，强调"事"的单一方面的静态控制和管理，其管理的形式和目的是"控制人"；现代人力资源管理的观点强调一种动态的、心理、意识的调节和开发，管理的根本出发点是"着眼于人"，其管理归结于人与事的系统优化，使企业取得最佳的社会效益和经济效益。

传统人事管理只存在于人事部门，现代人力资源管理却成为其他部门的战略伙伴。传统上，人事管理似乎与其他职能部门的关系不大；但现代人力资源管理与其他部门关系密切。人力资源管理者逐渐成为决策部门的重要伙伴，提高了人力资源管理部门在决策中的地位。人力资源管理涉及企业的每一个管理者，现代管理人员应该明确：他们既是部门的负责人，也是本部门的人力资源经理。人力资源管理部门的主要职责在于制定人力资源规划、开发政策，侧重于人的潜能开发与培训，同时培训其他职能经理或管理者，提高他们对人力资源的管理能力和素质（见表 1-6）。

表 1-6 战略人力资源管理阶段人力资源管理者扮演的角色

角色	行为	结果
战略伙伴	企业战略决策的参与者，提供基于战略的人力资源规划及系统解决方案	将人力资源纳入企业的战略与经营管理活动中，使人力资源与企业战略相结合
专家（顾问）	运用专业知识和技能研究开发企业人力资源产品与服务，为企业人力资源问题的解决提供咨询	提高组织人力资源开发与管理的有效性

角色	行为	结果
变革推动者	参与变革与创新，组织变革（并购与重组、组织裁员、业务流程再造等）过程中的人力资源管理实践	提高员工对组织变革的适应能力，妥善处理组织变革过程中的各种人力资源问题，推动组织变革进程
员工服务者	与员工沟通，及时了解员工的需求，为员工及时提供支持	提高员工满意度，增强员工忠诚度

当前，人力资源管理在我国得到了蓬勃的发展，人力资源管理的概念深入人心，企业对人力资源管理的重视达到了前所未有的地步。但是，我们要清醒地认识到，我国人力资源管理的发展和发达国家相比还有很大差距：许多理论、技术和方法还只是借鉴，没有形成自己的体系；从业人员的专业化程度不高，不少人没有接受过系统的教育和培训，影响到了人力资源管理作用的发挥；企业的人力资源管理水平整体不高，人力资源管理的战略作用难以体现等。因此，人力资源管理在我国的发展可以说是机遇与挑战并存。这就需要人力资源管理理论研究者和实践工作者共同努力，积极探讨，不断提高我国人力资源管理理论和实践水平，构建具有中国特色的人力资源管理理论体系与运作模式。

第四节　现代人力资源管理面临的挑战与发展趋势

由于"互联网＋、大数据、VR 技术、人工智能"等现代信息技术的运用和经济社会的高速发展，企业管理手段与内容越来越多样化、丰富化，这给人力资源管理带来了许多新的挑战与机遇。现代人力资源管理必须顺应这一变化，积极应对挑战，把握机遇，充分运用新理念、新技术、新方法，更新人力资源管理的内容与职能，寻求与企业、员工、社会的高质量协作配合，适应企业发展需求，确保企业战略目标的实现。

一、现代人力资源管理面临的挑战

21 世纪是全球化、信息化、数字化、智能化的时代，人力资源与知识资本优势的独特性成为企业的核心竞争要素，人力资源的价值是衡量企业整体核心竞争力的标志。人力资源管理面临着各种力量的冲击和挑战。美国学者雷蒙德·A. 诺伊（Raymond A. Noe）归纳了影响人力资源管理的四大挑战：新经济的挑战，经济全球化的挑战，满足利益相关群体需要的挑战，高绩效工作系统的挑战。

（一）新经济的挑战

新经济的挑战主要是指网络经济的发展、经济结构的变化、工作角色和技能要求的变化、雇佣关系和工作场所的变化对人力资源管理提出的挑战。

1. 网络经济的发展

网络经济是一种建立在计算机网络（特别是 Internet）基础之上，以现代信息技术为核心的新的经济形态。它既包括以现代计算机技术为基础的整个高新技术产业的崛起和迅猛发展，也包括由于高新技术的推广和运用所引起的传统产业、传统经济部门的深刻的革命性变化和飞跃性发展。由于网络经济的快速发展导致商业交易的方式发生了很大的变化，由此催生了一大批网络企业。这些企业面临的竞争压力大，客户需求变化快，从而产生了许多新的人力资源管理挑战。例如，必须迅速识别并雇佣有才干的员工；努力消除因人员精减和业务重组所产生的压力；对潜在的法律问题做出应对并尽可能降低这些问题出现的可能性。

2. 经济结构的变化

经济结构的变化主要表现在：在整个经济结构中，服务业所占的比重越来越大。服务业的特点是，员工要大量直接接触或面对客户，这对员工的素质以及人力资源管理提出了更高的要求。

3. 工作角色和技能要求的变化

在新经济条件下，科技发展日新月异，企业经营环境不确定性增加，企业里的工作岗位会经常发生调整，员工工作角色也随之经常发生变化，所以对员工的技能要求也会发生变化。例如，以前要求员工掌握岗位知识、产品知识、应知应会，现在更强调他们的学习能力、沟通能力、人际交往能力、解决问题的能力等。

4. 雇佣关系和工作场所的变化

（1）雇佣关系的变化。以前雇佣关系的特点是长期雇佣，现在倾向于短期雇佣，企业和员工之间没有长期的心理契约，员工的流动性增加。员工不能对企业承诺干一辈子，企业也无法向员工承诺终身雇佣，这种雇佣关系的变化对人力资源管理提出了挑战。

（2）工作场所的变化。企业用工形式越来越多元化，除了正规员工外，还有临时工、随时待命员工（On-call Worker）、劳务派遣员工等用工形式。在此情况下，不少员工并不在办公室或者工厂里工作，而是在家里、路上甚至海滩上工作，即分散式工作。

（二）经济全球化的挑战

经济全球化是指各个国家的经济相互依赖、相互渗透，资本、货物、技术、劳务等生产要素，以越来越大的规模在世界范围内流动和配置，各个国家越来越深地被纳入不断扩大的、统一的世界市场体系的一种历史进程。在这种进程中，国际经济竞争主要表现为技术的竞争，作为科技载体的人力资源，成为一个国家或企业拥有的持久的竞争要素。面对经济全球化的挑战，企业要转变观念，确立面向全球的开发理念，建立起相应的人力资源开发与管理机制。

经济全球化给企业经营管理带来的严重挑战主要表现在：企业将面对更多不同的政治体制、法律规范和风俗习惯等，并努力适应这些与本国不同的环境，使不同民族、不同文化背景、不同语言的员工可以一起融洽地工作，使管理制度与工作价值观迥异的组织能够有效沟通，共同为企业目标而努力，创造出更高的生产效率。经济全球化导致人力资源的竞争愈演愈烈，这对人力资源的开发提出了更高的要求。

（三）满足利益相关群体需要的挑战

这主要是指人力资源管理要全面考虑利益相关群体的需要，制定切实可行的相关政策与制度，兼顾多方的利益。

1. 满足顾客对质量的需要

顾客对产品质量、服务质量要求越来越高，也变得越来越挑剔。为适应这种变化，需要通过人力资源管理改变员工的态度和行为，树立客户导向意识、质量意识，满足客户的需求。

2. 劳动力队伍的结构变化

劳动力队伍出现了新的群体，加之我国已经进入了老龄化社会，这都对人力资源管理提出了挑战。

（1）新群体的出现。"90 后"和"00 后"逐渐进入劳动力市场，他们的价值观与其父辈有很大的不同，出现了"月光族""啃老族"等新群体，在此情况下如何对新的就业群体进行有效的人力资源管理是一个崭新的课题。

（2）人口老龄化。根据人口统计学指标，中国 2000 年进入了老龄化社会。这也是人力资源管理必须面对的一个挑战。

3. 技能不足

由于我国传统人事管理的职位分类制、劳动者传统的就业观念、国家政策因素的影响等，导致熟练的技术工人严重短缺，即"技工荒"。企业无法招到满足要求的技术工人，这对人力资源规划、员工招聘、培训与开发等人力资源管理工作提出了挑战。

4. 员工价值观的变化

社会越发展、越开放，人的价值观越多元。员工的价值观趋于多元化，从人类社会进步的角度而言是值得肯定的，但是对人力资源管理而言，会增加管理的难度。

5. 法律和诉讼

我国关于劳动关系方面的法律法规逐步健全，如 2008 年 1 月 1 日起实施的《劳动合同法》《就业促进法》，2008 年 5 月 1 日开始执行的《劳动争议调解仲裁法》等。人力资源管理面临的法律环境越来越严格和规范，人力资源管理要适应这种变化，严格遵守国家的法律法规，减少不必要的法律纠纷和诉讼。

6. 道德方面的考虑

当今时代对企业道德、企业伦理以及企业社会责任提出了越来越高的要求。因此，在进行人力资源管理和决策的时候需要考虑道德等方面的因素，否则可能会损害企业的公众形象甚至危及企业的可持续发展。

（四）高绩效工作系统的挑战

这主要是指将技术系统和企业的社会系统有机地整合起来，构建高绩效工作系统（high performance work systems，HPWS），以获得企业的竞争优势。

1. 团队工作方式的普及

当前，团队工作方式越来越普遍，在此情况下如何做好绩效考核、员工培训、薪酬管理等人力资源管理工作也是一个挑战。

2. 管理工作性质的变化

传统的人事管理强调命令、控制、服从，现在的人力资源管理更加强调分权、授权，以及横向的沟通和协调。管理的主要目的是如何创造条件以发挥员工的积极性、能动性和创造性，这就要求管理者要具备较高的人际关系技能和沟通技能。

3. 企业组织结构的变化

以前一般是纵向的、官僚式的、金字塔式的组织结构形式，强调控制和效率；现在的组织结构越来越扁平化，强调横向沟通、灵活、反应速度和学习，要求构建学习型组织，通过学习型组织或者横向组织来适应外界环境的变化。企业结构形式的变化导致知识型员工增多，对知识型员工的管理也是人力资源管理的一个重要内容。此外，企业结构的变化必然会导致流程再造，流程再造必然涉及人员的重新安置，这也会对人力资源管理造成影响。

4. 人力资源管理信息化

现代信息技术越来越发达，许多企业都建立了人力资源信息系统（human resource information system，HRIS），运用 E-HR（electronic human resource）进行人力资源管理。E-HR 指人力资源管理的信息化，是新经济时代下人力资源管理发展的趋势，是以网络技术的成熟与运用为基础，以企业资源计划（Enterprise Resource Planning，ERP）、应用服务供应商（Application Service Provider，ASP）等概念的出现和具体实施为存在和发展的环境，以人力资本开发和增值为最终目标，将先进的软硬件系统运用于人力资源管理，为企业建立的一种基于互联网的人力资源服务网络系统，通过信息技术提高人力资源管理的质量和效率。许多人力资源管理职能，如员工招聘、培训与开发、绩效管理、薪酬管理等均可以借助于人力资源信息系统来完成。

5. 高绩效工作系统中的竞争

在构建高绩效工作系统时，既要重视技术因素，也要重视组织、重视人，要将技术系统和组织系统相匹配，或者说把技术和人匹配好。不能"只见物、不见人"，否则效果将大打折扣。通过人力资源管理实践支持高绩效工作系统体现在以下几个方面。

（1）以团队的方式完成工作。

（2）员工参与新员工的甄选。

（3）员工能获得正式的绩效反馈，并且积极地参与绩效改善过程。

（4）强调持续培训并且对此提供报酬。

（5）使员工的薪酬与企业的绩效指标挂钩。

（6）设备和工作流程的组织安排以及技术的使用都有利于实现最大程度的灵活性，并且鼓励员工之间的相互沟通。

（7）员工参与设备、工作布局以及工作方法的变更规划过程。

（8）职位设计方式中允许员工运用多种不同的技能。

（9）员工理解自己的工作对最终产品或服务所作出的贡献。

二、现代人力资源管理的发展趋势

人力资源管理经历了一个蓬勃发展的历程，取得了令人瞩目的成果。在应对各种挑战和冲击时，现代人力资源管理呈现出以下发展趋势。

（一）人力资源管理的全球化与跨文化管理

组织的全球化，必然要求人力资源管理的全球化与人才流动的国际化。也就是说，企业要以全球的视野来选拔人才并且看待人才的流动。当前，我们所面对的是人才流动的国际化与无国界化。经济全球化、组织的全球化必然带来管理上的文化差异和跨文化管理问题。跨文化的人力资源管理已经成为人力资源领域的热点问题，跨文化培训是解决这一问题的主要方法。

（二）在人力资源管理中更多地运用经济学

在现代人力资源管理中，更多地运用经济学原理与方法对人力资源管理活动进行分析、决策。经济学以严谨的经济理论和实证分析为基础，使人力资源管理与组织经济效益紧密结合。比如，运用经济学原理分析人力资源管理中的员工招聘，就会分析下列问题：必须聘用哪种人才？应该为各岗位确定什么样的用人标准和待遇？这些要求是否符合经济效益？如果不符合经济效益，有没有可替代的方法？根据上述问题，组织可以从经济效益出发，制订不同的招聘方案，设计各种报酬结构，聘用合适的人才。这方面的相关理论和方法正在逐渐完善，有可能发展成为一门单独的学科——人力资源管理经济学。

（三）动态化网络人力资源管理平台快速发展

随着全球化、信息化，尤其是网络化的发展，动态化网络人力资源管理已经出现并将成为未来人力资源管理的重要发展趋势。随着动态学习组织的发展，通过互联网来进行的组织职业开发活动将越来越多，大量的人力资源管理业务，如网络引智与网络招聘、网络员工培训、网络劳动关系管理等将会越来越多地成为现实。网络化人力资源管理的开展，必将在管理思想、管理职能、管理流程及管理模式上对传统人力资源管理产生重大影响，会使人力资源管理面临日趋激烈的环境变化，人力资源管理的空间被极大地拓展，人力资源管理的网络化竞争也变得日趋激烈，人力资源管理的途径、方法和策略都会随之进行必要的变革。

（四）知识型员工逐渐增多

随着科学技术的发展，组织对人才素质的要求越来越高，伴随着这种趋势，社会劳动力结构发生了巨大变化，组织的人才队伍结构也必然发生巨大的变化。在组织人力资源队伍中，普通员工的人数日渐减少，知识型员工的比例日渐增多，并将成为组织人力资源管理中主要的、核心的管理对象。知识型员工在整体素质、知识技能、心理特征等方面具有明显的特征，如拥有核心知识资产、具有更多的工作自主性和流动意愿、有更大的选择权、对专业忠诚而非对雇主忠诚、工作特征更难以监控和管理、工作绩效的评价更加复杂、工作结果对组织发展的贡献更大等。所有这些都对人力资源管理提出了严峻的挑战。人力资源管理将更加重视知识型员工的创新性，发挥其创新才能，提高员工的积极性，激发高级人才的创新意识，充分发挥知识型员工的聪明才智，增强组织的核心竞争力。

（五）员工客户化的趋势

作为组织人力资源管理核心资源的员工，员工客户化的关键是员工角色的变化，即员工不再是传统意义上的被管理对象，他们可能变为组织的重要客户。人力资源部经理也随之转变为"客户经理"，即为员工提供他们所需要的各类服务。例如，具体而详尽地向员工说明组织人力资源产品和服务方案，努力使员工接受组织的人力资源产品和服务；为员工提供富有竞争力的薪酬回报和多元化的价值分享体系，并且要给员工更大的自主选择权，组织自主性工作团队，满足员工参与管理的主体化意识；在管理措施方面，为员工的发展和成长提供更多支持和帮助。

（六）强化契约化伙伴关系

组织激励理论认为，组织与员工之间实际上存在着委托－代理均衡协议关系，这种委托－代理关系的理想结局是在员工与组织之间建立一种"准合作伙伴关系"。这种新型契约关系的建立，能够有效地强化员工的主体化意识，使员工从被动的被雇佣人员转变成为组织的合作者，组织与员工之间就可能形成一种新型的合作关系。人力资源管理的重要任务是努力把组织愿景与员工期望结合起来，使员工在实现组织目标的过程中，也能够达到自我实现的个人目标。

（七）人力资源管理业务的外包与派遣

人力资源管理业务外包是指把原来由组织内部人力资源管理部门承担的基本职能，通过招标方式，签约付费委托给市场上专门从事相关服务的组织。在经济全球化的冲击下，组织出于降低成本、希望获得专家的高级服务、获得更为广泛的信息，以及促进组织人力资源管理水平的提升等目的，人力资源管理业务外包发展迅速，并呈现以下发展趋势：一是人力资源业务外包领域不断扩展，从单向业务的外包发展到多项业务的外包；二是组织聘请专业顾问提供人力资源管理外包服务，提高外包业务的专业水平；三是外包服务商、咨询公司逐步结成业务联盟，对高级人力资源管理的外包业务控制力增强；四是以人力资源业务外包强化组织竞争优势，并促进外包业务朝着全球化方向发展。

人力资源派遣又称为人力资源租赁，是指由人力资源服务机构向某些需要相关服务的组织提供其所需要的人力资源业务，尤其是急需的各类人才及人力资源管理活动等。人力资源派遣与人力资源外包是一种密切相关的互补关系。如果说"业务外包"是一种主动寻求人力资源管理服务的市场活动，那么"业务派遣"则是一种主动提供人力资源管理服务的市场活动。

目前，人力资源派遣存在着如何在政策、法律和制度层面进行规范管理，加强派遣机构人员的专业化建设，提升派遣服务人员素质，建立派遣认证体系，规范收费标准，协调人力资源业务外包机构与派遣机构之间的关系等诸多问题。

（八）人力资源管理角色的重新定位

随着人们对人力资源管理价值重要性认识的加深，以及人力资源管理促进组织发展的作用日趋显著，人力资源管理逐渐成为组织中所有部门的职责，而不仅仅是人力资源管理部门的职责。密歇根大学的戴维·尤里奇（Dave Ulrich）教授认为，作为企业获取竞争力的重要手段，人力资源管理应更注重工作的产出，而不仅仅是把工作做好。根据人力资源管理的战略决策、行政效率、员工的贡献和变化能力这四种产出，尤里奇归纳了人力资源管理的四种基本角色：第一，掌握业务，要求人力资源管理人员成为企业核心经营管理层成员，了解并参与基本的业务活动；第二，掌握人力资源，是指人力资源管理者要确保基本的管理和实践相互协调，并担当起行政职能；第三，个人信誉，要求人力资源管理者应具备良好的人际影响力、问题解决能力和创新能力；第四，掌握变革，要求人力资源管理者懂得如何领导企业变革与重组。

拓展阅读 1.4

信息化时代如何有效提高人力资源管理效率

本 章 小 结

　　人力资源管理是现代组织管理的重要组成部分，在全球化、知识经济时代、信息时代的背景下，人力资源管理的重要性日益凸显。现代企业的人力资源管理越来越多地被认为是各级各类管理者的职责，而不仅仅是人力资源部门的工作内容，它对各层级管理者高效地履行管理职能都起着重要作用。本章介绍了人力资源的含义与特征；人力资源管理的含义、目标与基本职能；人力资源管理者的素质结构；人力资源管理在西方与我国的产生与发展历程；现代人力资源管理面临的挑战与发展趋势等。企业要想在当前日趋复杂的国际政治经济形势下保持竞争优势，人力资源管理就必须灵活应对各种新的挑战，充分运用新理念、新技术、新方法，更新人力资源管理的内容与职能，寻求企业、员工、社会的共同和谐发展。

复习与思考

一、简答题

1. 什么是人力资源？与其他资源相比，它有哪些特征？

2. 什么是人力资源管理？人力资源管理的职能有哪些？

3. 人力资源管理专业人员应该具备哪些素质？

二、论述题

1. 如何看待传统的人事管理与现代人力资源管理的关系，两者有什么区别和联系？

2. 你认为影响我国人力资源管理发展的因素是什么？为什么？

3. 在知识经济时代，人力资源管理面临哪些挑战和机遇？

三、案例分析

扫描阅读

人才是企业
第一生产力

思考题

1. 你认为格力电器在人才的使用与培养上有哪些优秀的做法？

2. 格力电器的人才培养机制对我们有什么启示？

【在线测试题】扫描二维码，在线答题。

第二章
人力资源战略与规划

学习目标

1. 掌握企业战略和人力资源战略的含义及相互关系；
2. 掌握人力资源规划的含义与类型；
3. 掌握人力资源规划的流程；
4. 掌握人力资源规划的类型与适用条件；
5. 掌握人力资源需求与供给预测的方法；
6. 掌握人力资源规划编制的原则和步骤。

素养目标

1. 通过本章的学习，培养学生的前瞻意识和计划意识；
2. 了解中国古代的组织战略思想与人力资源战略思想，树立民族自信和文化自信；
3. 理解人力资源战略与规划的重要性，明确人才对于国家经济社会发展的支柱作用，理解人才强国的战略意义。

导入案例

人才争夺战

优质人才资源成为各地追逐的第一资源。2018年年初最热闹的事情莫过于各地竞相发布的相关人才政策，引发一轮轰轰烈烈的"人才大战"。本次"人才大战"由武汉等城市在2017年年底打响，到2018年达到白热化程度。据不完全统计，包括北京、上海、天津、武汉、西安、南京、郑州、成都、杭州、广州、海口等全国数十个一、二线城市和诸多省份发布了新的人才政策。其中，天津的海河英才落户政策因为条件宽松而引来的一夜之间30万人申请落户尤其引人注目。分析这些政策发现，城市争夺的主要是高学历、高技能的青年人才，吸引手段主要是放开落户限制、降低落户条件，并在创业、工作、买房等方面给予资金支持。

年轻人是城市的未来。各地加大对高素质、高学历青年人的引进力度，这是抓到了城市发展的根本。同时，人才是城市发展从要素驱动向创新驱动转变的核心资源。城市要实现高质量发展，人才无疑是最关键、最紧缺的要素。这是城市加大人才争夺力度的最重要原因。

从人力资源流动的角度来看，人才争夺战可以优化国家人才配置，促进大、中、小城市更加平衡的发展。各地应该根据实际情况和自身条件，制定更为科学、更为长期有效的人才政策，努力改善人才环境，以保证人才的进入、落地、生根。

"良禽择木而栖。"良好的人才环境和足够的发展空间才是吸引和留住优质人才的关键。

资料来源：节选自华夏基石 e 洞察，从抢人大战到孟晚舟事件：2018 年人力资源十大观察［EB/OL］. http://www.chnstone.com.cn/a/media/Edongcha/2018nian/2020/0904/3306.html，2020-12-21.

导入案例思考

1. 你认为人才争夺战的利弊有哪些？
2. 不同城市应如何真正吸引和留住人才？

第一节　人力资源战略

现代企业竞争的本质在于人才的竞争。人才是企业的核心动力，因此企业必须树立科学的人才观，将人力资源管理提升到战略层面。只有不断完善和发展企业的人力资源管理体系，企业才能在激烈的市场竞争中保持竞争优势。随着国际竞争的加剧，人力资源战略的制定被认为是企业发展至关重要的一环。越来越多的企业逐渐意识到，企业的整体竞争优势必须依靠高素质的员工才能实现。因此，为了更好地为企业提供支持和服务，确立科学、高效、完善的企业人力资源战略尤为关键。

企业的人力资源战略是企业整体战略的一部分，人力资源战略应当与企业整体战略相匹配，同时人力资源战略也会在一定程度上影响企业整体战略的制定。因此，在学习人力资源战略的含义之前，应当首先了解企业战略。

一、企业战略

（一）企业战略的含义

战略（strategy）一词最早是军事方面的概念。在西方，"strategy"一词源于希腊语"strategos"，意为军事将领、地方行政长官，后来演变成军事术语，指军事将领指挥军队作战的谋略。在中国，战略一词历史久远，"战"指战争，略指"谋略""施诈"。春秋时期孙武的《孙子兵法》被认为是中国最早对战略进行全局筹划的著作。1938 年，管理学家切斯特·巴纳（Chester Irving Barnard）在《经理的职能》一书中开启了企业战略研究的先河，在分析影响企业经营的各种因素时提出了关于战略因素的构想。1962 年，钱德勒（Chandler）提出，"企业的战略可以被定义为基本的长期目标，企业通过采取一系列的行动和分配所必需的资源来获得目标的实现"。1965 年，安德鲁斯（Andrews）指出，"企业战略就是用一系列主要

拓展阅读 2.1

企业战略管理学派

的方针、计划来实现企业的目的，即企业现在做什么业务，想做什么业务；现在是一个什么样的公司，想成为一个什么样的公司"。1980年，奎因（Quine）提出，"企业战略是一种计划，用以整合组织的主要目标、政策和活动次序"。

本书认为，企业战略是企业结合环境的变化和要求，为求得长期生存和不断发展而进行的针对未来一定时期的总体性谋划，即确定企业的经营指南和愿景目标，并采用一定的行动来实现这些目标。

（二）企业战略的特点

1. 全局性

企业战略是从全局出发，对企业未来一定时期的发展方向和目标的整体规划和设计。

2. 长期性

企业战略通常需要考虑到较长远的未来，可能超过一年、三年或五年，甚至更长。

3. 指导性

企业战略是企业的发展蓝图，指导企业在未来一段时期内的基本发展方向和实现方向的路径。

4. 竞争性

企业战略是在激烈的市场竞争中与对手较量的战略设计。

5. 风险性

企业战略对未来发展的计划具有不确定性，需要管理者有效地规避风险。

（三）企业战略管理的步骤

企业战略管理通常可以划分为以下五个基本步骤：

1. 定义企业的宗旨与使命

企业的宗旨和使命是企业存在的根本意义，企业的宗旨与使命应确定企业服务的特定利益相关群体，并制定满足这些群体的行动纲领，如为员工提供成长平台，为社会创造就业机会等。

2. 考察企业经营的外部环境

这一环节需要对影响企业价值观和使命实现的技术、经济、政治、文化及社会因素进行全面分析。

3. 评估企业的优势与劣势

这一步的关键在于分析企业内部资源相对于竞争对手的优势和劣势所在，识别影响和阻碍企业发展的关键因素。

4. 设定企业的发展战略目标

在分析外部环境和内部资源后，首要任务是明确企业战略。波特将企业战略划分为成本领先战略、差异化战略和集中战略三种。企业应根据自身条件和外部环境分析结果，选择最适合的战略。同时，确定企业的中短期发展目标，包括销售额、利润、预期资本收益率以及客户服务与员工发展等关键领域的目标。

5. 制定企业战略行动方案

此阶段需要根据企业的战略目标在组织结构、人力资源、财务、营销、研发等职能领域制定具体的改进措施和行动方案，以确保战略目标的实现。其中，人力资源战略规划是企业战略行动方案的重要内容之一，企业只有从人力资源角度出发，全面分析战略目标与人力资源的匹配程度，找出差距，制定相应的员工招聘、选拔、培养及激励政策与措施，才能在人力资源方面最大限度地确保组织战略目标的实现。

拓展阅读 2.2

《孙子兵法》中的战略思想

二、人力资源战略

不同学者对于人力资源战略有不同的看法。美国学者舒勒和沃克将人力资源战略定义为"程序和活动的集合，它通过人力资源部门和直线管理部门的努力来实现企业的战略目标，并以此来提高企业目前和未来的绩效及维持企业竞争优势"。学者们对人力资源战略的理解主要在两个方面：一是把人力资源战略理解为市场定位的过程，根据波特对于企业战略的分类思路划分了人力资源战略；二是通过人力资源战略的管理过程来实现企业战略目标，即"战略性人力资源管理"。这两个方面对于人力资源战略的理解在本质上没有区别。

本书根据学者们的观点将人力资源战略的定义进行了整合和再定义。人力资源战略（human resource strategy，HRS）是指为了实现组织目标而采取的一系列具有全局性、整体性、计划性和长远性的人力资源管理行动，具体表现为根据企业内、外部环境确定企业目标，从而制定出企业的人力资源管理目标，通过各种人力资源管理职能活动实现企业目标和人力资源目标的过程。

拓展阅读 2.3

国内外学者对"人力资源战略"的定义

三、企业战略与人力资源战略的关系

企业战略与人力资源战略之间的关系是动态调整的，学者们经过长期研究，普遍认为企业战略和人力资源战略二者之间是互相影响、互相作用的。

（一）企业战略决定人力资源战略

早期人力资源战略的布局侧重于将企业的长远需求与人力资源相关问题进行整体性考量。在这一时期，人们普遍认为企业战略与人力资源战略之间呈现出一种单向性的关联（垂直关系），这意味着人力资源战略的构建是以企业战略作为基石，并能够折射出企业未来的发展方向及资源需求。这种视角与其他职能部门的战略定位相类似，均是在企业战略的大背景下进行规划与实施。

戴尔（Dell）于 1984 年提出："组织战略是组织人力资源战略的核心决定要素。"这一观点得到了多项实证研究的支持。拉贝尔（Label）在针对加拿大企业高层管理层的调查中，亦发现组织战略在人力资源战略形成过程中被提及的频率最高。大多数受访者认同组织战略对人力资源战略具有决定性影响。此外，学者们通过研究还发现当组织追求的战略目标存在差异时，其人力资源战略的形成亦会展现出明显的不同。这些发现为我们提供了深入理解和优化企业战略与人力资源战略关系的重要视角。

舒勒（Schuler）在 1987 年提出，组织战略对于确定人力资源战略起到了关键作用。各种组织战略引导着不同的人力资源战略选择，这些战略通过塑造组织结构和工作流程（如职能与直线结构，以及大规模与灵活生产方式）来进一步细化人力资源战略。舒勒在 1984 年构建了人力资源战略形成的 5P 模型，包括理念（philosophy）、政策（policy）、计划（programs）、规则（practices）和过程（processes）。他认为，组织内部和外部环境因素共同确定了组织的战略需求，并影响了战略的形成方式。通过深入分析这些因素，高级管理层需要明确组织的整体使命和核心目标，并设计相应的管理方案和程序，以支持组织实现其战略目标，这些目标、方案和政策是人力资源战略不可或缺的组成部分。因此，舒勒的研究着重强调了企业战略与人力资源战略之间的紧密联系，二者相互依赖，共同构成了一个综合的战略体系。

在西方学者的深入探究中，人力资源战略被精准定位为企业职能战略的关键层面。它基于企业总体战略构建，并对企业战略进行强化支持，助力企业战略目标的达成。1992 年，沃尔里奇（Ulrich）从人力资源需紧密配合公司战略的角度出发，特别明确地指出公司战略与人力资源战略必须保持高度一致。这种协同合作带来了三大显著优势：首先，显著提升了公司的执行能力；其次，显著增强了公司应对变化的能力；最后，形成了"战略一致性"，使公司更能精准把握顾客需求并勇敢面对各种挑战。

（二）人力资源战略支撑并影响企业战略

戴尔（Dell）于 1984 年提出组织战略与人力资源战略之间存在着密切的相互作用关系。在整合这两种战略的过程中，组织必须从人力资源的角度出发，全面评估组织战略的灵活性、可行性和成本效益。同时，人力资源系统也需要制定自身的战略，以应对因实施组织战略而可能产生的人力资源方面的挑战和变化，这一研究结论为组织在战略规划和人力资源管理方面提供了重要的参考和指导。

伦格尼可·霍尔（Lengnick-Hall）在 1988 年提出的人力资源战略所形成的"相互依赖"模式中，明确指出组织战略与人力资源战略之间应当存在双向互动关系。他的研究进一步揭示，人力资源战略不仅受组织战略影响，同时也受到组织应对未来挑战和困难准备状况的影响。他强调这种影响并非单向，人力资源战略在企业战略的形成与执行过程中发挥着不可或缺的作用。人力资源战略的产生旨在满足组织的成长预期和对预期的准备需要。当组织怀抱高度期望，而人力资源战略尚未成熟时，组织将采取如下行动：一是投资于人力资源以提升执行能力；二是依据缺乏的准备条件调整组织目标；三是利用现有的人力资源配置优势改变战略目标。在上述情形中，人力资源战略与组织战略相互提供信息并彼此影响。

企业战略的实施与调整，不仅受到人力资源战略的深刻影响，同时也依赖于其强有力的支撑。换言之，人力资源战略的有效发挥，是企业战略得以实现的关键所在。此外，人力资源战略的制定、实施及调整，还能推动企业战略的升级与转换，从而为企业的发展注入新的活力。

综上所述，企业战略与人力资源战略相互依存、相互促进。企业战略为人力资源战略提供方向，而人力资源战略为企业战略的实施提供坚实的支撑和保障。同时，两者之间的关系是动态变化的，需要不断地适应和调整。正是这种持续的互动与调整，确保了企业战略和人力资源战略的持续发展和生命力。

拓展阅读 2.4

企业战略与人力资源战略关系的实践

（三）企业战略与人力资源战略的整合

根据迈克尔波特的竞争理论，企业基本竞争战略模型划分为成本领先战略、差异化战略和集中化战略三种，戈梅斯和麦加等人根据企业的竞争战略提出了与之相匹配的三种人力资源战略（见表 2-1）。

表 2-1　企业战略与人力资源战略之间的整合

企业战略	一般组织特点	人力资源战略
成本领先战略	●持续的资本投入 ●严密地监督员工 ●严格的成本控制 ●低成本的配置系统 ●结构化的组织和责任 ●产品设计以制造便利为原则	●有效率的生产 ●明确的职位说明书 ●详细的工作规划 ●强调具有技术上的资格证明与技能 ●强调与工作有关的特定培训 ●强调以工作为基础的薪酬 ●以绩效评估作为控制机制
差异化战略	●营销能力强 ●强调产品的策划与设计 ●基础研究能力强 ●公司以质量或科技领先著称 ●公司的环境可吸引高技能的员工、高素质的科研人员或具有创造力的人	●强调创新和弹性 ●工作类别广 ●松散的工作规划 ●外部招募 ●团队基础的培训 ●强调以个人为基础的薪酬 ●使用绩效评估作为发展的工具
集中化战略	结合成本领先战略和差异化战略组织的特点	●结合上述人力资源战略

资料来源：阿姆斯特朗. 战略化人力资源基础 [M]. 张晓萍，何冒邑，译. 北京：华夏出版社，2004.

当企业采用成本领先战略时是通过低成本来获得竞争优势，因此应该严格控制成本和加强预算。为了配合这一战略，此时的人力资源战略应强调有效性和低成本生产，通过合理的高度结构化的程序来减少不确定性，并且不鼓励创新。

当企业采用差异化的竞争战略时，其核心在于通过创造产品或服务的独特性来获得竞争优势。因此，这种战略的一般特点是企业具有较强的营销能力，强调产品的设计和研发，以产品差异著称。与之匹配的人力资源战略是强调创新性和弹性，形成创造性的氛围，常采用以团队为基础的培训，强调采用差异化的薪酬策略等。

当企业采用集中化战略时，其特点是综合了成本领先战略和差异化战略，相应的人力资源战略的特点是上述两种战略的结合。

因此，当一个企业在制定人力资源战略时需要综合考虑多方面的因素和条件，尤其需要注意与企业竞争战略之间的协调和配合。其关键点可以归纳为以下几点：

（1）制定人力资源战略应结合企业的发展阶段。企业的成长和发展常按照不同的阶段具体分为：幼年期、成长期、成熟期和衰退期。人力资源战略的制定应当同企业的成长周期相一致。例如，在成长期企业业务扩张时就应该扩充人力，积极培养员工；当处于衰退期时则应采用紧缩战略以降低成本。

（2）要综合分析企业所面临的内外部环境。企业竞争战略的制定建立在对自身和外部环境的分析基础之上，通过 SWOT 分析，企业需要充分考虑其所面临的内外部的环境，分析自身所面临的机会和威胁、优势和劣势，才能制定出与之相匹配的人力资源战略。

（3）要根据环境的变化适时调整人力资源战略。人力资源战略是指导企业的总体人力资源管理的思想和方向，但是在实际和具体的工作当中应当有具体的实施方案，并且需要随着环境和形势改变而实时调整，只有这样才能适应瞬息万变的市场，使企业利用人力资源战略巩固和加强其竞争优势并在激烈的竞争中出奇制胜。

四、现代人力资源战略在企业管理中的作用

（一）人力资源战略在公司整体战略中占据核心地位

在当前的企业竞争环境中，人才已成为企业获取竞争优势的关键资源。为与企业战略相适应，管理和专业技术人才的培养与发展显得尤为重要，充分挖掘和发挥他们的才能，可以推动企业战略的顺利实施，进而促进企业的快速发展。人力资源战略不仅指导着各项人力资源管理活动的开展，而且确保这些活动之间能够形成有效的协同作用。不同的企业战略与规划对人力资源管理活动会产生不同的影响。因此，明确并实现人力资源管理在企业战略管理中的核心地位对于企业的长远发展至关重要。

（二）人力资源战略能够提高企业的绩效

人力资源战略作为企业总体战略的重要组成部分，其核心目标围绕企业整体战略目标展开。企业的绩效成果主要体现在向顾客提供高效优质的产品和服务，而这些产品和服务的创造与提供，都需要企业中的人力资源来实现。因此，企业的人力资源实质上就是直接参与设计、生产和提供这些产品和服务的员工。在企业生命周期的不同阶段，人力资源管理都扮演着至关重要的角色，并随着企业的发展阶段呈现出不同的特点。过去人力资源管理主要侧重于活动的执行，更多关注于工作的完成，而对成本和人力资源需求相对忽视。然而，随着当前经济向知识驱动型和创新驱动型转变，企业人力资源管理也必须实现战略性的转变。现代的人力资源管理者需要将其工作成果与企业的整体成果紧密相连，特别是要将人力资源投资转化为实际的回报，从而为企业创造更多的经济价值。这不仅要求人力资源管理者关注活动的执行，还要更加注重活动的成本效益和对人力资源的精准管理，从而推动企业的持续发展。

（三）人力资源战略能够提升人力资本

企业的人力资本涵盖企业内部员工及其所蕴含的潜能和工作能力，这些能力在劳动者身上体现为数量与质量上的非物质资本。人力资源管理的核心目标，在于持续提升企业的

人力资本总量。为实现这一目标，关键措施在于充分利用内部员工的才能，并吸引外部优秀人才的加入。作为企业战略不可或缺的一环，人力资源管理工作应确保各岗位人员配置充足合理，保障员工具备相应岗位所需技能。通常通过系统的培训与开发，来缩减乃至消除岗位技能需求与员工实际能力之间的差距。此外，设计与企业战略目标相符合的薪酬体系、福利计划，提供更多的培训机会，以及为员工规划职业生涯等，均为增强企业人力资本竞争力、提升人力资本的重要途径。

（四）人力资源战略能够保证人力资源管理系统的效率

在企业运营过程中，人力资源管理工作面临着投入成本与产出收益之间的复杂矛盾。行政管理及事务管理环节虽不可或缺，但往往需要大量的人力投入，这些人力投入却未必能够为企业带来最大化的价值回报。为了有效地控制人力资源成本，企业必须将人力资源重点投入与成本效益紧密相关的业务环节，并从人力资源规划和管理等角度实施严格的成本控制。因此，如何平衡行政管理、事务管理以及人力资源战略管理三方面的投入，成为确保企业有效控制人力资源成本的关键。为达到这一目的，企业需要规范人力资源管理的各项行为，制定客观的人员与事务评价及检测标准。这些措施不仅能够保障企业和劳动者的合法权益，还能促进人力资源管理系统的高效化、标准化和现代化发展，从而为企业创造更大的价值。

五、制定人力资源战略的流程

一般来说，制定人力资源战略的基本流程与其他战略的基本步骤类似，包括分析企业的内外部环境、识别关键问题、选择适合的人力资源战略等步骤。

（一）分析企业的内外部环境

环境分析是制定人力资源战略的第一步。在构建人力资源战略的过程中，环境分析被视为一切工作的起点，所以扮演着至关重要的角色。分析企业的内外部环境时，企业不仅要审视自身当前的人力资源管理状况，还需深入探索可能对企业未来业绩产生深远影响的内外部环境因素。因此，企业应建立定期或不定期的监控机制，以追踪和评估内外部环境的变化，进而识别出那些可能威胁到人力资源稳定和企业整体发展的潜在风险。此外，分析工作还需聚焦于预测企业未来可能遭遇的情境，如企业是否能维持当前的增长势头，企业利润是否可能低于行业平均水平而导致业绩下滑等。

制定人力资源战略时进行企业内外部环境分析的方法有很多种，比较常用的方法为PEST 环境分析法和 SWOT 环境分析法。

1. PEST 环境分析法

PEST 环境分析法是一种常用的战略管理工具，用于评估外部环境对组织的潜在影响。该分析方法主要集中外部环境的四个方面：政治（political）、经济（economic）、社会（social）、技术（technological）。PEST 环境分析法用于识别和了解外部环境中可能对人力资源战略产生影响的因素，进而帮助组织应对各种挑战和机遇。

（1）政治（political）：包括政府政策、法规和法律环境。政治因素对企业的发展和人力资源管理有深远影响，如劳动法规、雇佣法律、税收政策等都会直接影响人力资源战略的制定和实施。

（2）经济（economic）：包括宏观经济环境、货币政策、通货膨胀率、失业率等因素。经济变化会直接影响企业的业务和财务状况，进而影响人力资源管理的需求、成本和决策。

（3）社会（social）：社会因素包括人口结构、文化价值观念、教育水平、消费习惯等。这些因素对人力资源战略制定至关重要，可能会影响员工的需求、团队合作的方式、文化适应等。

（4）技术（technological）：包括科技发展、信息技术应用等。随着科技的不断发展，组织需要不断更新和调整人力资源管理的方式和工具以适应新的技术环境。

通过对这四个方面的全面分析，企业可以更好地了解外部环境的变化和挑战，有针对性地调整人力资源战略以适应时代的发展。PEST 环境分析法是帮助组织建立战略敏感度和应对能力的重要工具之一。

2. SWOT 环境分析法

SWOT 环境分析法是一种常用的战略管理工具，用于分析组织内外部环境中的优势（strengths）、劣势（weaknesses）、机会（opportunities）、威胁（threats）。这种分析方法有助于组织在制定人力资源战略时全面评估自身的实力和弱点，把握外部环境的机会和挑战，从而制定更加有效的人力资源战略。

（1）优势（strengths）：企业内部的优势或优势因素，如专业技能、领导团队、市场地位、品牌声誉等。对人力资源管理而言，优势可能包括拥有高素质的员工、优秀的企业文化、先进的培训体系等。通过识别和利用内部优势，企业可以提高竞争力和员工满意度。

（2）劣势（weaknesses）：企业内部的劣势或不利因素，如管理薄弱、技术陈旧、招聘困难等。在人力资源管理领域，劣势可能包括员工流失率高、员工满意度低、缺乏相关技能等。通过识别内部劣势，企业可以采取措施改进和弥补，进而提升员工绩效和企业竞争力。

（3）机会（opportunities）：外部环境中的机会或潜在机遇，如市场扩张、技术创新、人才市场变化等。在人力资源管理中，机会可能包括市场需求增长、新兴技术应用、员工培训机会等。抓住机会可以帮助组织发展壮大，提高员工满意度和组织绩效。

（4）威胁（threats）：外部环境中的威胁或潜在威胁，如竞争加剧、市场饱和、法规变化等。在人力资源管理领域，威胁可能包括员工流失、技术落后、法规变化等。识别威胁可以帮助企业及时采取措施，降低风险并保持竞争优势。

通过 SWOT 环境分析法，企业可以系统性地评估内外部环境的因素，根据审慎分析后的结果制定针对性的人力资源战略，从而实现人力资源管理的优化和持续发展。

（二）识别关键问题

根据企业内外部的环境分析的结果，需要进一步识别和确定企业面临哪些至关重要的战略性人力资源管理的问题。考虑到企业全球化趋势、顾客需求导向、企业转型、公司合并与收购、多元化运营以及分销渠道创新等因素，相关的人力资源管理问题可能涉及优秀人才的招募与留任、人力资源配置的优化、专业人才团队的建设，以及提升员工对福利待遇的满意度等。明确这些问题是为了精准地制定人力资源战略的核心要点，这也是构建人力资源战略目标的重要基石。这些关键问题源于企业的日常运营管理，解决这些问题能够确保人力资源战略在支持企业战略实施方面发挥根本性作用。

（三）选择适合的人力资源战略模式

目前，已经有一些成熟的人力资源战略分类得到广泛认可。企业的人力资源部门常常会采用环境分析的方法，基于环境分析的结果并结合企业自身实际，选择一种或多种成熟的人力资源战略，作为构建本企业人力资源战略的基础，从而扬长避短，把握住快速发展的市场机会。人力资源战略从不同角度可以划分为不同的类型，为了实现不同的组织目标，企业需要根据不同的情境选择不同的人力资源战略或者人力资源战略组合。以下是基于不同视角的人力资源战略分类。

1. 基于战略重点的分类

基于战略重点内容的不同，人力资源战略可以分为吸引战略、投资战略和参与战略。

（1）吸引战略。吸引战略的核心在于通过具有竞争力的薪酬体系吸引和保留高素质的员工队伍。在实施这一战略时，企业会采用包括利润分享计划、奖励政策、绩效奖酬，以及附加福利在内的多种薪酬制度。然而，高薪策略必然导致人工成本的增加。为了有效平衡这一成本，企业在执行吸引战略时，通常会限制员工数量，并优先吸引那些具备高度专业技能的员工，从而降低招聘和培训的成本。

（2）投资战略。投资战略的核心理念在于通过构建规模庞大的员工队伍，形成一个全面的人才储备库。这种战略的核心旨在通过汇聚多元化的专业技能人才来增强企业的应变能力。投资战略强调员工的持续开发与培训，致力于构建和谐稳定的劳动关系。在此过程中，管理层扮演着举足轻重的角色，他们负责确保员工能够获得必要的资源、系统的培训及持续的支持。实施投资战略的目标在于与员工建立稳固而长久的合作关系，因此，采用投资战略的企业往往高度重视员工，将员工视为宝贵的投资对象，愿意为员工提供坚实的职业保障。

（3）参与战略。参与战略的核心在于赋予员工更多的决策参与机会和权利，使他们能够在工作中行使自主权。在这种战略下，管理人员扮演着教练的角色来为员工提供必要的指导和支持，以促进员工的成长和发展。采取参与战略的企业高度重视团队建设和自我管理能力的培养，强调员工之间的协作和沟通，注重培养员工的团队合作技巧和解决问题的能力。同时，这些企业也有高度的意愿培养员工的沟通技巧和自我管理能力，通过培训和实践相结合的方式，帮助员工不断提高自己的综合素质和专业能力。参与战略的实施需要企业全面考虑员工的成长和发展，注重培养员工的自主性和创新能力，从而为企业的发展提供强有力的支持。

2. 基于企业变革程度的分类

1994 年，史戴斯（Stace）和顿菲（Dumphy）基于对企业变革程度的深入洞察，将人力资源战略划分为四种类型，即家长式战略、发展式战略、任务式战略和转型式战略，如表 2-2 所示。

表 2-2　史戴斯和顿菲对人力资源战略的分类

人力资源战略	企业变革程度	管理方式
家长式战略	基本稳定、微小调整	指令式管理
发展式战略	循序渐进、不断变革	咨询式管理为主，指令式管理为辅
任务式战略	局部改革	指令式管理为主，咨询式管理为辅
转型式战略	总体改革	指令式管理与高压式管理并用

（1）家长式战略。该战略主要适用于那些注重稳定、避免变革的企业，这种人力资源的特点如下：一是人事管理高度集中控制，确保各项人事决策的统一性和协调性；二是强调遵循既定程序和先例，以维护组织内部的一致性和稳定性；三是重视组织结构和方法的深入研究，以提升企业运营效率；四是实施硬性的内部任免制度，确保人事安排的公正性和透明度；五是人力资源管理的基础建立在明确的奖惩制度和协议之上，激励员工积极履行职责，同时保障员工的合法权益。

（2）发展式战略。当企业置身于持续变革与演进的经营环境中，为妥善应对环境带来的挑战与机遇，发展式人力资源战略成为其必然选择。该战略的核心特点体现在以下几个方面：第一，它高度重视个人与团队的成长与发展，视其为推动组织进步的核心力量；第二，在招聘策略上倾向于从内部选拔人才，以充分挖掘和利用现有资源；第三，通过实施大规模的发展与培训计划，不断提升员工的专业技能与综合素质；第四，该战略强调内在激励的重要性，超越对外在奖励的依赖，以激发员工的内在动力和创新精神；第五，企业在决策过程中，始终将企业的总体发展置于优先考虑地位，确保各项战略与目标的协调统一；第六，通过强调企业整体文化的塑造与传播，以及对绩效管理的重视，形成了一种积极向上、富有凝聚力的组织氛围。

（3）任务式战略。采取任务式战略的企业，其关注点在于局部性的变革。战略的制定过程，通常采用自上而下的指令方式。这类企业在战略执行方面，享有一定的自主权，但同时也需对其单位效益承担相应的责任。此类战略的实施，依赖于健全的管理制度，其主要特点包括：重视业绩与绩效的管理，强调人力资源规划、工作再设计以及工作常规的检查，重视物质奖励的激励作用；在招聘方面，既注重内部选拔，也重视外部引进；提供正规的技能培训，通过正规程序处理劳动关系问题，强调战略事业单位的组织文化建设。

（4）转型式战略。当企业面临经营环境严重不适应，进而陷入危机的紧急情况时，进行全面变革成了必要的选择。由于时间紧迫且彻底的变革可能触及众多员工的利益，因此难以获得广泛的支持。在此情况下，企业不得不采取强制且高效的全面变革措施，涉及企业战略、组织结构和人事任用的重大调整，以创建新的结构、领导体系和文化氛围。与彻底变革相适应的是转型式人力资源战略。该战略主要着眼于调整员工队伍构成，实施较大规模的裁员和开支缩减，同时从外部引入优秀的管理人才，对现有管理人员进行团队培训，塑造新的企业价值观。打破陈规陋习，摒弃旧的组织文化，构建一套适应当前经营环境的人力资源管理体系。这些措施旨在确保企业在变革中稳步前行，为未来的发展奠定坚实基础。

3. 基于员工管理理念的分类

1989 年舒勒（Randall S.Schuler）基于公司对员工的管理理念，将人力资源战略分成三种类型：累积型战略、效用型战略和协助型战略。

（1）累积型战略。累积型战略是指以长远的视角来规划和管理人力资源，强调对人才的持续培养与发展。通过精心挑选与招募，确保吸引并保留最符合组织需求的人才。这种战略重视员工的全方位参与，致力于技能培训与提升，旨在充分挖掘并发挥员工的潜能，全面开发其能力、技艺与知识。通过这种方式，组织不仅能够实现当前的目标，更能为未来的长远发展奠定坚实的基础。

（2）效用型战略。效用型战略是一种短期导向的人力资源管理方式，它强调对员工能力的快速利用，而不是过度投资于培训。在此战略下，组织倾向于招聘已具备岗位所需技能和知识的员工，以确保其能够迅速适应并胜任特定工作。这种方式减少了对员工长期发展的承诺，更注重短期内的工作效率与成果。

（3）协助型战略。协助型战略介于累积型战略和效用型战略之间，员工需要具备技术性的能力，并且要与同事保持良好的人际关系。在培训方面，员工负有学习的责任，公司只是提供协助。相应地，当企业将人力资源视为一项资产时，就会采取累积型战略，加大培养力度；而当企业将人力资源视为企业的成本时，就会选择效用型战略，只提供较少的培训以节约成本。

（四）拟定备选方案

确定人力资源战略类型之后，需结合企业的实际情况，提出具有企业独特性的战略举措，并据此制定备选的人力资源战略方案。人力资源战略方案制定的核心环节涵盖指导思想、战略目标的设定以及具体战略措施的规划。

（五）选择最终战略方案

在面临多个人力资源战略选择时，关键因素评价矩阵是一种有效的决策工具。该方法通过赋分机制，根据备选方案与关键影响因素的契合程度，对各个方案进行量化评估。评分标准设定为：高度契合得 4 分、中度契合得 3 分、低度契合得 2 分、存在矛盾得 1 分。同时，根据每个影响因素的重要性，为每个因素分配相应的权重。最终，通过计算权重与评分的乘积，得出每个备选方案与每个因素的契合得分。总分最高的方案，即为最符合实际需求的可行方案。这一方法的应用，旨在提高决策过程的严谨性和准确性，确保最终选择的人力资源战略方案能够最大化满足组织的发展需求。

六、人力资源战略模式的演变

（一）以竞争为导向的人力资源战略

以竞争为导向的人力资源战略相对基础，其核心在于深入剖析企业的内外部环境与条件，全面评估人力资源的优劣势，识别并确定影响人力资源管理的关键战略变量，随后将这些变量融入人力资源管理实践中，形成具有战略导向的人力资源决策。在此基础上，借助现有的人力资源管理体系的支持，实现这些战略决策的有效落地。

（二）为企业组织服务的人力资源战略

这种战略将人力资源管理（HRM）视为组织战略实施的核心保障、组织优势发挥的

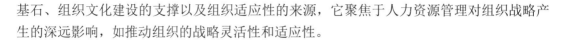

基石、组织文化建设的支撑以及组织适应性的来源，它聚焦于人力资源管理对组织战略产生的深远影响，如推动组织的战略灵活性和适应性。

（三）提高人力资本投资效益（HRIR）的人力资源战略

这是一种最大限度利用财务金融知识对人力资源的价值进行计量和管理的战略。企业对人力资源进行投资立项，利用量本利、现金流量分析法等对人力资源投资经营决策进行规划和控制。通过人力资源的投资收益分析，设计员工激励机制，把人力资源的投入作为激励员工的重要措施，并通过风险管理来实现组织绩效提升和员工福利改善的双赢局面，最终为企业的长远发展战略提供有力支持。人力资本投资的风险主要包括决策风险和管理风险，前者是投资后企业得不到预期收益的风险，后者是管理不善造成人力资本效率低下或人才流失的风险。特别是经济定量模型和金融工具的应用，如管理层持股、员工持股、股票期权计划、实物期权方法，使人力资源管理更富于战略特征，这极大地提高了管理者和员工的积极性，使企业在吸引和激励人才方面更具竞争力。

（四）以人力资源为基础（RBV）的资源配置战略

该战略突出了人力资源作为企业内部核心能力的作用，认为人力资源战略在企业的众多职能战略中居于首位，其首要作用在于能够确保和维持企业的生存和发展，同时它能够使人力资源成为企业获取持续竞争优势的来源。这种模式强调战略与人力资源的一致性或匹配是人力资源战略获取成功的关键。以人力资源为基础（RBV）的战略较好地把 HRM 与竞争优势结合起来，解释了为什么人力资源管理能实现企业的可持续竞争优势。这种模式的主要构成部分包括：人力资本储备、员工关系和行为、人力资源管理系统或高绩效工作系统。企业通过人力资源管理系统来调动人力资本储备，激发员工的行为，实现企业的绩效目标，正是这三个因素的综合效应带来了持续的竞争优势。

（五）以目标为导向（MBO）的人力资源战略

这种战略的基础是目标管理法，它以整个企业或组织的目标为出发点，强调管理者与员工共同制定目标，特别重视和利用员工对组织的贡献，通过指导和监控目标的实现过程来提高员工的工作绩效，并通过绩效反馈来制订绩效改进计划。员工能够参与整个绩效管理的过程中，包括参与目标的建立、目标实施的沟通、评价之后的绩效反馈，因而能够促使员工共同推进组织目标。它的不足在于只重视短期效益，而对战略目标制定和实施缺乏控制；员工与管理者在共同制定目标过程中可能会发生冲突，员工的注意力集中在目标上，但对达到目标所要求的行为不明确；其绩效标准因员工不同而不同，没有相互比较的基础。

第二节　人力资源规划

一、人力资源规划的含义与类型

在高度竞争的市场经济环境中，企业必须通过适当的人力资源规划来指导具体的人力资源管理工作。人力资源规划从整体角度对企业人力资源管理的各种职能（如招聘、配置、培训发展、薪酬计划和退休解聘等）的未来进行规划和分析，具有一定的前瞻性。

（一）人力资源规划的含义

人力资源规划是企业人力资源战略的具体体现，是各项人力资源管理工作的依据。人力资源规划是根据企业人力资源战略目标的要求，科学地预测、分析企业在变化的环境中对人力资源的供给和需求情况，制定必要的政策和措施，以确保企业在需要的时间和需要的岗位上获得各种人才。人力资源规划要解决以下基本问题：了解企业的环境，确定人力资源管理目标，明确具体的工作，进行有效的评估。这些基本问题涉及企业内部不同层次、不同性质的工作。

人力资源规划的含义有以下 5 个要点：

（1）人力资源规划是以企业人力资源战略目标为依据，当人力资源战略目标发生变化时，人力资源规划也随之发生变化。因此，也可以说企业的人力资源战略目标是人力资源规划的基础，人力资源规划是人力资源战略目标的实现计划。

（2）企业外部环境中的政治、经济、法律、技术、文化等一系列因素处于不断变化之中，企业中的人力资源状况也在不断调整和变化，这使得企业的人力资源战略目标也处于不断变化中。人力资源战略目标的变化必将引起企业内外人力资源供需的变化，人力资源规划就是要对人力资源供需状况进行分析预测，以确保企业在近期、中期和长期对人力资源的需求能够满足。

（3）人力资源规划必须将企业确定的人力资源战略转化为必要的人力资源政策措施，以确保企业对人力资源需求的如期实现。政策措施要正确而明晰，如对涉及内部人员调动补缺、晋升或降职、外部招聘、开发培训等要有切实可行的措施保证，否则就无法确保人力资源规划的实现。

（4）人力资源规划要使企业得到长期的利益。这是指企业的人力资源规划要创造良好的条件，充分发挥企业中每个人的主观能动性，使每个人提高自己的工作效率，提高组织运作效率，使企业的目标得以实现。

（5）人力资源规划要注重实现员工的目标。人力资源规划在注重实现企业长远利益的同时，也要切实关心企业中每个人在物质、精神和业务发展等方面的需求，并帮助他们在实现企业目标的同时实现个人的目标。

（二）人力资源规划的类型

企业人力资源规划种类繁多，根据不同的标准，可以划分为不同类型。一般来说，人力资源规划可以根据规划的时间、涉及的范围和性质进行分类，并且根据企业的实际需求进行灵活调整。

拓展阅读 2.5

1. 按照规划的时间划分

在规划时间方面，人力资源规划主要分为短期规划、中期规划和长期规划三种。短期规划一般持续 6 个月至 1 年，长期规划则超过 3 年，而中期规划则介于两者之间。企业选择不同期限的人力资源规划，主要受到企业环境确定性以及人力资源素质要求的影响。当经营环境不稳定、不确定性较高，

经营环境的不确定性与人力资源规划期限长短的关系

且企业对人力资源素质要求不高时，企业可以选择短期人力资源规划，因为可以随时从劳动力市场补充所需劳动力。相反，当经营环境稳定、不确定性较低，且企业对人力资源素质要求较高时，企业需要制定更长期的人力资源规划。

2. 按照规划的范围划分

从规划所涉及的范围上，企业的人力资源规划可细分为企业全局性人力资源规划、部门级人力资源规划以及针对特定任务或职责的人力资源规划。企业全局性人力资源规划着重于规划期内人力资源开发与利用的整体目标、基本方针、实施步骤及总体预算的部署，与企业战略紧密相连，是确保企业战略目标得以实现的人力资源基石。部门级人力资源规划则是全局性人力资源规划在各部门的具体体现，详细规划了各部门人力资源开发与利用的目标、政策、实施步骤及部门预算。而针对特定任务或职责的人力资源规划，则涵盖了人员补充、使用、接替与提升计划、教育培训计划、薪资激励规划以及劳动关系计划多个方面，是对全局性规划的细化和具体化。

3. 按照规划的性质划分

从规划的性质上可以将其划分为战略性人力资源规划和战术性人力资源规划两大类别。其中，战略性人力资源规划具备全局性和长远性，是人力资源战略的具体体现；而战术性人力资源规划则是指具体的、短期的，并且针对性强的业务计划。

二、人力资源规划的内容与制定过程

（一）人力资源规划的内容

企业人力资源规划根据其影响范畴，可划分为两个层面：

1. 人力资源总体规划

此规划主要涵盖计划期内人力资源管理的总体目标、总政策、实施步骤及总预算的安排，起到连接人力资源战略与具体执行行动的关键作用，用以确保两者之间的顺畅沟通。

2. 人力资源业务计划

业务计划细分了总体规划的各个部分，具体包括人员补充、分配、提升、教育培训、工资、保险福利、劳动关系及退休等方面的计划。每一项业务计划均包含目标、政策、实施步骤及预算等关键要素，旨在确保总体规划目标的实现，具体内容见表2-3。

表2-3 人力资源规划内容一览表

计划类别	目标	政策	步骤	预算
总规划	总目标（绩效、人力资源总量、素质、员工满意度等）	基本政策（扩大、收缩、保持稳定等）	总体步骤（按年安排，如降低人力资源成本等）	总预算
人员补充计划	类型，数量，对人力资源结构及绩效的改善等	人员标准、人员来源、起点待遇	拟定标准，广告宣传，测试，录用	招聘，挑选，费用
人员使用计划	部门编制，人力资源结构优化及绩效改善，职务轮换幅度	任职条件，职位轮换，范围及时间	略	按使用规模、类别及人员状况决定的工资和福利预算

续表

计划类别	目标	政策	步骤	预算
人才接替与提升计划	保持后备人才数量，提高人才结构及绩效目标	选拔标准，资格，试用期，晋升比例，未提升人员的安置等	略	职务变动引起的薪酬变化
教育培训计划	素质及绩效改善，培训类型、数量，提供新人力资源，转变态度作风	培训时间的保证，培训效果的保证（如待遇、测试、使用）等	略	教育培训总投入，脱产损失
薪资激励计划	人才流失降低，士气提升，绩效改进等	激励重点，工资政策，激励政策，反馈	略	增加工资、奖金额
劳动关系计划	减少非期望离职率，干群关系改善，减少投诉率及不满	参与管理，加强沟通	略	法律诉讼费

资料来源：赵曙明 . 人力资源战略与规划 [M]. 4 版 . 北京：中国人民大学出版社，2017.

（二）人力资源规划制定的流程

人力资源规划的最终目的是通过人员管理获得和保持企业竞争优势的机会。随着组织所处的环境、企业战略与战术计划、组织目前的工作结构与员工的工作行为的变化，人力资源规划的目标也不断变化。因此，制定人力资源规划不仅要了解企业现状，更要认清企业的战略目标方向和内外环境的变化趋势；不仅要了解现时的表现，更要认清人力资源的潜力和问题。制定人力资源规划的流程，如图 2-1 所示。

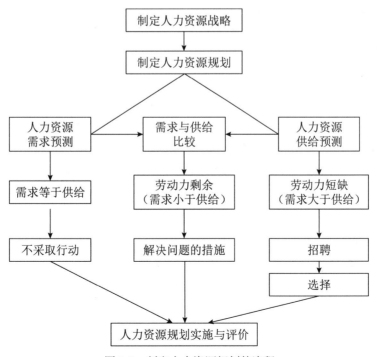

图 2-1　制定人力资源规划的流程

1.制定人力资源战略

人力资源战略是用来预测和管理人力资源供求的方法，它为企业的人力资源管理与活动设定了一个大致的方向。基于人力资源战略，企业需要对人力资源内部和外部供求状况进行评价，并得出分析结果。一旦评估工作结束，预测结果必须用来对人力资源的供求关系及缺口进行分析和确认。为了消除这种供求之间的不平衡，必须及时制定长期或短期的人力资源战略和人力资源规划。

2.制定人力资源规划

人力资源规划必须具有长期导向性。例如，在为人力资源进行规划时，组织必须考虑到它是把自己的员工长时间分配到某一工作岗位上，而不仅仅是下一个月或下一年。这种工作安置必须洞察到将来影响到组织的任何经营方面的缩减与扩张，以及技术方面的变化。人力资源规划为组织将来的发展提供了路径图，指明哪里可以得到员工资源，什么时候需要员工资源以及员工需要什么样的培训和发展计划。

3.人力资源规划的实施与评价

在规划方案执行阶段需要解决的一个关键问题是：不但要确保有具体的人来负责既定目标的达成，同时还要确保实施规划方案的人拥有达成这些目标所必要的一些权力和资源。除此之外，要定期得到关于执行情况的进展报告，以确保所有的方案都能够在既定的时间里执行到位，并且在这种方案执行的早期所产生的一些收益与预测的情况是一致的。当然，对人力资源规划所能够做出的最为明显的评价是，企业是否有效地避免了潜在的劳动力短缺或劳动力过剩情况。

三、人力资源规划的作用

通过对人力资源规划概念及制定过程的了解，可以看出人力资源规划在企业的人力资源管理中起到了先导作用，对整个人力资源工作具有重要的战略意义。由于人力资源规划与企业发展战略紧密相连，因此，在实施企业目标和战略规划的过程中，它能够指导人力资源管理的具体活动，并不断地对人力资源管理的政策和措施进行相应的调整。具体而言，人力资源规划的作用主要体现在以下几个方面：

（一）使企业及时了解因经营管理变化而导致的人力资源需求变化

企业的生存和发展与企业的人力资源密切相关，企业经营管理过程中的任何变化都有可能导致企业对人力资源需求的变化。如果企业的人力资源不能适应企业的这种变化，企业目标就难以实现。人力资源规划就是要预见这种变化，并及时进行准备。

（二）使企业提前预测未来人力资源供需问题

对于一个不断变化的企业来说，人力资源的需求和供给不会自动平衡。人力资源规划通过分析组织变化，预测人力资源的供求差异，及时预见组织在未来可能出现的人力资源不足或过剩的潜在问题，并及时采取措施进行调节。

（三）使企业获得并保留符合需要的人力资源

通过人力资源规划，企业可以了解哪些人员是企业目前短缺的，企业应该制定什么样的员工发展政策和薪酬政策吸引并留住所需要的人力资源。人力资源规划对调动员工的积极性也很重要，因为只有在人力资源规划的条件下，员工才可以看到自己的发展前景，从而去积极地努力争取。人力资源规划有助于引导员工职业生涯设计和职业生涯发展。

（四）提高现有人力资源的使用效率

人力资源规划既可以保障企业拥有足够数量而且满足工作要求的人力资源，满足企业发展的需要，又能够防止人力资源的浪费，最大限度地节约人力成本。人力资源规划是人员招聘和员工配置的重要依据，它使企业能够将合适的员工安置在合适的岗位，有效地利用人力资源。

（五）为培训开发提供依据

人力资源规划在为员工招聘提供信息的同时，也为员工培训提供了信息。在快速变化的环境下，企业不可能通过外部招聘的办法解决所遇到的所有人力资源短缺的问题。通过人力资源规划，企业可以了解未来发展对员工的知识、技能提出了哪些新的要求，现有的员工能否满足这些要求，企业应该为员工提供哪些培训等。员工培训不仅使员工个人的知识技能水平得以提高，工作适应性加强，还能满足企业对人力资源新的需求。

第三节　人力资源供需预测和平衡

一、人力资源需求预测

对人力资源进行规划必须全面地掌握未来的情况，但是未来总是充满着不确定性，因此只能通过预测来尽可能地进行估计。人力资源需求和供给预测是制定各种战略、计划、方案的基础，在人力资源规划中占据重要的地位。人力资源需求预测是指以企业的战略目标、发展状况为出发点，综合考虑各种因素的影响，对企业某一时期所需人力资源的数量、质量等进行的预测活动。

人力资源规划工作始于科学准确地预测企业人力资源的需求。进行人力资源需求预测，一方面，要进行详尽的人力资源需求调查，了解和掌握尽可能多的信息；另一方面，要利用合适的预测工具和方法对收集到的信息进行分析，以得到企业在将来特定时期内切实需要的人力资源状况。

（一）影响人力资源需求的因素

为科学制定人力资源规划，企业必须持续、深入地关注并评估影响人力资源需求的各类因素，确保对实际需求和未来需求有清晰、准确的认识。影响因素可大致划分为企业外部和企业内部两大类别。

1. 企业外部因素

（1）经济发展水平。经济发展水平的差异对劳动力需求产生直接而深远的影响。具体而言，经济发达程度不同的地区以及不同类型的企业，在人力资源需求方面呈现出显著的差异性。此外，经济周期同样对人力资源需求构成显著影响。当经济繁荣时，人力资源需求通常会呈现出旺盛态势；相反，当经济衰退时，人力资源需求则可能相对不足。

（2）产业结构。产业结构的调整会对人力资源市场产生深远影响，这种影响主要体现在两个方面。首先，产业结构的变革直接关联到人力资源需求数量的变化。随着第一产业比重的逐步降低，以及第三产业比重的相应提升，不同技能领域的人才将面临不同的供需局面，可能引发某些技能人才的过剩，其他技能人才则供不应求。其次，产业结构的升级亦会对人力资源需求的结构产生显著影响。产业的结构性转变往往导致工作技能的专业化和精细化，进而重塑人力资源市场的需求结构。例如，高科技产业的崛起将显著提升对科技研发和管理人才的需求，这要求人力资源市场必须及时适应并调整人才供给策略。因此，产业结构的调整不仅改变了人力资源的数量需求，更对人力资源的需求结构提出了新的要求。

（3）技术水平。在科技日新月异的现代社会中，科技的迅猛进步正在深刻改变社会的各个领域，并为社会的发展注入了强大的动力。然而，科技的广泛应用在带来巨大便利的同时，也对人力资源需求产生了很大的影响。随着新技术的不断涌现、ChatGPT 等的广泛应用以及生产效率的持续提升，劳动力需求正在开始逐渐减少，这一变革要求我们重新审视人力资源的配置和利用，以适应科技发展的新形势。

（4）国家宏观经济政策。国家的宏观经济政策对整个行业的发展与规划起着重要的引导作用，这种引导作用进一步影响着行业对于人才资源的开发和使用。例如，当生命科学、环保技术等被国家列为优先发展的领域时，相关行业的发展将得到政策的有力支持，进而促使社会对这类专业人才的需求显著增长。因此，宏观政策的调整不仅关系行业的兴衰，也直接关系人才市场的供需变化和人才培养的方向。

2. 企业内部因素

（1）企业战略的变化。企业战略对人力资源需求具有至关重要的影响。企业的战略目标不仅决定了企业的发展方向和高度，同时也决定了企业对所需人才的数量和质量的要求。因此，在制定企业战略时，必须充分考虑人力资源的需求和配置，以确保企业战略的有效实施和企业的可持续发展。

（2）企业的发展状况。企业当前的经营状况与市场发展态势，对其人力资源需求产生直接且深远的影响。当企业经营状况良好，市场持续扩张时，其对人力资源的需求会相应提升；反之，若企业经营出现困境，市场表现萎靡不振，其对人力资源的需求则可能相应降低。

（二）人力资源需求调查

人力资源需求预测受到许多因素的影响，与组织的整体战略目标、组织结构和职位设置、管理体制和机制等密切相关，因此需对组织战略、策略、规划等进行深入分析。一般需要了解以下项目：

（1）现有的组织结构设置、职位设置状况；

（2）现有员工的数量、质量、分布、工作情况、定额及劳动负荷情况；

（3）未来的生产任务计划，生产因素可能的变动情况；

（4）未来的组织结构设置和人员编制。

（三）人力资源需求预测方法

人力资源需求预测方法一般可分为两大类：定性预测法与定量预测法。

1.定性预测法

这是一种较为简单、常用的方法，是由有经验的专家或管理人员进行直觉判断预测，其准确度取决于预测者的个人经验和判断力。由于预测者主要是这一领域的专家，所以这类方法往往也称为"专家征询法"。在实践中被广泛使用的主要有以下几种方法：

（1）现状规划法。人力资源现状规划法是一种最简单的预测方法，较易操作。它是假定企业保持原有的生产规模和生产技术不变，则企业的人力资源也应处于相对稳定的状态，即企业各种人员的配备比例和人员的总数将完全能适应预测规划期内人力资源的需要。在此预测方法中，人力资源规划人员所要做的工作是测算出在规划期内有哪些岗位上的人员将得到晋升、降职、退休或调出本组织，再准备调动人员来弥补。

（2）经验预测法。经验预测法就是企业根据以往的经验对人力资源进行预测的方法。通常有"自上而下"和"自下而上"两种方式。具体内容如图 2-2 所示。

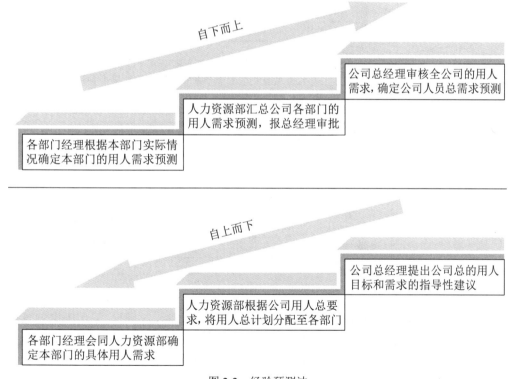

图 2-2　经验预测法

实际工作中，企业一般是结合"自上而下"和"自下而上"两种方式来预测人力资源需求的。首先由公司总经理提出总的用人指导性建议，各部门经理根据建议会同人力资源部确定本部门的具体用人需求，再由人力资源部汇总公司各个部门的总需求，形成公司总的人员需求预测，并报公司总经理审批。

经验预测法是企业人力资源预测中较为简单的方法，比较适合于发展业务相对稳定的小型企业。由于经验预测法是根据相关人员的经验进行预测，其结果会有一定的偏差，但可以通过多人预测或查阅记录等方法提高预测的准确率。

（3）德尔菲法（Delphi Method）。德尔菲法又称专家预测法，是采用问卷调查的方法获得专家对于企业人力资源需求趋势的分析评估，并经过重复调查最终使专家达成一致意见的定性预测方法。总体来讲，由人力资源部设计调查问卷，并循环地收集和反馈各个专家意见，直到专家们的意见趋于一致，便得到了人力资源预测结果。具体来讲，德尔菲法的实施步骤如图 2-3 所示。

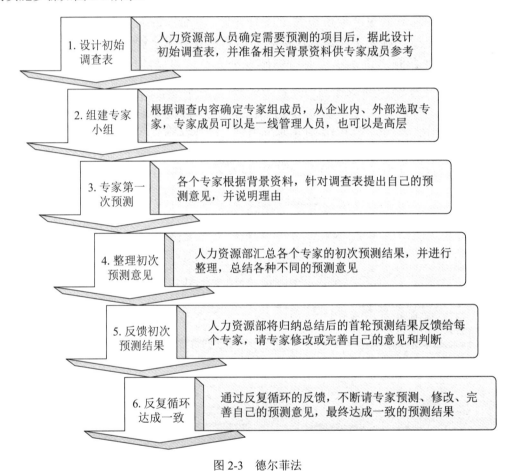

图 2-3　德尔菲法

需要注意的是，运用德尔菲法进行人力资源需求预测时，一般应采用匿名问卷的方式，不公开专家的姓名和职务。同时，各个专家之间并不直接面对面，也不必集中到一个地方讨论，而只是与调查人员联系，并根据调查人员提供的反馈信息不断修正自己的预测。

另外，在设计问卷时，问题应尽可能地简单，以便于不同层次、水平的专家能够从相同的角度理解问题。在问卷内容设计上，既可以问某类人员需求的总体绝对数量，也可以问某类人员预计的变动百分比，专家的预测结果不要求非常精确，但应要求专家说明其对预测的肯定程度。

2.定量预测法

定量预测法是利用数学和统计学的方法进行分析预测，常用的、较为简便的方法有以下几种：

（1）定员定额法。定员定额法是在特定的生产技术条件下，为保证企业生产经营活动正常运行，满足企业各岗位所需配备具有一定素质的各类人员预先设定限额的一种方法。此类方法的基本原理如下：

规定时间内的工作总任务量＝某类岗位所需人员数量 × 某类人员劳动效率

在企业的具体实践中，通常有如表 2-4 所示的 5 种核定企业定员人数的方法。

表 2-4　企业定员核算方法

企业定员核算方法	计算公式	说明
工作定额定员法	$N=\dfrac{W}{q\times(1+R)}$	R 为劳动生产率综合变动系数，由技术进步、经验积累、劳动技能等因素决定
劳动效率定员法	$N=\dfrac{W}{q\times 定额完成率 \times a\times(1-b)}$	a 为出勤率，b 为废品率
设备定员法	$N=\dfrac{设备开动台数 \times 每台设备开动班数}{q\times a\times(1-b)}$	设备开动台数是指完成生产任务所需正常开动的设备台数，q 为设备看管定额，a 为出勤率，b 为废品率
岗位定员法	$N=\dfrac{各岗位生产工作时间总和}{工作班时间 - 个人需要及休息宽放时间}$	生产工作时间指工作布置、准备、作业及收尾时间的总和
比例定员法	$N=T\times q$	T 为该类员工服务对象人数，q 为定员的标准比例

注：N 为企业某岗位所需定员人数，W 为特定时间段内的工作总任务量，q 为企业定额标准。

其中，劳动效率定员法是根据岗位的工作量和劳动定额来计算所需人员数量的，特别适合以手工操作为主的工种；设备定员法则更适用于以机械操作为主、同时看管多台设备的工种；岗位定员法则适用于实行倒班制的生产型企业，根据开动的班次计算每班所需要的人员；而比例定员法是根据企业某类人员与另一类人员之间存在着一定的数量依存关系（如食堂炊事员与就餐员工人数之间、医务人员与就诊人数之间等）原理来计算企业定员的，主要适用于企业食堂工作人员、卫生保健人员等具有服务性质的人员。

（2）回归分析法。回归分析法是根据企业多年的历史数据，通过建立人力资源需求量及其影响因素之间的函数关系来预测企业在未来一定时期内所需要的各类人员数量。回归分析法依据自变量个数的不同可分为一元回归分析法和多元回归分析法，前者只有一个自变量，后者则有两个以上的自变量。运用回归分析法预测企业某类人员需求数量可按照图 2-4 所示的步骤进行。

确定自变量和因变量
一般选择拟预测的某类人员数量为因变量，其他相关人员数量为自变量；或者以企业总人数为因变量，销售收入、总资产、设备数量等为自变量

建立回归分析方程
收集企业历年有关自变量和因变量的资料及数据，进行汇总和处理后建立回归分析方程

分析变量间的相关性
对自变量（影响因素）和因变量（预测对象）进行数理统计分析，只有二者的相关性（接近于1）较强时，回归分析方程才有一定的预测意义

进行检验和预测误差
对回归方程进行各种检验并计算误差，回归方程只有在通过检验且误差值在允许范围之内，才可作为预测的科学依据

进行定员预测
将与预测对象相应的自变量的值代入回归方程，最后确定预测值，即企业在未来某段时期内所需的某类人员或总人员数量

图 2-4　回归分析法实施步骤

应用回归分析法进行人力资源预测时应首先确定自变量与因变量之间是否存在高度相关关系。如果二者之间不存在相关关系，运用回归方程进行预测便会得出错误的结果。此外，回归分析法需要查阅企业历年（一般为 10 年以上）大量的数据和资料，数据越齐全，预测值就越准确，仅用几年的数据进行预测得出的结果往往是不准确的。回归分析法一般需要借助计算机及统计分析软件（如 SPSS、STATA 等）进行数据分析和处理。

二、人力资源供给预测

人力资源供给预测指企业在规划期内，对于内部与外部所能提供的人力资源数量及质量所作的预估。相较于仅关注组织内部人力资源需求的人力资源需求预测，人力资源供给预测则兼顾企业内部供给与外部供给两个方面。外部供给特指研究外部劳动力市场对组织员工的供给情况。鉴于外部供给多数情况下不受组织直接控制，因此，通常通过深入分析本地劳动力市场状况、企业的雇佣条件以及竞争对手的策略来加以把握。内部供给则建立在对企业内部人力资源开发和使用现状的细致考察之上，进而对未来企业人力资源供给状况作出预测。

（一）人力资源供给的影响因素

1. 内部人力资源供给的影响因素

内部人力资源供给受多种因素影响，这些因素主要包括以下几个方面：

（1）员工自然流失是一个可预测且相对可控的因素。这包括正常的员工退休、合同到期等情况，企业可以通过合理的规划和准备来应对这种流失。

（2）员工的内部流动也会对人力资源供给产生影响。例如，企业内部的轮岗和调动等情况，虽然在一定程度上可控，但也需要企业进行合理的安排和管理。

（3）员工离职是影响供给最难预测、最难以控制的因素。一旦员工提出辞职申请，企业往往只有有限的时间来寻找合适的人选来填补空缺，这可能会对企业的运营和发展产生不利影响。因此，企业需要采取有效的措施来降低员工离职率，确保人力资源的稳定供给。

2. 外部人力资源供给的影响因素

企业外部人力资源预测，旨在预测未来几年外部劳动力市场的供给情况。这一过程不仅涉及对全国及企业所在地人力资源供给状况的调研，还需对同行业或同地区其他企业的人力资源需求进行深入分析。一般而言，影响企业外部人力资源供给的主要因素包括：

（1）企业所在地的人力资源现状。需要调研企业所在地的人力资源现状，尤其是有效人力资源的情况，包括企业所需的人才类型，该类型人才的市场供给状况，以及其他企业对该类型人才的需求情况。

（2）企业所在地对人才的吸引力。企业所在地对人才的吸引力包括居住环境的质量，地域文化的特色，工作安全感的程度，以及地方对各种人才的包容性等因素。

（3）企业自身对人才的吸引力。这涉及企业的薪酬体系，提供的各种福利，员工在企业的发展前景，以及企业目标与员工个人发展目标的契合度等因素。

（4）预期经济增长。尤其是企业所在行业的经济增长情况，如果预计行业经济增长率将提升，那么对相关人力资源的需求将增加，而单个企业的相关人力资源供给可能会相应减少。

（5）全国范围内的职业市场状况。这包括该行业在全国范围内的人才供求状况，国家关于该类职业的就业法规和政策，全国范围内该职业从业人员的薪酬水平和差异，以及全国相关专业的大学毕业生人数及就业情况等。

（二）内部人力资源的供给预测

1. 内部人力资源供给的主要方面

分析内部劳动力市场，主要是了解企业内部人力资源的优劣势，除分析现状外，也要预测未来的状况。分析内部劳动市场可以从企业的人员编制表开始，以了解包括企业的不同职位、在任者、现有空缺，甚至是未来可能出现的空缺等情况。此外，技能清单库一般通过技能审核编录而成，包括的资料如下：

- 员工职位、年龄；
- 员工经验、工作经历；
- 员工技能、学历；
- 职责；
- 职业测评结果；
- 掌握的语言、兴趣和爱好；
- 获得的证书；
- 训练课程、进修记录；
- 职业设计和工作意愿；
- 工作内容。

2. 内部人力资源供给预测方法

（1）人员替换法。此方法是在对人力资源彻底调查和现有劳动力潜力评估的基础上，明确公司中每一个职位的内部供应源。具体而言，即根据现有人员分布状况及绩效评估的资料，在已知未来理想人员分布和流失率的条件下，对各个职位尤其是管理阶层的接班人预做安排，并且记录各职位的接班人预计可以晋升的时间，作为内部人力供给的参考。经过这一规划，由待补充职位空缺所要求的晋升量和人员补充量即可知人力资源供给量。人员替换法如图2-5所示。

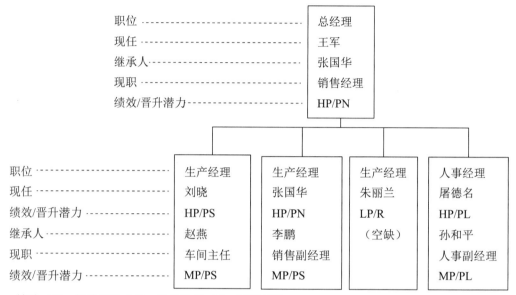

绩效：HP—绩效优秀；MP—绩效良好；LP—绩效偏低
晋升潜力：PN—即可晋升；PS—需短期培训；PL—需长期培训；R—需被人替代

图2-5　人员接替法示意图

资料来源：赵伊川，韩晓琳，于春燕.人力资源管理 [M].北京：中国商务出版社，2010，第96页。

（2）马尔可夫模型。这种方法广泛应用于企业人力资源供给预测上，其基本思想是通过过去人力资源变动的规律来推测未来人力资源变动的趋势。模型前提为：第一，马尔可夫性假定，即$t+1$时刻的员工状态只依赖于t时刻的状态，而与$t-1$、$t-2$时刻状态无关。第二，转移概率稳定性假定，即不受任何外部因素的影响。

马尔可夫模型的基本表达式如下：

$$Ni(t)= \sum_{j=1}^{k} N_j(t-1)P_{ji}+V_{i(t)} \quad (i, j=1, 2, 3, \cdots, k; t=1, 2, 3, \cdots, n)$$

k是职位类数；$Ni(t)$是在时间t时第i类人员的数目；P_{ji}是人员从第j类向第i类转移的概率；$V_{i(t)}$是在时间$(t-1, t)$内第i类补充的人员数。

某类人员的转移率（P）= 转移出本类人员的数量 / 本类人员原有总量

（3）目标规划法。一种结合马尔可夫分析和线性规划的综合方法，指出员工在预定目标下为最大化其所得是如何进行分配的。目标规划是一种多目标规划技术，即每一个目标都有一个要达到的标靶或目标值，然后使距离这些目标的偏差最小化。当类似的目标同时存在时，决策者可确定一个应被采用的优先顺序。

3.预测方法比较

德尔菲法和人员替换法作为一种定性研究方法，因预测结果具有强烈的主观性和模糊性，无法为企业制定准确的人力资源规划提供详细可靠的数据信息，精确性较差。但在实施性和完整性方面，德尔菲法因为主要是各方专家依据其经验进行分析预测，在预测时可综合考虑社会环境、企业战略和人员流动三大因素对企业人力资源规划的影响。人员替换法则依据员工置换图，实施起来简单易行，因而得分较高。在通用性方面，因不同的企业，置换图可能不相同，因而其得分比德尔菲法低。

马尔可夫模型和目标规划法虽然可以为企业提供精确的数据信息，有利于企业作出有效决策，但实施起来并不容易。特别是目标规划法，"它是一种容易理解的、具有高度适应性的预测方法，但为了体现它的优越性，我们必须调配广泛的资源，以找到公式所需的全部参数——比如，相对一般的应用需要超过 1 200 个变量和 1 100 个限制条件"（德拉佩和梅尔坎特），因而模型的实施性较差。

上述三种人力资源供给预测方法各有优劣。在实际应用中，企业可以依据自身规模的大小、周围环境的条件以及规划预测重点的不同，选择最适用自己的一种预测方法，亦可将几种预测方法建立一个组合系统进行预测，表 2-5 是人力资源供给预测表（示例）。

表 2-5　人力资源供给预测表（示例）

预测范围	预测情况	人员类别			合计
		经营管理人员	专业技术人员	专门技能人员	
内部供给	现有人员数量				
	未来人员变动量				
	规划期内人员拥有量	第 1 季度			
		第 2 季度			
		第 3 季度			
		第 4 季度			
	合计				
外部供给	第 1 季度				
	第 2 季度				
	第 3 季度				
	第 4 季度				
	合计				

（三）外部人力资源的供给预测

1. 深入研究现有资料

深入研究现有资料是企业迅速获取人才市场相关信息的有效途径。多种渠道可供企业选择，如国家和地区的统计部门、人事和劳动部门定期发布的统计数据，有助于企业了解本行业的经济增长趋势。此外，利用互联网资源进行人力资源信息检索和共享也是不可或缺的一环。在制定人力资源规划时，企业需密切关注国家、地区相关政策的变动，以确保规划的及时调整与适应性。

2. 针对性地进行信息调研

为获取更具体的人力资源信息，企业可开展直接的信息调研工作。例如，针对高校毕业生的调研，由于高校毕业生是企业补充人力资源的主要来源，因此与主要生源学校建立长期稳定的合作关系至关重要。这有助于企业发掘潜在人才，并通过持续跟踪调查深入了解其综合素质和发展潜力。

3. 充分了解当地人才市场状况

企业在预测人力资源供给时，必须综合考虑所在地区劳动力的数量、质量以及地域文化特点。这些因素直接影响人才市场的吸引力和包容性。同时，企业还应关注现有员工对企业文化、薪酬待遇和发展空间的认可程度，以评估这些因素在吸引和留住人才方面的作用。

三、人力资源供需平衡

人力资源供求平衡指的是，企业通过实施增员、减员以及人员结构调整等策略，确保企业的人力资源需求和供给能够达到相对均衡的状态。作为企业人力资源规划的核心目标，人力资源供求平衡的实现，需要建立在准确的人力资源需求预测和供给预测基础之上。在进行人力资源供求调整时，企业需全面考虑人力缺乏和人力过剩两方面的挑战，并据此制定相应的应对策略。

（一）人力资源缺乏的调整方法

在人力资源供不应求的情况下，为确保企业运营稳定，通常会采取以下措施来平衡人力资源需求与供给。

1. 外部招聘

当企业内部人力资源总量无法满足需求，尤其是生产和技术岗位人手短缺时，通常会采用外部招聘这一高效方法。此外，对于季节性生产高峰或临时性的专项调查，招聘临时工是一种既经济又灵活的解决方案。临时工不仅能减少企业的长期福利支出，而且其用工方式更为灵活，企业在需求变动时，可随时调整劳动关系。

2. 内部招聘

当企业内部出现职位空缺时，优先考虑内部员工进行调整。这种策略不仅为员工提供了更多的职业发展机会，提高了工作积极性和满意度，同时也降低了外部招聘带来的成本。在人力资源部发布招聘需求时，首先面向企业内部员工开放应聘机会，确保内部人才得到充分利用。内部招聘流程与外部招聘类似，包括任职资格要求和选择程序等。当内部招聘无人能胜任时，再进行外部招聘。

3. 调整工时制度

工时制度的调整，亦被称为加班制，是一种通过延长员工工作时间来满足业务需求的策略。此举有助于节约福利开支，降低招聘成本，并在一定程度上保障工作质量。然而，长期依赖延长工作时间可能对员工的工作质量产生负面影响，同时，员工的工作时间也受到相关法律法规的严格限制。因此，在采取此策略时，必须充分考虑员工的身心健康和工作效率。

4. 内部晋升

当企业中出现较高层次的职位空缺时，常见的补充方式有内部晋升和外部招聘两种。通常情况下，企业会优先考虑从内部员工中选拔合适的人才。在许多企业中，内部晋升是员工职业发展道路上的重要组成部分。提拔员工不仅是对其过去工作表现的认可，更是一种有效的激励方式。由于内部员工对企业情况有深入的了解，他们通常能够更快地融入工作环境，提高工作效率，同时也为企业节省了外部招聘所需的成本。然而，当企业面临创新不足或技术、市场发生重大变革时，适时地引入外部人才也是值得考虑的选项。

5. 继任计划

继任计划在国外企业中受到广泛关注与实施，其核心流程与内部选拔机制颇为相似，首先需由人力资源部门对企业内部的各级管理人员进行深入的调研与评估。然后，与决策层共同确定哪些人员具备晋升至更高职位的资格与潜力。在此基础上，制定一套系统的职业规划与组织评价框架，明确各岗位潜在的替代人选，以确保组织在关键岗位出现空缺时能够迅速、有效地进行人员调整与补充。

6. 技能培训

对公司现有员工进行必要的技能培训，使之不仅能适应当前的工作，还能适应其他甚至更高层次的工作。这样，就为内部晋升政策的有效实施提供了保障。如果企业即将出现经营转型，企业应该及时向员工培训新的工作知识和工作技能，以保证企业在转型后，原有的员工能够符合职务任职资格的要求。这样做的最大好处是防止企业中出现冗员现象。此举不仅有利于企业的长远发展，更是对员工个人职业成长的有力保障。

7. 调宽工作范围

当企业面临特定类型员工短缺的问题，且在人才市场难以寻觅到合适人选时，可通过修订职位说明书，适度扩大员工的工作职责或任务范围，以达到增加工作负荷的效果。然而，在执行此策略时，务必确保与提高员工待遇相匹配，避免引发员工的不满情绪，从而确保企业的正常运营不受影响。此外，调整工作职责范围亦可与提升技术含量相结合，共同推动企业的持续发展。

（二）人力资源过剩的调整方法

1. 重新安置

内部员工重新安置旨在解决企业内部岗位人员配置不平衡的问题。当部分岗位出现冗员情况，而其他岗位面临人力不足时，可通过内部再配置的方式，将冗员调配至人力短缺的岗位。然而，实施重新配置的前提是冗员需具备新岗位所需的技能与知识。因此，为确保再配置的有效性，需提前制订详细的计划，并对冗员进行必要的培训。

2. 永久性裁员

永久性裁员是一种处理员工过剩的策略。然而，这一措施的采用需极度审慎，即便在西方市场经济国家亦是如此。这是因为永久性裁员不仅直接关系员工及其家庭的福祉，更会对整个社会产生深远的影响。只有在企业陷入深度财务困境，生产经营难以维系，或者生产难以恢复的情形下，方可考虑此种方式。在执行永久性裁员前，企业需清晰地向员工说明其财务状况及面临的困难，并尽最大努力为受影响的员工寻找新的工作岗位。当内部安置无法实现时，方可实施裁员措施。

3. 降低人工成本

为有效控制人工成本，企业可采取多项策略，包括临时解雇、调整工时（如增加无薪休假时间）、任务共享以及适度降低薪资等。这些措施在西方市场经济体中的企业应用广泛。其优势在于，当企业面临人员过剩的情况时，不是简单地采取裁员方式，而是提供了一定的缓冲机制，使企业和员工能够共同应对挑战。若员工不愿接受工作时长减少或薪资降低，他们可以选择自愿离职并寻找更符合期望的就业机会。这样的处理方式不仅维护了员工的利益，也避免了将其立即推向社会，从而确保了社会的稳定。

第四节　人力资源规划的编制

一、人力资源规划编制的目的

人力资源规划不仅是企业整体发展规划的重要组成部分，更是财务预算的重要环节。企业对人力资源的投入与预测，与其长期规划之间存在着相互影响、相互制约的关系。因此，制定科学、合理的人力资源规划，对于企业的稳健发展具有至关重要的意义。

人力资源管理涵盖了招聘、任用、培训发展、绩效评估、薪酬计划以及劳资关系等多项职能，这些职能间存在着密切的关联。在当前高度竞争的市场经济环境下，企业务必通过科学有效的人力资源规划，实现其内部人力资源的整合优化。唯有如此，企业才能全面激发和提升其整体的组织竞争力，以应对日益激烈的市场竞争挑战。

人力资源规划编制的主要目的在于，从宏观角度配合企业的整体经营策略，对组织外部的人力资源环境机会与威胁进行评估，并对组织内部的人力资源优劣势进行深入分析，进而制定相应的策略，以确保人力资源能够得到高效利用。从更具体的层面来看，其目的体现在以下几个方面：

（1）降低人力资源成本。通过对现有的人力资源配置状况进行全面分析，可以找出制约人力资源效能发挥的关键因素，从而优化人力资源配置，减少浪费，实现成本的有效控制。

（2）优化人力资源配置。人力资源规划有助于改善组织内部人力资源分配的不均衡和不合理现象，确保各部门在运营过程中能够充分发挥员工的才能和潜力。

（3）适应组织未来发展需求。针对组织的长远发展规划，人力资源规划能够制定相应的人才招聘与培训策略，为组织培养所需的各种类型人才，实现组织与员工个人发展的和谐统一。

（4）满足员工个人发展需求。通过人力资源规划，员工可以清晰地了解组织对人力资源的需求计划，从而根据个人职业规划制定发展目标，不断提升自身能力，实现个人成长与组织发展的双赢。

二、人力资源规划编制的原则

人力资源规划一般包括人员总规划、职务编制规划、人员配置规划、人员需求规划、人员供给规划、人员补充规划、人员考核规划、投资预算规划等。制定人力资源规划必须遵循以下原则：

（1）充分考虑企业内外部环境的变化。人力资源规划只有充分考虑了内外部环境的变化，才能适应需要，真正做到为企业发展的目标服务。为了更好地适应这些变化，在人力资源规划中应该对可能出现的情况作出预测，最好能有面对风险的应对策略。

（2）明确人力资源规划的根本目的。企业的人力资源保障问题是人力资源规划中应解决的核心问题，只有有效地保证了企业的人力资源供给，才有可能进行更深层次的人力资源管理与开发。

（3）人力资源规划不仅要服务于企业，还要服务于员工。人力资源规划的最终目的是使企业和员工都得到发展，实现预期目标。企业的发展和员工的发展是互相依托、互相促进的关系。如果只考虑企业的发展需要而忽视了员工的发展，则有损于企业发展目标的实现。优秀的人力资源规划，不仅能够使企业的员工实现长期利益，而且能够使企业和员工共同发展。

拓展阅读 2.6

（4）确保各部门与高层管理者参与。科学合理的人力资源规划是由企业内部相关部门与人员共同制定的。因此，企业在进行人才资源规划时，要注重邀请各部门相关人员与高层管理者积极参与，广泛征求各方意见，以使人力资源规划符合企业实际并落到实处。

以全球视野
集聚高素质
人才队伍

三、人力资源规划编制的步骤

在年度或季度结束时编制相应人力资源规划体系，具体步骤如下：

（1）盘点人力资源需求。根据企业的发展规划，结合各部门的人力资源需求报告进行盘点，确定人力资源需求的大致情况，并结合企业现有人员及职务可能的变动、职务空缺等，掌握企业整体的人员配置情况，编制相应的配置计划。

（2）编制职务计划。企业发展过程中，除原有的职务外，还会逐渐有新的职务诞生，因此，在编制人力资源计划时，不能忽视职务计划。编制职务计划要充分做好职务分析，根据企业的发展规划与综合职务分析报告的内容，详细陈述企业的组织结构、职务设置、职位描述和职务资格要求等内容，为企业描述未来的组织职能规模和模式。

（3）合理预测各部门人员需求。在人员配置和职务计划的基础上，合理预测各部门的人员需求状况。在进行人员需求预测时，应注意将预测中需求的职务名称、人员数量、希望到岗时间等详细列出，形成一个标明有员工数量、招聘成本、技能要求、工作类别，及为完成组织目标所需的管理人员数量和层次的分列表，依据该表有目的地实施日后的人员补充计划。

（4）确定员工供给状况。人员供给主要有两种方式，一是公司内部提升，二是从外部招聘。如果采取第一种方式，人力资源部经理要充分了解公司各部门优秀员工，以及符合晋升条件的员工数量、整体质量等，也可与各部门经理联系，由他们推荐。内部提升是一种比较好的方式，因为被提升的员工基本上已经接受了公司的文化，省去了文化培养的程序。同时晋升可使员工得到某种满足，更易激发他们工作的热情和积极性。外部招聘相对来说比内部提升效果要差一些，但如果能够从外部招聘优秀人才并留住人才，得以发挥其作用，也是很好的选择。在确认供给状况时要陈述清楚人员供给的方式、人员内外部的流动政策、人员获取途径和获取实施计划等。

（5）制订人力资源管理政策调整计划。该计划中要明确阐述人力资源政策调整的原因、调整步骤和调整范围等。人力资源调整是一个牵涉面很广的内容，包括招聘政策调整、绩效考核制度调整、薪酬和福利调整、激励制度调整、员工管理制度调整等。人力资源管理政策调整计划是编制人力资源计划的先决条件，只有制订好相应的管理政策调整计划，才能更好地实施人力资源调整，实现调整的目的。

（6）编制人力资源费用预算。费用预算中包括招聘费用、员工培训费用、工资费用、劳保福利费用等。详细的费用预算，可让公司决策层知道本部门的每一笔钱花在什么地方，更容易得到相应的费用，实现人力资源调整计划。

（7）编制培训计划。对员工进行必要的培训，已成为企业发展必不可少的内容。培训的目的一方面是提升企业现有员工的素质，适应企业发展的需要，另一方面是使员工认同公司的经营理念以及企业文化，培养员工爱岗敬业的精神。培训计划中要包括培训政策、培训需求、培训内容、培训形式、培训效果评估以及培训考核等内容，每一项都要有详细的文档，有时间进度和可操作性。

（8）在编写人力资源规划方案时，还要注意防止人力资源管理中可能会遇到的风险，比如优秀员工被猎头公司相中、新的人力政策导致员工情绪不满、内部提升遇到阻力、外部招聘失败等。这些潜在的风险有些甚至会影响公司的正常运作，甚至造成致命的打击。规避这些风险是人力资源部的一项重要职责，在编写人力资源规划方案时要结合公司实际，综合职务分析和员工情绪调查表，提出可能存在的各种风险及应对办法，尽可能减少风险带来的损失。实践中，我们发现一些企业在人力资源开发与管理中，往往缺乏动态的人力资源规划和开发观念，它们把人力资源规划理解为静态地收集信息和相关的人事政策信息，无论在观念上还是实践上都有依赖以往规划、"一劳永逸"的思想。这是一种错误观念，因为这种静态观念与动态的市场需求和人才自身发展的需求是极不适应的，这会造成人力资源得不到合理的利用，甚至严重影响了人力资源的稳定性，对企业的发展壮大极为不利。因此，企业在编制人力资源规划时，必须密切关注影响人力资源规划的一些重要因素。真正做到人尽其才，才尽其用，使人才真正成为公司最宝贵的资源。企业年度人力资源规划示例如表2-6所示。

表 2-6　企业年度人力资源规划表

序号	预测项目		年份					备注
1	所属行业业务增长量							
2	企业年度主营业务收入							
3	企业净利润							
4	员工总人数							
5	各部门人数	人力资源部						
		财务部						
		销售部						
		市场部						
		生产部						
		工程部						
		……						

本 章 小 结

　　人力资源管理在现代企业中扮演着至关重要的角色，人力资源战略与规划则是其中的核心组成部分。通过制定适宜的人力资源战略和人力资源规划，组织能够确保其使命和目标的顺利完成。本章节介绍了企业战略和人力资源战略、企业战略与人力资源战略之间的关系及人力资源战略的形成过程；人力资源规划的含义与类型、人力资源规划的内容与过程；人力资源需求与供给预测、人力资源供需平衡的方法；人力资源规划编制的目的、原则和具体步骤。企业要想在激烈的市场竞争中获得优势，需要有稳定的企业人力资源作为支撑和保障，因此企业要明确自身的人力资源需求，重视并制定人力资源战略与规划，建立科学的人力资源管理体系，并不断完善人力资源战略与规划，以提升企业的整体竞争力和持续发展能力。而制定人力资源战略与规划并不仅仅是简单地招聘和培训员工，更是涉及如何有效地管理和利用企业的人力资源，以提升企业的整体竞争力。

复习与思考

一、简答题

1. 什么是企业战略和人力资源战略？

2. 人力资源供给和需求预测的方法有哪些？

3. 人力资源规划包含哪些步骤？

二、论述题

1. 企业战略和人力资源战略之间的关系是什么，在实际情况中又可能存在什么样的关系？

2. 面对不同的视角，企业能够选择的人力资源战略有哪些？

3. 在供大于求或供小于求的情况下，企业通常如何保证人力资源的供需平衡？

三、案例分析

扫描阅读

小米人力资源战略："最聪明的人才，成本是最低的"

思考题

1. 小米的人力资源战略有什么特点？

2. 根据案例，论述如何使人力资源战略与企业战略发展目标相结合。

【在线测试题】扫描二维码，在线答题。

第三章
职位分析与胜任素质模型

学习目标

1. 掌握职位分析的含义，辨别职位分析的相关概念；
2. 明确职位分析在人力资源管理中的作用；
3. 掌握职位分析的时机和基本流程；
4. 掌握职位分析的方法；
5. 掌握职位分析的主要内容；
6. 了解职位说明书的编制目的和原则；
7. 掌握编制职位说明书的过程与方法；
8. 掌握胜任力的概念和胜任素质模型。

素养目标

1. 培养学生的全局意识和系统意识；
2. 树立学生作为人力资源管理从业者"人岗匹配"的正确职业观，增强学生的责任意识和担当意识；
3. 培养学生正确的择业观，提高学生对于不同职位重要性的正确认识。

导入案例

华为如何做到人岗匹配？

《华为基本法》第六十一条中直接写明了华为要实行人岗匹配的制度。华为究竟如何做到人岗匹配呢？提到华为的人岗匹配，就不得不说到它一直实行至今的任职资格管理体系。

二十多年前，华为对员工职位等级的划分和其他国内企业一样，十分烦琐。在员工具体职位前面还要加上一个所谓的行政级别，比如副处级业务经理，正科级业务主管等，虽然员工的级别待遇一目了然，但这种拷贝"国企官位式"的做法存在一定缺点，特别是随着华为的发展，涌现了众多技术、营销、制造、采购、财务以及人力资源等方面的专业人士，如果还是采取这种制度，势必会成为华为发展路程上的一大障碍。

因此，1998 年华为开始与英国国家任职资格委员会（NVQ）合作，着手任职资格制度的建设。基于 NVQ 华为结合公司具体情况进行了调整后，研发出了适用于华为自己的

"人岗匹配"制度。

华为的任职资格管理体系中，包含以下几个关键要素和环节：

第一，划分任职资格等级体系。华为任职资格管理体系包括技术、营销、专业和管理任职资格，共分为六级，每级又分为四等。

第二，构建职业发展通道。任职资格与职位相结合，为员工提供了职业发展通道。通过任职资格管理的牵引，形成管理和技术两条职业发展通道。任正非认为，华为要建设一支强大的技术专业队伍，牵引优秀员工，必须在擅长的领域追求卓越、不断精深，形成在核心业务能力上长期聚焦和持续积累的氛围和组织行为，以避免由于职业发展通道的单一，出现"官导向"和千军万马过独木桥的现象发生。

第三，建立任职资格标准。任职资格标准是基于岗位责任和要求，对承担该岗位的长期综合绩效优秀的员工身上所体现的成功行为和能力要素进行归纳而成的评价指南。标准开发源于业务发展和职位责任，不同级别的标准有明显的区分度，并能够牵引员工持续改进任职能力。它包括基本条件、核心标准和参考项三部分，其中核心标准是主体，它由必备知识、行为、技能和素质构成。每一个标准又包含诸多单元、要素和标准项。

第四，任职资格认证。任职资格认证是指为证明申请人是否具有相应任职资格标准而进行的鉴定活动，包括计划、取证、判断、反馈、记录结论等。华为规定，相同工作性质的人员按照统一的标准进行程序公正的认证，以促进认证结果的客观性，真实反映员工持续贡献的任职能力。

华为员工按照下面的任职资格流程进行操作，包括准备资料、照片和答辩。如果有员工在上半年进行过任职资格申请，不论失败和成功，都需要经过6个月才能再次申请任职。如果是新员工超过2年不申请任职资格，将会直接影响他（她）的升级加薪配股。

提交申请 ⇒ 资格审查 ⇒ 任职认证 ⇒ 结果审批 ⇒ 结果公示

当前，华为任职认证有两种组织方式：

（1）明确认证各个环节的时间和规范要求，员工可随时提交任职申请，并通过承诺的服务水平协议（SLA）来确保认证过程的效率和质量（简称随需触发制）；

（2）认证申请时间、答辩时间、结果公布时间公开透明。

华为员工拿到的任职资格认证并不是终身有效，只有两年的有效期。而且就算拿到了某个层次的任职资格，也并不意味着他就能够上岗。上岗还有两个条件：一是员工的历史绩效贡献，二是是否有空缺的岗位。

在上岗之后，员工也不是万事大吉。因为最终还是要靠绩效说话，如果员工在岗位上的绩效考核结果达标，那才意味着真正地做到了"人岗匹配"。最后根据员工的表现与人力方面的考查结果来确定任职资格结果的应用。换句话说，任职资格是从事某一工作的任职者所必须具备的知识、经验、技能、素质和行为的总和，它是在特定的工作领域内对工作人员工作活动能力的证明。任职资格强调工作对任职者个人素质能力的要求，符合要求的任职者才是合格的任职者，不符合要求的任职者应该调换工作岗位或继续学习。

在华为有一种说法，无论级别，被招进华为一年半以上才能匹配该拿到的职级待遇。比如，2015年年初进来，要2016年秋天才有人岗匹配，才能拿到相对应级别的正常工资。

当然，华为的人岗匹配制度也并不是十全十美的，比如有华为员工就认为在任职资格方面所耗费的时间太久，无法开展正常的工作等。但是，抛开这些内部的声音，我们看到的是华为迅猛的发展，这背后离不开优秀人才所作出的突出贡献。

资料来源：华为如何做到人岗匹配？ HR 人力资源管理案例网 [EB/OL].（2020-03-12）https://www.hrsee.com/?id=1392.

导入案例思考

1. 华为任职资格管理体系中的任职资格认证过程有哪些具体步骤？员工哪些方面会影响认证结果？

2. 华为的任职资格管理体系是否真正实现了"人岗匹配"，公司应如何处理员工的抱怨和建议？

职位分析是企业人力资源管理工作不可或缺的基础环节，它直接关系企业的整体运营效率与员工的工作满意度。若企业在职位分析环节存在不足，可能导致工作职责模糊、执行效率低下，同时会削弱员工的工作积极性，进而引发一系列组织问题从而影响企业的稳定发展。因此，企业必须运用访谈法、问卷调查法等手段进行科学的职位分析，依据分析结果编制职位说明书，详细界定工作职责。一套全面系统的职位体系，不仅能够优化工作流程，简化管理过程，减少管理成本，提高运营效率，还能够构建明确的员工职业发展路径，为确立公正合理的薪酬体系和绩效管理体系奠定坚实的基础。

第一节 职位分析概述

一、职位分析的含义

职位分析（job analysis）又称工作分析，是对组织中某个特定工作职务的目的、任务、职责、权力、隶属关系、工作条件、任职资格等相关信息进行收集与分析，以便对该职务的工作作出明确的规定，最后形成工作描述和任职资格的过程，即形成职位说明书的过程。它是人力资源开发与管理必不可少的环节，是人力资源招聘、培训与开发、绩效管理、薪酬管理等工作的基础和前提，它能够为员工的招聘、考核、培训、晋升、调配、薪酬和奖惩提供客观依据。

职位分析的核心对象是工作本身，它涵盖了组织战略目标、组织结构、部门职能以及与工作紧密相关的所有信息。这些信息可以用 6 个"W"和 1 个"H"来进行概括：

- "who"，谁来完成这些工作？
- "what"，这一职位具体的工作内容是什么？
- "when"，工作的时间安排是怎样的？
- "where"，这些工作在哪里进行？
- "why"，从事这些工作的目的是什么？
- "for whom"，这些工作的服务对象是谁？
- "how"，如何进行这些工作？

职位分析的内容主要包括：工作名称（对工作特征的揭示与概括，名称的选择与表达）、工作内容（工作任务、工作责权、劳动强度和工作关系）、工作环境（物理环境、安全环境与社会环境）、任职资格与条件（必备知识、必备经验、必备能力、必备身体素质和必备心理素质）。

二、职位分析相关的概念

在人力资源开发与管理中，有许多专业术语，有的与日常生活中所使用的术语含义相近，有的却与人们通常意义上的理解完全不同。

（一）行动（action）

行动又称为工作要素，是工作活动中不能再继续分解的最小动作单位。例如，木工钉钉子前，从工具箱中拿出一颗钉子；司机开车前插入钥匙。

（二）任务（task）

任务是指工作活动中为达到某一工作目的而由一个或多个相关工作要素所组成的集合。任务可以由一个工作要素构成，如生产线上的工作人员给瓶子贴标签，就只包含一个工作要素；任务也可以由多个相关工作要素构成，如秘书要为经理起草一份打印的发言稿，为了达到最终的目的，秘书必须系统地从事以下活动：启动电脑；在电脑上写发言稿；纠错和排版；打印发言稿。从以上活动可以看出，起草发言稿这一任务是上述四个相互关联的工作要素的集合。

（三）职责（responsibility）

职责是指任职者为实现一定的组织职能或完成工作使命而承担的一项或多项相互关联的任务集合。销售部经理的职责之一是进行新产品的推广，这一职责由下列五项主要任务构成：①制定新产品推广策略；②培训新产品推广人员；③组织新产品推广活动；④对活动进行总结，写出分析报告；⑤把分析报告反馈给组织高层等。

（四）职位（position）

职位，亦称岗位，是指由任职者担负的一项或多项相互联系的职责所组成的集合。例如，办公室主任在一定时期所担负的主要职责包括日常行政事务处理、会议记录及整理、文件归档及管理、人事调配等。

一般来说，在组织中的每一个人都对应着一个职位。也就是说，职位与职员一一对应，一个职位即一个人。例如，在一个由1名主管、2名副主管、5名职员组成的工作小组中，就有8个职位。应该注意的是，职位以"事"为中心确定，强调的是一个人所在的职位，而非在这个职位上的人。例如，李杰是某外贸公司经理，当对外贸公司经理这个职位进行职位分析时，所指的贸易公司经理是一个职位的概念，而非李杰这个人。

（五）职务（post）

职务是组织中主要职责在重要性和数量上相当的一组职位的集合。由于组织结构和规模大小不一，按照工作性质的不同，一个职务可以有一个职位，也可以有多个职位。也就是说，职务和职员并非一一对应，一个职务可能不止一个职位。例如，某公司人力资源部设有四个主管的职位，一个分管招聘，一个分管薪酬，一个负责考核，一个负责培训。很明显，就其工作内容来说，四个职位的工作职责并不完全相同，但是就整个人力资源部来说，这四个职位的职责相当，谁也不比谁更重要，因此，这四个职位可以统称为"主管"（职务）。

（六）职业（occupation）

职业是指在不同时间、不同组织中的工作要求相似或职责平行（相近、相当）的职位集合。职业的时空跨度较大，处在不同时期、不同组织，从事相似活动的人都可以看作具有同样的职业。例如，教师职业、医生职业等。

（七）职业生涯（career）

职业生涯是指一个人在其工作生活中所经历的一系列职位、职务或职业的集合。例如，李华刚参加工作时是一名机关秘书，后来他到南方一个私企担任企划部经理，最后他辞去经理职务，应聘到一所小学当老师。这里的秘书、经理、老师就构成了李华的职业生涯。再如，某人的职业和工作单位虽然没变化，但是他从工人开始，沿着工头、监工、工长、主任、经理这道轨迹往上走，一直到副总经理。那么，工人、工头、监工、工长、主任、经理、副总经理也形成了这个人的职业生涯。

（八）工作族（job family）

工作族，亦称职位族、工作群，指的是由两个或两个以上的工作组成的工作体系。这些工作可能要求工作者具有相似的特点，也可能包括多个平行的任务，它们一般存在于结构复杂的大型组织中。例如，在一个组织中，所有从事策划工作的职位构成策划类工作族，所有从事销售工作的职位就组成了销售类工作族。

（九）职权（authority）

职权是指依法赋予的完成特定任务所需要的权力，职责与职权密切关联。某一职责应赋予特定的职权，有时特定的职责等同于特定的职权。例如，产品质量检验员对产品质量的检验是他的一项职责，同时这项职责也是他的职权。

（十）职系（occupational series）

职系，亦称职种，指职责繁简难易、轻重大小及所需资格条件并不相同，但工作性质相似的所有职位的集合。例如，生产管理、销售管理、人事管理、财务管理等都属于不同的职系。每个职系中的所有职位职责大小、任职资格条件并不相同，但是工作性质相似。每个职系就是一个职位升迁的系统。

（十一）职组（occupational group）

职组，亦称职群，指若干工作性质相近的所有职系的集合。例如，企业中的工程技术、会计、统计、管理等职系工作性质相近，可以归为企业职组。

（十二）职门（occupational categories）

职门是指若干工作性质大致相近的所有职组的集合。

（十三）职级（rank）

职级是工作的难易程度、责任轻重以及所需的资格条件相同或充分相似的职系的集合。例如，中学高级数学教师与中学一级政治教师属于同一职级，中学二级英语教师与小学一级英语教师也属于同一职级。职级的划分在于对同一性质工作程度差异进行区分，并形成职级系列。

（十四）职等（grade level）

职等是工作性质不同，但工作的难易程度、责任轻重以及所需的资格条件相同或充分相似的职位的集合。例如，大学副教授、医疗卫生行业的副主任医师、企业中的高级会计师以及新闻行业的主任记者，均属于同一职等（见表3-1）。职等的划分在于对不同性质工作之间程度差异进行比较或寻求比较的共同点。职系与职等是对工作的纵向划分。

表 3-1 职系、职组、职级、职等间的联系与区别

职组	职系	职等 V 职级 员级	IV 助级	III 中级	II 副高职	I 正高职
高等教育	教师		助教	讲师	副教授	教授
	科研人员		实习研究员	助理研究员	副研究员	研究员
	实验人员	实验员	助理实验师	实验师	高级实验师	
	图书、资料、档案	管理员	助理馆员	馆员	副研究馆员	研究馆员
科学研究	研究人员		研究实习员	助理研究员	副研究员	研究员
医疗卫生	医疗、保健、预防	医士	医师	主治医师	副主任医师	主任医师
	护理	护士	护师	主管护师	副主任护师	主任护师
	药剂	药士	药师	主管药师	副主任药师	主任药师
	其他	技士	技师	主管技师	副主任技师	主任技师
企业	工程技术	技术员	助理工程师	工程师	高级工程师	正高级工程师
	会计	会计员	助理会计师	会计师	高级会计师	
	统计	统计员	助理统计师	统计师	高级统计师	
	管理	经济员	助理经济师	经济师	高级经济师	
农业	农业技术人员	农业技术员	助理农艺师	农艺师	高级农艺师	
新闻	记者		助理记者	记者	主任记者	高级记者
	广播电视播音	三级播音员	二级播音员	一级播音员	主任播音指导	播音指导
出版	编辑		助理编辑	编辑	副编审	编审
	技术编辑	技术设计员	助理技术编辑	技术编辑		
	校对	三级校对	二级校对	一级校对		

资料来源：郑晓明，吴志明. 职位分析实务手册 [M]. 北京：机械工业出版社，2012.

三、职位分析的目的与作用

（一）职位分析的目的

企业进行职位分析的原因在于确保每个职位都能够有效履行组织所赋予的职责和任务。在组织规模较小时，组织拥有者通常能够直接传达其期望给职位任职者。但随着组织

规模的扩大，这一责任更多地落在管理者肩上。管理者对职位的理解可能存在差异，他们可能理解也可能误解组织的期望。这些理解通过管理者传递给职位任职者，任职者的理解也可能出现偏差。因此，如果不进行职位分析，可能会出现管理者未能准确理解组织期望，传递不到位，导致员工也未能正确理解组织期望，进而影响整个组织的有效运行的情况。对于组织而言，应落实到更加详细的目的，职位分析的目的如下：

（1）促使工作的名称与含义在整个组织中表示特定而一致的意义，实现工作用语的标准化；

（2）确定工作要求，以建立适当的指导与培训内容；

（3）确定员工录用与上岗的最低条件；

（4）为确定组织的人力资源需求、制订人力资源计划提供依据；

（5）确定工作之间的相互关系，以利于合理地晋升、调动与指派；

（6）获得有关工作与环境的实际情况，利于发现导致员工不满、工作效率下降的原因；

（7）为制定考核程序及方法提供依据，以利于管理人员执行监督职能及员工进行自我控制；

（8）辨明影响安全的主要因素，及时采取有效措施，将危险降至最低；

（9）为改进工作方法积累必要的资料，为组织的变革提供依据。

（二）职位分析的作用

职位分析在整个人力资源管理系统中处于工作基础的位置，通过职位分析形成职位说明书，可以为其他各项人力资源管理活动提供资料和依据，它在人力资源开发和管理过程中发挥着重要的作用。

1. 职位分析是人力资源规划的基础

企业内的任何工作职务都是根据企业的需要来设置的，每项工作的责任大小、任务轻重、时间约束、工作条件限制等因素决定了所需的人力资源。通过对部门内各项工作的分析，确定各部门合理的人员编制数量，继而得到组织的人力资源需求计划。同时，可以通过职位分析合理设置岗位，配置员工，平衡供求关系，以提高人力资源规划的质量。

2. 有助于选拔和任用适宜人员

通过职位分析能够明确规定各项工作近期和远期目标，规定各项工作的要求、责任，掌握工作任务的特点，明确任职人员的客观要求，减少主观因素的干扰。并且可以在此基础上确定任用标准，选拔和任用更适合的人员。

3. 有助于设计积极的员工开发计划

通过职位分析可以明确从事某项工作所应具备的技能、知识和其他素质条件。这些要求和条件并不是所有在岗人员都能满足和达到的，所以需要对员工进行不断的培训与开发。可根据职位分析的结果即职位说明书确定员工培训与开发的目标，并设计和制定培训方案，有针对性地安排培训内容和方法，提高在岗员工的素质水平。

4. 为绩效评估提供标准和依据

通过职位分析可以明确工作规范与要求，以及任职要求，它能够帮助绩效评估确立客观依据和标准，从而提高绩效评估与绩效管理水平。

5. **有助于实现公平报酬**

通过职位分析能够明确职位在组织中的重要程度和相对价值，以此制定的薪酬水平更易实现相对公平。

6. **有助于人力资源开发与管理整合功能的实现**

职位分析对于人力资源开发和管理整合功能的实现有重要意义。首先，它有利于员工的组织同化，明确的规范可以使员工个人价值观服从于组织理念，个人行为服从于组织规范；其次，它可以帮助发现和改进组织在分工协作、责任分配、工作环境等方面的问题，并促进沟通；最后，通过职位分析可以避免触犯劳动法规，防止劳资冲突。

7. **是实现人力资源调控的基本保障**

职位分析的结果之一是职位说明书。职位说明书对任职资格与要求作出了明确的说明，使组织对员工的晋升、调配、解雇有了客观标准，并对员工的个人能力、素质与绩效进行对比分析，帮助未来进行晋升、调配、解雇等决策。

拓展阅读 3.1

职位分析有什么作用？

第二节　职位分析的实施

一、职位分析的时机

职位分析作为企业人力资源管理重要的基础性和关键性工作，需要因时因境进行新一轮的职位分析，以不断适应企业战略目标、业务流程和市场环境的变化。无论是人力资源经理还是各业务部门的负责人，都应深入理解并重视职位分析的重要性，将其视为一项持续优化的工作，而非一劳永逸的任务。以下是企业开展职位分析的时机：

（一）新企业成立

在新企业成立的特定情境下，职位分析的需求尤为突出，因为职位分析是未来人力资源管理工作的坚实基础。在新企业成立初期，职位分析在人员招聘方面发挥着至关重要的作用。鉴于许多职位尚待填补，此时的职位分析应依托企业的组织结构、经营发展计划等信息，制定一个初步的职位分析框架，明确各职位的职责和任职资格要求，待企业运营稳定后，可再进行更为详细的职位分析。

（二）企业战略调整或开拓了新的业务

当企业战略调整或业务发展导致工作内容和性质发生变化时，也需及时进行职位分析，以确保职位与工作内容相匹配。一方面，在战略调整的背景下，企业需要重新审视自身的业务布局和发展方向。这涉及对各个职能部门的职责进行重新界定，以及对现有职位的重新评估。通过职位分析企业可以清晰地了解每个职位的核心职责、能力要求以及工作量分配，从而确保每个职位都能够充分发挥其应有的作用，为企业的战略目标贡献力量。另一方面，随着业务的发展，工作内容和性质也会发生相应的变化。例如，企业可能会拓展新的业务领域，或者对现有业务进行升级和改造。这些变化都会对职位产生影响，需要企业及时调整和优化职位设置。通过职位分析，企业可以及时发现现有职位中的不足和冗余，以及新业务领域所需的职位和技能要求，从而为企业的业务发展提供有力的人才保障。

（三）技术进步和发展提高了劳动生产率

当工作由于新技术、新方法、新工艺的出现或制度发生重要变革时，人力资源部门应该配合企业的改革进行相应的职务设计，使职务能够适应新形势的需要。当技术创新提高了劳动生产率，企业需重新进行岗位设定与人员配置。在岗位变动之际，务必及时进行职位分析，以确保分析结果的有效性和精确度。

（四）建立新的人力资源管理制度

当企业需要建立各项人力资源管理制度时，如绩效考核、晋升、培训机制等，也离不开职位分析的支持。通过职位分析，可以明确各职位的职责和要求，为制度设计提供科学依据。

（五）现有职位设置不合理

随着内外部环境的变化，企业原有职位设置变得并不是很合理时，可能造成有些职位工作量大，经常无法按时完成任务；而有些职位工作量很小，工作中有很多空余的时间。这样既提高了人力资源成本，同时又破坏了员工之间的公平与和谐，有些员工还可能会产生抵触情绪，从而影响工作进展，最终造成员工工作效率下降。这种情况下就必须考虑对这些职位重新进行设计。

（六）企业未进行过职位分析

对于那些尚未进行过职位分析的企业，尤其是新上任的人力资源部管理者，面对混乱的人力资源状况，应从职位分析入手来逐步理清头绪，来为企业的人力资源管理工作奠定坚实基础。职位分析在企业人力资源管理中具有举足轻重的地位。各级管理者应充分认识到其重要性，并根据实际情况及时进行调整和优化，以确保企业人力资源管理的有效性和高效性。

二、职位分析的基本流程

职位分析是一项全面评估工作性质、要求及职责的系统过程，其特性决定了这项工作的复杂性、烦琐性和挑战性。因此，组织必须深刻理解职位分析的程序，对整个过程进行周密的规划和有效的控制。职位分析的基本流程通常涵盖准备、调查、分析、完成和应用五个阶段，如图 3-1 所示。这五个阶段相互关联、相互影响，共同构成了职位分析的整体框架。

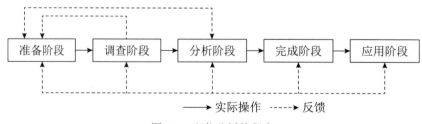

图 3-1　职位分析的程序

（一）准备阶段

准备阶段是职位分析的第一个阶段，主要任务是了解情况、确定职位分析的目的，制定总体实施方案，确定样本，建立联系及组成工作小组，做好前期其他必要的准备。具体工作如下：

（1）按照精减、高效的原则由职位分析专家、岗位在职人员、上级主管组成工作小组；

（2）明确职位分析的意义、目的、方法、步骤；

（3）向有关人员宣传、解释；

（4）跟作为合作对象的员工建立良好的人际关系，并使他们做好心理准备；

（5）确定调查、分析对象的样本，同时考虑样本的代表性；

（6）制订工作计划，确定工作的基本难度；

（7）利用现有文件与资料对工作的主要任务、主要责任、工作流程进行分析总结；

（8）找出原来的职位说明书中主要条款存在的不清楚的问题，或对新岗位职位说明书提出拟解决主要问题的解释准备。

职位分析涉及面广，费时费力，需要各方面的配合和支持。首先，要取得组织中高层领导的支持和同意；其次，要争取各职能部门及其主管领导的配合；再次，需要广泛宣传职位分析的目的和意义，使广大员工消除恐惧心理，使他们知道职位分析的真正目的不是为了了解现有的任职者水平，而是为了了解职位要求，改进工作方法、规范工作内容等；最后，要让员工尽可能参与职位分析的活动。

（二）调查阶段

调查阶段是职位分析的第二个阶段，主要任务是对整个工作过程、工作环境、工作内容和工作人员等主要方面进行全面的调查。具体工作如下：

（1）编制各种调查问卷和调查提纲，确定调查内容和调查方法；

（2）广泛收集有关资料、数据；

（3）到工作场地进行现场观察，观察工作流程，记录关键事件，调查工作必需的工具与设备，考察工作的物理环境与社会环境；

（4）对主管人员、在职人员广泛进行问卷调查，并与主管人员、典型员工进行面谈，收集有关工作信息，征求改进意见；

（5）若有必要，职位分析人员可直接参与要调查的工作，或通过实验的方法分析各因素对工作的影响；

（6）对重点内容进行重点、细致的调查；

（7）要求被调查员工对各种工作特征和工作人员特征的重要性和发生频率等进行等级评定。

（三）分析阶段

经过上一阶段后，就要对搜集到的信息进行整理、审查和分析。关于工作信息的整理，这里主要是指对上一阶段搜集到的信息按照职位说明书的要求进行归类整理，检查是否有漏项。关于职位分析的审核，一般是工作信息归类整理后，职位分析小组成员一起对这些信息的准确性进行审查、核对和确认，这里可以采用诸如测量、统计等工作信息质量鉴定方法。通过对工作信息的审查和核对，有助于确定职位分析所获得的信息是否正确、完整，同时也有助于确定这些信息能否被所有与被分析工作相关的人所理解。此外，由于工作描述是反映工作承担者的工作活动，所以这一审查步骤实际上还为这些工作的承担者提供了一个审查和修改工作描述的机会，而这无疑会赢得大家对这些资料的认可。关于工作信息的分析，主要包括工作名称分析、工作内容分析、工作环境分析和任职者条件分析等。

本阶段的主要任务是对有关工作特征和工作人员特征的调查结果进行深入全面的总结与分析。具体包括以下内容：

（1）仔细审核、整理获得的各种信息；

（2）创造性地分析、发现有关工作和工作人员的关键成分；

（3）归纳总结职位分析的必需材料和要素。

（四）完成阶段

本阶段的基本任务就是根据对信息分析的结果，用书面文件形式编制工作描述和任职资格，然后整合为职位说明书，这也是职位分析的主要成果与表现形式。包括以下具体工作：

（1）根据职位分析规范和经过分析处理的信息草拟职位说明书；

（2）将草拟的工作描述和任职说明与实际工作对比；

（3）根据对比结果决定是否需要进行再次调查研究；

（4）修正工作描述与任职说明；

（5）若需要，可重复 2～4 项工作；

（6）形成最终的职位说明书；

（7）应用于实际工作，并注意收集反馈信息进行不断完善；

（8）对职位分析本身进行总结评估，将有关信息归档保存，为今后职位分析提供经验与信息基础。

（五）应用阶段

职位说明书编制完成后，最重要的是要在实际工作中真正发挥其作用，这样才能体现出职位分析的价值。职位说明书使用前要进行培训，使用过程中要进行评价、修改和调整。

1. 职位说明书的使用培训

职位说明书以书面文件形式编写完成后，组织成员应依据它来履行职责和开展活动。但是，在现实中往往存在这样的情况，由于职位说明书是由专业人员编写的，对于一般的员工而言，要真正了解其含义和一些专有名词还有一定差距。因此，在职位说明书使用前要进行培训，以便达到事半功倍之效。职位说明书使用培训中应注意，尽可能让每位使用者都了解职位说明书每部分的含义、内容以及整个说明书的意义，力图使每位使用者都知道如何使用职位说明书。

2. 职位说明书的评价

职位说明书在使用过程中，要给予正确的评价。在对结果的评价中，应阐明职位分析带来的效益情况以及制定和实施职位分析活动所有花费的投入产出对比表。效果评价就是看职位分析的目的是否实现，是否解决了人力资源管理中的有关问题：

（1）组织中现有的工具、设备、材料得到充分运用了吗？

（2）人力资源部门为各部门配备所需人员了吗？

（3）员工流失率与事故发生率减少了吗？

（4）培训的效果显著吗？

（5）员工不满情绪减少了吗？

（6）劳动生产率提高了吗？

3. 职位说明书的反馈与调整

随着动态环境的变化，组织结构及其职位也会发生变化。职位的性质、任务、内容等都会发生变化，职位说明书应适应动态环境变化方向，定期或适时进行修改和调整。因此，职位分析是一个连续不断的动态过程，组织应根据自身及动态环境的情况随时进行职位分析，使职位说明书能及时反映职位的变化情况，以便使其适应实际工作的需要。

三、职位分析的方法

职位分析对象和任务确定之后，应该选择适当的职位分析方法。主要有问卷调查法、访谈法、观察法、资料分析法、关键事件记录法、工作实践法、工作日志法等。在实践中，各种方法各有特点，职位分析人员需要根据所分析岗位工作的性质、目的，选择适当的方法，也可以将几种方法结合起来使用。

（一）问卷调查法

问卷调查法是将事先设计好的问卷提供给被调查者，要求其按要求填写以获取有关工作信息的一种快速而有效的方法。问卷可以是开放性的也可以是封闭性的。经过精心设计的职位分析问卷可以获得大量信息。使用问卷法获得的工作信息，其质量取决于问卷本身设计的质量，以及被调查者文化素质的高低及填写时的诚意、兴趣、态度等因素的影响。因此，职位分析问卷最好请有关专家设计与编制，或者是借鉴已被广泛使用的职位分析问卷来提取工作信息，并在发放问卷、填写问卷时做出具体说明与指导，最好附上一份范例，这样可以减少填写人在问卷填写过程中的疑惑。

调查问卷的设计原则有：

1. 明晰原则

问卷的文字描述要明确清晰，不能有歧义与晦涩难懂的语句。

2. 高效原则

问卷应简洁明了，不宜过长，以免占用被调查者过多时间，影响调查结果的真实程度。

3. 合理原则

问卷各部分问题的结构设计要合理，开放式问题不能过多，以免增加问卷填写难度，但也不能设计选项过少，限制被调查者填写真实的情况。

4. 完整原则

调查问卷必须要结构完整，开放式问题与封闭式问题比例适当，围绕调查目标合理设计各方面的问题，最后还应留出空间供被调查者填写问卷未涉及但想陈述的观点或情况。

问卷调查法的优点有：收集信息迅速，调查范围较广，调查方法较容易掌握，调查结果容易数量化。问卷调查法能够快速高效地从一群员工中获取大量关于工作的信息，尤其对规模较大的组织是一种非常有效的方法。这种方法的缺点主要是前期投入成本较大。一个好的调查问卷的设计需要花费很多时间和精力；可控性差，结果亦受被调查者的主观影响，出现较大偏差；有的员工会对工作描述不够全面和准确，甚至夸大其任务的重要性，影响调查效果。职位分析调查问卷示例如表 3-2 所示。

表 3-2　职位分析问卷

姓名		职位名称		填表日期	
所在部门		部门编号		工作地点	
1. 工作的目标要求					
2. 工作的主要职责					
3. 其他较不重要的职责					
4. 特殊要求					
请你列出你所在的职位所需要的诸如技术等级证书、程序员证书之类的岗位工作证书					
5. 工具设备					
请列出你日常工作中所需要经常使用的工具（例如，计算机、交通工具、移动电话等，也包括软件开发工具）					
工具名称　　　　　　　　平均每周使用的时间（以小时为单位）					
6. 日常的工作内容					
请按照各项工作的重要性和每月在工作上所花费的时间排序列出					
a. 按工作的重要性排列　　　　需要遵循的操作规范					
（1）					
（2）					
b. 按每月工作频率排列					
（1）					
（2）					
7. 工作描述					
在你以上列出的日常性工作中，请把最重要的业务过程详尽地描述出来					
8. 工作联系					
你的工作是否需要和以下人员交流和协作 （1）本部门的其他同事 （2）公司其他部门的同事 （3）其他公司或业务机构的人员 如果有的话，请按上面的分类写出需要与之接触的工作和业务，并标明接触的频率					
9. 管理和监督					
你的工作向谁直接负责 所受的监督内容 你的工作是否需要对下属人员进行管理和监督？若是，请说明管理和监督的内容					
10. 决策					

续表

姓名		职位名称		填表日期	
所在部门		部门编号		工作地点	

请列出你日常性工作所需要的决策，同时对你所需要作出的决策做一些简要的说明
假如你决策失误，请写出由此可能会带来的后果
假如你行动失误，请写出由此可能会带来的后果

11. 文档处理

请列出你工作中需要准备和处理的文档，如果有的话，请写出文档的来源部门和需要传送的部门
a. 文档名称　　　　　　　　　来源 / 传送部门
b. 需要持有的文档

12. 素质要求

你认为胜任你所在的职位所需要的最低的要求是什么

（1）受教育水平
最低学历
所学专业方向

（2）工作经历
工作类型
工作时间

（3）专门的培训
类型　　　　　　　　培训时间

（4）专业技能

主管复核上述所填各项均属正确无误
主管签名
日期

（二）访谈法

访谈法是职位分析中大量运用的一种方法，指职位分析者与任职者及相关主体面对面就工作内容进行沟通、交流获取有关工作信息的一种方法。访谈的对象可以是任职者本人，也可以是专家、主管人员或任职者的同级与下级。根据访谈对象不同，访谈法可以分为个别员工访谈法、群体访谈法、主管人员访谈法三种类型。

拓展阅读 3.2

访谈提纲
（示例）

访谈的程序可以标准化，也可以非标准化，但是为了保证访谈的效果，避免遗漏，需要事先准备好一个访谈问卷或访谈提纲。

使用访谈法收集工作信息时，访谈者需具备一定的专业素质和实际操作经验，还需掌握一定的访谈技巧以及访谈准则：

（1）选择最了解工作内容、最能客观描述职责的任职者；

（2）事先要征得任职者主管的同意，尽量争取主管的支持；

（3）尊重访谈对象，尽快与访谈对象建立融洽的关系，说明职位分析的意义、访谈的目的和访谈的内容，避免让访谈对象有压力或是有绩效考核的感觉；

（4）选择合适的访谈环境，营造轻松的气氛，使得访谈对象畅所欲言，真实、客观地回答问题；

（5）职位分析人员应按访谈提纲中的问题顺序，由浅入深地提问，重要的问题先问，次要的问题后问，敏感的问题适时发问，所提问题均要与职位分析目的相关。

（6）职位分析人员应当语言表达清楚、准确，所提问题清晰、明确，避免使用生僻的专业术语；

（7）所提问题和谈话内容不能超出访谈对象的知识和信息范围，也不要引起访谈对象的不满或涉及个人隐私；

（8）在访谈过程中，职位分析人员只是被动地接受信息，若出现不同观点，不要与访谈对象争论；当访谈对象发牢骚、抱怨时，不要介入个人观点，但应认真倾听，并及时把话题引向正题；

（9）如果工作不是每天都相同，就需要让访谈者把所有工作职责一一列出，并按重要性排序，这样可以避免忽略那些虽不常见但很重要的问题；

（10）访谈结束后，将收集到的材料请任职者及其主管审阅，并做出修改和补充。

访谈法的优点在于应用范围广泛，可发现在其他情况下了解不到的工作活动和行为，为企业提供与员工沟通的机会，并且操作比较简单、效率高、可控性强；这种方法的缺点在于职位分析者对某一工作的固有观念会影响其作出正确判断，被访问者出于自身利益考虑有时会采取不合作态度或提供虚假信息，访问者所提问题不明确也容易给受访者造成误解。

尽管访谈不如问卷调查法那样具有完善的结构，但是由于这种方法能面对面地交换信息，可对对方的工作态度与动机等较深层次的内容有比较详细的了解，有着问卷调查法无可替代的作用。

（三）资料分析法

为了降低职位分析的成本，应当尽量利用组织现有资料，对每个工作的任务、责任、权力、工作负荷、任职资格等有个大致的了解，为进一步调查奠定基础。例如，组织结构图、组织内部管理制度、员工手册、组织岗位责任制度等资料通常能帮助职位分析人员在最短的时间内了解和熟悉组织内部管理现状，找到下一步进行调查分析的重点与要点内容。因此，资料分析法是职位分析人员在职位分析初始阶段必不可少的一种方法。

例如，岗位责任制度是我国企业特别是大中型企业十分重视的一项制度。但是，岗位责任制度仅规定了工作的责任与任务，没有规定该工作的其他要求，如工作的社会条件、物理环境、聘用条件、工作流程以及任职条件等。如果根据各企业的具体情况对岗位责任制度增加一些必要的内容，则可形成一份完整的职位说明书。

另外，还可通过生产运作统计资料，如对每个生产员工出勤、产量、质量消耗的统计，对员工的工作内容、负荷有更深的了解，这些是建立工作标准的重要依据。机器设备的操作说明书可以提供关于操作人员职位的主要工作内容、工作程序、工作职责的大量信息。人事档案则可提供任职者的基本素质资料等。

（四）现场观察法

现场观察法是指在工作现场观察员工的工作过程、行为、内容、特点、性质、工作环境等，并用文字或图表形式记录下来，然后进行分析与归纳总结。

现场观察法遵循的一般原则有：

（1）观察的工作应相对稳定；

（2）适用于大量的、标准化的、周期短的、以体力为主的工作，不适用于脑力活动为主的工作；

（3）注意工作行为样本的代表性，避免对被观察者产生影响；

（4）有详细的观察提纲和行为标准；

（5）观察者具备相关能力。

现场观察法的优点在于采用这种方法调查的结果通常较准确，较少受调查人员和被调查对象的主观影响，容易核查。分析人员也能够对所调查的工作有直接的认识，从而准确把握该工作的内容和性质。

现场观察法的缺点在于不适用于脑力劳动为主或处理紧急情况的工作，因为被观察者行为可能表现出与平时不一致的情况，从而影响调查结果的可靠性。并且，对于这类人群如果采用观察法，则可能工作量大，成本高，而且费时、费力。除此之外，对于大型组织，往往有几百项工作需要分析，这时必须结合其他方法来完成任务，仅仅采用现场观察法完成职位说明书难度过高。

（五）关键事件记录法

关键事件是指使工作成功或失败的行为特征或事件，关键事件记录法是指职位分析专家向一些对某工作岗位各方面的情况比较了解的人员进行调查，请他们描述该工作岗位半年到一年内能观察到并能反映其业绩的一系列事件。关键事件记录法要求管理人员、员工或熟悉其他工作的员工，能够有效地记录工作行为中的关键事件。关键事件记录包括以下几个方面：导致事件发生的原因和背景；员工特别有效或多余的行为；关键行为的后果；员工自己能否支配或控制上述后果。

在大量收集这些关键事件以后，再对它们进行分类，总结出该工作的关键特征和行为要求。关键事件记录既能获得有关工作的静态信息也能获得工作的动态信息。如一项有关销售岗位的关键事件记录，总结了销售工作的 12 种行为：

（1）对用户、订货和市场信息善于探索、追踪；

（2）善于提前制订工作计划；

（3）善于与销售部门管理人员交流信息；

（4）对用户和上级都真诚和忠诚，讲信用；

（5）能够说到做到；

（6）坚持为用户服务，了解和满足用户的要求；

（7）向用户宣传企业的其他产品；

（8）不断掌握新的销售技术和方法；

（9）在新的销售途径方面有创新精神；

（10）维护公司的形象；

（11）及时结清账目；

（12）工作态度积极主动。

在此基础上，可以设计销售人员的工作职责、工作任务与任职资格，设计销售人员的

选拔标准与方案，销售工作的考评标准、薪酬标准和培训方案等。

（六）工作日志法

工作日志法又称工作写实法、工作日记法，是由任职者本人按时间顺序以日志的形式详细记录每天的工作任务、工作程序、工作方法、工作职责、工作权限以及各项工作耗时等信息，从而达到职位分析目的的一种方法。需要注意的是，工作日志应该随时填写，可以 10 分钟、20 分钟为一个周期，而不应该在下班前一次性填写，以保证填写内容的真实性和有效性，一般要连续记录 10 天以上。

工作日志法的优点是信息可靠性高，所需费用少，容易掌握有关工作任务、工作职责、工作过程、工作方法、工作权限以及工作耗时等方面的信息，对分析高水平与复杂的工作比较经济有效。但这种方法的缺点是使用范围较狭窄，只适用于工作循环周期短、工作状态稳定无大起伏的职位，信息整理工作量大，费时费力，任职者在填写工作日志时，会影响正常的工作，从而可能遗漏很多工作内容。工作日志表和填写示例如表 3-3 和表 3-4 所示。

表 3-3　工作日志表

工作日志（封面）

姓名：
年龄：
职位名称：
所属部门：
直接上级：
从事本业务工龄：
填写日期：自 ___ 月 ___ 日
　　　　　至 ___ 月 ___ 日

工作日志填写说明（封二）

1. 请您在每天工作开始前将工作日志放在手边，将工作活动发生的顺序及时填写，切勿在一天工作结束后一并填写。
2. 要严格按照表格要求进行填写，不要遗漏细小的工作活动，以保证信息的完整性。
3. 请提供真实的信息，以免损害您的利益。
4. 请您注意保留，防止遗失。
感谢您的真诚合作。

表 3-4　工作日志填写示例（正文）

日期	2023 年 3 月 2 日	工作开始时间	8：30	工作结束时间	17：30
序号	工作活动名称	工作活动内容	工作活动明细	时间消耗（分钟）	备注
1	复印	文件	50 页	10	存档
2	起草公文	代理委托书	2 000 字	75	报上级
3	参加会议	上级布置任务	1 次	35	参与
4	请示	贷款数额	1 次	25	报批
5	接待	参观	10 人	50	承办
…	……	……	……	……	……
20	布置工作	出口业务	1 次	25	指示

资料来源：萧鸣政 . 职位分析的方法与技术 [M]. 北京：中国人民大学出版社，2014，有改动。

（七）工作实践法

工作实践法，即由职位分析人员直接参与并从事所需研究的工作以收集相关信息的手段。工作实践法的优势在于能够直接获取原始资料，深入了解工作的实际流程以及任职者在体力、知识、经验等方面的具体要求。然而，此方法主要适用于短期内可掌握或工作内容相对简单的职位，如餐厅服务员等，对于需要长时间训练或涉及安全风险的职位，则不宜采用此方法。

第三节　职位说明书的编写

职位说明书是职位分析的最终成果之一，是描述某一工作岗位的任务、职责和责任，确定做什么、如何做、在哪里做、在什么样的条件下做的正式的书面文件。职位说明书的编写过程并无固定模式，需要根据职位分析的特点、目的与要求具体确定编写的条目。

一、职位说明书的主要内容

一般来说，一份比较完备的职位说明书应该具备以下内容，详见表 3-5。

表 3-5　职位说明书的主要内容

类别	主要内容
1. 工作识别	工作名称、所在部门、定员标准、岗位等级、工作编号、被调查者姓名
2. 工作概要	主要工作职责的简要说明
3. 工作内容	应该做什么、如何做、工作标准
4. 岗位关系	横向关系、纵向关系（监督和被监督）
5. 工作权限	工作的责、权、利
6. 其他信息	工作条件和环境、工作方式和设备、工作的时间分配

职位说明书的内容取决于职位分析的目的与用途。有的是为了对现有的工作内容与要求更加明确或合理化以便制定切合实际的奖励制度，调动员工的积极性；而有的是对新工作的工作规范作出规定；还有的是为了改善工作环境，提高安全性。职位说明书一般包括两个方面的内容：一是确定工作的具体特征；二是找出工作对任职人员的各种要求。前者称为工作描述，后者称为任职说明。

（一）工作描述（job description）

工作描述亦称工作说明、职位说明、职位描述、职务描述等，用以具体说明工作的物质特点和环境特点，主要包括工作内容与特征、工作责任与权力、工作目的与结果、工作标准与要求、工作时间与地点、工作岗位与条件、工作流程与规范等。工作描述一般有以下几个方面内容：

1. 基本情况

基本情况主要包括：职务名称、直接上级、所属部门、工资等级、工资水平、所辖人员、定员人数、工作性质等内容。

2. 工作活动与工作程序

它是工作描述的主体部分，主要包括：工作概要、工作活动内容、需要完成的工作任务与承担的责任、所拥有的权利、执行任务所需要的工具与设备、工作流程与规范、与他人的正式工作关系、接受及进行监督的性质与内容等。

3. 工作环境

主要包括物理环境与社会环境。物理环境包括工作地点的温度、湿度、光线、噪声、安全条件、地理位置等。社会环境包括工作群体中的人数与相互关系，完成工作所需要的人际交往的数量和程度，与各部门之间的关系、工作地点内外的文化设施、社会习俗等。

4. 聘用条件

主要描述本职位的工作时间、工资结构、支付工资的方法、福利待遇、晋升与发展通道、工作的季节性、进修机会等。

表 3-6 是一位财务总监工作描述的示例：

表 3-6　财务总监工作描述范例

职位编号	BF-02	职位名称	财务总监	所属部门	财务部
职位类型	财务类	上级职位	总经理	编制日期	2024 年 x 月 x 日

一、目的

依据法律规定，通过安排和调动有限的财务资源，领导、管理和控制公司的财务活动，使持股人得到最高的利润

二、操作网络

外部：
董事会
持股人
放款机构
银行
法定机关
权力机关
审计

三、主要职责

1. 计划

建立和管理计划、预算过程和形式，以分散业务风险，增加持股人回报及保障税务责任

衡量标准：持股人的回报及保障税务责任

衡量标准：持股人的回报

2. 筹集资金

与银行和投资者谈判及安排筹集资金，以最短时间和最低成本获得资金，以充分实现成本效益和增加可动用资金

衡量标准：成本效益、可启动资金

3. 预算

根据各部门提供的数据预备预算，讨论和分析资金运用的条件和整个营运过程所需的现金，以监控和凸显机构的绩效表现

衡量标准：实际与计划的比较、可靠性

4. 人事管理

领导、指导和激励财务部员工，确保财务和会计功能的义务得以完成

衡量标准：员工工作表现、员工士气

职位编号	BF-02	职位名称	财务总监	所属部门	财务部
职位类型	财务类	上级职位	总经理	编制日期	2024 年 x 月 x 日

5. 现金管理

建立指引，确保实施适当的 A/R、A/P 惯例和步骤，以确保公司最具效益地运用现金

衡量标准：可动用现金、利息

6. 报告 / 报表

为管理层、政府及其他汇报目的，发展、监控报告预备过程和提交报告，确保所有报告合乎法律及为管理层提供可靠的数据。

衡量标准：准确性、准时性

7. 税务计划

设定政策，为个人及业务税项演绎及控制保税条件，使合乎法律及尽量减少税务责任衡量标准：遵从法律、税务曝光率

8. 战略

主动地参与行政人员会议，提供数据、资料；在公司面对的战略性问题上提出批评和建议，以引导公司走向高利润、高增长

衡量标准：利润增长率、盈利能力

（二）任职说明

即任职要求，说明担任某项职务的人员必须具备的要求，主要包括：

1. 一般要求

包括年龄、性别、学历、所需培训的时间科目、工作经验等。

2. 生理要求

包括健康状况、力量与体力、运动的灵活性、感觉器官的灵敏度等。

拓展阅读 3.3

职位说明书（示例）

3. 心理要求

包括观察能力、记忆能力、理解能力、学习能力、创造力、语言表达能力、计算能力、决策能力、人际沟通能力、气质、性格特征、爱好、态度、事业心、领导能力等。

二、职位说明书编写中存在的问题及其编制原则

（一）职位说明书编写中存在的问题

由于有些公司在编写过程中缺乏专业的技术和培训以及沟通不到位和职位说明书的管理不到位等原因，致使编写过程中存在下列问题：

（1）职位说明书的编写存在很大的随意性和盲目性；

（2）对职位说明书的整体结构认识不清；

（3）职位说明书的内容比较凌乱、不成体系；

（4）对有些工作职责界定不清。

（二）职位说明书的编制原则

职位说明书是从"事"和"人"两方面来考虑人力资源管理工作的，因此职位说明书的编制必须遵循以下准则：

1. 准确性

职位说明书应当准确地说明职位的职责要求和任职资格与条件，描述要准确，语言要精练，一岗一书，不能雷同。这种准确性主要体现在两个方面：第一，职位说明书所包含的职责要求和任职资格与条件应该是正确的，能够如实反映职位特征；第二，职位说明书表述明确，避免出现模棱两可和含糊其词的内容。例如，某职位要求是具有四年以上从事财务管理的工作经验，就不能简单地说成"具有一定的工作经验"或"要求有几年以上的工作经验"。

2. 实用性

任务明确好上岗，职责明确易考察，资格明确好培训，层次清楚好评价。与此同时，还应该表明各项职责所出现的频率。表示各项职责出现的频率高低可以通过完成各项职责的时间所占的比重来表示，因此，可以在各项工作职责旁边加上一列，表明各项职责在总的职责中所占的百分比。

3. 逻辑性

一般来说，一个职位通常有多项工作职责，在职位说明书中这些工作职责的罗列并不是杂乱无章的、随机的，而是有一定的逻辑顺序的，这样才有助于理解和使用职位说明书。较常见的组织工作职责的次序是按照各项职位的重要程度和所花费任职者的时间多少进行排列，将最重要的、花费时间较多的职责放在前面，将次要的、花费时间较少的职责放在后面。

4. 完备性

完备性是指所编写的职位说明书在内容上应尽量涵盖某一职位的工作概况、工作概要、工作职责及任职资格与条件。只有体现完备性，才能完整揭示职位的特征和要求，从而更好地为整个人力资源管理系统服务。

拓展阅读 3.4

职位分析遭到
谁的阻拦？

5. 统一性

文件格式统一，可参照典型职位说明书编写样本。统一性的要求说明职位说明书的基本涵盖内容是一致的，如所有的职位说明书都包含职位的工作职责和任职资格与条件，这样便于不同工作间的比较。

6. 预见性

这种预见性主要是指职位说明书既要如实反映职位特征要求，又要有一定的弹性和灵活性。因为环境是不断发展变化的，如果一味地拘泥于静态的职位特征，很可能与现实情况不符，容易出现工作上的偏差。

第四节　胜任素质模型

传统的职位分析更多是对于岗位的静态特征进行分析，为了实现人员与岗位的高度匹配，以提升工作效率和质量。但在现代人力资源管理中需要在职位分析时重点关注胜任力这一重要概念，将个体的特质与岗位的特性进行对比，从而确保人与岗的高度契合。

一、胜任力的概念

20 世纪 60 年代末期，哈佛大学心理学教授戴维·麦克利兰（David McClelland）经过深入研究后发现，传统的理论测试在预测工作绩效与个人成功方面存在明显不足。他认为，真正影响个人绩效的关键因素在于诸如"成就动机"和"人际理解"等深层次特征。基于这一发现，麦克利兰教授建议放弃传统的评价方式，转而寻找能够直接导致成功的关键变量，并据此找出一种客观、可描述的方法来识别这些变量。在这一背景下，麦克利兰教授提出了以胜任力为核心的概念，并在1973年发表了题为《测量胜任力而非智力》的论文，为胜任力理论的诞生奠定了坚实基础。

"胜任力"这一概念诞生以来，便吸引了学术界与理论界的广泛关注。关于其定义，学界内尚未形成统一的看法，不同学者各持己见。然而，在某些核心要素上，已有一定的共识。与传统的心理测验相比，胜任力评价具备如下鲜明特点：

（一）绩效关联性

绩效关联性指的是所测量的内容应当源自那些与卓越绩效存在因果关系的效标行为，以确保测量的有效性和准确性。

（二）评估任务的情景性

胜任力的评估应当紧密结合实际的工作场景和任务，这种情景化的评估方式有助于提高预测的精准度。

（三）针对性

每个胜任力模型都是针对特定职业群体进行设计和构建的，不同的职业需要不同的胜任力模型，这增强了测验的针对性和预测效度。相比之下，传统的心理测验往往缺乏这种针对性，通常适用于各种工作岗位的人员选拔和评估。

本书定义的胜任力，是指在特定的工作岗位、组织环境以及文化氛围下，表现优异者所展现出的可客观衡量的个体特征，以及由此产生的可预测且导向绩效的行为特征。我们将担任某一特定任务角色所需的所有胜任力要素的总和称为"胜任力模型"（competency model）。

二、胜任力素质模型

胜任力素质模型是针对某一特定职位表现要求所组合的一系列胜任特征。目前常见的阐述胜任力内容和结构的理论模型主要有冰山模型和洋葱模型。

（一）冰山模型

冰山模型是美国著名心理学家麦克利兰于1973年提出的著名的模型，所谓"冰山模型"就是将员工个体素质的不同表现划分为表面的"冰山以上部分"和深藏的"冰山以下部分"，如图3-2所示。斯潘塞夫妇（L.M.Spencer 和 S.M.Spencer，1993）将胜任素质定义为一种深层次的个人特征，这种特征能够将某一工作（或组织、文化）中表现卓越者与表现平庸者区分开来。这些特征可能包括动机、特质、自我形象、态度或价值观，以及特定领域的知识、认知或行为技能。这些胜任素质必须是可测量和可计数的，并且能够显著区分出优秀绩效和一般绩效的个体特征。因此，斯潘塞夫妇进一步将胜任素质划分为两种类型：鉴别性胜任素质和基准性胜任素质。鉴别性胜任素质指的是将某一工作中表现优秀者与表现一般者区分开来的个体行为特征。基准性胜任素质则是指将某一工作中表现合格者与表现不合格者区分开来的个体行为特征。这两种胜任素质共同构成了胜任力模型的核心要素，为组织提供了评估和提升员工工作表现的重要参考。

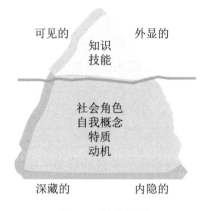

图 3-2　冰山模型

（二）洋葱模型

美国学者理查德·博亚特兹（R.Boyatzis）提出的洋葱模型（见图 3-3）以层层包裹的结构，自内而外地展示了胜任素质的构成。模型的最内层是动机和个性，它们是胜任素质的核心；向外展开，依次是社会角色、自我形象、态度和价值观。最外层则是知识和技能，它们是胜任素质的外在表现。洋葱模型提供了一个全面而深入地理解胜任素质结构的视角。

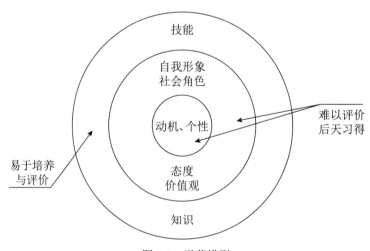

图 3-3　洋葱模型

冰山模型与洋葱模型在本质上具有共通性，都是重视诸如动机、个性、自我形象与价值观、社会角色、态度、知识、技能等胜任力要素。然而，冰山模型更侧重于胜任力的层次性。在冰山模型中，知识和技能位于最表层，随着层次的深入，逐渐触及更为核心的特质及动机。这些深层次的胜任力要素，作为个体最深层次的特征，不仅难以改变，而且对于个体的长期发展具有决定性影响。

（三）胜任力素质模型的构建

企业内构建职位的胜任力素质模型一般按照确定绩效标准、选定效标样本、收集资料、构建胜任力素质模型、胜任力素质模型的验证和应用胜任力素质模型的流程。

1. 确立绩效准则

绩效准则的设定通常依赖于工作分析与专家小组讨论。工作分析运用相关工具与方法，深入剖析工作的具体要求，进而提炼出区分优秀员工与普通员工的标准。专家小组讨论则由资深领导者、人力资源专家及研究人员组成，共同探讨岗位的任务、职责及绩效准则，以及优秀领导者应具备的行为特质，最终达成共识。在设定绩效指标时，需考虑硬指标与软指标。硬指标可能包括销售额、利润率等量化数据，软指标则可能涉及管理风格、客户满意度等质性评价。然而，在确立这些指标的绩效准则前，首要任务是选定研究对象岗位，并明确关键岗位的绩效标准。

2. 选定效标样本

为确保评估的准确性和公正性，需根据岗位的具体要求，从该岗位的员工中随机挑选出一定数量的绩效优秀和绩效普通的员工。随后将这些员工划分为两个独立的组别：优秀业绩组和普通业绩组，这样的分组有助于更深入地了解不同绩效水平员工的特点和差异，为后续的分析和评估提供有力的数据支持。

3. 收集资料

在资料收集阶段，为获取与效标样本相关的胜任力特征资料，可采用多种方法，包括行为事件访谈法、专家小组法、问卷调查法、全方位评价法以及观察法等。在当前的胜任力素质模型构建实践中，行为事件访谈法因其有效性和实用性而广受欢迎，成了最为常用的方法之一。

行为事件访谈法（behavior event interview，BEI）是一种深度的开放式行为回顾式调查方法，类似于绩效评估中的关键事件法。这种方法主要聚焦于目标岗位的在职人员，通过访谈的形式，引导受访者列举他们在管理工作中所经历的关键事件，包括成功与不成功（或负面）事件等。在此过程中，要求受访者详尽叙述每个事件的起始、经过、结局、发生时间、相关涉及人员、波及范围以及影响层面等诸多细节。同时，需要受访者阐述事件发生时的心路历程与感想，如导致他们产生某种想法的诱因，以及他们是如何达成预定目标的等。行为事件访谈法旨在深入了解受访者的行为模式、思维方式和问题解决能力，从而为岗位分析、人员选拔和培训提供重要参考。

在行为事件访谈结束时，为确保深入了解事件背后的原因及其对岗位绩效的具体影响，通常建议访谈者邀请受访者自主总结其成功或失败的原因。这一环节对访谈者的专业素养提出了较高要求，只有经过系统培训的访谈者才能通过持续而高效的追问，进而精准捕捉与目标岗位紧密相关的具体事件。行为事件访谈法在实践中通常融合问卷调查与面对面交流两种方式。访谈者需要提前制定详细的提问大纲，以确保访谈的有序性与连贯性。需要注意的是，访谈者在访谈开始前并不了解受访者的具体分组情况，这有助于消除潜在的先入为主偏见。访谈过程中，访谈者应鼓励受访者使用自己的语言详细描述他们在工作中取得成功或遭遇失败的经历，包括他们的具体做法、内心感受等。鉴于访谈的时长可能较长，通常在 1 至 3 小时之间，访谈者在获得受访者同意后，应使用录音设备记录访谈内容。这将有助于后续整理出结构清晰、格式统一的访谈报告，并对收集到的具体事件和行为进行系统汇总、分析与编码。

4.构建胜任力素质模型

通过深入分析行为事件访谈报告，需要提炼出关键胜任力特征，并详细记录这些特征在报告中的出现频次。为了确保胜任素质模型的严谨性和实用性，需要依据不同主题对特征进行归类和整理，并结合频次的集中程度，采用专家评估法或层次分析法，对各类特征组进行权重估算，进而明确各项素质要求。通过上述工作能够形成一个系统的、可操作的素质评估体系，为人才的选拔和培养提供有力支持，最终构建出全面而科学的胜任力素质模型。

拓展阅读3.5

张广秀和沈浩
"冰山"下的
胜任素质

5.胜任力素质模型的验证

验证胜任力素质模型的有效性，关键在于企业选择何种绩效标准作为验证的基础。为确保模型的准确性和可靠性，企业可采取多种方法进行验证，包括但不限于行为事件访谈法、问卷调查法、评价中心技术，以及专家评议组等方法，通过应用这些方法能够有助于全面评估胜任力素质模型在实际工作环境中的适应性和实用性。

6.应用胜任力素质模型

胜任力素质模型在企业的人力资源管理活动中扮演着至关重要的角色，其应用范围广泛且深远。这一模型不仅为企业的工作分析提供了明确的标准，还为人员招聘、绩效考核、员工培训、员工激励以及人力资源的战略与规划等关键活动提供了坚实的理论基础和实践依据。胜任力素质模型是现代人力资源管理的新基石，在人力资源管理活动中起着基础性和决定性的作用。

本 章 小 结

在人力资源管理中，职位分析和胜任素质模型是至关重要的概念。职位分析是研究和评估工作内容、职位要求和员工所需技能的过程，而胜任素质模型则是描述在特定职位上成功表现所需的特定品质和技能。本章介绍了职位分析的含义和相关概念，阐明了工作分析的目的和作用；分析了职位分析的时机，介绍了基本流程和职位分析的方法；编制职位说明书的内容和示例、职位说明书编写存在的问题和编制的原则；介绍了胜任力的概念、两种胜任素质模型及胜任力素质模型的构建过程。职位分析和胜任素质模型是组织人力资源管理中不可或缺的工具和技术。通过深入了解职位需求和员工胜任素质，组织可以更有效地管理员工，提高工作效率和绩效。因此，企业应该重视这两个方面，不断完善和优化人力资源管理实践，以实现组织的长期发展目标。

复习与思考

一、简答题

1.什么是职位分析？其主要作用是什么？

2.职位分析的基本方法有哪些？

3. 职位分析的基本程序包含哪些步骤？

4. 职位说明书的主要内容有哪些？

二、论述题

1. 比较职位分析的几种方法，其优缺点各是什么？

2. 在编写工作职责时，需要注意哪些方面的问题？

三、案例分析

扫描阅读

A 公司职位
分析案例

思考题

1. 该公司为什么决定从职位分析入手来实施变革，这样的决定正确吗？为什么？

2. 在职位分析项目的整个组织与实施过程中，该公司存在着哪些问题？

3. 该公司所采用的职位分析工具和方法主要存在哪些问题？

【在线测试题】扫描二维码，在线答题。

第四章 员 工 招 聘

学习目标

1. 掌握员工招聘的基本概念与作用；
2. 了解影响员工招聘的因素；
3. 掌握招聘目标与招聘原则；
4. 掌握员工招聘的流程；
5. 掌握内部招聘与外部招聘的来源与方法；
6. 掌握内部招聘和外部招聘的优缺点；
7. 掌握笔试、面试、心理测试和情景模拟等方法的实施要点；
8. 掌握背景调查方法与招聘评估方法；
9. 了解 AI 在员工招聘中的应用与未来发展趋势。

素养目标

1. 通过学习员工招聘的主要理论与方法，提高学生招聘与甄选人才的能力；
2. 培养学生公平、公正的选人原则与"德才兼备"的用人理念，在考查应聘者能力的同时，注重对其思想品德与价值观、择业观的考核；
3. 培养学生在员工招聘中运用人工智能等新技术的能力，提升学生适应现代科技发展的能力。

导入案例

字节跳动如何做校园招聘

字节跳动公司在 2020 年 8 月开启了 2021 校园招聘的大幕，为全国 2021 届毕业生提供 6 000 多个工作岗位，校招人数共计超过 1.2 万人，这个规模在国内互联网公司来讲是罕见的，可见字节跳动是打算来年"好好撸起袖子大干一场了"。

校招的具体职位涉及研发、产品、运营、设计、市场、销售、人力资源等多个类别，涉及北京、上海、深圳、杭州、成都、广州、武汉、南京等多个城市，持续的时间从 8 月初到 10 月 31 日结束。这么大规模、持续时间较长的招聘活动，对于主办方来讲必定要做好精心的招聘计划和准备。字节跳动是如何做的呢？

精心设计校招主题

由于是校招，面向的是年轻人，一个能吸引这些群体的主题就非常重要。字节跳动这届校招的主题是"和优秀的人，做有挑战的事情"。这无疑有两个暗示，一是来字节跳动的都是优秀的人才，既能证明自己，同时在这样一个优秀团队的氛围里，个人能够得到更好的发展；二是公司的发展目标是有挑战性的，加入字节跳动就要承受压力，不惧挑战！

这样的主题不仅能够吸引年轻人，同时对他们也充满着激励。让年轻人的血液沸腾，激荡他们的情怀。

校招前的准备

为了这次校招，字节跳动在 2019 年 11 月底就开始提前准备了。公司要求 HR 写出招聘职位的卖点，每个职位一共 3 组卖点，每组卖点控制在 4 个字以内；让 HR 对所有面试官培训，主题只有一个——"反面霸策略"，强化校招面试官的选人效率；让公司的一把手和二把手，亲自面试本届候选人中的一部分，让他们保持一线手感，同时也感受 HR 工作的不容易。

科学的校招流程

字节跳动校招官网介绍，其校招的流程是"网申 / 内推→笔试→面试→ offer 发放"。在网申这一步，如果字节跳动觉得你不符合该岗位的要求，会通知本人改投公司建议的岗位。另外，字节跳动还首次面向应届毕业生开放 2 次投递机会，应聘者可以选择一次性投递 2 个岗位，也可以分 2 次各投递 1 个岗位，每个岗位可选择服从调剂的三个城市。这样就能增加大学生获取心仪岗位的机会，提升入职概率。由于受到疫情的影响，笔试 / 面试统统改在线上进行。

面试环节第一轮是电话面试，主要提问基本情况和应聘者对公司及岗位有什么了解，时间不长，大概 10 分钟以内；第二轮是视频面试，持续的时间要长一点，在半个小时左右，问的问题就更加深入一点，如个人未来的发展，对工作的看法等；第三轮是高阶的面试官面试，耗时更长，问的问题更有深度和压力。

总之，能过五关斩六将，最后拿到 offer 的同学都是优秀的人！

字节这次大面积的校招，据说就是想要不断地扩展新的业务并淘汰公司中一些薪酬高、贡献差、不让位的平庸人才。因此，字节跳动在校招之前，一定会做一次大面积的人才盘点，列出需要替换的员工、急需招募的人才、需要储备的人才。

在字节跳动的人力资源部，最近出现了一个新的 HR 哥伦布计划，目的就是召集一群有想法、有能力的新生代 HR，他们有着和哥伦布一样的精神，致力于做人力资源体系的探险家，和字节跳动一起发现人力资源领域的"新大陆"。

资料来源：国内外名企人力资源管理案例精选集，HR 人力资源管理案例网 [EB/OL].（2022-04-12）https://www.hrsee.com/?id=1716.

导入案例思考

字节跳动的校园招聘有哪些优点？

在当今竞争激烈的商业环境中，企业的成功与否很大程度上取决于其人才的质量。确保组织中每个职位都由最适合的人选担任，并全力以赴地工作，是企业运营效率的关键。随着外部环境的变化，组织和岗位也在不断改变，因此企业的活力源于其所拥有的员工——他们是企业持续发展的动力。为了维持这种活力，企业需要不断引进新人才，寻找能够适应新环境和市场需求的人才。同时，人才本身也在寻求更适合自己的岗位，以便更好地发挥自己的价值。现代人力资源的一个显著特点是不断自我挑战和前进。这种人力资源的动态特性意味着企业需要不断寻找新的人才来补充其队伍，因此员工招聘是人力资源开发与管理的重要职能。本章将详细探讨员工招聘的基本流程和内容，以及在招聘过程中常用的方法和技巧等。

第一节　员工招聘概述

一、员工招聘的含义及地位

（一）员工招聘的含义

员工招聘是指组织为了发展的需要，根据人力资源规划和工作分析的数量与质量要求，从组织内外部吸收人力资源的过程。它对于提升组织的人力资源水平起着极其重要的作用，是人力资源开发与管理的重要环节。这个含义说明：

（1）员工招聘的出发点是组织发展的需要；

（2）员工招聘的前提和基础有两个：人力资源规划和工作分析。它们是开展招聘工作的依据，也是确保招聘质量的重要保障；

（3）员工招聘包括内部招聘和外部招聘，从组织内部和外部吸收人力资源的过程都称为招聘活动。

（二）员工招聘在人力资源管理中的地位

1.员工招聘是人力资源管理的第一步

无论是新组织还是老组织，如果不能满足组织的人员配置，不能持续补充符合组织发展需要的员工，组织就不能正常运转，会造成组织效率低下、竞争力减退等。因此，员工招聘是决定组织成败的关键环节，也是人力资源管理部门的一项基本任务，还是组织人力资源管理工作的第一关。招聘质量将直接影响人力资源管理的有效性。

2.员工招聘是其他人力资源管理职能的基础，又与其他职能相互作用

只有招聘工作做好了，其他后续工作如员工使用与调配、员工培训与开发、绩效管理、薪酬管理等才能顺利有效地开展。具体来说，聘用合适的员工有利于组织发展目标的达成和绩效的提高。引进认同本组织文化和价值理念的优秀员工，有利于改善员工的素质结构，增强组织的团队精神和凝聚力。成功的招聘还可减少重复性的人员招聘和安置所造成的成本损失，有利于充分发挥员工的才能，开展培训与开发工作并促进员工和组织共同发展。通过员工招聘还可以了解市场薪酬水平，将现有员工的素质及绩效水平与企业外部人员进行比较。

同时，其他职能的履行又会影响员工招聘工作。优秀的企业文化、良好的培训与开发、绩效管理与薪酬管理政策、和谐的员工关系等会吸引更多、更优秀的应聘者，并有助于留住优秀人才，激励员工取得良好绩效，从而提高员工招聘水平。对录用者进行绩效管理还可以有效评估所招聘员工的质量与效率等。

3. 员工招聘质量直接影响人力资本的质量

社会经济活动中的一切竞争，归根到底是人力资源特别是人才的竞争，而人员招聘是组织获得人才和根据发展需要补充人力资源的主要渠道，也是外部人才进入组织的直接通道。因此，招聘的质量将直接影响人力资本的质量，高质量的招聘活动是不断提升组织人力资本质量的重要途径。

二、员工招聘的意义

进入 21 世纪的今天，知识经济的来临和经济的全球化，使劳动力市场逐渐从买方市场进入卖方市场。同时，由于高素质人才的自主意识和自我发展意识的增强，劳动力的性质和结构也发生了巨大变化，人员流动性的增加和高流失率的出现，使组织越来越重视人才的筛选与录用。同时，现代人力资源管理要求招聘工作从战术管理层次向战略化发展，支持组织的战略目标。员工招聘对组织发展的意义主要表现在以下方面：

（一）确保录用人员质量，提高工作效率

组织招聘员工的目的是寻找适合工作的必要人选，从而实现人与工作的相互适用。它要求所招聘的员工在技术经验、心理、身体等各方面都要适合工作的需要。如果组织招聘到不合格的员工，将会大大降低组织的生产效率，而且会对正常工作的员工造成各种不利影响，如士气低落等。招聘到适宜的人员对组织的正常运转起着非常重要的作用，能够更好地促进组织目标的实现。

（二）降低招聘成本

成本是企业的生命，成本的大小将决定企业在市场上的竞争力。人力资源管理活动的任务之一，就是控制人工成本。员工招聘的成功与否将直接决定企业员工队伍结构和离职成本的大小。因为如果企业辞退不合格员工，就会使企业的招聘费用受到损失。同时，为了维持企业的正常运转，企业仍需支付费用寻找合适的人选。另外，在招聘过程中，企业还有机会成本的损失。一般来说，企业员工的离职或辞退成本等于历史成本、重置成本和机会成本三者的总和。历史成本包括招聘信息宣传费、甄选费、录用费、培训费等。重置成本指重新招聘人员所发生的费用，明细与历史成本类似。机会成本则更难以估计，如离职人员带走了企业技术、市场和顾客等资源，这种情况造成的损失对企业往往是致命的。

（三）提供高质量的人力资源，提高企业核心竞争力

企业要获得持续发展，就必须要有相应的人才保障。但由于当今社会知识、技术、信息等的快速更新，必然会导致现有岗位上的员工素质难以达到组织要求的状况。这时，可以采取培训等措施提高现有员工的素质水平。但如果通过培训仍难以达到组织要求，就只能通过员工招聘从组织外部或组织内其他岗位员工中选拔录用更加优秀的人才，以适应组织的发展。

（四）为企业注入新的活力，增强企业创新能力

对高层管理者和技术人员的招聘，可以为企业注入新的管理思想，可能给企业带来技术上的重大革新，增添活力。高层管理者尤其是优秀的职业经理人，通常都有先进的管理思想、经营理念，以及丰富的管理经验。一个优秀管理者的引进，会给企业导入崭新的管理思想和管理模式，为企业增添活力。同样，核心技术人才的引进，会给企业带来重大技术革新和技术进步，使企业在市场竞争中占据更大优势。

（五）扩大企业知名度，树立企业形象

企业可以通过多种形式发布招聘信息，如网络、电视、电台、报纸、杂志等。无论哪种形式，都可以在吸引应聘者的同时，使外界能更多地了解本企业，达到宣传企业、扩大企业知名度的目的。

拓展阅读 4.1

检验招聘活动
的六个标准

同时，招聘过程是企业代表与应聘者直接接触的过程。在这一过程中，招聘人员的工作能力、语言表达、对企业的介绍、分发的资料、面试的程序与方法以及选拔录用标准等都会成为应聘者评价企业的依据。招聘过程既可能帮助企业树立良好形象，吸引更多的应聘者，也可能损害企业形象，使应聘者失望。有研究表明：企业招聘过程的质量高低明显地影响应聘者对企业的看法，招聘人员的素质和招聘工作的质量在一定程度上被视为企业运作效率和管理水平的标志。

三、招聘的目标与原则

（一）招聘目标

以最小的代价去获得组织最需要的合适的员工并使其发挥最大作用，是每一个组织招聘工作追求的现实目标。虽然不同的组织经营目标、组织文化、组织规模各不相同，对人员需求有差异，在人员招聘选拔方面也有不同的目标要求，但是招聘合适的人并将其安排在合适的岗位上使其发挥作用是任何组织用人的一大目标。招聘实际上是一种双向选择和人职匹配的过程。在这个过程中，一方面，个人在寻找理想的工作和组织；另一方面，组织也在寻找合适的、理想的员工。成功的招聘必须兼顾组织和个人发展的长期利益，并且使个人和工作、个人和组织的匹配程度都比较高。

（二）招聘的原则

1. 因事择人原则

即切实根据组织的人力资源需求来招聘员工，缺什么人员就招聘什么人员，而不是因人设岗。无论多招了人还是招错了人，都会给组织带来很大的负面作用，如人力成本增加、工作效率低下等，甚至还会影响组织的整体效率。

2. 公开原则

招聘信息、招聘标准、招聘方法和招聘时间、报考资格、考核方法等都应公布于众，并且要保证整个招聘流程公开透明。这样，既有利于社会人才公平参与竞争，又能将此项工作置于社会的公开监督之下，防止不正之风。只有这样才能吸引大批应聘者，招聘到一流人才。

3. 效率优先原则

在招聘过程中，要根据不同的招聘要求，灵活选用适当的招聘方法。在保证质量的前提下，尽可能降低招聘成本，录用高素质、组织急需的人才。或者说，以尽可能低的成本招聘到同样素质的员工。

4. 公平原则

对于所有应聘者应一视同仁，不可人为地制造各种不平等的限制标准。要通过考核和竞争选拔人才。以严格的标准、科学的程序和方法对应聘者进行考核和选拔，根据考核结果确定录用人选。目的是创造一个公平竞争的环境，既可以选出真正的优秀人才，又可以激励其他人员。

5. 全面考核原则

在招聘中，企业要对候选人的品德、知识、能力、智力、健康状况、心理、过去工作的经验和业绩等方面进行全面考核和考察。通过对其智力因素和非智力因素的全面了解，来选择合适的人选。还应注意在选拔中以员工的才能和品德作为首要标准。除一些特殊岗位外，不应当过分强调应聘者的身高、性别、年龄、外貌、体重等因素。

拓展阅读 4.2

哪个最有价值？

6. 能级对应原则

招聘工作应当依据职位分析来进行，根据工作说明书的要求选拔合适的人员，并将适当的人配置到适当的位置上，避免大材小用，也要避免小材大用，即实现能力和职位相匹配。

四、招聘的影响因素

在现实中，招聘活动的实施受到组织内外部多种因素的影响。[①]

（一）外部因素

1. 外部劳动力市场

外部劳动力市场的供求对招聘活动产生的影响非常大。当劳动力市场的供给小于需求时，企业吸引人员比较困难；当劳动力市场的供给大于需求时，企业吸引人员就会比较容易。在对外部劳动力市场的影响进行分析时，一般要针对具体的职务层次或职位类别进行，如目前技术工人的市场比较紧张，企业招聘这种人员就比较困难，往往要投入大量的人力和物力。

2. 国家法律法规

法律、法规的本质是规定人们不能做什么事情，因此一般意义上，国家的法律和法规对企业的招聘活动具有限制作用，往往规定了企业招聘活动的外部边界。例如，西方国家的法律规定，企业的招聘信息中不能涉及性别、种族和年龄限制等，除非证明这些信息是职位所必需的。

3. 竞争对手

在招聘过程中，应聘者往往是对多家企业进行比较后才作出加入组织的决定。因此，

---

① 朱勇国，刘昕，柳学智. 人力资源管理专业知识与实务 [M]. 北京：中国人事出版社，2020，第 87 页。

如果企业的招聘政策相对于竞争对手而言具有比较优势，将增强企业的吸引力，提升招聘效果。

（二）内部因素

1. 企业的社会形象

一般来说，企业在社会中的形象越好，越有利于招聘活动。良好的企业形象会对应聘者产生积极的影响，引起他们对空缺职位的兴趣，从而有助于提升招聘的效果。目前越来越多的企业关注自身的"雇主品牌"，将其作为人才争夺战中的重要工具。所谓雇主品牌，是雇主和雇员之间被广泛传播到其他的利益相关人、更大范围的社会群体及潜在雇员的一种情感关系，通过各种方式表明企业是最值得期望和尊重的雇主。雇主品牌是以雇主为主体，以核心雇员为载体，以为雇员提供服务为基础，提高雇主在人才市场的知名度。例如，2022年12月23日，由智联招聘联合雇主品牌与专业学术机构发起的"中国年度最佳雇主"评选活动，吸引了来自全国多个省（区、市）及香港、台湾等地区多家企业的参与，目的在于给普通求职者展现一种可量化的评价标准，在帮助求职者发现中国好雇主的过程中，有针对性地深入挖掘不同时代求职者的需求，从而为企业制定雇主品牌战略提供数据支持。

2. 企业的招聘预算

招聘活动必然伴随着费用支出，因此企业的招聘预算对招聘活动具有重要的影响。充足的招聘资金可以使企业选择更多的招聘方法，扩大招聘范围，如可以花大量的费用来进行广告宣传，可以选择影响力较大的媒体；反之，有限的招聘资金会使企业招聘时的选择大大减少，对招聘效果产生不利的影响。

3. 企业相关人力资源政策

企业的相关人力资源政策对招聘活动会产生直接的影响。企业在进行招聘时一般有内部招聘和外部招聘两个渠道，至于选择哪个渠道来填补空缺职位，往往取决于企业的具体人力资源政策。有些企业可能倾向于外部招聘，有些企业则更倾向于内部招聘。在外部招聘中，企业的人力资源政策也会影响招聘渠道的选择，有些企业愿意进行校园招聘，如宝洁公司的新员工基本来自各大高校，而有些企业更愿意进行社会招聘。

五、人力资源部门和用人部门在招聘中的职责

在传统的人事管理阶段，员工招聘的决策与实施完全由人事部门负责，用人部门的职责仅仅是负责接收、安排所招聘人员，完全处于被动地位。而在现代人力资源管理阶段，对员工招聘起决定作用的是用人部门，它们直接参与整个招聘过程，并拥有决策权，完全处于主动地位。人力资源部门则在招聘过程中履行组织和服务功能（见表4-1）。

表4-1　现代人力资源管理阶段用人部门与人力资源部门的招聘职责与分工

用人部门	人力资源部门
1. 招聘计划的拟定；	1. 负责外部环境影响因素分析，帮助用人部门分析招聘
2. 招聘岗位的工作说明书及录用标准的提出；	的必要性和可行性；
3. 对职位候选人的专业技术水平进行评判、	2. 招聘计划的制定与审批；
初选；	3. 招聘人员和资料的准备；

续表

用人部门	人力资源部门
4. 负责初试和复试人员的确定； 5. 参与测试内容（包括笔试试卷）的设计和测试工作； 6. 参与正式录用决策（最后一轮选拔有决定权）； 7. 参与员工培训决策并负责新员工基本技能训练辅导； 8. 负责录用员工的绩效评估并参与招聘评估； 9. 参与人力资源规划修订。	4. 招聘信息的发布； 5. 负责简历等求职资料的登记、筛选和背景调查； 6. 通知参加初试和复试人员，主持面试和具体实施人事评价程序； 7. 负责试用人员个人资料的核查、确定薪酬； 8. 寄发通知并帮助录用人员办理体检、档案、签订试用或正式劳动协议；并为员工岗前培训服务； 9. 向未录用者表达诚意并委婉拒绝； 10. 进行招聘评估； 11. 人力资源规划修订。

资料来源：陈维政，等 . 人力资源管理与开发高级教程（第 3 版）[M]. 北京：高等教育出版社，2019.

第二节　员工招聘的主要程序

为了保证招聘工作的效果和质量，根据招聘原则和组织内外部环境条件，确定一套合理、有序的招聘程序，并且严格按照它来执行是十分重要的。一般来讲，员工招聘工作的基本程序包括制订招聘计划、实施招聘计划和招聘评估及后续工作，实施招聘计划又包括招募、甄选和录用三个步骤，具体程序如图 4-1 所示，图中环节比较全面，实践应用中并非如此完备，可根据实际需要选择其中某些核心环节实施。

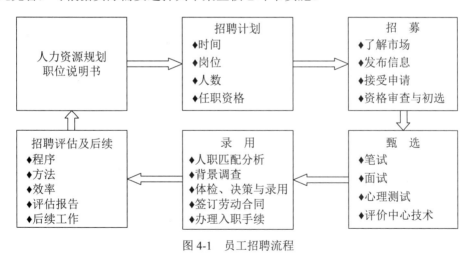

图 4-1　员工招聘流程

一、制订招聘计划

招聘计划是招聘的主要依据。目的在于使招聘更趋合理化、科学化。员工招聘直接影响人力资源开发与管理的其他步骤，招聘工作一旦失误，以后的工作就难以开展，组织也得不到最适合的人力资源，生存与发展便会受到威胁。

招聘计划是用人部门按照部门的发展需要，根据人力资源规划的人力净需求、职位说明书的具体要求，对招聘的岗位、人员数量、时间限制等因素制订的详细计划。招聘计划由用人部门拟定，由人力资源部门复核，特别是对人员需求量、费用等项目进行严格复查并规范有关格式和程序，签署意见后交上级主管领导审批。主管领导批复后，就可进入下一个实施环节了。

招聘计划的具体内容包括：招聘岗位、人员需求量、每个岗位的具体要求；招聘信息发布的时间、方式、渠道与范围；招募对象的来源与范围；招募方法；招聘工作人员；招聘预算；招聘结束时间与新员工到岗时间等。

（一）招聘岗位和要求

招聘岗位和要求的确定要以人力资源规划和职位分析为依据，并与直接主管或经理进行沟通，了解人员短缺情况和岗位要求。通过对这些信息的综合分析，可以确定组织所需要的人力资源类型与对具体岗位的要求。当然，组织填补空缺职位的方法很多，只有选择招聘这种方法时，整个招聘工作才开始运行。如果组织决定通过其他方法如工作外包、内部调动、培训等来解决职位空缺问题时，则招聘工作就没有必要进行。还要注意，岗位要求要明确、全面、容易考核、操作性强，便于在招聘工作中对候选人进行选拔。

（二）招聘时间

招聘时间指招聘到满足组织需求的人员所花费的总时间。具体要确定信息发布时间、报名时间、初试时间、复试时间、录用时间、到岗时间等。招聘时间的确定，直接关系组织职位空缺所带来的机会成本。在可能的条件下，应该越早越好。因为，人员越早到岗，意味着组织因职位空缺带来的损失越小。招聘日期的具体计算公式如下：

招聘日期 = 新员工到岗日期 - 培训周期 - 招聘周期

上式中，培训周期是指新员工进行上岗培训的时间；招聘周期是指从确定人选名单、面试直到最后录用的全部时间。

（三）招聘工作人员

确定本次招聘由哪些人员参加，并进行具体职责分工。

（四）招聘地点的选择

为了节省开支，组织应将其招聘的地理位置限制在目标劳动力市场。一般来说，高级管理人员倾向于在全国范围内招聘；中级管理人员和专业技术人员通常在跨地区的劳动力市场招聘；操作工人和一般行政人员通常在本地区劳动力市场招聘。

（五）招聘预算

在招聘计划中，要对招聘预算进行估计，列出招聘的各项成本费用，仔细分析各种费用来源，把它们归入相应类别中，以便进行严格成本控制，保证以最小的成本完成整个招聘过程。

（六）招聘渠道和方法的选择

招聘渠道分为外部招聘和内部招聘。外部招聘可供选择的渠道主要有：员工推荐、广告、猎头公司、职业介绍机构、校园招聘、网络招聘等。内部招聘的主要渠道有：熟人介绍、轮岗、内部竞聘等。在实际工作中，要注意根据组织实际情况，采用适宜的招聘渠道与方法，以最快的速度、最小的成本招聘到适宜的人员。

二、招聘人员和资料准备

为使招聘工作科学有效进行，必须做好相应人员和工具的准备工作，主要包括招聘人员的选择与培训和招聘工具的准备。

（一）招聘人员的选择与培训

组织内部的人力资源管理部门和用人部门都要参加重大的招聘工作，任务较重的招聘活动一般会组建临时性的招聘机构。在招聘人员的选择上，要综合考虑各方面的因素。通常招聘人员要有较好的形象、气质、较宽的知识面和良好的语言表达能力、沟通理解能力、应变能力等；同时考虑招聘岗位的特点，尤其在招聘专业技术人员时要选择部分专业人员参加。对招聘人员的选择很重要，因为他们代表组织进行招聘活动，在招聘中的表现就直接反映了该组织的雇主形象，这会在很大程度上影响应聘者对招聘单位的评价。而且招聘人员的一言一行都会给应聘者提供这样的信息：组织是否尊重员工，采用何种风格的管理方式，组织文化特征如何等。从而直接影响该组织能否吸引到优秀人才。

选择了招聘人员后，在招聘工作开始之前，还要对其进行有关的招聘知识和技能的培训。主要是让招聘者了解本次招聘的目标、岗位要求、时间安排、招聘流程等基本内容；掌握招聘的基本原则，做到公正地对待和考核每一个应聘者；同时对招聘者进行招聘方法和技能培训，使其掌握本次招聘活动中涉及的各种方法和技巧。可采用讲授与实际操作相结合的培训方式。

（二）招聘资料的准备

招聘资料主要包括以下内容。

（1）设计制作组织简介等宣传资料。此类宣传资料无固定格式，其创意丰富多样，应具有真实性和吸引力。

（2）各类招聘表格的设计，如应聘人员登记表、求职申请表、面试人员测评表、录用报到通知书等。

（3）笔试、面试和心理测试题目的准备。

（4）在招聘过程中可能使用的工具，如视听设备、摄影录像设备以及现场用的操作道具等。

三、招聘信息的发布

招聘信息发布的时间、方式、渠道与范围是根据招聘计划来确定的。由于招聘的岗位、数量、任职者要求的不同，招聘对象来源与范围的不同，以及新员工到岗时间和招聘预算的限制，招聘信息发布的时间、方式、渠道与范围也不同。

发布招聘信息应注意以下问题：

（1）信息发布的范围。信息发布的范围是由招募对象的范围来决定的。发布信息面越广，接收信息的人就越多，应聘者也就越多，相应地，招聘费用也会增加。因此，信息发布范围应当与招募对象的范围相一致。

（2）信息发布的时间。在条件允许情况下，应尽早发布招聘信息。这样有利于缩短招聘进程，而且有利于更多的人获取信息，使应聘人数增加。

（3）招募对象的层次性。对于招募对象均处在社会的某个层次上的，要根据招聘岗位的要求与特点，向特定的该社会层次人员发布招聘信息。

四、应聘者提出申请

应聘者在获取招聘信息后，可向招聘单位提出应聘申请。一是通过信函提出申请或网上应聘，二是直接填写招聘单位应聘申请表。无论采用哪种方式，应聘者应向招聘单位提交以下资料：

（1）应聘申请函（表），并且必须说明应聘的职位。

（2）个人简历，着重说明学历、工作经验、技能、成果、个人品格等信息。

（3）各种学历、技能、成果（奖励）证明的复印件。

（4）身份证复印件。

个人资料和应聘申请表必须详尽真实，人力资源部门在招聘工作的后续环节予以核实。

五、资格审查与初选

这是对求职者是否符合职位的基本要求的一种审查。人力资源部门通过审阅求职者的个人资料或应聘申请表进行资格审查。对于明显不符合岗位任职资格的应聘者，可以直接筛选出来，不再进行下一轮的甄选，从而提高甄选工作的经济性。然后将符合要求的求职者人员名单与资料移交用人部门，由用人部门进行初选。初选工作的主要任务是从合格的应聘者中选出参加面试的人员。

申请表和个人简历是初步筛选的两种主要工具。目的在于收集关于求职者背景和现在情况的信息以评价求职者是否能满足最起码的工作要求。个人简历由应聘者自行制作，有助于创新，申请人可自主安排简历格式、内容、风格等。申请表由用人单位提供，基本内容包括应聘者过去和现在的工作经历、受教育情况、培训情况、能力特长、职业兴趣等。目的是保证应聘人员提供信息的规范性，以便于甄选。在实际工作中，通常将二者结合使用，互为补充。二者的优缺点如表4-2所示。

表4-2　申请表与个人简历的优缺点分析

	申请表	个人简历
优点	直截了当 结构完整 限制了不必要的内容 易于评估 成本较低	开放式，有助创新 允许申请人强调重要的内容 允许申请人美化自己
缺点	封闭式，限制创造性 设计难度较大	允许略去某些内容 可以夸大事实 难以评估 成本较高

资料来源：张德.人力资源开发与管理[M].5版.北京：中国人民大学出版社，2016，第146页，有改动。

六、人员甄选

人员甄选是指对初审合格的应聘者进行笔试、面试和其他各种测评，最终确定选择哪些候选人和淘汰哪些候选人的过程。在甄选过程中，组织的决策主要涉及两个方面：一是评价个人能力和个性，选择预期表现最佳的申请者；二是预测个人未来在组织中的表现和发展。这是招聘过程中最关键的一步，也是技术性最强的一步。在这一过程中，需要运用多种测试方法，包括人事测评的有关技术。大多数管理者承认，人员甄选是最困难、也是最重要的决策之一。彼得·德鲁克曾说过："没有其他决策的后果会持续作用这么久，这么难以做出。但总体来说，管理者所作出的员工招聘决策的效果并不理想。在大多数情况下，三分之一的决策是正确的；三分之一有一定效果；三分之一彻底失败。"

七、人员录用

对所有的应聘者经过了一系列的筛选之后，管理者就要做出实际录用决策，确定淘汰哪些候选人，选择哪些候选人。做出录用决策的原则是：匹配原则，即个人、工作、组织三者相匹配。因为组织需要投资大量时间和经济成本用于招聘、选拔和培训员工，所以，录用合乎组织要求的、并能长期留在组织工作，并能为组织发展发挥积极作用的员工，是至关重要的。

八、招聘评估

招聘评估是招聘过程必不可少的一项工作，通过评估，可以对本次招聘工作进行总结和评价，找出各招聘环节的不足之处，为以后开展招聘工作提供改进依据，从而不断提升组织的招聘工作质量。一般包括招聘结果与招聘方法的评估等。

九、招聘后续工作

职位候选人进入组织后，看似招聘活动已经结束，其实不然。在拟录用的候选人进入组织后，需要进行新员工导入培训和配置。新员工导入培训主要是对新员工进行岗前培训，帮助其熟悉组织工作场所、工作内容和环境。新入职人员岗前培训的内容一般包括组织文化与价值观导入、组织规章制度学习、组织结构与业务流程学习、作息制度安排，以及援助计划导入等。新入职人员经过岗前培训后，正式进入工作岗位。组织需要根据其个人意愿、能力素质特点，结合岗位特征和组织整体人力资源安排，进行新员工的岗位配置。人员定岗可能是在进行岗前培训之前，甚至在人员甄选阶段就已经确定了。而有些组织可能会倾向于在新入职人员结束岗前培训并对组织有了较全面清晰的认识后，让其进行二次选择，组织也可再次考察，最终进行人职配置。例如：新员工进入组织，经过与相关部门员工的交流、工作预演和工作环境适应后，可能会主动提出职位调整；或者在正式被录用之前，组织就给新员工多个选择，新入职人员在了解组织更多信息和相关职位信息后，能做出更合理的职位选择。

一个完整的招聘流程，基本包括以上多个阶段。但在具体实施过程中有可能是一个循环往复的过程。例如：在人员甄选阶段没有发现合适的职位候选人，或在人员甄选阶段与人员录用阶段，应聘者自动退出导致没有合适的职位候选人，这时候可能需要重新返回到

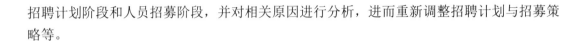

招聘计划阶段和人员招募阶段，并对相关原因进行分析，进而重新调整招聘计划与招募策略等。

第三节　员工招聘的来源与方法

员工招聘的途径不外乎两个方面：内部招聘和外部招聘。传统上认为招聘都是对外的，而事实上，企业内部人员也是空缺岗位的后备人员，而且有越来越多的企业开始注重从内部招聘人员。两种方法各有利弊，两者基本上是互补的。

研究表明：内部招聘与外部招聘的结合会产生最佳效果。具体的结合力度取决于企业战略、职位类别以及企业在劳动力市场上的相对位置等因素。对于招聘中高层管理人员来说，内部招聘和外部招聘都是行之有效的途径，高级专业技术人才则更多地需要从外部招聘。一般来说，实施稳定发展型战略的企业，中高层管理人员更多地从企业内部进行提拔，但因此导致的因循守旧、降低企业创新能力和适应性的风险也更高。而在需要引入新的风格、新的管理模式时，可以从外部引入合适的高层管理人员。对于这两种情况，我们都可以找出大量的知名企业案例来加以说明。例如，格力电器数十年来一直都是从内部培养和提拔管理人员，娃哈哈集团的管理特色之一就是内部提拔，而 IBM、HP 等企业的 CEO 更多的是从企业外部"空降"。

一、内部招聘的来源与方法

内部招聘是组织利用现有员工来补充职位空缺的招聘政策。当一个组织强调从内部招聘和提升时，其员工就有为取得更好工作机会而拼搏的动力，常常能提高员工士气。

（一）内部招聘对象的主要来源

1. 内部晋升

从组织内部提拔合适人员来填补职位空缺是常用的招聘方法。内部晋升给员工提供了纵向的职业发展通道，对稳定员工队伍、鼓舞士气是非常有利的。同时，由于被提拔的人员对组织较为了解，他们对新的工作环境能很快适应。这是一种省时、省力、省费用的方法。但它也有不可忽视的缺陷：人员选择范围小、水平有限，可能选不到优秀人才，还可能造成"近亲繁殖"等。要确保内部晋升方法的有效使用，需要在组织内部建立完善的职位体系，明确什么职位可以晋升到哪一级职位，并明确列出职位体系中各职位的任职资格，员工晋升时应该以任职资格为依据。

2. 工作调换

工作调换也称"平调"。它是指职务级别和待遇不发生变化，仅工作的职位发生变化。该方法主要针对中层管理人员，它是内部招聘的另一种来源。工作调换可提供管理者从事组织内相关工作的机会，为其今后提升到更高一层职位做准备。在实际工作中，组织对管理人员进行培训和开发时，通常会采用这种方法来提升管理人员的相关能力和工作技能，尤其是高层管理人员的开发，可通过该方法培养其从全局的角度出发思考问题和进行决策的能力。

3. 工作轮换

定期对员工实行轮岗制度，一方面可使有潜力的员工在各方面积累经验，提高员工的工作技能和适应能力；另一方面，又可减少员工因长期从事某项工作而带来的枯燥感。这一方式被越来越多的企业所采用，如 IBM 公司、海尔集团等。

4. 内部人员重新聘用

有些组织由于某些原因会有一批不在岗的员工，如下岗人员、长期休假人员、停薪留职人员等。在这些人员中，有的恰好是职位空缺需要的人员，可以对他们进行重新聘用。调查表明，绝大多数员工对组织有较强的归属感，非常愿意重新回到组织工作。对组织而言，由于这些员工对组织的熟悉和了解，对工作岗位能很快适应，为组织省去了大量的培训费用。同时，组织又能以最小的投入获得有效的激励，提升组织凝聚力，实现组织与个人共同发展。

（二）内部招聘的主要方法

1. 职位公告

职位公告是将职位空缺信息以公告的形式公布出来，使组织中的全体员工都了解信息内容，号召员工自荐。职位公告的内容应包括职位的责任、义务、工作特性、任职资格、薪资等级以及其他相关信息，如公告日期和截止申请日期、申请程序、联系电话、联系时间和地点、该职位是否同时在组织外部进行招聘等。

在组织内部进行职位公告需要注意的事项有：

（1）员工申请的资格问题。明确说明员工的申请资格，一般在组织中的所有正式员工都拥有申请资格，有特殊要求的要注明。如果同时进行多个职位的招聘，一般一名员工一次只能申请一个职位。

（2）职位公告覆盖范围。应该保证组织内的每一个员工都知道有关内部招聘职位的信息，人力资源部门应负责让公告在有关信息栏内保留一段时间。

（3）职位公告的内容。职位公告应全面、准确提供有关职位的资料和提出对应聘者的资格要求。人力资源部门在招聘期间，应该负责回答员工提出的有关疑问。

（4）职位公告的公开公平性。必须让员工人人都知道内部招聘系统是怎样工作的，筛选和录用的标准应该公开公平。

（5）应尽可能减少对原工作岗位的影响。

2. 推荐法

这一方法既可用于内部招聘，也可用于外部招聘，是由本企业员工、客户、合作伙伴等根据岗位需求推荐其熟悉的合适人员，供用人部门和人力资源部门进行选择和考核。这一方法主要具有以下优点：

（1）推荐者对组织岗位要求和候选人的条件都比较了解，会先在自己心目中进行一次筛选，从而提高推荐的成功率。

（2）被推荐者通过推荐者可以对组织有一个比较全面的了解，如组织文化等。

（3）推荐者通常会认为被推荐者的水平与自己密切相关，只有确保被推荐者不会给他们带来不好的影响时，才会主动推荐他人。

（4）候选人一旦被录用，顾及推荐者的关系，工作会更加努力。

（5）招聘成本较低。

基于以上优点，许多企业都鼓励员工推荐朋友、亲属等加入组织，以获得优秀人才。有的企业还对推荐者实施物质奖励。

3.档案法

档案法即利用现有人员档案中的信息来选拔人才。员工档案包括了诸如员工的资格、技能、智力、经历、体力、教育和培训方面的信息，而且这些信息是经常更新的，能够全面及时地反映所有员工的最新技能状况，从而帮助用人部门和人力资源部门将合适的人员补充到招聘职位。目前，越来越多的组织构建了人力资源信息系统，对员工的档案实施信息化管理，可提高这种方法的应用效率。档案法的优点是可以在整个组织内发掘合适的候选人，档案包含的信息比较全面，采用这种方法比较经济和省时。

二、外部招聘的主要来源与方法

内部招聘最突出的缺点是人员选择的范围比较小，往往不能满足组织的需要，尤其当组织处于创业初期或快速发展的时期，或是需要特殊人才（如高级技术人员、高级管理人员）时，仅有内部招聘是不够的，必须借助于外部劳动力市场，采用外部招聘方式。外部招聘是指采用多种形式从组织外部吸引和吸收人力资源的过程。外部招聘的主要来源与方法有：广告招聘、校园招聘、借助中介机构招聘、网络招聘等。

（一）广告招聘

广告招聘是外部招聘常用的方法，即通过新闻媒介向社会传播招募信息，通常是在当地或全国性报纸、专业杂志、广播或电视等媒体上进行，广告招聘通常能够吸引大量的申请者。这类广告一般要列举出空缺职位的责任和义务，同时说明申请者的资格要求。招聘广告还必须提供详细的参加招聘的时间、地点、方式及所需的资料、薪资待遇及其他注意事项等。其特点是信息传播范围广、速度快、应聘人员数量大、层次丰富，组织的选择余地大。

利用广告进行招聘，需要解决两个问题：一是使用什么媒体，二是如何设计广告。组织在选择媒体时，要综合考虑空缺岗位、广告价格、潜在应聘者所在的地域、工作特性等因素。在广告设计上应力求吸引更多的人，并做到内容准确、详细，聘用条件清楚。好的招聘广告通过对组织的介绍，还能起到扩大组织影响的作用，让更多的人了解组织。几种主要媒介的优缺点见表 4-3。

表 4-3　几种主要广告媒介的优缺点比较

媒体类型	优点	缺点	使用条件
报纸	标题短小精悍；广告大小可灵活选择；发行集中于某一特定的地域；各种栏目分类编排，便于积极的求职者查找	容易被未来可能的求职者所忽视；集中的招聘广告易导致竞争；发行对象无特定性，组织不得不为大量无用的读者付费；广告印刷质量一般较差	将招聘限定于某一地区时；可能的求职者大量集中于某一地区时；有大量的求职者在翻看报纸，并希望被聘用时

续表

媒体类型	优点	缺点	使用条件
杂志	专业杂志会到达特定的职业群体手中；广告大小富有灵活性；印刷质量较好；求职者可能会将杂志保存起来再次翻看	发行地域太广；在希望将招聘限定在某一特定区域时通常不能使用；广告的预约期较长	招聘对象较为专业时；时间和地区限制不是最重要时；与正在进行的其他招聘计划有关联时
广播电视	不易被受众忽略；比报纸和杂志更好地将招聘信息传递给求职者；可将求职者限定在特定地域；有效渲染气氛；较少因广告集中引起招聘竞争	只能传递简单信息，缺乏持久性；设计制作成本高；缺乏特定的兴趣选择；广告发布费用较高	职位空缺有多种，在某一区域内有足够求职者时；需要迅速扩大组织影响时；处于竞争环境下，没有足够求职者阅读印刷广告时
现场发放（招聘现场的宣传资料）	在现场引起求职者对企业和工作的兴趣；可导致求职者立即采取行动；极富灵活性	作用有限；要使这一方式见效，必须确保感兴趣的求职者达到一定数量	在人才交流会、招聘会等布置的海报、张贴画、视听设备等；或求职者访问组织时，发放招聘宣传资料
互联网	招聘网站选择余地大；也可在本企业网站发布信息；信息容量大，不受版面限制；费用较低；便于查询	容易导致招聘竞争；应聘者信息的真实性难以判断；网站的知名度、浏览量、吸引到的求职者结构很大程度上决定了招聘信息发布的有效性	较少受到求职者行为和外部环境条件的限制；当地经济发展、上网比例、求职者教育水平，将决定这一方式是否适用

资料来源：董克用，李超平．人力资源管理概论 [M]．5 版．北京：中国人民大学出版社，2019，第 184 页。

（二）校园招聘

学校是人才高度集中的地方，也是组织获取人力资源的重要源泉。每年都有几百万的大学毕业生走向社会。大学生的专业知识和对工作的热情是组织所期待的，高校毕业生已成为各组织技术人才和管理人才的最主要来源。

一些组织尤其是高科技企业，为了不断地从高校获得所需专业人才，会与有关院校建立长期合作关系，并在学校设立奖学金和助学金，资助优秀或贫困学生，吸引学生毕业后去组织工作。有的还为学生提供实习机会，如联合利华在国内多家知名大学启动了面向大学三年级本科生和二年级研究生的暑期夏令营学生招聘行动，以此为来年的正式招聘做准备。希望通过暑期的夏令营之后，营员能够对公司有初步的了解，而公司也从中挑选自己需要的人。同时还邀请学生到企业实习，让他们尽可能地了解企业的基本情况，通过双向选择，最终寻找到公司需要的人才。

对应届毕业生最常用的招募方法是校园招聘会，供需双方直接见面，双向选择。如华为、腾讯、比亚迪、海底捞等企业，几乎每年都有大规模的校园巡回招聘活动。企业声势浩大地走进校园，采取校园宣讲、学生座谈、线上咨询、线上报名等形式进行校园招聘，同时开展多种形式的企业形象宣传，以达成多项目的：一是招聘各路英才、壮大人才队伍；二是为学生提供更多的应聘与锻炼机会，提升应聘技能；三是通过招聘宣传活动，传播企业文化、提升品牌价值，寻找市场商机、发掘合作机会。例如，每年华为的校园招聘都异常

拓展阅读 4.3

企业揽才诚意满，大学生求职热情高

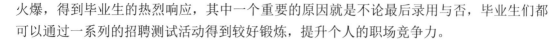

火爆，得到毕业生的热烈响应，其中一个重要的原因就是不论最后录用与否，毕业生们都可以通过一系列的招聘测试活动得到较好锻炼，提升个人的职场竞争力。

（三）借助中介机构招聘

随着人才流动的日益普遍，各种人才交流中心、就业服务中心和职业介绍中心等就业中介机构应运而生。它们已成为人才交流的桥梁，承担着双重角色：既为用人单位推荐人才，也为求职者介绍工作，还会举办各种形式的人才招聘会。人才招聘会是企业与求职者双向交流的场所，企业可以直接获取大量应聘者的相关信息，可在信息公开、竞争公平的条件下，公开考核，择优录用。但目前，各种各样的招聘会名目繁多，招聘的效果在企业和求职者中的认可度差别很大。企业要选择最合适的招聘会，并做好相关的准备工作，精心策划，以取得预期效果。

随着市场经济的发展，合理的人才流动越来越成为经济发展的重要特征，私营的职业中介机构就在这样的背景下应运而生并蓬勃发展。其中比较特殊的一种形式是"猎头公司"。"猎头"一词由国外引进，猎头公司是我国为适应企业对高层次人才的需求与高级人才的求职需求而发展起来的。在招聘高级管理人才和高级专业技术人才时，一些企业已经逐渐习惯于聘请猎头公司进行操作。因为资深的"猎手"，对企业及其人才需求有非常全面的了解，对特定行业中的高级人才有深入了解并保持密切联系，可以为企业寻觅到急需的人才。猎头公司在供需匹配上较为慎重，成功率比较高。但其收费也较高，一般按照员工录用后第一年年薪的 30% 左右收取佣金。

（四）网络招聘

网络招聘是目前新兴的招聘方式，互联网正以惊人的速度超过招聘会和传统媒体广告的作用成为人才交流的主流媒体。网络招聘员工已经成为组织普遍使用的一种手段。同时，一个日益庞大的网上人才库正在形成，越来越多的人选择上网求职。由于这种方法具有信息传播范围广、速度快、成本低、供需双方选择余地大，且不受时间、地域的限制，因而被广泛采用。网络招聘的缺点是收到的求职资料过多，资料可靠性较差，难以鉴别，筛选非常困难。当前国内比较著名的专业招聘网站如中华英才网、智联招聘网、前程无忧网、猎聘网、爱思益大学生名企求职网等在人才库的数量和职位信息的发布量上都达到了相当高的水平。还有许多大型组织都在自己的网站上开辟了招聘专栏，许多猎头公司也建立了自己的人才网络，这些都对网络招聘的普及起到了促进作用。

总之，人员招募的方法很多，在实际工作中需要根据具体情况选择适当的方法。

本节一开始，就谈到了招募的目的是吸引足够多的求职者前来应聘，那么，到底多少是足够呢？应聘者过少，会使企业很难从中选拔到合适的人才；应聘者过多，又会增加企业的甄选费用和时间。因此，企业往往需要在这一阶段确立本次招聘所需吸引的潜在求职者的适当数量目标，这一数量既应满足企业招聘的要求，又不至于耗费过高。通常，企业可以采用"招募金字塔"来确定招募人数，即根据招聘过程中每个阶段，参与该阶段的求职者与通过该阶段筛选的求职者的比例，推算出需要招募的求职者数量。如图 4-2 所示，如果根据经验，接到录用通知书的人数与实际的就职人数比例为 2：1，即被录用人员中只有一半人报到上班；而实际面试人数与被录用人数比例为 3：2；接到面试通知书的人数与真正来面试人数的比例为 4∶3；求职者人数与实际发出面试通知的比例为 6∶1。假定企业需要招聘 50 个员工，就必须向约 100 个人发出录用通知。以此类推，要让 150 个人接受面试，向 200 个人发出面试通知，就大约需要招募 1 200 个申请求职者。

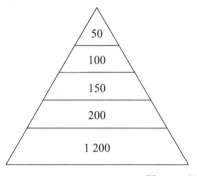

50	新员工人数
100	接到录用通知书人数（2∶1）
150	实际接受面试人数（3∶2）
200	接到面试通知的人数（4∶3）
1 200	招募吸引来的求职人数（6∶1）

图 4-2　招募金字塔

三、内外部招聘的优缺点比较

从上文论述中，可以看出，内外部招聘都有其优点与缺点，任何招聘活动都应根据具体招聘目标、招聘对象与招聘预算等的不同，选择适宜的招聘途径与方法。表 4-4 列出了内外部招聘的优缺点。

表 4-4　内外部招聘的优缺点

	内部招聘	外部招聘
优点	（1）了解全面，准确性高； （2）鼓舞士气，激励员工进取； （3）应聘者可更快适应工作； （4）甄选费用低	（1）人员来源广，有利于招到适宜人才； （2）新员工能带来新思想、新方法； （3）减少内部竞争者之间的矛盾； （4）人才现成，节省培训投资
缺点	（1）来源局限于企业内部，水平有限； （2）易造成"近亲繁殖"； （3）易激发内部矛盾	（1）不了解企业情况，进入角色慢； （2）招聘风险较高； （3）影响内部员工的积极性

资料来源：张德. 人力资源开发与管理 [M]. 5 版. 北京：清华大学出版社，2016，第 176 页，有改动。

第四节　人员甄选

人员甄选过程是指企业通过一定的手段对应聘者进行区分、评估，并最终选择哪些人被允许加入企业、哪些人被淘汰的过程。这一过程主要有笔试、面试、心理测试、情景模拟技术等环节和方法。

一、笔试

笔试一般被设置在初选之后，如我国的公务员招考工作等，主要用来测试应聘者的知识和能力，各用人单位根据招聘岗位特点自行确定笔试题目。目前，许多企业在招聘人员时，都把笔试作为筛选人才的重要一关。对知识

拓展阅读 4.4

标 准 化 VS
非标准化笔
试题目

和能力的测试包括两个方面，即一般知识和能力与专业知识和能力。一般知识和能力包括一个人的社会文化知识、智商、语言理解能力、数字才能、推理能力、理解速度和记忆能力等；专业知识和能力指与应聘岗位相关的知识和能力，如财务会计知识、管理知识、人际关系能力、观察能力等。也有部分企业通过笔试来测试应聘者的性格和兴趣等，即将心理测试的内容加入笔试题目，以考查应聘者的性格、兴趣、职业性向等是否适合岗位要求。

传统的笔试是纸笔测试，一般是将应聘者集中起来，以书面形式进行考核。但现在大多数笔试已改为在线测试，要求应聘者在线完成笔试题目。例如，企业利用互联网进行笔试，应聘者登录相关网站，注册后经允许开始答题，在规定时间内提交答案。但不论采取哪种形式，应聘者必须在笔试成绩达到一定标准后，方可被允许进入下一轮测试和筛选。

（一）笔试的特点

笔试在员工招聘中发挥着相当大的作用，尤其是在大规模的员工招聘活动中，它可以迅速地甄别应聘者的综合素质，从而判断应聘者是否符合岗位基本要求。笔试具有以下特点：

（1）笔试题目是经过系统地分析人才和职位的情况，按企业的需求而设计的；

（2）笔试题目由填空题、选择题、问答题、判断题等多种题型组成；

（3）笔试过程一般限定答题时间；

（4）对笔试结果的统计和分析具有相对的严格性和封闭性，有客观答案以供参照；

（5）笔试主要考查应聘者的综合素质，涉及的内容比较广泛，但始终与岗位要求相匹配。

通常，笔试至少包括价值观、逻辑思维能力、语文能力、专业知识和行为风格五个方面的内容。

（二）笔试的优缺点

1.笔试的优点

笔试具有以下优点：

（1）考试题目较多，可增加对知识、技能和能力考查的信度与效度；

（2）可同时对大规模应聘者进行筛选，效率较高；

（3）应聘者心理压力较小，容易发挥正常水平；

（4）成绩评定较客观公正。

2.笔试的缺点

笔试也具有其不足与缺陷，主要表现在：不能全面考察应聘者的素质，过分强调记忆能力等方面。因此在招聘中，笔试通常不会单独使用，而需要跟其他方法相结合，以客观公正地考察应聘者的素质。

二、面试

面试是人员甄选中最传统也最常用的方法之一。面试是一种以交流和观察为主要手段了解应聘者素质及相关信息为目的的测试方式。从狭义角度来看，面试是指通过供需双方面对面的观察、交流等双向沟通方式，了解应聘

拓展阅读 4.5

16 个经典面
试问题

者的素质、能力与求职动机的一种选拔技术。从广义角度看，面试是考官通过与应聘者直接交谈或将应聘者置于某种特定情景中进行观察，以对其某些能力、素质和资格条件进行测评的方法。通过面试，使组织能够客观了解应聘者的业务知识水平、外貌风度、工作经验、求职动机等信息；应聘者能够了解到更全面的组织信息。因此，面试环节是员工招聘过程中非常重要的步骤。有关资料显示，90% 以上的组织在招聘工作中采用了这一方法和程序。

（一）面试的主要类型

1. 根据面试的实施方式分类

根据面试实施的方式，可分为个别面试、小组面试和成组面试。

（1）个别面试是一个面试人员分别与每一个应聘者进行面对面单独交谈，也称"一对一"面试。

（2）小组面试是由若干招聘考官组成面试小组并对每个应聘者分别进行面试，也称"多对一"面试。

（3）成组面试也称集体面试，是由若干招聘考官组成面试小组同时对若干应聘者进行面试，也称"多对多"面试。

2. 根据面试的进程分类

根据面试的进程可将面试分为一次性面试与分阶段面试。

（1）一次性面试是指用人单位对应聘者的面试集中于一次进行。在一次性面试中，面试考官的阵容一般都比较"强大"，通常由用人单位人力资源部门负责人、业务部门负责人及人事测评专家组成。在一次性面试中，应聘者能否通过面试，甚至能否被最终录用，就取决于这次面试中的表现。

（2）分阶段面试即多轮面试，也就是面试不是一次完成，而需要多个阶段。例如，先由人力资源部人员面试，再由用人部门主管面试，最后由企业高层管理人员面试。最终顺利通过所有面试阶段的应聘者才有资格进入下一环节的选拔。

3. 根据面试的结构化程度分类

根据面试的结构化（标准化）程度不同，可将面试分为结构化面试、非结构化面试和半结构化面试。

（1）结构化面试是指依照预先确定的题目、程序和评分标准进行面试。其具有三方面的含义：一是面试程序的结构化，在面试的起始阶段、实施阶段和结束阶段，考官需要做什么、注意什么、达到什么目的，都有固定程序；二是面试试题的结构化，考官一共要问多少问题，问什么，先问哪个，后问哪个问题，都提前做了设计，对所有应聘者的问题与提问次序基本一致；三是评分标准的结构化，从哪些角度来评判应聘者的面试表现，如何划分等级，如何打分等，也都在面试前做了规定，所有考官都有统一标准。

结构化面试的优点有：对所有应聘者均按同一标准进行，可以提供结构与形式相同的信息，便于分析、比较；减少了主观因素影响；对考官的要求较少；信度与效度较好。结构化面试的缺点有：过于僵化，难以随机应变；所收集信息的范围受到限制。该方法适用于招聘一般员工、一般管理人员等。

（2）非结构化面试是对与面试有关的因素不作任何限定的面试。事先没有固定的框架结构，面试时由考官根据具体情况随机提问，也不使用有确定答案的固定问题，鼓励应聘者多谈，再根据应聘者对问题的回答进一步提问，以考查应聘者是否具备某一职务的任职资格。考官对每一位应聘者提的问题一般都不相同，评价的标准也不同，因此面试的信度与效度会受到影响。

具体来说，非结构化面试具有的优点有：灵活自由，问题可因人而异，深入浅出，可得到较深入的信息。缺点有：缺乏统一的标准，易带来偏差，且对主考官要求较高，需要有丰富的知识和经验，掌握高度的谈话技巧，否则很容易使面谈失败。在实际工作中，单纯使用非结构化面试的用人单位很少，一般只适用于招聘中高级管理人员。

（3）半结构化面试是将结构化面试与非结构化面试结合运用的面试。它往往只对面试的部分因素有统一要求，如规定统一的程序和评价标准，但面试题目可以根据面试对象而随意变化。这是在实际工作中应用最广的一类面试方法。

4. 根据面试的目的分类

根据面试的目的不同，可将面试分为压力性面试与非压力性面试。

（1）压力性面试是指面试考官有意对应聘者施加压力，制造紧张的面试气氛，并以穷追不舍地提问，迫使应聘者接受诸如挑衅性的、非议性的、刁难性的刺激，以考察其应变能力、承压能力等。

（2）非压力性面试是在没有压力的情境下考察应聘者有关方面的素质，主要询问应聘者过去工作方面的情况和基本问题，不会对应聘者造成压力与心理紧张。

（二）面试工作的整体进程

1. 面试前的准备

（1）阅读应聘资料。面试前阅读应聘资料十分必要，其目的在于收集应聘资料中的有效信息，以加强对应聘者的了解，并确定面试时需要重点考查的项目和内容。应了解的信息包括应聘日期、自我推荐的求职信、个人情况、年龄和性别、籍贯、户口及人事关系状况、婚姻及家庭子女状况、出差及异地工作意愿、教育背景、最高学历/全日制学历、学位和职称/专业资格、就读学校、工作履历、工作单位基本情况、行业与产品、职位和职责、服务年限、离职原因、外语和计算机技能、薪资福利状况和期望、联系电话和地址、邮政编码等。

需要注意的是，简历中大部分信息是真实的，但人们会习惯性地夸大优点而掩饰不好的方面。例如，编造以往的薪资、职位头衔、技能水平和工作业绩，虚构教育背景等。美国新泽西州 ADP 人力资源服务公司曾经进行过统计：44% 的求职者在简历中撒谎；41%的求职者在教育背景中撒谎；23% 的求职者伪造信用记录和有关文件。因此，面试官要意识到应聘资料有可能被包装过，应该特别注意以下信息：中断学业或职业，经常转换工作但事业无进展，成就和奖励描述，薪酬变化，撰写简历的风格和能力，文凭及其他与职业有关的有效资格证书等。

（2）面试时间安排。面试官要预先设定完成面试所需的时间，安排好自己的工作和面试的时间，确保面试时不受干扰。安排面试时间，还要考虑到人的生理周期。通常来说，人的反应能力在上午 11 点左右达到高峰，下午 3 点左右出现低谷，在下午 5 点时会达到另一个高峰。因此，面试时间应尽量安排在生理高峰时间，避开低谷时间，以提高面试准确率。

（3）面试地点安排。面试地点应宽敞、明亮、安静，保持良好的通风和适宜的温度，不受外界干扰，如公司会议室、接待室等。如果公司比较偏远，有条件时应尽量选择外部交通便利的酒店或写字楼；异地面试应选择当地中心区域知名度较高的场所。

（4）面试的日程安排。与候选人预约时间通知面试，确定面试时间表；通知候选人面试的详细地点和紧急联络方式；礼貌地要求候选人面试时携带照片、相关证书原件等以备查验；面试前要再次确认面试时间和地点；准备招聘宣传资料、公司及产品的介绍资料；准备招聘职位的职位说明书；准备名片、面试笔记和评估表单等。

（5）设计面试问题。面试官需要通过提问来考察候选人，主要方面包括：相应工作经验、工作动机及兴趣、表达沟通能力、分析、评估问题能力、判断与解决问题能力、计划组织和领导能力、工作主动性、诚实性、承受压力能力、发展潜质、工作期望值等。设计问题时首先必须确定所需的能力和行为指标，以便于面试官分析相应的信息，以清晰的思路考察候选人的各项能力，定义各项能力的含义，避免出现标准模糊。行为指标是把能力的定义具体化，它详列了怎样的行为能达到能力的要求，并且进一步描述可以达到这个标准的工作表现。对于所有职位，同属一项能力的行为指标通常都相同，区别在于可以按职位调整标准要求。例如，一般会要求经理比助理有更高的计划组织和领导能力。

2. 面试的导入阶段

面试的导入阶段，主要是让应聘者放松心情，慢慢进入面试状态。主要应做好两个方面的工作：

（1）营造友好氛围，让应聘者放松心情。如与候选人见面，面带微笑，自我介绍，欢迎候选人参加面试，可以讨论一些与工作无关的问题，如交通、天气等。

（2）问一些基本问题，导入面试。面试者与应聘者简单寒暄之后，应从应聘者可以预料到的，比较熟悉的问题开始发问，以缓解应聘者的紧张情绪。常问的问题主要有：请你简单介绍一下自己的基本情况，请问你为什么要应聘我公司这个职位？

3. 正式面试阶段

正式面试阶段是指通过谈话与观察对应聘者能否胜任拟聘岗位的综合素质进行探询与判断的关键阶段，是整个面试最重要的阶段。在此阶段，考官需要采用提问和多样化的形式，收集应聘者的真实信息，主要是应聘者过去的工作能力、工作业绩和工作经验。通过有效地了解应聘者的过去来预测其未来的表现。这一阶段，是考官最紧张、最需要面试艺术的阶段。考官既要按照预先设计的问题提问，又要根据应聘者的反应不断构建新的问题，还要认真观察应聘者的语气语调及肢体语言，并做好书面记录。

拓展阅读 4.6

应聘者的面试技巧

4. 面试的结束阶段

在面试考官确定问完了所有面试问题之后，应该给应聘者留出时间提问。应聘者可以就人事晋升、薪酬福利政策等问题进行提问。一方面，可以让应聘者更好地了解组织，以降低其入职后的离职率，提高招聘质量；另一方面，可以进一步了解其求职动机和关注点。最后，面试考官应在友好的气氛中结束面试，说明通知候选人面试结果的时间和方式，感谢候选人参加面试，并承诺对候选人的情况保密。

5. 面试结果的评估分析

面试结果的评估主要通过面试记录分析。面试考官根据面试记录，将收集来的信息归纳在各项能力之下，分析信息的内容和观察到的情况，判断与申请职位的相关程度、行为的影响程度、行为发生的时间，最后做出评价或评分。

对于面试结果的评分，许多企业普遍采用统一的、简洁的评分系统。例如：以 5 分表示极好，远超过职位的要求；4 分表示很好，超过职位的要求；3 分表示可以接受，符合职位的要求；2 分表示不可以接受，未达到职位的要求；1 分表示完全不能考虑，远未达到职位的要求。还可以加评分备注，例如：以 N 表示没有机会观察或无法评分；W 表示观察到了，但没有足够的信息加以评分；H 表示评分过高等。

最后，所有面试考官根据各自的面试记录情况，对照招聘职位的要求，共同讨论，最终得出一致认可的评估结果。有关人员还应对本次面试进行评价总结，并将有关资料存档。

6. 面试过程中的注意事项

作为专业的面试考官，在面试时应注意以下几点：

（1）准时面试，不要让候选人长时间等候。

（2）关闭电话，合理着装。

（3）正式面试阶段，一般按照结构化面试的方式展开，所提问题可根据申请表中发现的疑点，先易后难逐一提出。

（4）简单提问。在面试刚开始时，通常采用简单提问来缓解面试的紧张气氛，消除应聘者的心理压力，使应聘者能轻松进入角色，充分发挥自己的水平和潜力。这种提问常以问候性的语言开始，如"一路上辛苦吗？你乘什么车来的？你家住在什么地方？"等。

（5）递进提问。在提出几个简单问题后，气氛开始轻松起来，这时可采用递进提问方式将问题向深层次引申一步。目的在于引导应聘者详细描述自己的工作经历、技能、成果、工作动机、个人兴趣等。应采用开放式提问，如"你为什么要离职？你为什么要选择本公司？你如何处理这件事情？你如何管理你的下属？"等。避免使用肯定 / 否定式提问，如"你认为某事情这样处理对吗？你有管理方面的经验吗？"

（6）多问行为事例问题。当应聘者回答有关问题时，面试者尽量要求其举例说明，回答解决某一问题或完成某项任务所采取的具体方法和措施，以此鉴别应聘者所谈问题的真假，了解应聘者解决实际问题的能力。例如："请举例说明作为人力资源主管，你最喜欢做什么工作？在过去一年里，你遇到的最困难的工作是什么？"

（7）客观评价提问。通过有意让应聘者介绍自己的情况，客观对自己的优缺点进行评价，以此引导应聘者毫无戒备地回答有关问题，借此对应聘者进行更加深刻的了解，如"世上没有十全十美的人，你觉得你在哪方面需要改进？"

（8）不要轻易打断应聘者的讲话，对方回答完一个问题，再问下一个问题。

（9）眼睛应正面注视对方的眼睛，候选人回答问题时，应点头示意——表示你在听他

（她）的回答。

（10）注意观察候选人的仪表气质和肢体语言等非语言行为。

（11）营造和谐的气氛，保持亲切的态度，用鼓励的眼光与候选人沟通交流。

（12）提问时应集中在候选人最近的情况和教育背景，提出的问题应与工作有关。

（13）所提问题直截了当，语言简练，有疑问马上提出，并及时做好记录。

（14）对面试进程进行合理的控制。

（15）必要时，可采用多轮面试来确保面试效果。

面试主考官除了要注意上述问题外，还需要具备如下素质：能客观公正地对待所有的应聘者，不因个人的主观喜好评价应聘者，而以录用标准加以衡量；良好的语言表达能力，在提问过程中语义表达清楚准确，不引起应聘者误解，并善于引导应聘者回答问题；善于倾听，能始终集中注意力和保持极大兴趣倾听并准确理解应聘者的陈述；有敏锐的观察能力，善于观察应聘者在面试过程中的各种行为；善于控制面试进程与气氛。

拓展阅读 4.7

从习惯动作看性格特征

（三）影响面试有效性的因素

1. 面试结构

通常情况下，结构化面试、半结构化面试比非结构化面试更有效。因此，一般很少单独采用非结构化面试。

2. 录用压力

当上级有招聘要求或招聘任务紧迫时，面试官会急于求成，降低面试标准与要求，从而降低面试有效性。

3. 第一印象

也称首因效应，即面试考官根据面试开始几分钟，甚至是面试前从资料中得到的印象对应聘者做出评价。

4. 对比效应

即面试考官相对于前一位应聘者来评价当前应聘者的倾向。如果前一位应聘者十分优秀，则面试考官会给予当前应聘者比实际水平更低的评价；如果前一位应聘者很差，则面试考官会给予当前应聘者比实际水平更高的评价。

5. 晕轮效应

"以点带面"，面试考官从应聘者某一优点或缺陷出发去评价应聘者其他方面。

6. 类己效应

面试考官对与自己有相同经历或籍贯等类似特征的应聘者会给予比应聘者实际水平高的评价。

7. 性别因素

面试考官对于某项工作与性别之间的关系存在偏差认识，从而影响不同性别应聘者的面试结果。

拓展阅读 4.8

HR3000 强经验谈：优秀面试官是这样养成的

8. 板块效应

面试考官对于某类特殊背景的应聘者存在刻板印象，从而影响对应聘者的客观评价，如南方人聪明灵巧，北方人老实厚道，湖南人泼辣，湖北人精明等。

面试组织者应在面试开始前，对面试考官进行培训，使考官能够公正客观地对待每一位应聘者，尽量减少以上因素对面试造成的负面影响。

三、心理测试

心理测试是指根据随机抽样原则，通过测量人的少数有代表性的行为，对贯穿于人的全部行为活动中的心理特点作出推论和数量化分析的一种科学方法，主要包括智力测试、特殊能力测试、人格测试、笔迹测试等。

（一）智力测试

智力即一般能力，是人认识理解客观事物并运用知识、经验等解决问题的能力，包括记忆能力、观察能力、注意能力、思维能力等。智力是人在学习、工作、日常生活中必须具备和广泛使用的能力。不同职业对人的智力皆有一定的要求，智力在相当大程度上决定了个体所要从事的职业类型。

西方心理学家一般认为智商超过 140 者为天才，大多从事科学、文化方面的职业；律师、工程师、大学教师等需要有较高智商，一般在 130 左右，比平均值高许多；一般管理人员和行政人员在 110 左右，比平均水平高一点；智商低于平均值的只能从事一些简单的工作。当然，智力不是决定从事职业的唯一因素，因为每种职业除了对智力要求外，都有对特殊能力的要求。智力只是职业决策最初的参考因素，还应当把智力与特殊能力结合考虑。

比较著名的智力测验工具有《韦氏智力量表》，它是世界上最具影响力、应用范围最广的智力测验工具之一。20 世纪 80 年代，龚耀先等心理学家修订发表了《中国修订韦氏成人智力量表》。较著名的还有《瑞文推理测验》，它是由英国心理学家瑞文（R.J.Raven）于 1938 年设计的，后经过多次修订。

（二）特殊能力测试

它主要是针对职位而设定的测试，又称技能测试，包括各种机械能力、空间能力、感知能力及运动能力测试等。例如，对秘书进行打字能力测试，对机修工进行机械能力测试，对会计进行珠算、记账、核算等能力测试等。

（三）人格测试

通过人格测试可以更好地了解应聘者的个性特点，如性格、气质等，帮助组织更好地选拔和配备人才。个性是一个人能否施展才华，有效完成工作的基础。某人的个性缺陷会使其所拥有的才能和能力大打折扣。对组织而言，一个干劲十足、心理健康的员工，远比一个情绪不稳定、积极性不高的员工更有价值。人格测试也称个性测试，主要有自陈式测试量表与投射式测试量表。自陈式测试量表主要有卡特尔的 16 种人格因素测试（16PF）、爱德华个人爱好测试（EPSS）、艾森克人格问卷（EPQ）、明尼苏达多项人格测试（MMPI）等。其方式是向被试者提出一组有关个人行为、态度意向等方面的问题，被试者根据自己的实际情况做出真实的回答。主试者根据被试者的回答与评分标准或模式相比较，从而判断被测者的人格特征。

投射式测试量表主要用于探知个体内在隐蔽的行为或潜意识的深层态度、冲动和动机，常见的有罗夏墨迹测试、主题统觉测试、句子完成式测试等。

（四）笔迹测试

笔迹测试法是以书写笔迹来分析应试者的个性特征，预测其未来工作表现的一种方法。这种方法在许多企业中被广泛采用。其实，我国自古便有"字如其人"的说法，不过没有形成规范的测试方法。笔迹学家一般需要根据应试者至少一整页一气呵成的字迹，最好是用钢笔或圆珠笔写在未画线纸上的笔迹来判断。一般不允许应试者照抄一段文字，因为这样会影响书写速度与字迹。接下来要遵循一套严格的规定测定字迹的大小、斜度、页面安排、字体宽度及书写力度。这些测量的结果可转译为对书写个性的说明，如字体较小说明性格谨慎，字体强劲有力说明精力充沛等。

（五）情商测试

情商（EQ）即情绪智商，是 20 世纪 90 年代由美国心理学家提出的。心理学家通过对许多成功人士的长期调查，发现了一个奇怪的现象：IQ 高的人不一定能够获得成功。人的 EQ 对成功起到了关键性作用。人的 EQ 主要包括五个方面的内容：自我意识——认识自身的情绪；控制情绪——妥善管理情绪；自我激励；认知他人的情绪；人际交往技巧。一个高 IQ 者可能是一个专家，而高 EQ 者具备综合与平衡的才能，可能成为杰出管理者。EQ 是组织领导人所必须具备的基本能力。但心理学家也承认，EQ 不是先天生成的，而是可以通过后天的努力与锻炼提高的。

前文提到，在笔试阶段，有些组织已经把心理测试内容加到笔试题目中进行测试，但也有一些组织是在面试结束后，才对通过面试的应聘者进行系统的心理测试。因为心理测试相对来说比较费时，放在此阶段，可以节省时间成本。多年的研究和实践已经证明：心理测试可以在智力、创造力、认知能力、性格与气质、人际及社会适应力、意志品质、领导能力等各种心理品质的测评当中发挥重要的作用。近年来，组织逐渐认识到心理测试的重要性，尤其是一些跨国企业和国内大型企业已经建立了较完善的心理测试系统，对于提高员工招聘水平起到了重要作用。

拓展阅读 4.9

常见的心理测试类型

（六）心理测试的注意事项

经过多年开发应用的标准化心理测试一般具有良好的信度和效度指标，会节省大量用于验证甄选效用的开支。另外，心理测试通常可以团体施测，对主试和环境的要求相对较低。并且，心理测试的施测和计分都比较容易。因此，心理测试技术成为心理品质甄选中的首选。在本环节要注意以下几点：

1. 选择适当的心理测试软件

要考虑到组织的经济实力、组织对员工的工作要求和素质要求等，选择内容和价格都适当的心理测试软件。当前，非标准化的各种量表或问卷充斥市场，它们的信度和效度无

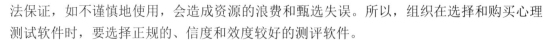

法保证，如不谨慎地使用，会造成资源的浪费和甄选失误。所以，组织在选择和购买心理测试软件时，要选择正规的、信度和效度较好的测评软件。

2. 针对具体岗位选择心理测试内容和工具

任何测试的效用都是相对于某个特定群体、某种特殊需要而存在的，并不存在普遍适用的测量工具。那些不顾甄选的特殊需要，盲目地迷信心理测试，对数据进行扩大化的解释，往往造成甄选的失败。

3. 认识心理测试技术本身的弱点

心理测试不是面对面的交流，分数完全依赖于求职者所给的答案，有时会由于"社会称许性"和表面效度的影响，造成结果失真。对于那些只有在活动中才可能表现出来的心理特征（如语言表达能力、人际风格等），心理测试是无能为力的，必须采用其他甄选手段。

四、情景模拟技术

情景模拟技术是通过对受测者在精心设计的模拟工作情境中的反应和表现的系统观察和评价，预测其在真实工作环境下的绩效表现。由于其以情景模拟为基础，具有很高的针对性和仿真性，因此情景模拟技术是各种人才素质测评技术中准确度最高的一种测试方法，可准确测试到应聘者的领导能力、交际能力、沟通能力、合作能力、观察能力、理解能力、解决问题能力、创造能力、语言表达能力、决策能力等。

情景模拟技术操作较复杂，测试成本较高，以前一般用于高级人才测评和选拔。但近年来也逐渐应用于组织招聘和选拔储备管理人员和后备干部等基层管理岗位。情景模拟测试主要有评价中心、公文筐测试法、无领导小组讨论法、商业游戏、决策演讲等。

（一）评价中心

这种方法最初是在第二次世界大战期间，德国的一些军事心理学家们在挑选军官时所使用的方法，"二战"后，它被广泛应用于组织管理中，是一种甄选高级管理人才的综合评价技术。一直以来，很多人都把评价中心当成是一种独立的测评技术，其实，评价中心是对心理测试、面试、情景模拟等多种测评技术的综合运用和系统组织，但从操作模式上更接近于情景模拟技术。

职位候选人要在指定时间内（通常为2～3天）完成一系列任务，这些任务都是未来管理岗位所遇到问题的集中模拟。在整个过程中，评价专家以隐蔽的方式对候选人的一举一动进行观察，以此评价候选人的管理潜力。

（二）公文筐测试

在这个模拟任务中，候选人会得到一大堆公文材料，正是"拟任岗位公文筐"中可能出现的内容——大量的报告、备忘录、电话记录、信函以及很多待处理的文件。要求候选人就像已经被录用到该岗位那样，对每一份材料采取适当的行动——仔细审阅、解决问题、回答提问、批示、授权、回函、组织安排、拟定计划或议程等。在结束工作后，由评价专家对各项文件的处理进行审核，并与候选人面谈后作出评价。

（三）无领导小组讨论

所有候选人组成一个角色平等、没有设定领导的小组，围绕所提供的一个议题，要求候选人经过充分讨论后形成一个小组决定。然后，由评价专家对每个成员的人际交往技能、群体接纳程度、领导能力及个人影响力等进行评定。

（四）商业游戏

候选人被分成几个小组，分别代表相互竞争的不同的利益群体，要求他们解决一些实际问题。例如，针对如何制作一个广告、如何改进生产以及保持多少库存、如何进行兼并收购等问题作出决策。评价专家对候选人的团队合作及问题解决能力等进行评定。

（五）决策演讲

赋予候选人一定的管理角色，提出决策任务，要求在规定时间内现场进行决策演讲，以此来评价其决策、沟通技能和说服能力。

总之，情景模拟技术虽然准确性较高，但由于这类测试方法设计复杂，且费时费力，投入成本较高，因此组织可以根据招聘岗位特点和组织实际，决定是否采用这一测试方法，以及采用何种具体情景模拟技术对应聘者进行测试。

第五节　录用与评估

在人员甄选工作结束后，招聘进入最后阶段，即人员录用。本阶段主要任务是通过对甄选过程中产生的信息进行综合评价与分析，确定每一位应聘者的素质和能力特点，根据预先确定的人员录用标准与招聘计划进行录用决策。

一、录用前的工作

（一）背景调查

一般来说，求职者的受教育程度和工作经历被看作是个人能力的主要标志。但是，越来越多的组织发现，在好的工作机会相对稀缺的情况下，有的求职者通过杜撰经历、伪造文凭来获取竞争优势。这不仅增加了组织的招聘风险，而且会给组织带来巨大隐患。美国一项资料显示，有3 000多万人曾经因为伪造简历被录用。在我国，这一数字到底有多少无从知晓。防患于未然，背景调查是拒绝造假的有力武器，放弃背景调查意味着组织失去了基本的免疫力。

因此，当对求职者的知识、能力和素质有了一个较全面了解之后，在决定录用之前，有必要对其提供的个人资料进行深入了解，检验其可靠性和准确性。背景调查是组织通过第三方或有关机构和手段对应聘者的受教育状况、工作经历、个人品质、工作能力、个人兴趣等情况进行了解和验证。这里的"第三方"主要是应聘者原来的雇主、同事以及其他了解应聘者的人员和机构。背景调查的方法包括打电话、访谈、要求提供推荐信、委托调查公司调查等。

组织在进行背景调查时，需要注意以下问题：

（1）限定调查问题的范围。主要对于求职者与工作相关情况进行调查，而无关的特别是涉及个人隐私的问题，要坚决避免。

（2）在进行背景调查前，应先以书面形式征得被调查员工的同意。这项工作可以在求职者填写求职申请表时进行，在申请表中设计好这一栏。

（3）应该优先选取求职者的前上司或同事进行调查。这些人跟求职者有较多的工作接触，对求职者的品德、能力、工作态度有更深入的了解。

（4）慎用调查结果。通过背景调查可得到关于求职者的各种情况，有些情况主观程度较强如求职者的性格等，在决定是否录用时，要慎用这些调查结果。

（5）背景调查要和人员测评结合使用。背景调查并不是万能的，错误和失真在所难免。但如果将背景调查同其他甄选手段相结合，会大大提高甄选的准确度。

（二）体检

它不同于一般的身体健康检查，主要是了解应聘者的身体素质能否胜任工作岗位要求。通常，招聘单位会要求应聘者到指定医疗机构接受检查，对于身体素质不符合岗位要求的应聘者进行筛选。但目前，组织对应聘者身体素质的要求更多地表现为过高和不合理，如规定外貌、身高等限制条件，以及对乙肝、艾滋病患者进行就业歧视等。这些都违反了我国的有关劳动法规，组织应注意避免。

（三）决定薪酬

初步决定录用某人之后，招聘人员应与该候选人进行直接沟通，确定其薪酬福利水平，达成共识。

（四）建立招聘档案

招聘人员应把本次招聘的所有应聘者资料归档保存，可按优先次序排列，建立组织人才储备库。

二、人员录用

对所有的应聘者经过了上述一系列的筛选之后，管理者就要采取最关键的一步：作出实际录用决策。对组织而言，最终的录用决策的原则是：不一定录用总体条件最优越的人，而应当选择条件与空缺职位要求最接近的人，并兼顾其个人性格、素质、价值观与组织文化的融合等。人员录用的过程包括：发放录用通知、试用合同的签订、员工的安排与试用、正式录用等。

（一）发放录用通知

对于经过各方面考核，确认符合组织招聘岗位要求的应聘者，可决定录用。要注意的是，在整个招聘工作中，人力资源部门虽然参与了各环节的工作，但作出录用决策的是用人部门。用人部门确定录用人选后，由人力资源部门统一发放录用通知书（示例见表 4-5）。

表 4-5　录用通知书示例

先生 / 小姐：

您应聘本公司职位，经笔试及面试合格，恭喜您成为本公司的一员。

请您于　　年　　月　　日　　时携带下列证件及物品准时到本公司报到。

1. 身份证　　　　　　　　　　　□
2. 毕业证书　　　　　　　　　　□
3. 学位证书　　　　　　　　　　□
4. 职称资格证书　　　　　　　　□
5. 暂住证　　　　　　　　　　　□
6. 培训证　　　　　　　　　　　□
7. 务工证　　　　　　　　　　　□
8. 体检表　　　　　　　　　　　□
9. 二寸半身照片两张　　　　　　□

祝您在本公司工作愉快！

×××公司人力资源部

年　　月　　日

对组织而言，如何处理与落选者的关系同样重要。在甄选过程中的任一阶段，求职者都可能被拒绝。随着选拔过程的深入，落选对个人的伤害会越大。为了建立良好的公众关系，常用的拒绝求职者的方法有：向落选者当面解释说明，或是以书面形式解释其落选理由等，从而减少被拒绝的求职者对组织产生负面情绪的可能。如果组织的决策是依据客观的、全面的信息，大多数的求职者都会接受未被选中的事实。

（二）试用合同的签订

员工进入组织前，要与组织签订试用合同，它是对员工与组织双方的约束与保障。试用合同应包括以下主要内容：试用的职位、期限、员工在试用期的报酬与福利、员工在试用期绩效目标与应承担责任、应享受权利、员工转正条件、试用期组织解聘员工的条件与承担责任、员工辞职条件与义务、员工试用期被延长的条件等。

（三）员工的试用

员工进入组织后，组织要为其安排合适的职位。一般来说，员工的职位是按照招聘的要求和应聘者的意愿来安排的。人员安排即人员试用的开始，试用是对员工的能力与潜力、个人品质与心理素质的进一步考核。

（四）岗前培训

为了使录用的新员工尽快熟悉招聘单位并掌握有关制度规范和知识技能，以更好地融入组织，需要对其进行岗前培训，主要内容包括：了解组织历史、现状、未来、组织结构、管理制度；接受组织文化熏陶、培训相关技能等。

拓展阅读 4.10

作出录用决策的注意事项

（五）正式录用

试用期满，且试用合格的员工将正式成为组织的成员。

员工能否被正式录用关键在于试用部门对其考核结果如何，组织对试用员工应坚持公平、择优的原则进行录用。正式录用过程中，用人部门和人力资源部门应完成以下主要工作：员工试用期的考核鉴定；根据考核情况进行正式录用；与员工签订正式录用合同；给员工提供相应的待遇水平；制订员工发展计划等。

三、招聘评估

招聘评估主要包括两大类：一类是招聘结果的评估，如成本与效益评估，录用员工数量与质量的评估；另一类是招聘方法的评估，如信度与效度。最后，负责本次招聘的人员应撰写招聘评估报告，交有关领导审阅并存档。

（一）招聘结果的评估

1. 成本效益评估

主要是对招聘成本、收益等进行评估，具体方法如下：

（1）招聘成本评估。招聘成本分为招聘总成本与招聘单位成本。

①招聘总成本是人力资源的获取成本，由两部分组成。一部分是直接成本，包括：招募费用、选拔费用、录用员工的家庭安置费用和工作安置费用、其他费用（如招聘人员差旅费、应聘人员招待费用等）；另一部分是间接费用，包括：内部提升费用、工作流动费用等。

②招聘单位成本是总成本与录用人数的比。

（2）成本效用评估。它是分析招聘成本所产生的效果，主要包括：招聘总成本效用分析；招募成本效用分析；人员选拔成本效用分析；人员录用成本效用分析等。计算方法如下：

$$总成本效用 = 录用人数 / 招聘总成本$$

$$招募成本效用 = 应聘人数 / 招募期间的费用$$

$$选拔成本效用 = 被选中人数 / 选拔期间的费用$$

$$录用成本效用 = 正式录用人数 / 录用期间的费用$$

（3）招聘收益 - 成本比。它既是一项经济评价指标，也是对招聘工作有效性考核的一项指标。招聘收益 - 成本比越高，则说明招聘工作越有效。

2. 录用人员数量评估

录用人员数量评估主要是从应聘比、录用比、有效录用比三个指标计算本次招聘在数量上是否满足了空缺职位的需求。

$$应聘比 = 应聘人员数量 / 人员招聘需求数量 \times 100\%$$

$$录用比 = 实际录用人员数量 / 应聘人员数量 \times 100\%$$

$$有效录用比 = 实际录用人员数量 / 人员招聘需求数量 \times 100\%$$

如果录用比越小，则说明录用者的素质可能越高；当有效录用比等于或大于100%时，则说明在数量上全面完成招聘任务；应聘比则说明招募的效果，该比例越大，则招聘信息发布的效果越好。

3. 录用人员质量评估

录用人员质量评估主要依据人与岗位的匹配率来考察，或根据录用标准对录用人员进行等级排列来评估，还可以用合格的应聘者与不合格的应聘者的比率来衡量。

（二）招聘方法的评估

1. 信度

信度主要指招聘方法的可靠性或一致性，指通过某项测试所得的结果的稳定性和一致性，可分为稳定系数、等值系数、内在一致性系数。

（1）稳定系数，又称重测信度，是指用同一种测试方法对一组应聘者在两个不同时间进行测试结果的一致性，可用两次结果之间的相关系数来测定。稳定系数的高低既与测试方法本身有关，也跟测试因素有关。例如，受熟练程度影响较大的测试，其稳定系数就比较低，因为被测者在第一次测试中可能记住某些答案，从而提高第二次测试成绩。对于具有较高稳定性的测试项目，如人格、基本能力倾向等，测试方法的稳定性是十分重要的。

（2）等值系数。它是指对同一应聘者使用两种对等的、内容相当的测试，其结果之间的一致性可用两次结果之间的相关程度来表示。例如，对同一应聘者使用两张内容相当的个性测试量表时，两次测试结果应当大致相同。

（3）内在一致性系数，主要反映同一测试内部不同题目的测试结果是否具有一致性。它可用各部分结果之间的相关系数来判别。

2. 效度

效度即有效性或精确性，是指实际测到应聘者的有关特征与想要测的特征的符合程度。效度主要有三类：内容效度、效标关联效度、构想效度。

（1）内容效度，即测试方法能真正测出想测的内容的程度。例如，某测试方法可以测试应聘者的人际交往能力，那么高分就意味着此人有很强的人际交往能力。

（2）效标关联效度，是指根据测试标准得到的测试分数与根据实际工作标准得到的标准分数之间的关系。它说明测试用来预测将来行为的有效性，可以把应聘者在甄选中得到的分数与他们被录用后的绩效分数相比较，两者的相关性越大，则说明所选的测试方法越有效。标准强相关性的一个例子是认知能力测试，这种测试应使分数与人的工作表现精确相关。有效相关系数范围为 -1.00 到 $+1.00$。相关系数越接近 $+1.00$，测试工具越有效。

（3）构想效度，是指测试能够测量到理论上的构想或特质的程度。所谓构想是指一些抽象的、假设性的概念或特质，如智力、创造力、言语流畅性等。这些构想或特质往往无法直接观察，但是每个构想都有其心理上的理论基础和客观现实性，都可以通过各种可观察的材料加以确定。例如，言语流畅性可以通过语速、语句间的逻辑性、口误的数量等可观察的指标进行确定。构想效度的高低表示测试是否能正确反映理论构想的特性。

第六节 人工智能在招聘中的应用

人工智能（artificial intelligence，以下简称 AI）在招聘领域的应用已经成为现代人力资源管理的一大趋势。AI 技术的引入，不仅提高了招聘流程的效率，而且改善了候选人和招聘者的体验，使得整个招聘流程更加高效、精准和人性化。随着人工智能技术的不断进步，AI 在招聘领域的应用更加广泛和深入。这将极大地推动人力资源管理的革新，为企业和候选人创造更多价值。

一、AI 在招聘中的现状与趋势

AI 技术的进步使招聘流程效率显著提升，招聘成本明显降低。例如，可以通过 AI 技术自动筛选简历、智能匹配人与岗位，并通过筛选结果自动推荐候选人，帮助人力资源管理者快速准确地找到合适的人才。同时，AI 在简历解析、职位管理、招聘自动化等方面的应用，也极大地简化了招聘流程，提高了招聘效率。

然而，AI 在招聘中的应用也面临着信任和接受度的挑战。一些招聘者对 AI 技术持保留态度，担心其可能带来的潜在威胁和应用不成熟的问题。尽管如此，随着技术的不断进步和市场的逐渐认可，AI 在招聘中的应用仍然越来越多，预计将在未来的招聘和人力资源管理中扮演更加重要的角色。

（一）AI 在招聘领域的应用现状

AI 在招聘领域的应用已经成为当前人力资源管理的一个发展趋势。随着技术的不断进步，AI 在这一领域的应用变得越来越广泛，它不仅能够提高招聘的效率，还能帮助企业找到最合适的候选人。

首先，AI 可以通过自动化的方式筛选简历，快速从大量的应聘者中识别出符合职位要求的候选人。这一过程通常包括关键词匹配、历史工作经验分析以及教育背景的评估。例如，一些招聘软件能够通过自然语言处理（NLP）技术理解简历中的内容，甚至评估候选人的技能是否符合职位描述。

其次，AI 在面试过程中也发挥着重要作用。一些公司使用 AI 进行初步的视频面试，通过分析候选人的语言、表情和行为反应来评估他们的适应性和技能。例如，2004 年创立于美国犹他州的 HireVue 就是一家在线招聘和面试平台，为企业提供虚拟面试、智能分析、人才管理和员工发展等服务。它使用高清视频技术和人工智能算法来改进传统的面试流程，并增加了更多的互动性和便捷性。在 HireVue 平台上，候选人可以提前录制面试视频并上传至平台数据库，供系统和面试官进行打分、筛选。这种区别于实时线上面试的方式，使得候选人可以随时随地进行面试，而无须安排特定的时间和地点，从而节省了面试成本和时间。

最后，AI 还能帮助企业在招聘过程中减少偏见。通过设置无偏见的算法，AI 可以基于候选人的能力和经验来评估他们，而不是基于性别、种族或年龄。这有助于实现更加公平和多元化的招聘。

（二）AI 在招聘领域的发展趋势

然而，AI 在招聘中的应用也引发了一些争议。一方面，人们担心 AI 可能会因为算法的偏见而排除某些候选人，尤其是当算法设置数据本身就存在偏见时；另一方面，也有人担心 AI 可能会取代人力资源专业人员的工作。

尽管存在这些担忧，但 AI 在招聘领域的应用仍在不断发展。随着算法的改进和数据的丰富，AI 有望帮助企业更有效地招聘到适合的人才，同时也为候选人提供更公平的机会。未来，我们可以预见 AI 将在招聘领域扮演更加重要的角色，成为企业人力资源管理不可或缺的一部分。AI 技术的应用将进一步推动招聘流程的数字化，使得远程办公和无接触招聘成为常态；企业逐渐依托 AI 进行简历的智能筛选、查重和人岗匹配，以提高招聘的效率和精准度；AI 技术使得招聘流程自动化成为可能，如自动发送通知、自动流转招聘流程等；通过 AI 构建的候选人和岗位画像，可以实现双向精准匹配，提升简历筛选效率等。

二、AI 在简历筛选和候选人匹配中的应用

（一）AI 在简历筛选中的应用

在简历筛选过程中，AI 技术可以通过自然语言处理（NLP）和机器学习算法来分析求职者的简历。AI 系统能够识别关键词、技能、经验等要素，并根据职位要求自动评估简历的相关性。此外，AI 还可以构建候选人的人才画像，这是一种综合评估，涵盖了求职者的教育背景、工作经历、技能特长以及其他可能影响其工作表现的因素。

拓展阅读 4.11

人才画像的
五个维度

人才画像是通过 AI 技术构建的，它涵盖了候选人的多维度信息，包括但不限于教育背景、工作经验、技能证书、行业知识，以及个人兴趣等。通过这些维度的综合分析，AI 能够为每个候选人创建一个全面的人才画像，帮助招聘者更准确地评估候选人的综合素质和岗位适配度。这种方法不仅提高了招聘效率，还能够促进候选人与企业之间的良好匹配。

（二）AI 在候选人匹配中的应用

在候选人匹配阶段，AI 利用先进的算法对已筛选的简历进行深入分析，以匹配最适合的候选人。它考虑了工作要求与候选人能力之间的匹配度，以及团队文化和工作环境的适应性。AI 可以评估候选人的行为模式和人格特质，确保所推荐的人选不仅在技能上合适，而且在团队协作和公司文化上也能够融入。

在候选人匹配实践中，AI 的应用十分广泛，主要包括：

（1）简历筛选和评估：AI 可以通过深度学习技术帮助 HR 快速筛选和匹配合适的候选人。例如，联合利华使用 AI 算法筛选简历，并设计了三轮 AI 面试初筛加上最后一轮现场体验面试的招聘流程。这种方法不仅提高了招聘效率，还节约了成本，提高了员工多样性。

（2）人才测评：AI 技术可以通过游戏化的方式来测评候选人的认知能力和性格特质。例如，美国的 Pymetrics 公司让求职者完成一系列小游戏，从脑科学角度评估其能力，并据此推荐匹配岗位。

（3）AI 面试：AI 面试工具如 HireVue 可以记录候选人的面部表情变化、语调和词组，生成大量数据点进行分析，帮助企业作出更科学的招聘决策。

（4）候选人画像构建：AI 技术可以根据候选人的社交媒体活动、历史行为数据等构建出独特的"候选人画像"，为求职者推荐可能感兴趣的职位，实现双向的人岗匹配。

通过以上过程，AI 能够帮助企业更高效地识别和选拔人才，同时也为求职者提供了更加精准的职位匹配，实现了人才招聘的优化。这种技术的应用，不仅提高了招聘的效率，也提高了招聘工作的质量。

三、AI 在面试辅助中的应用

AI 在面试辅助中的应用，可以说是革命性的。它不仅能够帮助招聘团队筛选简历，找到最适合的候选人，还能在面试过程中提供实时反馈和指导。例如，通过自然语言处理和情感分析技术，AI 可以评估候选人的语言表达和非语言行为，如语调、语速和面部表情，从而帮助面试官更好地理解候选人的沟通能力和情绪状态。此外，AI 还可以模拟各种面试场景，让候选人在真实的工作环境中展示他们的技能和解决问题的能力。这种模拟面试可以帮助候选人减轻紧张感，同时也让招聘团队更全面地评估候选人的综合素质。

在数据分析方面，AI 的应用也非常广泛。它可以收集和分析大量的面试数据，帮助企业发现招聘过程中的模式和趋势，优化招聘策略，提高招聘效率。总之，AI 在面试辅助中的应用，不仅提高了招聘的精准度和效率，也为候选人提供了更公平、更个性化的面试体验。随着技术的不断进步，未来 AI 在人力资源领域的应用将更加广泛和深入。

例如，沃尔玛中国通过引入海纳 AI 面试系统，实现了招聘流程的大规模自动化。这个系统允许候选人随时随地扫码进行面试，AI 面试官可以代替人力资源部门进行宣导和提问，候选人通过手机录制短视频回答问题。这种方式不仅缩短了招聘流程，还支持数十万人同时面试，极大提高了招聘效率。此外，AI 系统还能自动生成面试报告，基于面试评估及员工入职后的绩效数据，不断迭代 AI 评估模型，提升面试评估的准确率。同时，通过统一的招聘评分标准，沃尔玛中国在全国范围内实现了招聘的标准化和精准化，确保了人才质量的一致性[①]。

总之，AI 的应用不仅有助于招聘者快速分析成千上万份简历，找出最符合职位要求的候选人，节省招聘成本、提升招聘效率和效果，而且对于求职者的帮助也同样显著。AI 虚拟助手不仅可以全天候提供帮助，解答求职者的各种问题，还可以根据求职者的技能、经验和偏好，推荐最适合他们的职位。此外通过 AI 模拟面试环境，让求职者在真正的面试前进行练习，这样的模拟面试可以提供即时反馈，帮助求职者改进他们的表达方式和技巧，提升求职成功率。

本 章 小 结

员工招聘是组织进行人力资源管理的核心职能之一，对组织吸引优秀人才、提升核心竞争力具有重要作用。首先，本章详细介绍了员工招聘的含义、地位、目标、原则与意义，以及影响员工招聘的各种因素，并且从操作角度重点介绍了招聘的主要程序，包括制订招聘计划、发布招聘信息、筛选简历、面试、心理测试和情景模拟技术、录用与评估等；其次，比较分析了内外部招聘的方法与途径及优缺点；最后，介绍了 AI 技术在员工招聘中的应用及发展趋势。

---

① 资料来源：沃尔玛中国 × 海纳 AI 面试：引领下一代智能招聘解决方案落地—脉脉 [EB/OL]. (2022-07-21) https://maimai.cn/article/detail?fid=1743346986&efid=oeNUP-Ggs60jQhf_hlpM9w.

复习与思考

一、简答题

1. 员工招聘工作的意义有哪些？

2. 简述员工招聘的一般程序。

3. 内部招聘与外部招聘各有什么优缺点？

4. 作为面试官，在面试中应注意的事项有哪些？

二、论述题

请论述如何提高企业的员工招聘质量。

三、案例分析

扫描阅读

京东的管培
生招聘

思考题

1. 京东管培生的招聘流程有哪些优点？

2. 请分析企业管培生项目的优缺点。

【在线测试题】扫描二维码，在线答题。

第五章
员工培训与开发

学习目标

1. 掌握员工培训与开发的含义、作用与目标；
2. 掌握员工培训与开发的原则和分类；
3. 掌握培训与开发系统；
4. 掌握培训需求分析的含义与方法；
5. 掌握培训计划的内容；
6. 掌握各种培训方法的操作要领；
7. 了解职业生涯管理的相关理论，掌握职业生涯规划与管理的含义；
8. 掌握个人职业生涯规划与管理的程序与策略；
9. 了解组织职业生涯管理的策略。

素养目标

1. 培养学生对职业发展的认知，引导学生树立正确的职业观念，明确职业规划，注重专业素养的培养与提升；

2. 使学生认识员工培训与开发对组织发展的重要性，树立人才意识，重视人才引进与培养；

3. 引导学生关注员工培训与开发的发展趋势，探索新的培训与开发方法，培养创新思维和实践能力。

导入案例

华为的新员工入职培训

1. 新员工入职培训的"721法则"

近年来，华为对员工培训进行了大刀阔斧的改革，将授课式培训、网络化授课方式全部取消，采用"721"法则进行员工培训。所谓的"721"法则，即70%的能力提升来自于实践，20%的能力来自于导师的帮助，10%的能力来自于课堂的学习。这一培训法则的变革与确定，是华为根据各方面变化做出的调整，并据此合理规划各个阶段的培训内容和时间安排，强调"实践出真知"，强调实践对新员工未来成长的重要性。这也给了新员工一个明确的信号，就是要想有所作为，就必须放下身段实干。华为的这一观点，反映了华为的务实态度。

2. 新员工入职培训的"三个阶段"

华为公司新员工入职培训主要分为三个阶段：从入职前的引导培训，到入职时的集中培训，最终到在岗的实践培训，这三个阶段的培训流程实实在在走下来，基本上都要持续3～6个月。

第一阶段：入职前的引导培训

华为的校园招聘一般安排在每年的11月份，对拟录用并分配到各个业务部门的大学生，在他们还没有入职之前，华为会提前为他们安排导师。华为实行的是"导师制"的政策。为了能更好地管控由于大学生还未入职所带来的风险，华为要求员工导师必须定期给他们打电话，通过电话进行沟通，了解他们的个人情况、精神状态、毕业论文进展、毕业离校安排等。如果毕业生确实想进华为，在这个过程中导师会给他们安排一些任务，提前让他们了解一些岗位知识，并且提出学习要求等，让他们做好走向工作岗位的思想准备。

第二阶段：入职时的集中培训

这一阶段主要围绕华为的企业文化来展开，包括规章制度的设立等。这一阶段一般为5～7天。外媒曾经报道过华为数百名新员工早上6:30走出宿舍，绕着面积巨大的华为深圳总部慢跑，这种方式类似于我们熟知的军训。另外，刚进入华为的新员工都要学习一篇文章，那就是华为总裁任正非在华为创业之初写的《致新员工书》。

第三阶段：岗前实践培训

在这一阶段，新员工要在华为导师的带领下在一线真实的工作环境中去锻炼和提高自己。不同岗位的新员工，他们的培训内容和方式有很大的差别。比如要派往海外的营销类员工，他们必须先在国内实习半年到一年，通过这些实践掌握公司的流程、掌握工作的方式方法、熟悉业务，过一段时间再派到海外去。对于技术类员工，公司会先带他们参观生产线，了解生产线上组装的机器，让他们看到实实在在的产品。研发类员工在上岗前，会安排他们做很多模拟项目，以便快速掌握研发工作技能。

3. 新员工入职培训的"导师制"

华为在员工培训上采取的是"导师制"的政策，华为是我国最早实行这一政策的企业之一。华为对导师的选拔有两个条件：第一绩效必须好，第二要充分认可华为文化。同时，一名导师名下不能超过两个学生，以保证传承的质量。在华为，导师也被称为"思想导师"，因为他们不仅要负责指导新员工的工作，而且要定期与新员工进行沟通，喝茶吃饭，了解他们的思想状况，对于外地员工还要帮助他们解决吃住问题，甚至还包括个人情感问题。

做导师这么不容易，华为有员工肯奉献自己，点亮别人吗？华为对导师也有相应的激励政策：一是晋升限制，规定凡是没有担任过导师的人不能得到提拔；二是给予导师补贴，补贴会持续发放半年；三是开展年度"优秀导师"评选活动，以及导师和新员工的"一对红"评选活动，在公司年会上进行隆重表彰。这些措施激发了老员工踊跃担任导师的积极性。

资料来源：国内外名企人力资源管理案例精选集，HR 人力资源管理案例网 [EB/OL].（2022-04-12）https://www.hrsee.com/?id=1716.

导入案例思考

你认为华为的导师制有哪些优点？

当前，组织生存的环境变得更加纷繁复杂且快速多变，组织正经历着前所未有的来自大数据、云计算、区块链、物联网、人工智能等各方面的挑战和冲击，从而对员工培训与开发提出了新的需求，如组织的持续性学习需求、员工核心专长与技能形成的需求、员工素质提升的需求、企业领导者和管理者领导方式与管理风格转型的需求等。这些都要求企业具备全球视野，从支撑企业核心竞争力的角度去思考和构建培训与开发系统，使培训与开发成为人力资源管理实践中投入大、产出高且极具增长潜力的职能领域。

第一节　员工培训与开发概述

一、员工培训与开发的含义与意义

（一）员工培训与开发的含义

员工培训与开发是指由组织有计划地提供的，为了使员工获得或改进知识、能力、态度和行为，达到提高组织工作绩效、员工和组织共同发展的目的而进行的系统化的教育训练与开发活动。[①]

当今世界，一个国家、一个地区、一个单位的命运，归根结底取决于其人员素质的高低。人的素质的提高，一方面需要个人在工作中的钻研和探索，更重要的是需要有计划、有组织的培训。发达国家、世界知名的优秀企业无一例外地高度重视员工培训与开发，并将其视为 21 世纪组织最主要的竞争武器。

企业在制定培训和开发策略时，需要作出下列决定：

（1）企业希望员工按照现行规则做事，还是创新？

（2）企业致力于培养现有的人力资源，还是要通过招聘来获得富有经验的员工？

（3）企业应该设法改善绩效差的员工，还是终止与他们的聘用关系？

（4）企业的培训与开发活动与企业文化、企业的总体策略配合适宜吗？应如何改善？

（二）员工培训与开发的意义

对员工进行培训与开发具有重要意义，主要表现在以下方面。

1. 有利于实现组织的发展目标

在现代科学技术飞速发展、市场竞争空前激烈的情况下，知识技能更新和市场情况变化已是司空见惯的事情。任何组织都必须正视这一事实，运用现代科学技术成果，把握市场机遇，谋求组织的生存和发展。组织要开发新产品、运用新工艺、扩大生产规模、开拓产品市场等，都需要优秀的人才。通过对员工进行培训与开发，提高员工素质，可使他们更好地实现组织目标。

---

① 杨蓉. 人力资源管理 [M]. 4 版. 大连：东北财经大学出版社，2013，第 136 页。

2. 有利于实现员工个人的发展目标

员工个人也有自己的发展目标，如希望掌握新的知识和技能，获得更高的薪酬和福利、晋升、获得教育训练的机会等。真正有效的员工培训与开发不仅能够促使组织目标的实现，而且能够提升员工的职业能力和发展空间，提升其适应环境变化的能力，直接或间接地满足员工自身发展的需要。大部分员工认为：薪酬、福利、户口固然重要，但一套公平、良好的培训机制，更是一个自我发展和提高的平台。以往大学毕业生找工作最看重的是薪水的高低，但是，近年来毕业生已不再过分地关心第一份工作能挣多少钱，而是更关心自己在企业里能否得到锻炼、学到本领，是否有机会提升自己，以便将来能够胜任更重要的岗位。随着毕业生就业观念的转变，不少企业的人力资源部门也逐渐认识到，要吸引优秀的高校毕业生，除了保证一定的薪酬福利外，"为人才提供培训和发展机会"成为吸引优秀人才的重要筹码。

拓展阅读 5.1

阿里巴巴的
员工培训

3. 是获得高素质人力资源、保持组织竞争优势的重要途径

培训与开发可以为企业员工创造持续学习的机会，营造员工与企业的共同愿景，提高企业绩效，达到企业与员工的"双赢"。员工培训与开发不仅能够更经济、可靠地获得人才，提高企业人力资源的质量，而且能有效地激励员工，培养员工对企业产生持久的归属感及对企业的忠诚，从而成为企业核心竞争力的重要来源。

4. 有利于企业文化建设

培训与开发并不只是简单地提升员工技能，还可以传播企业文化和经营理念、促进员工沟通、提升组织学习能力、改善制度和战略实施等。通过培训开发，可以让员工了解和认同企业的价值观、企业使命、目标任务和共同愿景等，使其逐步理解、接受企业文化，有效地贯彻组织的战略意图。例如，格力和海尔都把企业文化培训作为员工培训的一项重要内容，使员工能够认同和接受企业文化，自觉遵从企业的行为准则，企业也因此得以完善组织文化建设。

5. 是人力资本再生产的重要方式

人力资本理论创始人、1979 年诺贝尔经济学奖获得者西奥多·舒尔茨（T.W.Schultz）在 20 世纪 60 年代依据大量的实证分析得出一个突破性结论：在现代社会，人的素质的提高，对经济社会增长所起的作用，比资本和劳动的增加所起的作用要大得多，而人的知识才能基本是投资的产物。培训与开发可以提高员工的知识和技能，是组织对人力资本投资的重要形式。组织培训与开发投资带来的收益率远远高于其他投资的收益率。

20 世纪 90 年代，人类社会进入了知识经济时代，企业竞争的焦点不再是资金、技术等传统资源，而是建立在人力资本基础之上的创新能力。同时，经济的全球化发展使得企业间的竞争范围更加广阔，市场变化速度日益加快。面对这种严峻的挑战，企业只有保持持续学习的能力，不断追求日新月异的先进技术和管理思想，才能在广阔的市场中拥有一席之地。于是，增加对人力资源的投资，加强对员工的教育培训，提升员工素质并使人力资本持续增值，从而持续提升企业业绩、实现战略规划目标，已成为企业界的共识。

二、员工培训与开发的目标

各组织在进行员工培训与开发时都会制定不同的目标，但基本目标如下：

（1）通过对员工培训与开发达成员工对组织文化、价值观、发展战略的了解和认同；

（2）使员工了解并遵守规章制度、岗位职责与工作规范，确保规章制度的贯彻执行；

（3）提高员工的知识与技能水平，增强员工工作能力，改善工作绩效；

（4）提高员工职业道德水平，端正工作态度，增强员工的工作热情和合作精神，建立良好的工作环境和工作氛围；

（5）满足员工个人和组织发展的需要，对具有潜在能力的员工，通过有计划的人力资源开发使员工个人的职业发展与组织的发展相结合。

三、员工培训与开发的原则

（一）战略原则

现代组织的员工培训与开发应与组织的战略目标紧密结合，通过对人员的有效培训与开发来帮助组织达到目标。应具有全局观念，将培训与开发纳入人力资源管理工作的整体流程以决定培训的内容、方法、对象等。

（二）长期性原则

员工培训与开发需要组织投入大量的人力、物力，这对组织的日常工作可能会造成一定的影响。有的员工培训项目有立竿见影的效果，但有的培训要在一段时间后才能反映到员工的工作绩效或组织的经济效益上，尤其是管理人员和员工理念的培训。因此，要正确认识人力资本投资的长期性和持续性，摒弃急功近利思想，坚持人才开发的长期性。

（三）学以致用原则

员工培训与开发在内容上应当有明确的针对性，从工作和个体的需要出发，与职位特点紧密结合，与培训对象的年龄、知识结构、能力结构、思想状况紧密结合，这样才能收到实效。

（四）投入产出原则

员工培训与开发是组织的一种投资行为，和其他投资一样，我们也要从投入产出的角度来考虑问题。员工培训与开发投资属于智力投资，其收益高于实物投资的收益。但这种投资的投入产出衡量具有特殊性，培训投资成本不仅包括可以明确计算出来的会计成本，还应纳入机会成本。培训产出不能纯粹以传统的经济核算方法来评价，还应包括潜在的或发展的因素，以及社会因素。

（五）多样性原则

员工培训与开发的方式和方法应体现多样性。组织内从普通员工到最高决策者，所从事的工作不同，创造的绩效不同，能力和应达到的工作标准也不相同。因此，不同的员工通过培训所要获取的知识与技能等也不同。培训内容主要根据培训需求分析来确定，而培训内容不同，培训方式和方法也应有所不同。如一线员工操作技能培训采用模拟训练法比较合适，管理人员管理技能培训主要采用案例讨论法、情景模拟法等。

（六）个人发展与组织发展相结合的原则

员工在培训中所学习和掌握的知识、能力和技能应有利于个人职业的发展。这也是调动员工参加培训积极性和工作积极性的有效手段。员工在接受培训的同时，会感受到组织对他们的重视，有利于提高员工对自我价值的认识，增加职业发展机会，同时促进组织的发展。

（七）全员培训和重点提高相结合的原则

全员培训就是有计划、有步骤地对在职的各级各类人员都进行培训，这是提高全员素质的必由之路。但全员培训并不是说对所有的员工平均分摊培训资金。在全员培训的基础之上，要强调重点培训的对象，这个重点对象就是对组织的发展有着更大影响力的管理和技术骨干，即我们通常所说的核心员工或知识型员工。

拓展阅读 5.2

华为培训学院与 ATD 人才发展协会签订"专业讲师联合认证"战略合作计划

四、员工培训与开发的分类

（一）按培训对象分类

按培训对象可分为决策人员培训、管理人员培训、技术人员培训、业务人员培训和操作人员培训等。

（二）按培训内容分类

按培训内容可分为知识培训、技能培训和职业道德培训。对员工进行职业道德培训是一项长期工作，应当与企业文化建设联系起来。

（三）按培训性质分类

按培训性质可分为适应性培训（新员工）、提高性培训（老员工）和转岗性培训（不同技能）。

（四）按培训时间分类

按培训时间可分为在职培训、脱产培训和半脱产培训。在职培训即员工在实际工作中得到的培训，比较经济，不需要另外设置场所、设备，而是利用现有的人力、物力来实施。同时，培训对象不脱离岗位，不影响工作。脱产培训即受训者脱离工作岗位，专门接受培训。半脱产培训介于上述两种形式之间，可在一定程度上克服二者的缺点，并吸纳二者的优点。

（五）按培训地点分类

按培训地点可分为组织内培训和组织外培训。组织内培训除了特指培训班的地点外，还泛指工作轮换、事务处理、情景模拟等类型；组织外培训还可以包括参观访问、学校进修、国外深造等形式。

五、员工培训与开发系统

员工培训与开发对组织的生存与发展非常重要，而且员工培训与开发需要投入的物质成本与时间成本又较高，因此，为了确保取得理想的培训效果，就必须遵循科学的系统流程。一般来讲，员工培训与开发系统主要包括五个环节：培训需求分析、制订培训计划、培训实施、培训迁移、培训效果评估，如图 5-1 所示。

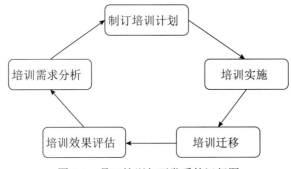

图 5-1　员工培训与开发系统运行图

（1）培训需求分析主要是了解和确定组织中哪些部门、哪些岗位需要培训，培训什么，在什么时间培训的问题，并对所有需要培训的对象与内容进行重要性和紧迫性排序，最终确定当期需要安排的培训对象与内容。

（2）培训计划也就是培训方案，是培训目标的具体化与操作化。主要包括以下内容：培训目标、培训项目、培训对象、培训机构和培训讲师、培训内容、培训教材、培训方法、培训现场管理制度、培训后勤保障、培训时间地点、培训费用预算、培训效果评估方案等。

（3）培训实施是对培训计划的具体实施，主要包括培训前的准备工作、培训的具体实施与现场管理控制，这也是培训工作能否顺利实现预期目标的重要环节，需要培训师和现场管理人员密切配合，认真执行培训计划，并根据学员现场反应与反馈及时修正培训计划，确保培训目标实现。

（4）培训迁移是指接受培训的员工将培训中所学的知识与技能有效且持续地应用到工作中。

（5）培训评估是对培训工作进行的总结与评价，并为下一循环中的培训需求分析及培训计划提供依据。要根据培训目标制定科学的评估标准，采用适宜的评估方法，选择适当的评估时机与评估人员，以保证评估结果的客观性与真实性。最后，根据评估结果撰写培训评估报告，上报有关领导审阅。以上培训与开发系统模型的主要内容将在后面的章节中详细阐述。

六、员工培训与开发的发展趋势

培训与开发作为组织发展战略实施的重要基础与组成部分，受技术发展和管理理念的影响较大，近年来的变化和发展也十分迅速。

（一）组织内部人才培养的系统化

随着企业越来越重视人才，培训部门需要从组织诊断、组织结构设计、岗位设计、能力建模、人才测评、人才盘点、人才分层级分类型等方面，系统化地培养各层级的关键人才。组织通过建立明确的人才识别机制，准确识别潜在的关键人才，包括使用能力模型、360度反馈、绩效评估等工具，为不同层级的员工制定职业发展路径，明确晋升和发展的机会。有助于员工全面理解和把握自己的职业前景，激励自己不断提升职业能力。同时，通过建立导师制度，使各级管理者和资深员工能够指导和培养新人，有助于知识传承和组织文化的传播。

（二）实践导向的学习

根据成人学习规律，成人70%的成长来自于实践。因此，培训与实践的高度融合将成为趋势，通过"干中学"的方式帮助员工提升自己。例如，组织鼓励员工在不同岗位之间轮岗，以获得更广泛的经验，有助于实践导向的学习。采用项目驱动的方式将培训与实际项目结合，可让员工在项目实施过程中学习并运用知识与技能。

（三）领导力培训与业务结合

企业对于领导力的培养越来越重视，期望培训能够与业务、实际场景相结合，提升领导力培训的质量。越来越多的企业将领导力培训与实际业务情境相结合，通过模拟实际管理挑战的案例，让管理者学习解决问题的技巧；或采用业务导师制，邀请业务领域的专家担任导师，为管理者提供实际业务方面的指导。

（四）科技融入培训

大数据、人工智能等新兴互联网技术在教育和培训领域应用广泛。虚拟现实、增强现实等技术已经在某些行业开始应用。例如，通过构建易于访问的在线学习平台，包括视频课程、虚拟课堂、在线测验等，或利用大数据分析，根据员工的学习需求和兴趣，提供个性化的学习内容。

（五）社群化学习

社群化学习方式将成为学习的常态，有助于相互鼓励、产生新知识，体现建构主义的学习哲学。例如，建立内部知识共享平台，让员工分享经验、最佳实践和解决方案，鼓励员工在社交媒体上讨论学习内容，互相学习和支持。

拓展阅读 5.3

培训须知：减少无效学习的五个关键

（六）随需而学

人们希望能够在任何时间、任何地点以合适的方式学习合适的内容。移动学习平台、互联网商学院、微信、学习社群等的出现使得学习更加容易。例如，通过开发移动学习应用或设计短小精悍的微课程让员工随时随地获取所需的学习资源。

第二节　培训需求分析

培训需求分析是培训与开发系统模型中的首要环节，它可回答为什么要培训以及培训要达到怎样效果的问题。它是确立培训目标、设计培训方案、实施培训计划和评估培训效果的基础。只有通过培训需求分析，才能确定期望达到的效果，也才能依此判断是否达到了培训目标以及培训是否有效。因此，正确进行培训需求分析是十分重要的。

一、培训需求分析的含义及影响因素

培训需求分析是指通过收集组织及其成员绩效相关信息，确定现有绩效水平与应有绩效水平之间的差距，从而进一步找出组织及其成员在知识和技能等方面的差距，为培训活动提供依据的过程。培训需求分析是一个复杂的系统，它涉及组织及组织所处环境、人员、工作任务等，其中，组织、人员和任务三个层面的培训需求分析构成该系统的主体部分。

当管理层发现某些员工绩效下降，或是组织要进行新产品开发和新技术应用，需要员工具备新技能时，组织就要开始进行培训需求分析。了解影响培训需求的因素对培训需求分析工作非常重要，影响因素大体可以分为两类：常规性因素和偶然性因素。前者是指在确定培训需求时需要考虑的一般性因素，后者则是由特殊事件所决定的，两种因素的具体内容如表 5-1 所示。

表 5-1　影响培训需求的因素

常规性因素	偶然性因素
社会发展环境	组织变革
组织发展目标和经营环境	员工职位调整
员工职业生涯规划	员工工作绩效下降，士气低落
员工绩效考评	服务对象投诉抱怨
员工行为评估	组织内部损耗升高，成本增加
组织资源状况对评估需求的限制	法律、制度

资料来源：《人力资源管理》编写组．人力资源管理 [M]．北京：高等教育出版社，2023，第 149 页。

二、培训需求分析的内容

美国学者麦吉（McGehee）和塞耶（Thayer）早在 1961 年就提出了培训需求分析的三层次分析法，如表 5-2 所示。后人在此基础上进行了改进与完善。

表 5-2　麦吉和塞耶的判定培训需求的方法

层次分析	目的	方法
组织分析	决定组织中哪里需要培训	根据组织长期目标、短期目标、经营计划判定知识和技术需求 将组织效率和工作质量与期望水平进行比较 制订人事接续计划，对现有雇员的知识／技术进行审查 评价培训的组织环境
任务分析	决定培训内容应该是什么	对于个人工作，分析其业绩评价标准、要求完成的任务和成功完成任务必需的知识、技术、行为和态度
员工分析	决定谁应该接受培训和他们需要什么培训	通过业绩评估，分析造成业绩差距的原因 收集和分析关键事件 对员工及其上级进行培训需求调查

资料来源：张德．人力资源开发与管理 [M]．5 版．北京：清华大学出版社，2016，第 179 页。

培训需求分析一般分为组织分析、任务分析和员工分析三个层次。这三个层次相互关联、相互交叉、不可分割。组织分析是指找出组织需要培训的职位和部门，确定实施培训的环境和条件。任务分析则是指通过分析确定顺利完成某项工作所需的知识、技术和能力。员工分析是指依据员工完成任务的好坏程度和员工的需求，确定需要进行培训的人员和培训内容。实际上，组织分析、任务分析和员工分析并不是按特定顺序进行的。由于培训需要服务于组织的战略目标，而组织需要首先做出培训资金预算的决策，所以通常首先进行组织分析，而任务分析和员工分析一般同时进行。

（一）组织层面分析

培训需求的组织分析依据组织目标、组织资源、组织特征和组织环境等因素，分析和找出组织目标的实现与组织现有状况的差距，确定在整个组织中哪个部门、哪些业务需要实施培训，哪些人需要加强培训，包括以下内容。

1. 组织目标

明确的组织目标既对组织发展起决定性作用，也对培训计划的制订与执行起着决定性作用。应该根据组织的长期目标、短期目标、经营计划判定对员工的知识和技能需求。例如，如果一个组织的目标是提高产品的质量，那么培训活动就必须围绕这一目标进行。

2. 组织资源

组织资源分析包括对组织的资金、时间、人力等资源的分析。资金是指组织所能提供的经费，将决定培训的宽度和深度。时间是培训工作的前提和保障。如果时间紧迫或安排不当，就会影响培训效果。人力则是决定培训是否可行和有效的另一关键因素。人力状况包括：人员数量、年龄、技能和知识水平、工作态度和工作绩效等。通过分析可判定现有人力资源的工作质量和效率是否符合期望水平。

3. 组织特征

组织特征分析主要是对组织的系统结构、组织文化和信息传播等进行了解。当培训计划和组织的价值观不一致时，培训的效果则很难保证。员工的工作精神、工作态度、对组织的向心力、凝聚力以及对企业文化的理解、接受程度等与组织目标的达成有重要关系，将产生特定培训需求。

4. 组织外部环境

组织外部环境包括组织外部政治、经济、社会、技术环境，如产业政策、劳动力市场状况、工会组织和生产技术等。当前，市场经济环境复杂多变，导致企业经常要面对新的环境与需求，经常要从事全新的行业或业务。与此相对应，培训与开发成为企业必须履行的例行性管理职能之一。当一个企业计划进入新的市场，就需要培训员工如何在新的环境中进行销售，如何生产新产品、提供新服务等。随着组织所处环境的变化，培训需求也会相应发生变化，必须认真加以分析。

（二）任务层面分析

任务分析是指通过对从事特定职位工作的员工的知识、技能和行为方式等进行分析，从而找出职位要求与员工综合能力之间的差距，以明确培训需求的过程。一般来说，任务分析包括以下四个主要步骤：

（1）根据组织的目标选择需要分析的工作。

（2）根据该职位的职位说明书初步列出任务清单及完成这些任务所需知识和技能的清单。

（3）确认工作任务和所需技能。

（4）明确从事该职位工作所需的知识、技能和行为方式等具体内容，为该职位制定针对培训需求分析的任务分析表。

无论对组织还是对员工个人，任务层面的培训需求分析在决定培训内容方面都起着关键性作用。

（三）员工层面分析

员工层面分析是指对员工的工作态度、知识、技能和行为方式等情况进行综合分析，明确需要接受培训的人员与培训内容的过程。在某些特定情况下，如引进新技术或新工艺时，所有员工可能都需要接受培训；但是，当管理者、顾客或员工发现某个具体问题（通常是绩效不良所产生的某个后果）时，则需要对特定的人员进行培训。

胜任素质模型可以反映员工胜任该职位所需要具备的素质，它的主要内容包括：通过对员工知识与技能的分析，发现员工的个人能力与该职位的胜任素质之间的差距；通过对拟培训员工的工作行为进行分析，发现员工技能的不足或多数员工普遍存在的问题（如行为不规范）；通过对员工工作态度、处事方法等因素的分析，进一步了解员工普遍的心理状态、对组织的忠诚度以及对待同事的态度等，从而进一步明确培训的方向和重点。

员工分析最为重要的两点：一是确定员工必需的且已经具备的工作态度、知识、技能和行为方式，避免因重复培训而浪费时间；二是确定是否有弥补现有人员培训缺陷的必要性和可行性，即是否需要进行新的招募。

员工层面的培训需求分析，一般包括以下两个方面的内容：

（1）员工培训意向调查。通过员工问卷调查、征询管理部门意见等方法，了解员工个人发展目标和意见、自愿参加的培训项目、愿意消耗的时间和期望获得的收益等。

（2）评估分析员工的工作行为和培训意向。将员工的实际工作绩效和工作绩效标准比较，找出二者之间的差距并加以分析，结合员工个人的受训意愿，确定员工需要参加培训的种类以及相关程度。

就员工个人而言，尽可能地从其他渠道得到关于自己的反馈信息是特别关键的，如客户、朝夕相处的同事和上司都会提供有益的反馈信息和帮助。虽然客观地自我评价是很困难的，但对自己的能力和不足进行一次准确的分析和评价对自身发展非常有益。因此，必须冷静地审视自己、思考自己哪些方面存在不足，应获得哪些新的技能。

拓展阅读 5.4

培训需求调查表

组织层面、任务层面和员工层面的培训需求分析是一个有机的系统，缺少任何一个都不能进行有效的分析。在现实中，上述三方面的需求往往并不完全一致，且有交叉现象，确定培训需求应取三者的共同需求区域，并以此作为组织的培训目标。

三、培训需求分析方法

培训需求分析需要依靠一定的技术方法。常用的培训需求分析方法有：观察法、问卷调查法、关键者咨询法、访谈法、测验法、记录和报告法、群体讨论法、关键事件法、前瞻性培训需求分析法（见表 5-3）。

表 5-3　常用的培训需求分析方法优缺点比较

培训需求分析方法	优点	缺点
观察法：从旁观者的角度观察员工在工作过程中表现出的行为	基本上不妨碍考察对象的正常工作和集体活动；所得的资料与实际培训需求之间的相关性较高	必须十分熟悉被观察对象所从事的工作程序及工作内容；在进行观察时，被观察对象可能故意制造假象
问卷调查法：采用不同的抽样方式选择对象填写问卷	可在短时间内收集到大量的反馈信息；花费较低；无记名方式可使考察对象畅所欲言；易于总结汇报	需要大量的时间和较强的问卷设计能力、分析能力；很少能够得到问题的原因和解决问题的方法等信息；无法获得问卷之外的内容
关键者咨询法：通过询问特定的关键人物来了解信息	管理层对下属的培训需求会比较熟悉；操作较简单，费用较低	个人的主观好恶会影响调查结果；得到的结果未必能代表全体人员的培训需求
访谈法：结构性或非结构性、正式的或非正式地对某些特定人群的谈话	有利于发现具体问题，找到问题的原因及解决方法；有利于培训双方建立信任关系，易于得到员工对培训工作的支持	耗时较多；很难分析和得到数量性结果；需较高的访谈技巧
测验法：类似于观察法，可以测验员工的工作熟练程度和认知度，发现员工学习成果的不足之处	可以确定一个问题的原因是技能的缺失还是态度不端正；结果容易量化比较	测试项目少，有效程度有限；测试项目多，费时费力且测验对象可能产生抵触情绪
记录和报告法：用分析资料的方式考察相关的文献	便于收集；可以了解员工已接受过哪些培训	不能显示问题的原因及解决办法；多反映过去的情况，而不是员工现在的真实情况
群体讨论法：类似于访谈法，可集中于工作分析或问题分析等任何专题	可充分了解相关信息；利于总结出多种原因和解决方法；降低员工对问题提出者的"依赖性反应"	耗时多；数据比较散乱，难合成或量化处理
关键事件法：调查对员工或顾客产生重大影响的事件	易于分析和总结；可以弄清是培训需求还是管理需求	事件的发生具有偶然性；容易以偏概全
前瞻性培训需求分析法：以组织未来发展需要为依据，确定员工培训需求的方法	为工作调动或职位晋升做准备；更好地满足组织未来发展和员工个人需要	培训效果难以评估；可能会降低短期培训效率

　　值得强调的是，没有哪一种方法绝对优于其他方法，所以常常是综合运用多种方法来进行培训需求分析。例如，问卷调查法的优势在于它可以从大量调查对象那里收集信息，并让更多的员工参与培训需求分析过程。但是，通过问卷调查很难收集到有关培训需求的具体信息。访谈法存在费时的缺点，但通过这两种方法的综合运用可以得到贴近真实需求的较为可靠的需求分析结果。

第三节 培训管理

一、培训计划

培训计划是在培训需求分析的基础上,从组织总体发展战略出发,根据各种培训资源的配置情况,对计划期内的培训目标、培训对象和内容、培训规模和时间、培训评估标准等一系列工作所作的统一安排。经过培训需求分析,明确了培训需求后,即可确定培训目标和计划。培训目标的确定为培训提供了方向和框架,培训计划的制定则可使培训目标变为现实。组织根据培训需求,结合本组织的战略目标来制订培训计划。

（一）培训计划的主要内容

培训计划的内容一般包括培训的目标和任务、培训对象、培训内容、培训方式、学员规模、培训时间、培训场所和培训师的选择、培训费用预算、培训效果的评估标准等方面。

1. 培训目标

指培训工作要达到的目的和效果。培训目标可以指导培训内容、培训方法和评价方法的开发。对培训目标的陈述主要有三种:

(1) 知识目标:培训后受训者将知道什么;

(2) 行为目标:他们将在工作中做什么;

(3) 结果目标:通过培训组织要获得什么最终结果。

例如,一个安全培训项目的目标可以阐述为:

(1) 知识目标:使受训者能够精确地描述把重物吊离地面的正确程序;

(2) 行为目标:观察到的违反安全程序的情况发生频率应低于每人每年一次;

(3) 结果目标:工厂中造成时间浪费的事故减少30%。

2. 培训对象

是根据培训需求分析的结果,确定应对组织中的哪些员工进行培训。

3. 培训内容

是根据员工实际知识技能水平和工作态度与组织要求的标准之间的差距,来确定培训对象的具体培训内容。

4. 培训方式

是根据确定的培训对象、培训内容来决定所采用的培训方式与方法,如学员规模较大的知识类培训可采用讲授法;而针对管理层的管理理念与技能培训则适合采用案例分析法、头脑风暴法、角色扮演法等。

5. 学员规模

主要是根据已定的培训对象、培训内容、培训方式以及组织的培训需求分析结果和组织的实际情况,确定参加培训学员的数量和批次。

6. 培训时间

是指学员的具体培训时间,如上班时间、下班时间或周末,分散培训或集中培训,通常与组织员工的多少、工作时间安排的松紧有关。

7. 培训场所

是根据培训具体情况确定培训地点，如在专门的培训中心还是在工作岗位进行。

8. 培训师的选择

培训师可以从组织内部选拔，也可从组织外部选择，每一种方式都各有利弊。

9. 培训经费预算

开展培训活动，必须有一定的经费保证。因此，为了使培训活动顺利开展和增加培训效益，事先进行准确的经费预算是十分必要的。

10. 评估标准

评估标准是指在确定培训实施过程中和结束后，如何评估培训计划的实施效果。评估标准应根据培训目标来确定，最好有可量化的指标与标准，以便更客观公正地评估培训效果。

11. 具体实施计划

这是培训计划实施的具体日程表，包括每一天的具体工作、负责人、实施细则等。这也是培训计划最终能否落到实处，能否具体操作的重要依据。

（二）制订培训计划的技巧

1. 选择内部培训还是外部培训

培训管理者在制订培训计划时，应首先考虑使用组织的内部资源。无论从时间成本还是经济成本上考虑，内部培训都比外部培训占优势，而且内部培训还能增加员工对组织的认同感，营造组织的学习气氛，有利于组织的知识分享与交流。但同时，市场上也有许多专业培训机构可以为组织量身定制培训课程。到底选择内部培训还是外部培训，可通过下列因素来进行综合判断：组织是否有充足的培训经费；是否有培训时间；是否有培训资源，包括课程与培训师；受训人员是否适应外部培训或内部培训。

2. 如何选择外部培训机构

外部培训机构非常多，除了专门的培训公司，还可以选择商务学校、大学中的管理学院、管理咨询公司等，它们都可以为组织提供培训课程。在选择培训机构时可参考以下因素：培训机构在行业中的声誉；培训机构的专业经验；培训机构人员构成与员工任职资格；拥有的培训项目和客户；培训效果证明；培训机构对本行业、本企业的了解程度；培训项目开发能力、时间与开发费用。

3. 培训课程开发的基本原则

培训课程开发时需要遵循的基本原则有：符合培训需求，包括组织、任务和员工需求；以受训者为中心，符合成人学习特点；可操作性强，实用性强，避免盲目追求流行。

4. 编制培训教材

培训教材的编制是培训课程设计的重要步骤，也是培训管理者必须掌握的技巧。培训教材不仅指提供给学员的书籍资料，还包括所有与培训内容相关的资料包，包括音像教材、适用案例、参考读物、专家论文、行业资料等。该资料包是教材编制者根据课程大纲精心挑选组织的，信息量大，有吸引力。

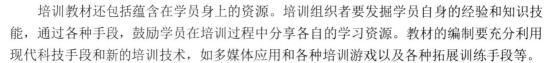

培训教材还包括蕴含在学员身上的资源。培训组织者要发掘学员自身的经验和知识技能，通过各种手段，鼓励学员在培训过程中分享各自的学习资源。教材的编制要充分利用现代科技手段和新的培训技术，如多媒体应用和各种培训游戏以及各种拓展训练手段等。

5. 培训经费预算

培训经费预算有四种常用的方法，即比例法、需求法、推算法和人均法。

（1）比例法，是预先规定培训经费占某基准值的一定比例，然后根据该基准值的总发生额，按比例提取。基准值指标一般有：年产值、年销售额、年利润额和年工资总额等。世界知名企业的提取比例一般是年总销售额的 1%～3%、平均在 1.5%、最高达到 7%。国内企业的培训与开发经费近年来大幅度增加。比例法的特点是把培训与组织的财力相结合，保证各项培训活动有足够的资金支持。

（2）需求法是指对计划当年安排的各培训项目，逐项计算所需经费，再将其汇总得出培训预算经费额。

（3）推算法是指根据前一年（或前几年）培训经费实际发生数的平均值，结合当年培训项目安排，计算培训所需经费总额。

（4）人均法是指预先规定员工每人每年的培训经费数额，再按计划当年实际员工数，计算出培训经费总额。

6. 培训师的选择

外部聘请具有以下优点：选择范围大，可获取高质量的培训师资源；可带来全新的理念；对学员有较大吸引力；可提高培训档次，引起各方重视；易营造气氛获得良好的培训效果。但其也具有缺陷和不足：培训师和学员相互缺乏了解，会加大培训风险；可能使培训适用性降低，成本较高。

内部聘请具有以下优点：了解情况，使培训更具有针对性，增强培训效果；培训师和学员由于相互熟悉，交流顺畅；培训相对易于控制；内部聘请培训师成本低。其缺点有：培训师不易树立威望，可能影响学员的参与态度；内部选择范围小，不易开发高质量的培训师队伍；培训师水平有限，难以突破新的高度。

因此，组织应根据具体培训对象与目标，选择适宜的培训师，在保证培训效果的前提下，可优先考虑选择内部培训师。

二、培训的实施

培训的实施是指把培训计划付诸实践的过程，它是达到培训目标的根本途径，培训计划设计得再好，若不能在实践中得到贯彻实施，也没有任何意义。在培训的实施阶段，组织通常需要做好以下工作，配合培训机构和培训师顺利完成培训任务，以达到培训目标。

（一）前期准备工作

在培训实施前，组织的培训管理者要做好前期准备工作，主要有：

（1）确认并通知参加培训的学员。培训计划中已明确培训对象，在培训实施前必须再进行一次审核，看是否有变化。

（2）培训后勤准备，包括车辆、食宿、场地等的确认等。

（3）确认培训时间。考虑培训时间是否能配合员工的工作状况，时间长度是否适宜，是否与教学内容和方法相匹配。

（4）相关资料的准备，主要包括课程教材与资料、签到表、结业证书等。

（5）确认理想的培训师。尽量在培训实施前与培训师就本次培训的目标、内容、方式、学员特征、费用等进行直接沟通与再次确认，如发现问题应尽早协调处理。

（二）具体实施阶段

1. 课前工作

到达培训地点后，在培训课程开始前，组织的培训现场管理人员要做好下列工作：准备茶水、播放音乐；学员报到，在签到表上签名；引导学员入座；课程及讲师介绍；学员心态引导、宣布课堂纪律。

2. 培训开始的介绍工作

课前工作结束后，组织的培训管理人员要配合培训师一起做好本次培训的介绍工作，可委托培训师来做，也可与培训师分工完成。主要有：培训主题介绍；培训者的自我介绍；后勤安排和管理规则介绍；培训课程简要介绍；培训目标和日程安排介绍；学员自我介绍等。

3. 培训器材的维护与保管

组织的培训管理人员在现场应做好培训器材的维护与保管工作，爱护设施、设备，指导使用人员正确使用，对设备定期除尘。当天培训课程结束后要及时关闭有关设备。

4. 知识或技能的传授

这一环节是整个培训工作的中心，培训管理人员一定要在现场密切关注培训师和学员的表现，发现问题及时与培训师及学员进行沟通反馈，确保培训顺利进行并实现预期目标；同时协助做好培训时间的管理工作，及时控制上下课时间；培训管理人员还应做好上课记录、录音及录像等工作，以备存档。

（三）对学习进行回顾和总结

此项工作原则上由培训师来做，组织培训管理人员负责维护现场秩序。任何一项培训活动，在开始前应有介绍与引言，结束时也应有回顾和总结。通过总结可以帮助学员全面回顾本次培训的所有内容，还可以在复习的基础上，与组织的工作实践相结合，引导学员把培训中学到的知识与技能应用到工作中，提升培训的效果。

拓展阅读 5.5

海尔的个人
生涯培训

（四）培训后的工作

主要包括：向培训师致谢；进行问卷调查；颁发结业证书；清理、检查设备，培训效果评估等。这些工作都由组织培训管理人员来完成。

三、培训迁移

（一）培训迁移的含义

培训迁移是指员工能够在实际工作中应用培训中所学的知识和技能、培养的行为和工作态度，并在一定时期内予以保持，使培训发挥最大价值的过程[①]。若员工能够将培训中学习的知识应用到实际工作当中，代表培训迁移已经产生。培训迁移是提高培训有效性的关键因素，通过迁移，员工在培训中获得的知识和技能能够得到进一步的检验、充实和熟练，从而更有效地改进绩效。

（二）培训迁移模型

培训的最终目的是提高员工和组织的绩效水平，如何将培训所学知识转化为绩效对员工和组织具有非常大的价值。埃尔伍德·霍尔顿于 1996 年提出了影响培训迁移因素的模型（见图 5-2）。该模型认为，学习、个人绩效和组织结果是培训的三个主要产出，其中个人绩效是核心。个人通过培训学习新的知识和技能，再将所学应用到工作中，从而改变个人绩效，最终导致组织结果发生改变。该模型还说明了影响培训迁移的三种因素，即个体特征、迁移气氛和迁移设计，只有这三种因素处于适当水平时，学习才会引起个人绩效的改变。

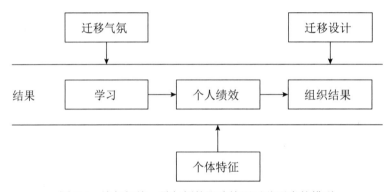

图 5-2　埃尔伍德·霍尔顿的影响培训迁移因素的模型

1. 个体特征

动机和自我效能感是影响培训迁移的主要个体特征。动机是指推动人实现某种行为的意愿。维克托·弗鲁姆在期望理论中提出，动机取决于目标实现的可能性以及该目标带来的价值。如果培训迁移行为容易实现，且培训迁移行为能为个体带来相应的工作绩效，那么个体的培训迁移动机越强，培训迁移效果越好。

自我效能感是指个体对自己是否有能力完成某个工作行为的推断。个体对培训迁移行为的自我效能感越强，将培训中所学的知识、技能和行为等应用在实际工作中的可能性越大，培训迁移效果越好。

2. 迁移气氛

迁移气氛是指阻碍或促进个体将所学的知识、技能和行为等应用在实际工作中的组织环境。它包括情境线索和结果线索两个维度，情境线索是指受训者回到工作岗位后，组织提醒他们在工作场所中运用培训所学内容；结果线索是指受训者在工作岗位上运用培训所学内容后得到的反馈。组织越关注和重视个体培训迁移行为，并对该行为产生的结果给予积极反馈，培训迁移效果越好。

---

① 《人力资源管理》编写组. 人力资源管理 [M]. 北京：高等教育出版社，2023，156 页。

3. 迁移设计

迁移设计是指为促进培训迁移而进行的培训设计活动。培训迁移包括近迁移和远迁移，近迁移是指将培训所学内容运用到与培训环境相似的情境中；远迁移是指将培训所学内容运用到不同的情境中。在培训中，如果为受训者提供与实际工作情境相似的培训内容和培训场所，且帮助受训者深刻理解所学内容的基本原理，掌握将所学内容运用到实际中的方法，则培训迁移的效果会较好。

（三）促进培训迁移的有效措施

从培训迁移影响因素的视角看，以下几种方法有助于培训迁移效果的提高。

1. 激发受训者的培训动机

培训迁移的前提是激发受训者的培训动机，根据期望理论，如果培训内容能满足受训者的需求，让其感受到培训的价值，培训动机就会油然而生。因此，组织在开展培训前，须对受训者进行培训需求分析，并以此为依据设计培训项目，让培训内容更具针对性和实用性，从而提高受训者参与培训的热情，进而促进培训迁移。

2. 营造良好的培训迁移气氛

（1）建立激励性制度。培训迁移效果在很大程度上取决于组织的制度支持，如果组织认可培训的价值，将培训迁移效果与受训者的晋升、薪酬和绩效考核挂钩，建立科学、合理的激励性机制，则会极大地促进员工将培训所学内容运用在实际工作中的积极性，提高培训迁移的质量。

（2）建立学习型组织。学习型组织具有三大特点：共同愿景、创造性和持续性学习。它关注员工的成长，提倡营造积极向上的学习氛围，鼓励知识共享和互相启发，并支持将培训所学知识在实际工作中进行创造性运用。在学习型组织中，受训者很容易得到管理者和同事对培训迁移的支持，提高培训迁移行为发生的可能性。

3. 完善培训迁移设计

（1）创造与实际工作相似的培训环境。同因素理论认为，培训迁移效果很大程度上取决于培训环境与实际工作环境的相似度。因此，组织应该对实际工作环境进行分析，使培训场所尽可能贴合实际工作环境，使培训内容与实际工作内容相匹配。通过创造与实际工作相似的培训环境，帮助受训者更好地进行培训迁移。

（2）帮助受训者深入学习，系统化思考。随着社会的不断发展和进步，培训覆盖面越来越广，受训者可能会存在对培训所学内容了解不够深入的情况。但工作情境是复杂多变的，很难在实际工作中举一反三。根据认知转化理论，培训师在培训过程中，应该引导受训者深入学习、系统性思考，提高受训者培训迁移的能力。

四、培训效果评估

（一）培训效果评估的目的与作用

培训效果指的是企业和员工个人从培训中获得的收益。对员工个人来说，收益意味着学到新的知识或技能；对于企业来说，则包括员工绩效的改善、销售额的增加、顾客的满意度增加等。培训效果评估是整个培训系统的一个重要环节，能够帮助企业了解培训的效果和产生的效益，并为未来改进培训提供基础，对人力资源开发具有重要意义。

对培训项目进行有效性评估的目的与作用表现在以下几个方面。

1. 决定继续进行或停止某个项目培训

有些培训项目（像目标管理、工作简单化等）曾经在一段时间里是培训的主流，但随着时代发展，这些内容已被大家熟悉和接受，或者因企业管理体系发生变化，新的热门培训项目开始出现，如团队管理、授权等。通过有效性评估，可以确定哪些项目不再适用，哪些项目还应继续。此外，通过成本收益分析，如果投入大于收益，那么该项目就是低效的、不经济的，就应该停止。

2. 获得改进培训项目的信息

这是培训有效性评估最普遍的意义。通过评估，可以对培训的设置、培训内容、培训方式等有进一步的了解，并对现有的培训项目进行修改，以便在以后的培训中能够更好地满足学员的要求，达到更好的培训效果。

3. 反映本次培训对于组织的贡献

通过有效性评估，特别是一些定量评估，可以反映本次培训对组织的贡献，并以此体现人力资源部门或培训部门在组织中的重要作用。

（二）评估的内容及模型

培训有效性评估模型，最广为人知和应用的是美国人力资源管理专家唐纳德·柯克帕狄克提出来的四个水平的评估模型，简称柯氏评估模型。

1. 柯氏评估模型的内容

威斯康星大学的唐纳德·柯克帕特里克（Donald L.Kirkpatrick）教授于 1959 年提出的柯氏四级培训评估模型（Kirkpatrick's Four-Level Model），是世界上应用最广泛的培训评估工具，如表 5-4 所示。

表 5-4　柯氏评估模型

评估层次		结果标准	评估重点
1		反应	学员满意度
2		学习	学到的知识、技能、态度、行为
3		行为	工作行为的改进
4		结果	工作中导致的结果

（1）第一层的反应评估（reaction），位于模型的最上端，用来评估学员对培训课程、培训教师和培训安排等的喜好程度，即受训者对培训的整体印象如何。反应评估的核心问题是："受训者对培训满意吗？"反应评估就像评估顾客满意度一样，要使培训有效，首先学员要对培训有积极的反应。否则，学员将没有积极的动机与主动的学习态度来参加培训，这样对企业再有用的培训内容也难以成为学员的知识或技能，更难以转化为有效的行动。

这一层次的评估一般在培训实施过程中和培训刚结束时进行，多采用培训评估问卷调查、与参训人面谈、培训现场观察等方法进行。这个层面的评估易于进行，是最基本、最普遍的评估方式，但缺点是易产生偏差。

（2）第二层的学习评估（learning），着眼于对学习效果的评估，即评估学员在知识、技能、态度或行为方式方面的收获。学习评估的核心问题是："参加者学到东西了吗？"在学习评估中，要评估的主要方面为：学习到了什么知识，学到或改进了哪些技能，哪些态度改变了，即受训者对培训内容的掌握程度。可用培训前后都举行的书面考试或操作测试衡量，还可采用情境模拟测试、撰写学习心得等方法。这一层次的评估一般在阶段性培训结束或整个培训完成后马上进行。在评估学习效果时，设计培训评估方案非常重要。通常会通过培训前后比较或设置控制组的方式对培训的学习效果进行评估，从而确定学员在培训结束时是否在知识、技能、态度等方面得到了提高。评估可以比较学员参加培训前和培训结束后知识技能测试的结果，也可以与培训设定的培训目标进行比较。

学习评估可以采用笔试、实地操作和工作模拟等方法来考查。培训组织者可以通过书面考试、操作测试等方法来了解受训人员培训前后，在知识及技能的掌握方面有多大程度的提高。

（3）第三层的行为评估（behavior），即比较受训者接受培训后在工作行为上的变化。行为评估的核心问题是："受训者在工作中使用了他们所学到的知识、技能和态度了吗？"通常在培训结束几周或几个月后，由受训者自己或由那些和受训者最接近的人，如上司、同事或下属进行评定，需要借助于一系列的评估表。需要注意的是，受训者行为的变化可能是由多种因素引起的，例如经验的丰富、考核和奖惩制度的变化等。为了克服这种干扰，可以事先选一个与受训者各方面情况都相似的对照组，对照组不参加培训。通过对两组成员的行为进行对比，就可以发现培训所导致的行为变化。行为评估是考查培训效果的最重要的指标。尽管这一阶段的评估数据较难获得，但意义重大，只有受训者真正将所学的东西应用到工作中，才达到了培训的目的。

（4）第四层的结果评估（result）。结果评估是柯氏模型中最重要也是最困难的评估，通过对质量、数量、安全、销售额等组织关注的并且可度量的指标进行考查，与培训前进行对照，可判断培训成果的转化情况。结果评估的核心问题是："培训为企业带来了什么影响？"通常采用前后对照法、时间序列法、360度考核、业绩考核法和收益评价法来进行评估。一般在培训结束后1个月至1年内进行评估。在进行这一层次的评估时，一般采用定性评估与定量评估相结合，更侧重于量化指标的对比分析。结果评估可以通过一系列指标来衡量，如事故率、生产率、员工离职率、次品率、员工士气以及客户满意度等。结果评估的跨时长、难度大，但对企业的意义也是最大的。

培训的最终目的就是要有助于达到组织目标，因而培训评估最有意义的方面是结果评估。但是，与行为变化类似，绩效的变化常常是由多种因素导致的，很难把由培训造成的员工和组织绩效的变化与其他因素造成的变化彻底分开。这就给这一层次的评估带来了较大困难。

2. 柯氏评估模型的改进

考夫曼和凯勒（Kaufman&Keller，1994）对柯氏四级培训评估模型做了一些修正，形成了表5-5中的五级评估模型。该模型扩展了柯克帕特里克（Kirkpatrick）的四级评估模型，以更全面地考虑培训的影响。

表 5-5　考夫曼和凯勒的五级评估模型

评估层次	评估内容	举例	作用	方法
反应层	学习者对培训项目的评价	如培训材料、培训师、设备方法等	提供改进培训的建议，让员工感到组织者对他们意见的尊重，帮助管理者了解培训情况，为培训者的绩效提供参考	课后培训评估表、与学习者面谈、电话调查、焦点小组
学习层	对培训的内容获取程度（知识、技能、态度、行为）	财务知识、操作某个软件、沟通技能、企业文化	帮助企业了解培训效果	测验、技能实践、角色表演、情景模拟
行为层	所学知识在工作中运用（培训成果的转化程度）	易熟练操作软件、运用所学沟通技能、降低缺勤率	帮助企业了解培训导致了哪些变化，评估培训对企业的价值，帮助直线经理了解员工的变化和培训项目	360度反馈、跟踪调查和跟踪问卷、在职观察、跟踪面谈、跟踪群组访谈和培训课程相关的作业
结果层	工作导致的结果（组织层面的评估）	产量增加、成本下降、缺勤率下降、员工建议数增加、客户投诉率等	帮助企业了解培训对企业盈利的作用	成本收益分析法
社会产出层	社会和客户的反应	社会反响	帮助企业立足更高的出发点评价培训	问卷调查、焦点小组

五层次模型的评估内容包括以下内容。

（1）反应（reaction）层，关注学员对培训的现场反应和满意度，可以通过问卷调查、反馈表、讨论会等方式来收集学员的反馈。这有助于了解学员对培训内容、讲师、教材等方面的看法。

（2）学习（learning）层，评估学员在培训过程中掌握的知识、技能和态度，可以通过考试、练习、作业、演示等方式来测量。学员是否真正掌握了培训内容是评估的关键。

（3）行为（behavior）层，关注学员在工作环境中应用所学到的知识和技能的程度。可以通过观察、工作样本等方式来评估。我们关心的是学员能否将培训中学到的东西应用到实际工作中。

（4）结果（results）层，评估培训对组织的影响，包括员工绩效、生产力、质量、成本等方面的变化。

（5）社会产出（socialImpact）层，评估培训对社会和环境的影响，包括员工的幸福感、社区的发展、环境保护等方面。这一层次超越了组织内部，关注更广泛的影响。

（三）撰写培训效果评估报告

通常包括以下内容：

1. 前言

说明被评估培训项目的概况，包括培训项目的性质、执行人和机构、培训时间以及培训执行的影响因素等，介绍评估目的和评估性质。

2.培训评估概述

概述评估实施的过程，评估方案的设计、方法的选择、资料数据的收集方法以及评价指标的确定等详细情况，使报告阅读者对评估过程有清晰的了解。

3.评估结果

阐明评估的结果，与评估过程的阐述要符合逻辑关系。

4.评估结果的解释和分析

对评估结果进行解释和分析，并提出参考意见。报告者可论述本次评估的充分性、培训的改善措施、赞成或反对此类培训的理由以及推荐更经济的替代培训方案等。

5.附录

将收集和分析数据使用的各种图表、问卷和相关原始资料等收入附录，使主管或专家可以鉴定培训评估使用方法是否科学有效，结论是否合理。

评估报告撰写完成后，应向有关领导和培训工作相关人员进行反馈，包括高层管理者、培训管理者和培训开发者、受训者、受训者主管等。

第四节　培训与开发方法

在实际工作中培训员工的方法有很多，我们将其分为四大类：知识类培训方法、实践型培训方法、综合性培训方法、应用新技术的培训方法。

一、知识类培训方法

（一）讲授法

是由培训师通过讲解的方式将培训内容传授给众多培训对象。在这种培训方法中，培训对象是作为信息的被动接受者，培训师与培训对象之间的沟通在大多数时候也是一种单向沟通——从培训师到培训对象。

这种方法的优点主要是：成本较低、有较强的针对性，同时时间安排紧凑，能集中较新的研究成果，使培训对象能在较短的时间内接受大量的有用信息，所以应用非常广泛。尽管有批评说这种方法缺少实践和反馈机会，但有关研究显示，它至少有中等水平的效力。

这种方法的缺点主要表现在：培训效果受培训师的水平和表达能力的影响较大，较少考虑被培训者的理解能力，缺乏有效的沟通；在某些实践性和操作性较强的领域（如人际交往），此方法收效甚微。

一般来说，讲授法的培训目标应是教授基础知识和专业知识及工作经验；培训对象可以是组织内部的任何成员；培训时间一般不宜太长；培训地点应选择在宽敞、安静、不易受外界干扰的地方。

（二）专题讲座法

这种方法与讲授法基本相同，但在内容上有差异，是针对某个专题知识开展讲授，一般只安排一次培训，适合于管理人员或技术人员了解专业技术发展方向或当前热点问题等。

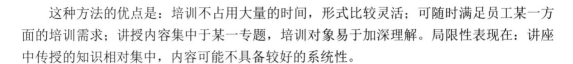

这种方法的优点是：培训不占用大量的时间，形式比较灵活；可随时满足员工某一方面的培训需求；讲授内容集中于某一专题，培训对象易于加深理解。局限性表现在：讲座中传授的知识相对集中，内容可能不具备较好的系统性。

二、实践型培训方法

实践型培训方法也称实践法，是通过让学员在实际工作岗位或真实的工作环境中，亲身操作体验，掌握工作所需的知识、技能的培训方法。这类方法在员工培训中应用最为普遍，适用于以掌握技能为目的的培训，以及从事具体岗位所应具备的能力、技能和管理实务类培训。

（一）工作指导法

工作指导法又称教练法、实习法，是指由一位有经验的工人或直接主管人员在工作岗位上对受训者进行培训的方法。指导教练的任务是教受训者如何做，提出如何做好的建议，并对受训者进行激励。指导教练不仅是知识训练者或者技巧训练者，他们更着重于"激发人的潜能"，他们的职责类似于体育运动中的教练一职，故而又称此培训方法为教练法。教练利用有关技术反映出培训对象的心态，使其理清自己的状态和情绪，并就其表现给予直接的回应，使培训对象及时调整心态认清目标，以最佳状态投入工作。

工作指导法的优点是应用广泛，可用于基层生产工人培训，如让受训者通过观察教练工作和实际操作，掌握机械操作的技能。也可用于各级管理人员培训，让受训者与现任管理人员一起工作，后者负责对受训者进行指导。一旦现任人员离职，受训者便可立即接任。其缺点是培训效果受指导者能力限制。

这种方法不一定要有详细、完整的教学计划，但应注意培训的要点：一是关键工作环节的要求；二是做好工作的原则和技巧；三是须避免、防止的问题和错误。

（二）工作轮换法

工作轮换法亦称轮岗，是指让受训者在预定时期内变换工作岗位，使其获得不同岗位工作经验的培训方法。这种方法首先出现于日本。一般情况下，轮岗的时间为1—2年。工作轮换法的优点是让受训者更好地了解整个组织的运作和各部门的职能，改进各部门的合作；同时改进受训者的工作技能、增加员工工作满意度和给员工提供宝贵的机会；使受训者找到适合自己的工作岗位，确定自己的职业发展路线。因此，工作轮换一般在受训者职业生涯的早期进行，一般用于培养新员工或有潜力的未来的管理人员。从员工的角度看，参加工作轮换培训的员工比未参加这种培训的员工能得到更快速的提升和更高的薪水。

这种方法也有一些潜在的问题：由于不断进行工作轮换会给受训者增加工作负担，还会引起未参加轮岗的员工不满；因为员工在每一个工作岗位上停留时间不长，所学不精，可能会影响整个工作小组的效率。工作轮换法鼓励"通才化"，适合于一般直线管理人员和普通员工的培训，不适用于职能管理人员。

为提高工作轮换的有效性应注意以下几点：

（1）在为员工安排工作轮换时，考虑培训对象的个人能力、兴趣和人格特征，选择与其相适应的岗位。

（2）工作轮换时间长短取决于培训对象的学习能力及学习效果，不能机械地规定某一固定时长。

（3）工作轮换所在部门经理应受过专门培训，具有较强的沟通、指导和监督能力。

（三）"师带徒"培训法

"师带徒"培训法是一种最为传统的在职培训方式。最早的"师带徒"培训没有一定的方法和程序，新员工只是从观察和体验中获得技能，因而成效相当迟缓。"师带徒"培训的主要形式是由一名经验丰富的员工作为师傅，带一名或几名新员工。以前通常在手工艺领域中使用这种培训，如管道工、理发师、木匠、机械师和印刷工等。培训期限依据所需技艺的不同要求而不同。近年来，许多知名企业普遍采用的"导师制"是对"师带徒"培训法的改进与发展。导师从新员工的工作、生活等各方面对新员工进行沟通指导，对新员工尽快适应组织和岗位要求起到重要作用。因此，"师带徒"培训法重新得到了组织的重视，得以广泛应用。

"师带徒"培训法的主要优点在于：新员工在师傅或导师指导下工作，避免盲目摸索；有利于新员工尽快融入团队；有利于组织文化与传统优良作风的传递；新员工可从指导人处获取丰富的经验。

"师带徒"培训法的主要缺点在于：指导者可能会保留一部分经验和技术，影响培训效果；指导者本身水平对新员工的学习效果有极大影响；指导者不良的工作习惯会影响新员工；不利于新员工的工作创新。

三、综合性培训方法

这类方法的特征是培训活动中既存在对知识、技能的培训，又包括态度、观念等的培训。培训对象从亲身参与中获得知识、技能，掌握正确的行为方式，开拓思维，转变观念。主要形式有自学、案例分析法、角色扮演法、敏感性训练、管理者训练、拓展训练等。

（一）自学

它是指学员根据自身特点与喜好，利用业余时间自主进行相关知识、技能、观念、思维、心态等多方面的学习。自学的优点有：费用低，不影响工作，学习者自主性强，可体现学习的个别差异，有利于培养员工的自学能力。

自学的缺点有：由于学员自身水平有限，学习的内容可能受到限制；学员个体差异可能会造成学习效果存在很大差异；学员在学习中遇到疑问和难题往往得不到解答；容易使自学者感到单调乏味。适用于岗前培训、在岗培训、学历教育等。

（二）案例分析法

它是指培训过程围绕一定的培训目的，把实际工作中的真实情景加以典型化处理，形成供学员思考分析和决断的案例，让学员以独立研究和相互讨论的方式，提高其分析解决问题的能力的培训方法。案例分析法由美国哈佛大学开发完成，起初用于培养工商管理硕士。目前，案例分析法广泛应用于管理人员的培训，也常应用于其他专业人员的培训。

案例分析法针对某个特定的问题，向培训对象提供一个描绘组织运转过程中实际（或可能）存在的问题和情景的案例，其中会包含大量的背景材料。培训对象往往组成小组来完成对案例的分析，作出判断，提出解决问题的方法。随后，集中发表小组看法，同时听取别人意见，旨在给受训者提供一种体验、一个认识和分析实际管理情景并提出管理对策的模拟实战机会。

案例分析法的优点：直观，易于让学员认同；学员不仅从讨论中获得知识、经验和思维方式上的改进，还能增强人际交流；学员通过分析案例可提高解决具体问题的能力。但案例分析法也有不足：案例所提供的情景毕竟不是真实情景，有时相差甚远，限制了培训效果；编写一个好而适用的案例不容易做到；实施此法成本很高，可能会让组织无法承受。

（三）角色扮演法

它是指在一个模拟的工作环境中，让受训人员扮演其中人物，承担其中角色的工作职责的一种培训方法。通过这种方法，受训者能较快熟悉新的工作环境，了解新的工作业务，掌握必需的工作技能，尽快适应实际工作的要求。角色扮演的关键问题是排除参加者的心理障碍，让参加者意识到角色扮演的重要意义。在角色扮演实施中，培训的组织者应自始至终密切注意演练过程，并进行适当评论。

角色扮演法要求学员主动、认真地参与。同时，该方法为学员提供观察人们真实言行和行为方式的机会，而不仅仅停留在理论分析上。该方法主要运用于询问、电话应对、销售技术、业务会谈等基本技能的学习和提高，有时也用于管理人员的开发。

（四）敏感性训练

敏感性训练简称 ST（sensitivity training）法，这种方法来源于西方国家，要求学员在小组中就参加者的个人情感、态度及行为进行坦率、公正的讨论，相互交流对各自行为的看法，并说明其引起的情绪反应。目的是提高学员对自己的行为和他人行为的洞察力，了解自己在他人心目中的形象，学习与他人沟通的方式，发展在各种情况下的应变能力。

敏感性训练的优点有：有利于提高员工的人际关系敏感性；有利于团队成员之间的密切合作。其缺点有：这种方法通常在实施前很难预测培训现场状况；可能会在培训中对某些敏感人群造成心理伤害；对培训组织者要求较高，需要密切关注与控制培训进程，及时化解冲突，并保证培训效果。

由于我国传统观念的影响，这种方法在最初传入我国时，遇到了较大阻力，近年来才得以发展。该方法主要适用于组织发展训练，晋升前的人际关系训练，中青年管理人员的人格塑造训练，新员工的集体组织训练等。

（五）管理者训练

管理者训练简称 MTP（manager training plan）法，是产业界最为普及的管理人员培训方法。这种方法旨在使学员系统地学习、深刻地理解管理的基本原理和知识，从而提高他们的管理能力。管理者训练适用于培训中低层管理人员掌握管理的基本原理与知识，一般采用专家授课、学员间研讨的培训方式。

拓展阅读 5.6

培训，是在为谁做嫁衣？

其优点是：管理知识的系统性较好，可以大规模施训。缺点是：成本较高，学员需要脱产训练。采用这种方法时，培训师是决定培训效果的关键因素，一般采用外聘专家或由组织内部接受过此训练的高级管理人员担任。

（六）拓展训练

这是近年来才在我国兴起的一种新型培训方法，但其普及速度非常快，是指通过模拟探险活动进行的情景式心理训练、人格训练、管理训练。它以外化型体能训练为主，学员被置于各种艰难的情境中，在面对挑战、克服困难和解决问题的过程中，使人的心理素质得到改善，包括场地拓展训练和野外拓展训练两种形式。

（七）其他方法

除以上方法外，属于参与型培训与开发的方法还有很多，如函授、业余进修、参观访问等，还包括上一章员工招聘中介绍到的有关方法，如管理游戏法、公文筐法、头脑风暴法、模拟训练法等，不但可用于员工招聘和选拔，还可用来对员工进行培训与开发。

四、应用新技术的培训方法

（一）计算机辅助培训

这类培训是随着个人电脑的兴起而发展起来的。它主要通过设计一些课程程序和软件帮助学员进行自主学习。常见的电脑辅助培训中，学员可以学到课程内容，并可以对自己掌握知识的水平进行评估，以确定自己下一步的学习。因此，计算机辅助的培训往往是自适应培训，即学员可以根据自己学习的步调，调整学习进度。它特别适合于一些基本知识和概念的培训。这是应用新兴技术培训中最基本的形式。

（二）网络培训

网络培训通过互联网进行培训和学习。其主要方式是在网上开设课程主页，将与课程有关的内容放在网上，经由局域网、广域网、个人电脑等通信技术设备和方式使学员可以在世界范围内浏览某个课程，并进行课程的学习。网络培训从开设的主体来说，通常有两类：一类是公司内部开发的培训课程，主要针对公司内部员工，通过内部网络或局域网可以得到网上的课程资料。许多知名企业如华为、比亚迪、腾讯、阿里、小米等都开发完善了企业的内部网上培训课程，便于员工随时学习。另一类培训课程是由专业培训公司提供的，它们往往会在网上公布一些课程单元，企业购买服务后，就可对员工进行培训了。

网络培训最大的特点是灵活性，主要体现在：灵活选择学习进度；灵活选择学习时间和地点；灵活选择学习内容。网络学习除了利用课程网页外，还可以通过电子邮件的方式进行信息交流和讨论。当然，网络培训也有一些不足，如学员会觉得缺乏真实感、培训质量难以把握等。

（三）多媒体远程培训

多媒体远程培训，是指综合采用多种媒体手段，利用现代化的技术将声音、图像传递到各个教学地点，学员一般会在各地专门的教室中接受远在外地的教师培训，有些已经可以达到多边互动，即学员可当场提出问题并得到实时回答。多媒体远程培训还经常和电脑辅助培训、网络培训联系起来，即在课堂上通过可视会议系统进行授课，课堂外则通过课程网、电子邮件进行沟通，有时还可以形成全球范围内的虚拟学习团队就某个问题进行讨论，并往往配有计算机辅助学习软件或课程光盘供学员进行课后的自我学习。

和以往的培训相比，多媒体远程培训具有如下特点：跨地域性，沟通的多向性，及时同步性和便捷性。

（四）虚拟培训

虚拟培训是指利用虚拟现实技术生成实时的、具有三维信息的人工虚拟环境，学员通过运用某些设备接收和响应环境的各种感官刺激而进入其中，并可根据需要通过多种交互设备来驾驭环境、操作工具和操作对象，从而达到提高培训对象技能和学习知识的目的。

虚拟培训的优点在于它的仿真性、超时空性、自主性、安全性。在培训中，学员能够自主地选择或组合虚拟培训场地和设施，而且学员可以在重复中不断增强自己的训练效果；更重要的是这种虚拟环境使学员脱离了现实环境培训中的风险，并能从这种培训中获得感性知识和实际经验。

虽然应用新兴技术的培训具有不少传统培训所不具有的特点，但也对培训设施、培训师提出了更高的要求，并要求学员有一定的计算机和网络技能，同时能主动、自发地进行学习。

总之，随着科学技术的发展和时代的进步，新的培训与开发方法还会不断出现，组织的培训与开发人员应随时关注，灵活应用。

第五节　职业生涯规划与管理

一、职业生涯规划与管理相关概念

（一）职业

职业是指人们所从事的、有稳定收入的社会劳动。它具有经济属性，体现了人的存在价值和所扮演的社会角色。

（二）职业生涯

简单地说，职业生涯就是一个人从首次参加工作开始的一生中所有的工作活动与工作经历按编年的顺序串接组成的整个过程。也有人把职业生涯定义为：以心理开发、生理开发、智力开发、技能开发、伦理开发等人的潜能开发为基础，以工作内容的确定和变化、工作业绩的评价、工资待遇、职称职务的变动为标志，以满足需求为目标的工作经历和内心体验的经历。

（三）职业生涯规划

也称职业生涯设计，是员工在客观剖析自身条件和外部环境的前提下，确定职业生涯目标和职业生涯发展路线，并制定具体策略、途径和措施来实现职业生涯目标的过程。它是员工对自己一生职业发展的总体计划和总轮廓的勾画，具有目标性、发展性、长期性和全局性，为员工一生的职业发展指明了路径和方向。

（四）职业生涯管理

它是指组织通过帮助员工设计职业发展规划，并从组织上给予这种规划实现的保证，从而达到满足其成员的职业发展愿望，满足组织对成员不断提升的素质要求，进而实现组织发展目标与个人发展目标的协调和相互适应，实现组织与员工的共同成长、共同受益。职业生涯管理工作主要由员工和组织两方面构成。

员工应进行的主要工作有：做好自我评估，尤其是分析自己的职业锚；在自我评估和对组织发展目标了解的基础上，对发展机会进行分析判断；根据发展机会分析自己的职业锚，确定自我发展目标；制订发展计划并实施。

从组织方面进行职业生涯管理，主要是对员工的职业发展进行引导，以期尽量达到员工与组织共同发展，为员工提供职业发展机会，帮助员工实现职业发展计划等目的。具体有：引导员工的职业发展，开展职业发展教育活动，对员工进行个人能力和知识水平评估，为员工的职业发展指明方向，确定职业发展目标；根据已定的发展目标帮助员工制订职业发展计划；指导和支持员工的职业发展，帮助员工实现职业计划，如提供职业培训、进行工作再设计、提供职位空缺信息等。

二、职业生涯的有关理论

（一）职业锚理论

1. 职业锚的含义

这一概念是由美国麻省理工学院斯隆商学院的埃德加·施恩（Edgar Schein）教授提出来的。他认为，职业生涯规划实际上是一个持续不断的探索过程。在此过程中，每个人都根据自己的天资、能力、动机、需要、态度和价值观等慢慢形成较为明晰的与职业有关的自我概念。随着一个人对自己越来越了解，他就会逐渐形成一个占主导地位的"职业锚"。

所谓职业锚，就是当一个人不得不做出选择的时候，他无论如何都不会放弃的职业中那种至关重要的东西。正如其中"锚"的含义一样，职业锚实际上就是人们选择和发展自己的职业时所围绕的中心。

2. 职业锚的类型

施恩通过研究提出了八种职业锚。

（1）技术/职能型职业锚，即职业发展围绕着自己所擅长的特别的技术能力或特定的职能工作能力而进行。具有这种职业锚的人总是倾向于选择能保证自己在既定的技术或职能领域不断发展的职业。

（2）管理型职业锚。具有这种职业锚的人，大多对管理工作感兴趣，责任感和自控能力强，情商（EQ）较高，喜欢与人打交道，有强烈的晋升欲望，一般选择管理型工作。其职业发展的路径是沿组织的权力阶梯逐步攀升，直到到达一个担负全面管理责任的职位。

（3）创造型职业锚。具有这种职业锚的人有强烈的创造欲望，职业发展是围绕着创造

性努力而进行的，他们一般选择艺术、音乐、文学、科学研究等创造性较强的职业。

（4）自主 / 独立型职业锚。具有这种职业锚的人崇尚自由和自我才能的发挥，难以忍受限制和约束，对工作有强烈的感受。总是想自己决定自己的命运，往往喜欢咨询、写作、经营一家店铺等职业，可以自己决定生活方式和工作方式。

（5）安全 / 稳定型职业锚。这种人极为重视职业稳定和工作的保障性，他们喜欢在熟悉的环境中维持一种稳定的、有保障的职业，甚至更愿意让雇主决定他们从事何种职业。

（6）服务型职业锚。这种人追求他们认可的核心价值，如帮助他人、改善人们的安全状况。

（7）挑战型职业锚。这种人喜欢解决看似无法解决的问题，战胜强硬的对手，追求新奇、变化和困难。

（8）生活型职业锚。这种人追求平衡并结合个人、家庭和职业的需要，将生活的各个方面整合为一个整体。

（二）职业生涯发展阶段理论

对职业生涯发展理论作出贡献的有萨帕（Suble）、施恩（Sean）、格林豪斯（Green House）等。其中，美国心理学家萨帕提出了职业生涯发展的五阶段理论。该理论主要依据发展心理学和社会学对各种职业行为的分析，以年龄阶段分析发展过程。具体来说，他将职业生涯分成五个主要阶段，每个阶段有其独特的发展任务。

1. 成长阶段

属认知阶段，从出生到 14 岁左右。此阶段属于儿童期，在这个阶段内的儿童通过对周围事物的观察和模仿，开始了解自我、探索自我。但是，由于处于这个年龄阶段的儿童认识发展水平较低，抽象思维能力较差，还不能全面地分析问题和解决问题，思维有片面性和局限性。可细分为三个阶段：幻想期：0 ～ 10 岁；兴趣期：11 ～ 12 岁；能力期：13 ～ 14 岁。

2. 试探阶段

此阶段包括青少年时期和成年期，年龄范围在 15 ～ 24 岁，主要涉及学校和工作前期。个人通过学校、娱乐活动及各种工作经验，经过自我认识、反省，检验所形成的自我观念、职业角色的合理性，并在此基础上对选定的职业进行修正。在这个时期，个人还可以尝试性地从事一些短期的工作，如周末或假期的打工。此阶段又可划分为：①试探期，15 ～ 17 岁；②转变期：18 ～ 21 岁；③尝试并初步承诺期，22 ～ 24 岁。

3. 立业阶段

属于选择、安置、立业阶段，年龄为 25 ～ 44 岁。经过早期探索，个人会逐渐显现出一种安定于某类职业的趋向，从开始认同所选定的职业，经过经验的累积，逐渐建立起稳固、专业的地位，以提高晋升能力。工作职位可能有所变动，但职业不会轻易改变。可细分为：①承诺稳定期，25 ～ 30 岁，寻找职业及生活稳定；②立业期：31 ～ 44 岁，致力于职业安定和工作满意，力求上进，突破成长。

4. 维持阶段

年龄在 45 ～ 65 岁。保持并持续建立阶段性工作成果，迈入中老年阶段，心态趋于保守，重点为维持家庭及工作间的和谐关系。

5. 衰退阶段

属于退休阶段，年龄在 65 岁以上。人的身心逐渐衰弱，达到退休年龄，原来工作停止，发展新的角色。

萨帕关于职业发展的基本主张有：

（1）每个人的能力、兴趣及人格特质均有差异；

（2）每个人分别适应不同职业，且均适合多种职业，所以虽然没有经过指导，但成功者不少；每种职业都有很大弹性，同样的职业可以让不同的人来工作；

（3）个人能力、职业兴趣等会因时间、环境等改变而变化，职业选择与适应是持续不断的过程；

（4）个人职业生涯发展模式受父母社会经济地位、个人心理能力、人格特质和机遇影响极大。

（三）职业性向理论

职业性向（occupational orientation）又译为职业倾向、职业取向。它是美国霍普金斯大学心理学教授、著名的职业指导专家霍兰德（J. L. Holland）提出来的。职业性向理论以人格类型学说为基础，具有广泛社会影响。其理论的核心思想是：个体趋向于选择最能满足个人需要、实现职业满意的职业环境。理想的职业选择可使人格类型与职业类型相互协调和匹配。霍兰德基于自己对职业性向测试的研究，一共发现了六种基本的职业性向，不同的性向类型分别适合不同的职业类型，如表 5-6 所示。

表 5-6　霍兰德职业性向类型

性向类型	主要特点	职业类型
现实型 R（realistic）	喜欢有规则的具体劳动和需要基本操作技能的工作，但缺乏社交能力，不适应社会性质的职业	技能性职业（一般劳动、技工、维修工、农民等）和技术性职业（如摄影师、制图员、机械装配工等）
研究型 I（investigative）	具有聪明、理性、好奇、精确、批评等特征，喜欢探索和从事创造性的活动，不喜欢遵循固定程序，对具体操作不感兴趣	科技研究人员、工程师、实验研究等
艺术型 A（artistic）	具有想象、冲动、无秩序、情绪化、理想化、有创意、不切实际等特征，喜欢艺术性质的职业和环境	艺术方面的职业（如演员、导演、艺术设计师、雕刻家等）、音乐方面的职业（如歌唱家、作曲家、乐队指挥等）和文学方面的职业（诗人、小说家、剧作家等）
社会型 S（social）	具有合作、友善、助人、负责、圆滑、善社交、善言谈、洞察力强等特征，喜欢社会交往，关心社会问题，有教导别人的能力	教育工作者（教师、教育行政人员）与社会工作者（咨询人员、公关人员）等
企业型 E（enterprising）	具有冒险、野心、独断、乐观、自信、精力充沛、善社交等特征，喜欢从事领导及企业性质的职业	政府官员、企业领导、销售人员等
传统型 C（conventional）	具有顺从、谨慎、保守、实际、稳重、有效率等特征	秘书、办公室人员、行政助理、图书管理员、出纳员、打字员等

资料来源：荆炜，等. 人力资源管理与开发 [M]. 北京：清华大学出版社，2016，第 180 页。

霍兰德的职业性向理论，实质在于劳动者的职业性向与职业类型的适应。他认为，同一类型的劳动者与同一类型的职业互相结合，便达到适应状态。这样，劳动者找到了适宜的职业岗位，才可以充分发挥其才能与积极性。

然而，大多数人实际上都有多种性向（比如，一个人的性向中可能同时包含社会性向、实际性向和研究性向）。霍兰德认为，这些性向越相似或相容性越强，则一个人在选择职业时所面临的内在冲突和犹豫就会越少。如图 5-3 所示，根据霍兰德的研究，图中的某两种性向越接近，则它们的相容性就越高。如果一个人的两种性向是紧挨着的，他将很容易选定一种职业；如果其性向是相互对立的，则他在进行职业选择时就会面临较多犹豫不决的情况。

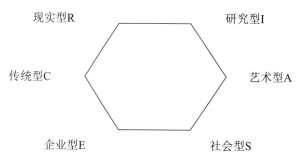

图 5-3　霍兰德的六种职业类型图

该理论的价值体现在：它不是泛泛地谈人和职业的匹配，而是将职业和人分成不同的类型，从而为匹配奠定了基础；有具体的测量方法，有操作性指标和工具，使匹配理论和实际操作相结合；该操作工具集兴趣、能力于一体，有很强的科学性和预测力。

三、个人职业生涯规划的程序与方法

（一）确立志向

志向是事业成功的基本前提，没有志向，事业的成功也就无从谈起。俗话说："志不立，天下无可成之事。"立志是人生的起跑点，反映着一个人的理想、胸怀、情趣和价值观，影响着一个人的奋斗目标及成就的大小。因此，在设计个人职业生涯时，首先要确立志向，这是制定职业生涯规划的前提与最重要的一步。

（二）自我评估

自我评估的目的，是认识自己、了解自己。因为只有认识了自己，才能对自己的职业作出正确的选择，才能选定适合自己发展的职业生涯路线，才能对自己的职业生涯目标作出最佳抉择。自我评估包括自己的兴趣、特长、性格、学识、技能、智商、情商、思维方式、道德水准、职业锚以及职业性向等。自我评估可以帮助员工确定自己的兴趣、价值观、资质、行为取向以及自己对待工作和休闲的偏好等。更重要的是，它还可以帮助员工明确自己当前处于职业生涯的哪一个发展阶段以制定未来的发展规划，进而评估个人的职业发展规划与他所可能获得的资源之间是否匹配。通过自我评估，员工就可以基本确定进一步发展的需求。

自我评估的工具和方法有：优／缺点平衡表、好恶调查表、心理测试法、橱窗分析法等。

（三）职业生涯机会的评估

职业生涯机会的评估，主要是评估各种因素对自己职业生涯发展的影响，每一个人都处在特定的环境之中，离开了这个环境，便无法生存与成长。因此，在制定个人职业生涯规划时，要分析自身条件与环境特点、环境的发展变化情况、自己在环境中的地位、环境对自身的要求以及环境中的有利条件与不利条件等。只有对这些环境因素充分了解，才能做到在复杂的环境中趋利避害，制定切实可行的职业生涯规划。

SWOT 分析法是企业战略决策、市场营销分析中最常用的方法之一。在职业生涯管理中通常运用 SWOT 分析法对职业机会进行评估，即在职业选择中通过对自己的优势、劣势、机会和威胁进行分析，对各种机会进行评估，以选择出最佳方案的一种职业评估和选择方法。SWOT 分析法（见表 5-7）中所指的优势和劣势主要是基于个人特点的分析，而机会和威胁主要是基于个人所面对的外部环境分析，包括社会、经济和组织内部环境因素。

表 5-7　SWOT 分析表

优势： 1. 2. 3.	劣势： 1. 2. 3.
机会： 1. 2. 3.	威胁： 1. 2. 3.

（四）职业的选择

职业选择正确与否，直接关系个人事业的成功与失败。罗素说过：选择职业是人生大事，因为职业决定了一个人的未来。选择职业，就是选择将来的自己。据统计，在选错职业的人当中，有 80% 的人在事业上是失败者。正如人们所说的"女怕嫁错郎，男怕入错行"。选择理想的职业是实现职业生涯目标的重要前提和基础。如何才能选择正确的职业呢？至少应考虑：性格与职业的匹配，兴趣与职业的匹配，特长与职业的匹配，职业锚与职业的匹配。

（五）设定职业生涯目标

职业生涯目标的设定，是职业生涯规划的核心。一个人事业的成败，很大程度上取决于其有无正确适当的目标。目标的设定，是继职业选择后，对人生目标作出的抉择。这个抉择是以自己的最佳才能、最优性格、最大兴趣、最有利的环境等信息为依据。职业生涯目标设计的要求有：目标要明确具体，符合社会与组织的需要；适合自身的特点，并建立在自身优势之上；目标既要高远，但又不能好高骛远；长期目标与短期目标相结合；职业

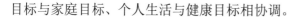

目标与家庭目标、个人生活与健康目标相协调。

（六）职业生涯路线的选择

在职业和职业发展目标确定后，就面临着职业生涯路线的选择，即是向行政管理路线发展，还是向专业技术路线发展；是先走技术路线，再转向行政管理路线……由于发展路线不同，对职业发展的要求也不相同。因此，在职业生涯规划中必须作出抉择，以便使自己的学习、工作以及各种行动沿着预定的职业生涯路线或方向前进。

通常职业生涯路线的选择须考虑以下三个问题：我想往哪一路线发展？我适合往哪一路线发展？我能往哪一路线发展？这三个问题都不容易回答，需要员工本人经常进行自我反省和思考，同时也需要组织的支持。职业生涯路线选择的重点是对职业生涯选择的要素进行系统分析，在对上述三方面的要素综合分析的基础上确定自己的最佳职业生涯路线。一般，可供选择的职业发展路线有四种。

1. 纵向职业路线

这是最为传统的职业发展路线，是指员工在变换工作的同时提升在组织中的层级，在纵向上从低组织层级向高组织层级发展。

2. 横向职业路线

它是跨部门的工作变换，即不断地变换工作岗位，不断地适应新的工作，在职业岗位变化中丰富自己、发展自己，增加阅历和竞争力。

3. 网状职业路线

它是纵向和横向的结合。一般情况下，一个人很难完全走纵向的道路，因为这种路线背景较简单，会制约其纵向发展的潜力。上升到一定层次后在横向上做一些积累，更可能胜任纵向的下一个目标。对于大部分人来说，这种职业道路可能是最为现实的选择。

4. 双重职业路线

基本思想是：一个人完全可以选择只做一个专家，不必纵向提升，也不必横向调动，就凭借自己能力的提高为组织作出更大贡献，也得到更好的待遇和应有的承认。

不论是哪一种路线，都有另外一个维度，即可以逐步地向组织的中心发展，成为组织的核心成员，进而影响组织决策，最终对组织发展产生影响。

（七）制订行动计划与措施

在确定了职业生涯目标后，行动便成了关键的环节。没有达成目标的行动，目标就难以实现，也就谈不上事业的成功。这里所指的行动，是指落实目标的具体计划和措施，主要包括工作、训练、教育、轮岗等方面的计划。例如：为达成目标，在工作方面，你计划采取什么措施来提高你的工作效率；在业务素质方面，你计划掌握哪些知识与技能来提高你的业务能力；在潜能开发方面，采取什么措施开发你的潜能等。这些计划应特别具体，以便于定时检查。在制定行动计划和措施时，也应遵照计划工作制定的原则，即近期和短期计划要具体，有操作性；远期和长期计划可以粗放。

（八）评估与调整

俗话说"计划赶不上变化"，影响职业生涯规划的因素很多，有的变化因素是可以预测的，而有的变化因素难以预测。在此状况下，要使职业生涯规划行之有效，就必须不断地对职业生涯规划进行评估与修订。其修订的内容包括：职业的重新选择；职业生涯路线的重新选择；人生目标的修正；实施措施与计划的变更等。

拓展阅读 5.7

老鼠与米缸

每个人只有正确认识自己，客观分析环境，科学规划、选择适合自己的职业、职业发展目标和职业生涯路线，制订具体的行动计划和措施并严格实施，同时根据内外部环境条件的变化适时调整相关内容，才能使自己最终达成一个满意的职业生涯目标。

四、个体职业生涯管理策略

（一）认真实施职业生涯规划

有了一个好的计划，还要督促自己严格按照计划执行。在许多情况下，可能会出现紧急的工作，这时应该分轻重缓急予以解决，但不能忘记努力的方向，职业生涯规划就是努力的方向。为了保证自己的行动能与努力的目标一致，就需要最大限度地根据职业生涯规划约束自己的行为。可以采取的有效措施有以下几点：

（1）保证经常回顾你的构想和行动规划，必要时做出变动。有些人有计划，但总是不将计划放在心上，只要有事做，就不知道自己努力的方向在哪里，缺乏时间观念，贻误发展机会。

（2）如果你的理想蓝图发生变化，你的构想和行动规划也要做出相应的变动，从而目标和策略也应随之改变。计划需要和现实结合起来，实行动态管理。

（3）把构想和任务方案放在经常看见的地方。为了避免忘记重要的工作及时间表，最好将这些内容放在自己经常能看见的地方，如写在日历上，时刻提醒自己。

（4）当做出一个对工作生活极其重要的决定时，请考虑你的构想和行动计划，并确保该决定与之相符。

（5）与好朋友讨论你的构想和行动方案，并询问实现构想的途径。

（6）抓住机遇以实现你的目标。

（7）保证至少每三个月检查一次你的工作进度。

（8）要有毅力。

（二）提高自身竞争力的策略

1.培养持续学习的能力

作为个体，要想在社会和组织中始终保持较强的竞争能力，不断发展和提高，顺利实现个人职业生涯目标，就必须培养持续学习的能力，持续地吸收和学习新的知识和技能。选择适宜的培训内容及形式，提高自己的职业技能与水平。

2.通过改善与外部环境的关系，达成职业目标

一是采取自我展示策略，善于抓住机会，展示自己的能力与优势，让上司、同事充分了解；二是注重关系策略，注重与上司、同事、客户等建立良好的关系。每个人都渴望得到下属、同事和朋友的尊重、认可与赞扬，要充分利用正当的人际技巧，为自己营造良好的人际氛围，争取到更多的发展机会。

3. 利用和创造条件，促进自我发展

不管在什么样的环境中，都要积极地筹划自己的未来，努力奋斗，寻找各种机会学习、提高，增强自己的竞争力，促进自我发展，最终实现个人职业生涯目标。

4. 正确地对待发展和晋升

在许多组织中，由于种种原因，还没有形成一个科学、公正、透明的员工晋升和发展制度，这就可能使有能力的人不能及时得到发展机会和提升。另外，随着当前组织结构趋于扁平化的发展趋势，管理类职位数量在逐步减少，组织能为员工提供的晋升职位的绝对数量也在减少。这就要求我们正确地对待发展和晋升问题。对于因制度不合理导致自己得不到发展机会的问题，应冷静考虑对策，必要时可以选择离开该组织以谋求更好发展。而对于因结构扁平化而带来的垂直晋升机会减少的问题，则应正确看待，可以考虑水平方向的发展。扁平化是一个大的趋势，组织会为员工提供更多的水平发展通道，在行政职务不变的前提下，可以实现个人能力、地位和收入的不断提高。

5. 综合考虑，处理好家庭与工作的关系

当前社会竞争非常激烈，个人的生活和工作压力很大，这就更需要一个和谐幸福的家庭氛围以缓解压力，提高生活质量。家庭成员之间的相互理解、支持和统一规划是十分重要的。在家庭发展计划中，夫妻双方可根据各自的竞争力，各自的发展愿望，制定合适的发展规划。如果一方更有优势，而另一方又愿意部分地暂时放弃自己的事业追求，就可以优先发展一方的事业；待各方面条件改善，再来进行另一方的职业生涯发展。

五、组织职业生涯管理的策略

（一）建立和完善组织的职位体系

建立高效的组织职位体系，该体系内既包括组织和员工的所有相关信息，也包括组织的发展战略、职位空缺、各岗位任职资格标准、晋升标准等方面的信息。组织公布了发展战略，就提供了发展机会的信息；及时、广泛地公开职位空缺信息，就会激发员工向其流动的愿望；提供各岗位任职资格标准信息，使员工能对照自己向往的职位，有计划、有目的地努力，逐步达到标准，参与这些职位的竞争；提供纵向的晋升标准，员工就有了努力的方向。

（二）建立员工职业发展通道

现在，许多组织推行双轨制员工职业发展通道：一条是管理职位发展通道，通过走管理职位路线，承担更多责任来实现职位晋升；另一条是专业技术发展通道，通过员工在专业技术岗位上的经验和技能的提升，走专业技术路线，获得高报酬和地位的提升。当前，许多企业都在组织内部实行双重职业成长道路，为在管理方面具有潜能的员工提供管理型的职业成长道路，为在专业技术方面具有专长的员工提供专业型的成长道路。

（三）为员工提供职业指导

组织为员工提供职业指导有三种途径。

（1）通过管理人员进行。管理人员与下属接触较多，对下属的能力和专长有较深入的

了解，可以在下属职业发展方面提供有价值的建议，还可以帮助下属分析计划的可行性。

（2）通过外请职业规划师和职业培训师，在员工职业生涯管理中扮演重要角色。职业规划师主要参与建设、调整员工素质模型和组织职位设置，建立组织职业生涯管理制度，辅导员工进行职业生涯规划与管理。职业培训师主要负责对员工进行专项的知识和技能培训以及工作过程中业务上的辅导。职业规划师和职业培训师应该由具有优秀的专业技能和丰富的工作经验的专家担任。

（3）向员工提供各种测评工具。有许多成熟的专业测评软件和工具，组织可以购买供员工使用。通过测评，员工可以更好地了解自身的素质，据此确定自己的发展方向。只有素质与职位相匹配，员工才能胜任工作，产生愉悦感，进而提高其工作绩效。

（四）创造公平竞争的环境

组织应创造公平竞争的环境，使员工能通过努力得到自己期望的机会，在工作中得到锻炼和提高。哈佛大学的研究显示，人的潜力在缺乏激励时，只能发挥 20% ～ 30%；而在良好的环境下，可发挥到 80% ～ 90%。在最初阶段就让新员工从事具有挑战性的工作，对其职业发展意义重大。初次工作的挑战性对一个人今后在事业上的不断成功有深远的影响，它能使员工在今后的职业生涯中保持自己的竞争能力和旺盛的工作热情。在以后的发展中，组织也应力求建立公正、公平的内部晋升制度、绩效考评制度、奖惩制度和薪酬制度，公布组织的发展战略规划信息，及时发布组织的职位空缺信息并开发员工电子档案系统等。只有不断满足员工成长和发展方面的愿望和要求，才能持久激发员工的工作积极性、自主性和创造性，使员工充分发挥自身才能，取得优秀绩效，为实现组织目标作出贡献。

（五）建立多样化、多层次的培训体系

培训开发与员工职业发展的关系最为直接，职业发展的基本条件是员工素质的提高。除了在工作中积累经验外，主要提高素质的方式就依赖于持续不断的学习和培训。要教育员工树立终身学习的观念，当员工在组织里达到其职业发展的某一个台阶时，就要求和激励员工不断学习，不断开发自己的潜能，向下一个更高级的台阶前进。自员工进入组织起，至员工离职或退休的全过程，组织应建立完善的培训体系，不间断地向员工提供适合各阶段需求的培训服务。包括针对员工个人的各类培训、咨询、讲座以及为员工自发地提升技能、提高学历等学习行为给予便利等。使员工能及时得到相应的培训，同时鼓励员工自行参加组织提供的各种培训，并给予一定的政策支持，如报销培训费用等。从组织的长远利益与员工的稳定性来考虑，通过在职培训提高员工的知识和技能是耗费资源最少和最富效率的途径。

（六）建立以职业发展为导向的评估体系

评估体系建立的目的应是保证组织目标的实现、激励员工进取以及促进人力资源的开发。除了对现状进行评价外，更重要的是要找出提高和改进的措施，以便在将来做得更好。以职业发展为导向的评估体系就是要着眼于帮助员工发现问题和不足，明确努力方向和改进方法，促进员工的成长与进步。一方面，对现状进行理性评估，以确定组织发展阶段和调整方向，规划职位的变动；另一方面，对员工的业绩、素质、技能等进行评价。业

绩的评价有利于整个组织的绩效管理，也有利于保持员工职业生涯设计时的组织绩效导向。对员工的素质和技能的评价，有利于明确现有人力资源的状况，并在此基础上，制定相应的培训计划、人员流动计划和管理人员开发计划等，并帮助员工分析和调整职业发展目标与职业生涯规划。

本 章 小 结

员工培训与开发不仅是组织提升人力资源素质的重要方式之一，更是组织吸引和留住优秀人才的重要途径与方式之一。本章简要介绍了员工培训与开发的含义、目标、原则与意义，职业生涯规划与管理的相关概念与理论；重点介绍了培训需求分析、培训规划、培训实施、培训迁移与培训效果评估的主要内容；详细介绍了员工培训与开发的主要方法与职业生涯规划与管理的主要方法及操作流程，为组织有效提高员工素质提供了理论依据与操作技能，有助于学生更好地理解和应用培训与开发的理论和实践成果。

复习与思考

一、简答题

1. 员工培训与开发的含义是什么？

2. 员工培训与开发的目标有哪些？

3. 培训计划包括哪些内容？

4. 简述个人职业生涯规划的程序与方法。

二、论述题

1. 请论述员工培训与开发在企业中的重要意义。

2. 请论述培训与开发系统的主要内容与实施要点。

三、案例分析

扫描阅读

管理层不外聘

思考题

1. 福耀集团的人才培养模式有什么特点？

2. 这一模式有需要改进和完善的地方吗？有何适用条件？请加以说明。

【在线测试题】扫描二维码，在线答题。

第六章 绩效管理

1. 掌握绩效的含义与特点；
2. 掌握绩效管理的含义与过程；
3. 掌握绩效管理的意义；
4. 了解绩效指标设计的主要工具；
5. 掌握绩效计划的主要内容与基本流程；
6. 掌握绩效考评的主要方法与流程；
7. 掌握绩效反馈面谈的原则与步骤。

素养目标

1. 使学生明确绩效管理在人力资源管理中的重要地位与作用；
2. 使学生系统地了解和掌握绩效管理的基本原理、基本技能和基本方法，能够胜任企业绩效管理的常态性工作；
3. 培养学生的竞争意识与绩效意识；
4. 使学生明确绩效考评内容涵盖"德能勤绩"，并以德为首，从而注重培养和提升自己在职业道德、职业操守等方面的素养；
5. 培养学生"诚实守信""爱岗敬业"的精神。

导入案例

上班微信打卡考勤有必要吗？不如实行绩效管理

你们公司现在还在用哪种考勤方式呢？手写？打卡？指纹？这些都 OUT 了。如今，随着智能手机的普及，微信考勤、GPS 定位打卡等成了最新的考勤方式。近来，有网友发帖讲述朋友所在公司对外派业务员采取微信拍照方式打卡考勤，引来众多网友围观。有人认为，新考勤方式符合"90 后""00 后"员工的特点，能得到他们的认同；有人认为，无论考勤方式怎么变化，企业规范员工行为的做法一定要人性化，不要让员工有时时刻刻被监控的感觉。

微信拍照证明自己在工作

网友李先生说："有一天下午 6 点刚过，朋友让我帮她拍张照片，我看她摆了个奇怪的姿势，一问才知她是在打卡考勤。"李先生说，朋友就职于一家房地产公司，公司外派她们到重庆出差，为了监控员工的工作情况，领导让她们每天上下班时间必须用微信拍照传给领导，用以说明自己的工作状态。而且为了证明员工的确在工作现场，每天在打卡前，领导都会发送不同指令，让员工即刻摆出不同姿势：比如敬礼、鞠躬，甚至细化到举右手至耳垂敬个礼，伸左手拇指指向背景然后拍照等，所以事先准备好照片作假几乎没可能。

记者了解到，企业采用微信考勤的方式主要是针对一些经常需要外出的员工，比如销售、对外联络等岗位。因为这些员工不用坐在办公室工作，很难了解他们的上班状态，于是企业通过微信的共享位置、拍照功能，要求员工发送即时微信，以了解员工到达工作地点的情况。

员工：微信考勤意义不大，主要靠业绩说话

在一家企业从事销售工作的张先生说，他们每个月的收入除了很少的基本工资外，大多数要靠销售业绩来支撑，也就是做得多拿得多。"即使没有微信考勤，我也要在外面多跑，偷懒自然就没有业绩了。所以说，有没有微信考勤对我们来说都一个样，只不过多了一道手续而已。"

但也有员工对这种微信考勤方式表示反感，感觉自己随时处于被监控的状态。在一家互联网金融公司上班的卢先生告诉记者："以前没有微信考勤的时候，上班如果迟到了还可以偶尔请同事帮忙打打卡，可现在要用手机扫描二维码登录微信考勤页面，就很难作假了，除非把手机留给同事。登录考勤页面后手机上会显示'祝你每天好心情'，可我哪里能有好心情啊，明显是不信任我们。"

企业：只是辅助管理手段

作为一家刚成立的销售公司负责人，肖先生在为公司初期业务量提升而倍感欣喜的同时，也为无法有效管理外出销售员工的出勤率而深感苦恼。由于该公司是销售公司，所以销售人员外出的概率大，有时一些简单的业务，个别员工也会以拜访客户为由外出一天不见踪影，公司里的打卡机形同虚设，无法真正解决员工的考勤问题。于是，肖先生决定在员工需要外出拜访客户时，利用微信定位和 GPS 定位双定位方式进行考勤，员工的当前所在位置就可立即被获取，既有效地避免了位置作弊，确保了员工考勤的真实性和可靠性，又让肖先生轻松准确地掌握了员工的精确位置，提高管理效率的同时更降低了管理的成本。不过，肖先生也坦言，这只是一种辅助管理手段，真正评判一名好的销售人员靠的是业绩。"等我们公司走上正轨，制定了一套完整的业绩考核方案，也就不需要这么严格的考勤方式了。"

建议：与其抓考勤不如实行绩效管理

对员工的考核，与其用各种考勤方式折磨员工、监督员工工作，不如实行目标管理与绩效考核，考评员工在一定时期的绩效目标完成情况、业绩上升情况。至于员工在上班期间究竟在做什么，工作做得怎么样，并不是只要在指定地点摆好姿势拍个照就能确定的。

组织可以按照绩效指标对员工进行考核，根据考核结果论工资、发奖金，有奖有罚，这样员工工作既有了压力，也有了动力，对于管理者来讲也少了许多麻烦。当然，这有一个前提，就是每个员工的工作要能够量化，能够具体考核。

对于外派员工，公司更不应该紧追不放，不在领导眼皮子底下，就要求微信拍照打卡考勤，明显表现出对员工的不尊重不信任。公司既然把员工外派出去，就要信任他们，相信他们一定会自觉地积极地努力工作。

资料来源：李琼.上班微信打卡考勤有必要吗？不如实行绩效管理 [EB/OL].（2015-09-28）https://www.sohu.com/a/33574639_114812.

导入案例思考

什么样的考勤方式更容易让员工接受？

绩效管理是综合管理组织、团队和员工绩效的过程，可以有效提升和保持组织的核心竞争力。绩效管理的根本目的是改进组织绩效水平，保证组织目标的实现。任何组织，缺少了绩效管理就无法在当今激烈的市场竞争中立足。

第一节　绩效管理概述

一、绩效的含义与特征

（一）绩效的含义

单纯从语言学的角度来看，绩效（performance）包含成绩和效益的意思。从经济管理活动角度看，绩效是指社会经济管理活动的结果和成效。从人力资源管理角度看，绩效是指主体行为或者结果中的投入产出比。从公共管理部门的角度来衡量政府活动的效果，绩效则是一个包含多元目标在内的概念。目前人们给绩效所下的定义，尚未达成共识，主要有三种观点：第一种观点认为绩效是结果；第二种观点认为绩效是行为；第三种观点认为绩效是员工的素质和潜能。

综合以上三种观点，我们采用董克用对绩效的定义：绩效是指员工在工作过程中所表现出来的与组织目标相关的并且能够被评价的工作行为与结果。理解这个含义，应当把握以下几点：

（1）绩效是基于工作而产生的，与员工的工作过程直接联系在一起，工作之外的行为和结果不属于绩效的范围。

（2）绩效与组织目标有关，对组织的目标有直接的影响作用，所以与组织目标无关的因素就不属于绩效。例如，员工的心情与组织目标无关，就不属于绩效范畴；而员工履行职位职责、实现职位目标与组织目标密切相关，则属于绩效范畴。

（3）绩效是表现出来的工作行为和工作结果，没有表现出来的就不是绩效。例如，我们无法针对员工可能有的消极行为倾向而评价其绩效差或不合格；也不能因为员工的动机是好的，而对其较差的绩效结果评价为优秀。这与招聘录用时的选拔评价不同，选拔评价的重点是预测应聘者未来行为的可能性，即预测其在未来工作中能否做出较优秀的绩效；而绩效考评的重点则是现实性，即评价员工是否做出了符合组织要求的绩效。

（4）绩效既包括工作行为也包括工作结果，是两者的综合体，缺一不可。将绩效看作是过程和结果的综合体，既强调了组织管理中的结果导向，也强调了过程控制的重要性。

在一个组织中，广义的绩效包括个人绩效和组织绩效两个方面。组织绩效的实现建立在个人绩效实现的基础上，但是个人绩效的实现并不一定保证组织绩效能够实现。如果组织的绩效按一定的逻辑关系被层层分解到每一个工作岗位及每一个员工时，只要每位员工都达成了组织的要求，组织的绩效就实现了。在本章中，我们主要讨论企业组织中个人绩效的管理。

（二）绩效的特征

一般来说，绩效具有以下特征：

1. 多因性

它是指绩效的优劣并不取决于单一的因素，而受制于主客观多种因素的影响。员工的知识、能力、价值观、性格、工作经验等会影响员工绩效；同时，组织激励机制、工作流程、管理制度、组织文化、沟通渠道、工作环境等也会影响绩效。

2. 多维性

它是指员工的绩效往往体现在多个方面，员工的工作行为和工作结果都属于绩效的范围。例如，一名营销人员，他的绩效既包括业绩完成量，也包括出勤率、客户拜访量、投诉率、回款率、与同事的合作等。因此，绩效考评需从多个维度去分析与考评。一般来讲，可以从工作业绩、工作能力和工作态度三个维度来评价员工的绩效，但这三个维度在整体绩效中的重要性不同。

3. 动态性

它是指员工的绩效并不是固定不变的，会随着主客观条件的变化而变化。例如，员工的绩效会随着时间的推移而不断发生变化。员工刚进入企业时，由于工作流程、管理制度、岗位职责等都不熟悉，工作绩效可能会较差；随着员工入职时间的增加，对岗位职责、工作内容、人际关系、管理制度等逐步熟悉，员工的绩效也相应提升；随着工作年限的继续增加，员工可能会因工作的重复性、单调性、枯燥性而失去工作的热情，从而导致绩效下降。正因为主客观因素会随时变化，绩效差的可能会改进变好，绩效好的也可能退步变差，因此管理者切不可凭一时印象，以僵化的观点看待下级的绩效。

（三）影响员工绩效的主要因素

员工个人绩效与团队绩效、组织绩效相互联系，不可分割。员工绩效的高低直接影响组织的运营状况及未来经营发展的方向，其重要性毋庸置疑。影响员工绩效的关键因素主要有以下七个方面：

1. 个人兴趣

兴趣是工作的动力。如果员工对一份工作感兴趣，做起来就会事半功倍；相反，如果员工对工作缺乏兴趣，做起来就会事倍功半。举例来说，同样是做营销，员工 A 对营销非常感兴趣，那么他就会主动去学习营销方面的知识，主动去联系已有客户和挖掘潜在客户，在遇到挫折时也不会轻易地放弃；员工B对营销工作缺乏兴趣，他在开拓市场及联系客户方面的积极性与主动性就会明显低于A，遇到挫折时可能也会轻易放弃，在月末或季末进行绩效考核时，谁的得分高就显而易见了。

2. 岗位适应性

每个人的性格都是不同的。有的人性格外向，善于言谈，人际关系能力强，喜欢在公众面前发表自己的言论；有的人则性格内向，忠厚老实，喜欢独立思考问题。不同性格的人所适合的岗位也就不同，如喜欢与人打交道的人，应该把他安排在销售或公关的岗位上；对于比较保守、内向、细心的人，应该把他安排在会计或库管的岗位上；而对善于独立思考的人，安排他去搞学术则是比较适合的。其实，对于不同的人来说，没有能力与专业的高低之分，仅仅只有适合与不适合之分。也许在某岗位上，员工A的能力低于员工B，但在另一岗位上，员工A就可能高于员工B。我们要做的是，在适当的时间把适当的人安排在适当的岗位上，做到人尽其才。同等情况下，个性特征不适合某一岗位的员工和个性特征适合某一岗位的员工，他们所取得的绩效肯定是不一样的。

3. 公平感

亚当斯的公平理论认为，员工经常会将自己的所得与其他人的所得相比较。当自己的所得与付出之比的数值小于其他员工的所得与付出之比时，他就会感到明显的不公平。要么要求组织提高自己的所得，要么减少自己对组织的付出。同时，他也会将自己现在所得与付出之比同以前自己所得与付出之比进行比较，当前者较小时，他会感到明显的不公平，而自动减少对组织的付出。无论是哪一种情况的发生，员工的绩效都会或多或少地降低。因此，组织一定要采取措施，以消除或防止员工产生不公平感，如采用保密工资制、积极主动与员工进行沟通等。

4. 组织激励

这里的激励包括两大类，一类是物质激励，另一类是精神激励。物质激励主要是指组织的薪酬和福利，精神激励主要体现在口头表扬以及培训与升迁机会等。如果企业的薪酬低于行业的平均水平，在一定程度上会影响员工积极性的发挥，从而影响员工的绩效。人是经济人，同时也是社会人和自我实现的人，如果企业一直采用外部招聘的方式来填补空缺职位，现有员工便会感到自己所作的贡献没有得到组织的认可，长期下去也会出现绩效下降的情况。此外，无论是物质激励还是精神激励，都应该体现出及时的原则，如果激励不及时，就起不到应有的效果。

例如，江苏某服装公司有这样一位员工，他毕业于国内某名牌高校市场营销专业，进公司刚刚三年的时间，在销售部工作。他第一年的销售业绩远远领先于同部门的其他员工，奇怪的是，第二年和第三年的业绩却与其他员工相当，仅处于中等水平。当管理者就此事与他进行沟通时，才明白其中原委。原来第一年他在取得优异销售业绩的情况下，除了得到的奖金比同部门其他员工多外，企业没有给他任何其他形式的奖励。而他所注重的不仅是奖金，更注重领导在公开场合的表扬和"先进个人"荣誉称号等精神激励。就是因为企业没有及时对他进行精神激励，导致他在以后的工作中业绩平平。

5. 组织考评体系的影响

每个组织都有自己的考评体系，但有关调查显示，真正拥有适合自身发展的考评体系的组织不到总数的 20%。也就是说，大多数组织的绩效考评或流于形式，或有失公平，或起不到应有的效果。例如，某国有企业员工甲无论是努力程度还是所取得的业绩都比同一部门员工乙要好，但每次到年末考评时，他的得分都跟乙一样，发给他们的工资和奖金也都是一样的。于是逐渐在甲心中就形成了这种印象：干多干少都一样。于是，他变得不努力，也不积极主动地去做工作，他的实际绩效自然就降低了。

6. 工作环境

工作环境对员工绩效的影响是巨大的。良好、令人舒适的工作环境，会使员工提高工作效率，从而有利于自身潜能的发挥；混杂、令人不适或不安的工作环境，会使员工工作效率低下，不利于潜能的发挥。这里的工作环境不仅指地理环境，同时也包括人文环境。当员工处于一个充满活力与创造力、勇于开拓与进取、彼此之间相互激励与促进的团队中，他个人的绩效肯定会高；相反，当员工处于相互猜疑与妒忌、安于现状、彼此之间不提供任何帮助的团队中时，他个人的绩效肯定会低。这是团队规范对个人影响的集中体现。

7. 员工培训的时效性及效果

当企业开拓一个新市场、开发出一种新产品或新上一条生产线时，就必然要有员工来进行相关的业务联系或操作。但需指出的是，员工对新的工作需求并不一定很熟悉，要及时给其提供培训与指导。员工在新的领域取得业绩的好坏除了自身因素外，与培训的效果直接相关。如果企业为了节省成本，提供的培训不到位，仅仅敷衍了事，这样带来的后果便是员工对新技能与新要求不熟练，严重影响其工作绩效。

此外，新入职员工必须要为其提供相关业务或领域的培训。特别是刚刚走出校门的大学生，他们的理论知识可能比较扎实，但实践技能比较缺乏，培训的目的是让他们尽快地了解企业的文化与业务，尽快融入企业中来，同时给予他们工作和岗位上的指导，提高其未来工作的绩效。

拓展阅读 6.1

绩效考核"末位必罚"，有的罚加班，有的罚调岗

影响员工绩效的因素还有很多，如员工的心理状况、精神状态及家庭因素等。对于员工自身的因素，管理者一定要积极主动地与员工进行沟通，帮助他们解决问题；对于组织层面的影响因素，要找出问题的关键点，及时解决问题，提高员工的工作绩效。

二、绩效管理的含义与特征

（一）绩效管理的含义

1. 广义的绩效管理

我们认为，管理学上定义的管理就是广义的绩效管理。根据管理学的一般原理，通常将管理定义为一个协调工作活动的过程，以便能有效率和有效果地与他人一起或者通过他人实现组织的目标。从实践的角度看，管理者管理工作的全部职能，包括计划、组织、领导和控制等，都是围绕提高员工工作绩效，进而改进组织的绩效水平展开的。从这个意义上说，管理即广义的绩效管理。

之所以首先界定广义的绩效管理概念，一是要树立一种以绩效为本的观念，即我们从事的所有管理工作，包括财务管理、营销管理、生产作业管理、人力资源管理等，以及人

力资源管理的各个模块都是以绩效作为最主要的目标，围绕绩效目标的实现而开展的。二是树立一种系统的观念。在一个知识经济日益繁荣的变革时代，人力资源在管理实践中的地位和作用越来越突出，绩效管理不是单独的一项职能，而是与企业管理的其他各项职能密切相关。要想取得好的绩效管理效果，就必须拥有系统的观念，同时重视企业管理所有职能的工作。

2. 狭义的绩效管理

在人力资源管理众多模块中，对员工绩效的衡量、评价、管理备受关注，这也是本课程研究的主要对象，我们称之为狭义的绩效管理。我们将其定义为：绩效管理是指管理者与员工经充分沟通后，帮助员工制定绩效目标与计划，并对绩效实施的全过程进行监控辅导，定期评价与反馈员工绩效的管理手段与过程。绩效管理的目的是促进员工绩效目标和组织目标的实现。

绩效管理这一概念包含两方面的内容：

（1）绩效管理是识别、衡量和开发个人绩效的过程，使之与团队目标及组织目标保持一致。绩效管理强调组织目标和个人目标的一致性，强调组织和个人同步成长，形成"共赢"局面；绩效管理体现着"以人为本"的思想，在绩效管理的各个环节中都需要管理者和员工的共同参与。

（2）绩效管理不是短时间内一次性完成的工作，而是一个长期的动态过程。它既是管理者和员工就应当实现何种目标以及如何实现这种目标达成共识的过程，也是行为改善和绩效改进的过程，遵循"计划－辅导－检查－改进"的循环模式。

（二）绩效管理的特征

绩效管理具有如下特征：

1. 目标导向

绩效管理的根本目的是实现组织的战略目标，所以必须充分体现组织当下的战略意图。它不是简单的任务管理，而是从整个组织的战略目标出发来协调规范每位员工的工作态度和行为，产生符合和支撑组织战略目标的工作绩效。

2. 以人为本

绩效管理鼓励员工参与管理，每位员工都可以就自己的绩效目标和绩效考评结果、改进措施等发表意见。绩效管理力图实现组织和员工的双赢，聚集组织发展和员工成长，使员工实现组织要求的绩效目标的过程也是实现个人价值和职业目标的过程。

3. 系统思维

绩效管理不是一个简单的步骤，它需要具备全面的、相互联系的系统观点，重视绩效计划、绩效辅导等一系列过程，需要掌握和使用多种技能和技巧，对绩效结果恰当地归因并正确应用。

4. 强调发展

绩效管理是一个强调发展、强调提高的过程，为员工持续提供支持、指导和帮助。使员工在绩效沟通、绩效实施、绩效辅导、绩效改进等过程中不断学习相关知识与技能，提高自身职业素养与工作效率，改进绩效水平，在组织中不断获得发展。

拓展阅读 6.2

绩效管理五原则

5. 注重沟通

沟通反馈存在于绩效管理的全部过程，制定绩效目标要沟通，实施绩效计划要沟通，绩效考评要沟通，分析原因改进绩效也要沟通。绩效管理过程就是员工和组织持续沟通的过程，各种方式的沟通贯穿整个绩效管理过程。做好绩效管理，必须提高管理者和员工的沟通能力。

三、绩效管理的意义

无论企业处于何种发展阶段，绩效管理对于提升企业的竞争力都具有巨大的推动作用。没有有效的绩效管理，企业和员工的绩效得不到持续提升，企业就无法适应激烈的市场竞争，最终将被市场淘汰。面对企业外部环境的不断变化，管理者应站在战略管理的高度，为企业发展进行总体谋划，建立系统的绩效管理体系。绩效管理不仅能促进组织和个人绩效提升，而且能促进管理流程和业务流程的优化，最终保证组织战略目标的实现。绩效管理的意义，主要有如下几点：

（一）提高组织效率，保证组织目标的实现

绩效管理的核心目的是通过提高员工的绩效水平来提高组织或者团队的绩效。在绩效管理的过程中，同时实现了多个管理目的：如员工的参与管理，员工通过参与设定自己的工作目标而具有自我实现的感觉；组织目标的统一，通过自上而下地分解目标或自下而上地汇总目标，避免团队与员工目标偏离组织目标；一年中多次的评估与奖惩，实现组织对绩效目标的监控实施，保证工作目标的按时完成。以上这一切都是为了提高组织或团队的效率，保证实现组织目标。

（二）促进组织内部的纵向沟通

绩效管理改变了以往纯粹的自上而下发布命令和检查成果的做法，要求管理者与被管理者双方定期就其工作行为与结果进行沟通、评判、反馈、辅导。管理者要对被管理者的职业能力进行培养与开发，对其职业发展进行辅导与激励，客观上为管理者与被管理者之间提供了一个十分实用的沟通平台。

（三）为人力资源开发与管理决策提供必要的依据

通过绩效管理的各项工作，为企业各项人力资源管理决策，如辞退、晋升、转岗、降职等提供了必要的依据，同时也使员工的培训与开发、薪酬设计与调整、职业规划等问题行之有据。这也是绩效管理成为人力资源管理最重要的职能之一的原因。

（四）促进管理流程和业务流程的优化

企业管理涉及对人和对事的管理，对人的管理主要是激励约束问题，对事的管理就是流程问题。所谓流程，就是一件事情或者一个业务如何运作，涉及因何而做、由谁来做、如何去做、做完了传递给谁等几个方面的问题，上述四个环节的不同安排都会对结果有很大的影响，极大地影响着组织的运作效率。在绩效管理过程中，各级管理者都应从企业整体利益以及工作效率最优化出发，尽量提高业务处理的效率，在上述四个方面不断进行调整优化，使组织运行效率逐渐提高，以逐步优化企业管理流程和业务流程。

当然，绩效管理也会增加并不直接创造价值与利润的部门及岗位，如绩效管理委员会或者专门的分析评价部门和人员，甚至会增加很多看似与经营无关的工作，包括被直线经理质疑和批评的各种表格，为实施绩效考评与管理而进行的会议、会谈和培训。绩效管理也不是总能带来积极的作用，甚至有时会因为种种原因而导致员工绩效水平降低。这些都需要我们在绩效管理实践中加以关注和解决。

四、绩效管理与人力资源管理其他职能的关系

绩效管理在人力资源管理系统中处于核心地位，它与人力资源管理的其他职能存在非常密切的关系。

（一）绩效管理与人力资源规划

人力资源规划是对组织一定时期内的人力资源获取、保持、开发、激励等工作的规划与安排，是人力资源管理工作的重要依据。一方面，绩效管理的结果表明了员工现有的绩效水平与组织目标之间的差距、产生原因及改进措施。这为制定下一时期的人力资源规划提供了重要的参考依据。另一方面，人力资源规划又为下一时期绩效管理工作提供了具体方案、实施步骤与考核标准，是绩效管理的出发点和指导方针。

（二）绩效管理与职位分析

一方面，职位分析的结果是组织设计绩效管理系统的重要依据。职位分析形成职位说明书，明确了每个职位的工作职责、权限、流程、工作环境等信息，同时界定了每个职位所要达到的绩效标准，这为组织提供了评价员工绩效的客观标准。管理者可据此制定每个职位的关键绩效指标，并根据这些指标对员工绩效进行考评与管理。以职位分析为依据进行绩效考核与评价可以提高绩效管理的公平性，减少由此引起的不满和冲突。另一方面，在绩效管理过程中可以发现与职位分析有关的问题，绩效管理的结果可以为更有效的职位分析提供依据。

（三）绩效管理与员工招聘

一方面，员工招聘质量的高低直接影响员工与组织的绩效水平。员工招聘的原则与目标是实现人岗匹配，但现实中经常出现人岗不匹配的情况，从而导致员工的使用效率降低，影响员工的绩效水平。相反，如果员工招聘质量高，能够做到人岗匹配，组织招聘的员工能够很好地胜任职位要求，员工的工作满意度和绩效水平就会较高，绩效管理就能够取得较好的效果。另一方面，绩效管理也会直接影响组织的员工招聘工作。①绩效考评的结果为组织的招聘工作（尤其是内部招聘）提供依据。②绩效管理是检验一个组织招聘工作质量的有效途径。绩效考评的结果较好，说明员工与岗位匹配程度高，招聘工作质量较好；绩效考评的结果较差，则说明员工与岗位匹配程度较低，招聘工作质量较差，需要采取措施加以改进。

（四）绩效管理与培训开发

由于绩效管理的目的之一是了解当前员工的绩效水平，找出影响员工绩效的因素并加以改进以提升员工绩效，因此培训与开发是对绩效管理结果进行应用的一项重要工作。管

理者往往需要根据员工的绩效现状，对员工现有的知识、能力与技能进行评估，对其在本岗位的胜任素质水平进行综合评价，从而针对性地帮助员工制订培训与开发计划以及职业发展规划。满足岗位胜任素质要求的员工，立足本岗位进行开发；不能胜任本岗位素质要求的员工，则进行转岗培训与开发。同时，培训与开发又能有效提升员工的素质水平与工作技能，提高员工的工作效率，从而获得更好的绩效考评结果，提高组织的绩效管理水平。

（五）绩效管理与薪酬管理

绩效管理和薪酬管理都是人力资源管理中调动员工积极性的重要手段，二者相互联系、相互作用。一方面，绩效管理是薪酬管理的基础。建立科学的绩效管理体系是实施有效薪酬管理的重要条件。尤其是以绩效为导向的薪酬体系的设计，将员工的薪酬与绩效挂钩，绩效考评结果与员工的薪酬调整、奖金分配、职位升迁等紧密关联，使组织的薪酬管理更加公平有效。另一方面，公开、公平、具有激励性的薪酬管理制度又能有效引导员工的工作行为，提高员工工作满意度，使员工目标与组织目标保持一致，表现出组织期望的行为，不断提高绩效水平。

（六）绩效管理与员工关系管理

一方面，绩效管理需要在整个管理过程中与员工进行双向沟通，这会在客观上促进管理者与员工的交流。高效的绩效管理工作会通过友好交流与沟通改善管理者与员工的关系，减少冲突，促进组织与员工关系和谐发展。另一方面，员工关系管理又会影响绩效管理水平。和谐的组织－员工关系更有利于绩效沟通与协商，促使绩效计划、绩效实施与辅导、绩效考评、绩效反馈与改进各环节有效顺利地进行，保障绩效管理取得较好效果。

五、绩效管理系统

绩效管理系统由绩效计划、绩效监控与辅导、绩效考评、绩效反馈与应用四部分构成。这四部分紧密联系，首尾相连，构成一个绩效管理循环系统。

（一）绩效计划

绩效计划是绩效管理的第一个环节，直接决定绩效管理能否成功实施，没有科学合理的绩效计划就谈不上绩效管理。在这一环节，管理者和员工就绩效周期内应做什么、做到什么程度、达成什么目标、何时做完等问题进行充分沟通，构建绩效考评指标体系，并在达成共识的基础上签订绩效目标协议。在绩效计划制订过程中，要从组织战略目标出发，使员工的绩效目标与组织战略目标相一致。要与员工充分沟通，绩效目标应由管理者和员工协商确定，不能自上而下分派任务与指标。

（二）绩效监控与辅导

绩效计划制订完毕，就进入了绩效实施过程。在这一过程中，管理者要做好绩效监控与辅导。绩效监控与辅导是按照绩效计划对员工工作绩效进行原始数据收集，并对绩效实施进程进行监控、辅导与改进的过程。绩效监控与辅导是连接绩效计划和绩效考评的中间环节。对员工绩效数据的收集范围包括工作业绩、工作能力、工作态度三个方面。在这一阶段，管理者要和员工进行持续的绩效沟通，认真记录员工绩效表现并分析产生偏差的原因，为员工提供有针对性的辅导和帮助。绩效监控与辅导贯穿绩效实施的整个过程，包括沟通、辅导、咨询和员工自我控制。这一阶段是体现管理者管理水平和领导艺术的主要环节，这个过程的好坏直接影响着最终业绩的成败。特别是当员工的表现不尽如人意时，管理者应采取科学的方法对员工进行辅导，以帮助员工顺利实现绩效计划目标。优秀的管理者能够及时发现制约员工绩效提升的问题，同时能够采取适当的方法帮助员工突破绩效障碍，最终达成绩效目标。

（三）绩效考评

绩效考评是许多企业与管理者最为重视的环节。实际上，绩效考评在绩效管理四大环节中，应该是最简单的环节。

作为绩效管理的核心环节，绩效考评是以绩效目标为导向，以绩效标准为依据，对员工工作过程中的态度、行为及业绩进行评定的过程，选择合理的评价方法与衡量技术，进行员工绩效评价的过程。考评是否具有公平性、科学性和客观性，是能否成功实施绩效管理的关键。它的目的是确认员工的绩效水平，并通过合理运用考评结果激励员工努力工作，促进组织目标的实现。要采用主观考评与客观考评相结合的方法，减少考评误差，从提高员工绩效出发，全面公正地考评员工。

（四）绩效反馈与应用

绩效反馈与应用是绩效管理系统的重要环节。这一环节旨在让员工及时了解自己在绩效周期内的绩效表现，并通过管理者与员工的有效沟通，肯定员工取得的成绩与进步。更重要的是，管理者要与员工一起，明确员工实际绩效与目标绩效之间的差距，找出原因，共同探讨改进的措施，并依据绩效结果对员工进行相应的奖惩。绩效反馈与应用一般包括三个环节：进行绩效评价面谈，对绩效改进进行指导，绩效结果的应用。绩效结果具体的应用主要有晋升、培训、发放奖金、加薪等。

绩效管理如同一个木桶，四个环节就是这个木桶的各个木板。这四个环节相辅相成，紧密衔接，哪个环节做得不好都会导致绩效管理的失败。许多企业仅重视绩效考评而忽视了其他三个，这是其绩效管理失败的重要原因。只有用系统的观点看待绩效管理，不忽视任何一个环节，才能真正取得好的效果。

六、绩效管理中的职责划分

绩效管理是组织各级机构与部门、各级直线管理者（包括班组长）、员工、人力资源部门的共同职责。

（一）绩效管理领导小组的职责

绩效管理领导小组负责审定企业的绩效管理办法并发布实施，负责绩效管理工作中重大问题和事项的最后裁定。

（二）绩效管理办公室及绩效管理小组的职责

绩效管理办公室负责各部门绩效完成情况的数据收集与日常考评管理工作。绩效管理小组根据企业的总体目标及任务分解情况，制订本小组的绩效管理办法，同时审定所属各部门的二级管理办法。各部门负责人将本部门绩效目标的明细指标层层分解至下属员工，确保各项指标落实到人，并与员工签订绩效目标协议。各小组要按时限完成月度/季度/年度的绩效考评，并对相应的考评结果进行细致分析，并对考评办法提出改进意见。

（三）人力资源部门在绩效管理中的职责

（1）制定部门及员工绩效管理的相关制度，并负责组织实施。

（2）提供与绩效管理相关的参考资料，并开展培训与咨询。

（3）处理员工在绩效考评方面的申诉。

（4）负责建立员工的绩效管理档案，并将绩效考评结果存入员工的绩效档案。

（5）将绩效考评结果运用到人力资源管理的各个环节中。

（四）直线经理在本部门绩效管理中的职责

（1）与相应的绩效管理小组一起制订本部门的绩效目标和相应的考评办法。

（2）及时、真实地提供相关业务指标和工作任务的完成情况。

（3）根据绩效完成情况，提出改进计划。

（五）直线经理在员工绩效管理中的职责

（1）根据部门年度绩效目标、部门工作计划和部门职责，层层分解绩效目标和任务，确定员工的绩效目标，并与员工签订绩效目标协议。

（2）通过收集员工绩效信息、双向沟通及行为纠偏、实施培训计划等途径，指导员工绩效目标的完成。

（3）对员工月度/季度/年度绩效目标及分值权重进行审核、调整，包括临时性任务的调整落实。

（4）及时、客观、公正地对员工绩效进行考核评价，并与员工进行沟通，向员工提供绩效评价的反馈和指导。

（5）根据考评结果，提出对员工的奖惩和使用建议。

（六）员工在个人绩效管理中的职责

（1）依据部门工作目标、本岗位职责，与部门负责人共同制订个人绩效目标，在环境条件发生变化的情况下，和部门负责人共同讨论与调整个人绩效目标，并签订绩效目标协议。

（2）积极、努力、创造性地开展工作，执行绩效目标协议与培训开发计划，保证绩效目标按期、高质、高效地完成，并努力完成直线经理临时调整或交办的任务。

（3）根据企业的规定，按月、季或年对本人绩效目标的完成情况进行客观的评价，并提交绩效考评所需的基础资料。

（4）主动了解企业关于员工绩效考评的有关制度和规定，积极参与员工绩效管理。

拓展阅读 6.3

我国绩效管理的几种典型模式

第二节　绩效计划与绩效辅导

一、绩效计划的含义与特征

（一）绩效计划的含义

绩效计划是绩效管理的第一个环节，是指在绩效管理开始时，管理者和员工根据组织战略目标和年度计划，在充分双向沟通的基础上就绩效周期内员工的工作任务、工作目标、工作计划、工作职责、工作权限等达成一致并签订绩效目标协议的过程。

（二）绩效计划的特征

绩效计划具有三个明显的特征：

1. 绩效计划是一个双向沟通的过程

绩效计划的制订需要管理者和员工之间进行充分的沟通和互动。通过沟通，双方就绩效目标及绩效目标实现的方式达成共识，形成一致意见。在双向沟通的过程中，管理者要向员工解释和说明以下问题：

（1）组织的整体目标是什么？

（2）围绕组织整体目标，员工所在部门的目标是什么？

（3）为了达成组织目标和部门目标，员工的目标和任务是什么？

（4）应该对员工的工作制定什么样的考核指标和标准？

（5）该如何确定完成工作任务的期限？

员工应该向管理者解释和说明以下问题：

（1）个人对组织目标及本部门目标的认识，以及不理解、不清楚之处。

（2）对个人工作目标的规划和打算。

（3）完成个人工作过程中可能遇到的难题及需要的资源支持。

2. 绩效计划是关于工作目标和标准的契约

经过充分沟通和协商后，管理者和员工就以下问题达成共识：

（1）员工在本次绩效周期内所要达成的绩效目标是什么？

（2）员工该如何实现这些目标？具体方法和手段是怎样的？

（3）达到目标的结果是怎样的？

（4）这些结果可以从哪些方面进行衡量和评价？评判的指标和标准是什么？

（5）员工在执行工作任务时拥有哪些权利和资源？

（6）管理者和员工如何就工作进展情况进行沟通？如何防止出现偏差并进行纠正？

（7）管理者从何处获得关于员工工作结果的信息？

（8）员工各项绩效目标的权重如何？哪些工作是最重要的，哪些工作是次要的？

3. 绩效计划具有预见性与可变性

绩效计划是在绩效周期开始之前制订的，它以实现绩效周期内的目标、完成下一阶段的工作任务为目的。因此，绩效计划具有预见性，要对未来绩效周期内可能面临的环境变化、工作条件与困难、拥有的资源与优势等进行预测，并在此基础上使管理者和员工充

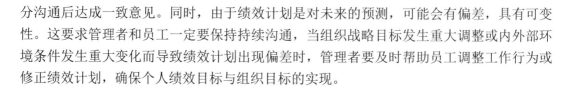

分沟通后达成一致意见。同时，由于绩效计划是对未来的预测，可能会有偏差，具有可变性。这要求管理者和员工一定要保持持续沟通，当组织战略目标发生重大调整或内外部环境条件发生重大变化而导致绩效计划出现偏差时，管理者要及时帮助员工调整工作行为或修正绩效计划，确保个人绩效目标与组织目标的实现。

二、绩效计划的内容

良好的绩效计划是绩效管理取得理想效果的前提与基础，它能够对员工绩效周期内的工作起到规划和指导作用，还可以作为绩效考评的依据。因此，科学、合理、系统、可行的绩效计划对整个绩效管理系统的运行具有重要意义。绩效计划包括绩效目标、绩效指标、绩效标准、绩效周期、行动方案五个方面。

（一）绩效目标

绩效目标是指管理者通过对组织战略目标进行层层分解，将其细化为部门目标和员工目标，从而确定员工在绩效周期内应当完成的工作任务与应达成的工作目标。绩效目标是对员工进行绩效考评时的参照系，可以是"绩效指标＋目标值"，如"A 设备年生产量达到 1 000 台"；也可以是绩效的行为对象，如"增加优质客户比率"。

绩效目标的制定过程通常包括以下三个步骤：

（1）组织决策层召开会议，拟定和描绘组织愿景，确定组织的战略目标，并根据组织愿景和战略目标，确定组织当期的绩效目标。

（2）根据组织绩效目标，高层领导与部门负责人讨论制定各部门的绩效目标。

（3）部门负责人与员工就部门绩效目标进行分解和细化并进行充分沟通，从而形成员工个人的绩效目标。

（二）绩效指标

绩效目标确定之后，需要制定绩效指标，用来衡量绩效目标的具体实现程度，同时对员工行为产生导向作用。绩效指标设计得科学与否，将直接影响绩效管理系统的成败。

绩效指标有多种分类方式，常见的分类有以下三种：

1. 结果指标与行为指标

结果指标一般对应于组织目标、部门目标及员工个人目标，如"利润指标比上一周期提升 10%"。行为指标则对应于员工工作行为的变化，如"工作积极主动、对待客户热情"等。

2. 硬指标与软指标

硬指标是能够以统计数据为基础、以数量表示评价结果的指标，如劳动生产率、出勤率、销售额等。软指标主要是指通过人的主观评价得出的评价结果指标，如人际协调能力、领导能力、决策能力等。

3. 特质类指标、行为类指标与结果类指标

特质类指标关注员工的素质与能力，行为类指标关注员工的工作行为与绩效实现过程，结果类指标则关注绩效结果和绩效目标的实现程度。

（三）绩效标准

绩效指标确定绩效考评的内容，绩效标准确定绩效指标要达到的程度。在设计绩效指标时，必须为每一个绩效指标确定相应的绩效标准，否则绩效指标无法被衡量。

绩效标准通常分为量化标准和描述性标准。量化标准能够精确地描述绩效指标需要完成的程度，广泛应用于组织的管理工作中，如"产品合格率不低于 95%""利润率每年递增 5%"等。描述性标准是指对不能量化或量化成本较高的绩效指标给出具体的描述。描述性标准既可以针对员工整体的工作状态，也可以针对其某一方面的绩效要素。在不同的绩效周期，绩效标准应当随着内外部环境的不同而进行调整。例如，对于饮料生产厂商的销售人员，在冬季处于销售淡季时，绩效标准相应要低；而在夏季处于销售旺季时，绩效标准相应就较高。

（四）绩效周期

绩效周期，也叫绩效考评周期，即多长时间对员工进行一次绩效考评。绩效考评需要耗费一定的人力、物力，考评周期过短会增加管理成本。但考评周期过长又会降低绩效考评的有效性与准确性，不利于员工改进工作绩效。在实际工作中，应当确定适宜的绩效周期。

绩效周期的确定，需要考虑以下三个因素：

1. 职位的性质

不同的职位，工作内容不同，绩效考评的周期也应不同。如普通员工的工作内容相对简单，管理人员的工作内容相对复杂，所以普通员工的考评周期一般应比管理人员的考评周期短。重要职位的工作绩效对组织整体绩效影响较大，所以其考评周期相对要短，便于及时发现问题并加以改进，如销售人员的绩效考评周期要比后勤职位短。

2. 指标的性质

不同的绩效指标性质不同，考评的周期也应不同。一般来说，性质稳定的指标，考评周期相对较长；性质不稳定的指标，考评周期相应较短。例如，员工的工作能力比工作态度相对要稳定，因此能力指标的考评周期相比态度指标要长一些。

3. 标准的性质

在确定考评周期时，还应当考虑到绩效标准的性质，在时间上要保障员工经过努力能够实现这些标准。例如，一项招聘计划实施大概需要一个月才能完成，就应当把招聘工作的考评周期定为一个月左右，否则员工根本无法完成；而定为两个月又太久了，会失去对员工考评的意义。

（五）行动方案

行动方案是根据绩效目标，对绩效管理的各项工作进展进行的具体日程安排。行动方案包括绩效实施与辅导方案、绩效考评方案、绩效反馈与改进方案、绩效结果应用方案等。行动方案是绩效管理工作实施的依据，也是绩效管理取得预期效果的重要保障。

三、绩效计划的制订原则

制订绩效计划是实施绩效管理的第一步。绩效计划是决定和影响绩效管理效果的关键

因素。制订绩效计划要遵循以下原则：

（一）战略原则

绩效计划作为员工与组织之间确定的关于绩效目标与绩效标准的契约，是组织战略目标在员工个体工作上的反映，它必须始终围绕组织的战略目标来展开和分解，并促进这一目标的实现。

（二）员工参与原则

在绩效计划的制订过程中，必须贯彻员工参与原则。管理者和员工要就绩效目标、绩效指标、绩效标准等进行充分沟通协商，达成一致意见。绩效计划要获得员工的理解与认可，使其发自内心地努力实现绩效目标。

（三）SMART 原则

绩效计划确定的目标应遵循：明确具体（specific），即员工能理解和接受，不能含糊不清或意义不明；可衡量（measurable），即容易测量和量化，能够通过定性或定量方法进行区分和判断；可达成（attainable），即符合"跳起来摘桃子"的管理原则，员工通过努力可以实现的目标，设计的目标过高或过低都不能很好地起到激励作用；目标相关（relevant），即员工个人绩效目标必须与组织战略目标、部门绩效目标及任务密切相关；时限性（time-limited），即绩效目标的实现必须有明确的时间要求和时间限制，这样才能确保绩效的有效性。

（四）发展性原则

绩效管理是一个强调组织与员工共同发展的过程。因此，在制订绩效计划时，不仅要关注员工绩效目标的实现程度，更应关注员工的长远发展，帮助员工制订符合组织发展需要的个人发展计划，使其能力与素质不断提升，持续获得优秀的绩效，为组织作出更大贡献。

四、绩效计划的制订过程

制订绩效计划的过程通常可以分为准备、沟通、确定三个阶段。

（一）准备阶段

绩效计划的制订是管理者与员工双向持续沟通的过程。制订有效的绩效计划，需要收集组织、部门（团队）和员工与工作相关的必要信息。组织方面的信息主要包括组织战略目标和发展规划，年度经营管理计划，组织内部资源与管理现状，外部经济、社会、政治环境等。部门（团队）信息包括本部门工作计划与任务目标、其他相关部门任务目标及客户需求变化等。员工个人信息包括员工职位说明书、职位责任与要求、上期绩效考评结果等。

在准备阶段，管理者除收集必要信息外，还要注意对绩效管理的目标、组织及员工个人的积极意义、绩效管理遵循的原则、采取的方法等内容进行广泛宣传，获得员工对绩效管理工作的理解与支持，消除员工的抵触情绪。这是绩效管理工作能够顺利进行并取得预期效果的重要基础。

（二）沟通阶段

为确保管理者和员工的沟通顺畅，应就绩效周期内的员工工作目标和计划达成共识，保障高效的沟通质量。绩效计划的沟通应当在安静、舒适、轻松的环境下进行。同时，在沟通过程中，管理者要树立平等意识，营造友好的沟通氛围，与员工平等对话，认真听取员工的意见建议，有不同观点时，要耐心引导员工。可根据实际需要采取正式沟通方式或非正式沟通方式。正式沟通方式有一对一面谈、小组会议、部门会议、书面报告、工作邮件等；非正式沟通方式就更加灵活，有开放式座谈、工作午餐会、团队活动、聊天、工作间歇等。

（三）确定阶段

在绩效计划确定阶段，管理者与员工就绩效沟通阶段达成的结果再次进行讨论与确认，以便双方就绩效计划规定的具体内容加深认识、准确领会，避免因理解不同造成执行过程中的偏差，提高绩效计划的有效性。绩效计划经双方认可后，可形成绩效目标协议、文档和表格，管理者和员工都要在上面签字确认，表示双方同意执行本次绩效计划。绩效目标协议的签订表明绩效计划阶段的完成，也代表管理者和员工共同作出的心理承诺。

五、绩效指标的设计工具

绩效指标的设计工具是承接组织战略并实现绩效管理的战略性工具，目前被广泛应用的工具主要有：目标管理、标杆管理、关键绩效指标、平衡计分卡、目标与关键成果等。以这些工具为基础构建的绩效考评指标体系，既能够将组织的战略目标和具体的考评指标相结合，又具有较强的可操作性。该绩效考评指标体系通过企业的实践并获得广泛的认可后，是绩效计划制订的重要依据。

（一）目标管理

目标管理（management by objectives，MBO）是 1954 年由彼得·德鲁克（Peter F. Drucker）在《管理的实践》中提出的。德鲁克认为，并不是有了工作才有目标，而是有了目标才能确定每个人的工作。企业的使命和任务必须转化为目标，管理者应该通过目标对员工进行管理。当组织目标确定后，管理者必须对其进行有效分解，将其转化为各部门与员工个人的分目标，并根据分目标的完成情况对下级部门和员工进行考评与奖惩。目标管理是管理者和员工共同参与目标制定以及实现组织目标的互动过程。

1. 实施目标管理的步骤

（1）确定组织目标。确定相应的组织目标，并制订组织下一年的工作计划。

（2）讨论并确定部门目标。各部门负责人与其上级协商制定部门工作目标，并就本部门目标与员工进行讨论，要求员工初步拟定自己的个人目标，即让每位员工了解部门目标并思考自己如何为本部门目标的实现作出贡献。

（3）制定个人目标。围绕员工初步拟定的个人目标，部门负责人与员工在进一步讨论和分解部门目标的基础上，与员工共同制定个人绩效目标。员工个人绩效目标是部门目标实现的保障。

（4）绩效考评。部门负责人将每位员工的实际工作绩效与绩效目标进行比较，并作出评价。

（5）提供反馈。部门负责人定期召开绩效考评会议，与员工就绩效目标达成情况进行讨论。

2. 对目标管理的评价

作为一种绩效管理工具，与传统的绩效考评相比，目标管理取得了较大进步。它以 Y 理论作为理论基础，重视人的因素，以结果为导向，建立了完整的层层分解的目标体系。目标管理使组织各级管理者和员工都明确了组织目标、部门目标和个人目标以及它们之间的关系，从而将时间和精力最大限度地投入实现组织目标中去。同时，目标管理强调参与管理和自我控制，一方面员工可以参与个人目标的制定，另一方面员工在实现个人目标的过程中拥有较高的自主权，从而有效激发了员工的主动性、积极性和创造性。

但是，目标管理也具有一定的局限性：①对人性的认识过于乐观，忽视了组织中的本位主义和员工的惰性，从而使部门负责人在与员工协商个人目标时难以达成共识；②员工没有从组织目标实现的角度全面考虑，只考虑自身利益，期望个人目标定得越低越好，使目标管理难以取得理想效果；③目标管理还容易导致员工过于关注目标本身，而忽视目标实现的意义、途径与方法。

（二）标杆管理

标杆管理（bench marking management，BM），又称基准管理，20 世纪 70 年代末 80 年代初在日本兴起。标杆管理就是企业将自己的产品、服务、生产流程与管理模式等同行业内或行业外的领袖型企业作比较，借鉴与学习他人的先进经验，改善自身不足，从而提高竞争力，追赶或超越标杆企业的一种良性循环的管理方法。通过学习企业、重新思考和改进经营管理实践，创造自己的最佳实践模式，这实际上是一个模仿、学习和创新的过程。

1. 标杆管理的实施流程

标杆管理的实施有一整套逻辑严密的程序，一般包括：确定对标组织、对标分析差距、落实对标方案和创建最优体系四个环节，前后衔接，螺旋上升，良性循环。

（1）确定对标组织。立足于本组织的愿景、使命和战略，深入分析本组织现状，选定一流组织的最佳管理实践，明确对标主题，并以此作为对标基准。

（2）对标分析差距。基于调研资料、数据和实地考察，判断本组织的关键性差距，分析差距产生的原因，结合本组织的发展要求及内外部条件，确定标杆指标和努力方向，找出需要对标学习的具体内容和要求，提出标杆管理诊断报告。

（3）落实对标方案。根据对标目标和标杆管理诊断报告，制订对标行动方案，包括详细的实施计划、实施进度、衡量指标等；组织相关部门和人员认真执行对标方案，定期评估和反馈对标效果，及时做出调整，探索达到或超越标杆水平的方法与途径。

（4）创建最优体系。标杆管理是一个持续的管理过程，要不断总结适合本组织的最优实践，将其整合到工作流程中，实现知识沉淀，不断改进、不断超越，直到成为新的行业标杆。

2. 标杆管理的优势与不足

（1）标杆管理的优势：一是不断寻找和研究一流组织的优秀实践，并以此为基准，对本组织进行比较、分析、判断，促使自己不断改进，有效提升本组织的绩效；二是能够充分挖掘本组织的潜力，克服短视现象，促进组织长远发展；三是有助于建立学习型组织。

（2）标杆管理的不足：一是标杆主体选择缺陷。标杆组织的优秀管理实践往往隐藏在员工头脑、组织制度、组织结构及组织文化之中，再加上标杆组织的核心竞争力中蕴含的保密技术和拥有的知识产权等，都使选择适当的标杆主体的难度加大。二是标杆管理陷阱。随着科学技术的迅速发展而形成的技术壁垒和技术复杂性，使得持续的标杆管理活动难以跨越与一流组织之间的"技术鸿沟"，从而陷入"落后—标杆—又落后—再标杆"的无休止的追赶过程中，不能发挥自身优势，并且丧失新的发展机会。三是标杆管理盲区。随着组织自身从跟跑、并跑到领跑的跨越式发展，使其在所处行业及领域已经进入"理论无人区"和"战略无人区"，此时组织最大的任务是如何战胜自己，实现组织认知能力的跃升，创建并保持标杆。

（三）关键绩效指标

关键绩效指标（key performance indicators，KPI）产生于 20 世纪 80 年代，其实施逻辑是将组织的愿景、使命、价值观转化为组织的战略规划，再从战略规划中提炼组织的目标，然后将组织目标分解成关键目标，最后分解到部门和岗位。关键绩效指标是指对组织目标的实现有明显增值作用的绩效指标，即用来衡量某一职位员工工作绩效的具体量化指标，它是对工作完成效果的最直接衡量方式。关键绩效指标是绩效计划的重要组成部分。企业采用关键绩效指标考核可以使部门负责人明确本部门的主要责任，并以此为基础，明确本部门员工的业绩衡量指标。建立科学合理的关键绩效指标体系，是做好绩效管理的关键。

1.关键绩效指标的特点

与传统的绩效考评体系相比，关键绩效指标具有如下特点：

（1）关键绩效指标来自组织战略目标的分解。它是对促进组织战略目标实现的关键因素的挖掘，是组织战略目标对各部门、各职位和每位员工关键工作绩效要求的具体体现。

（2）关键绩效指标是对绩效构成中可控的关键部分的衡量。它是员工可控制和可影响的绩效部分，是对目标实现或工作任务完成具有关键决定作用的因素。关键绩效指标的选择要有明确的定义和计算方法，并且易于获取可靠的原始数据，指标能有效地进行量化和比较。

（3）关键绩效指标体系是一个完整的系统。它不是由上级强行确定下发，也不是员工自行确定，而是上下级共同参与完成的，体现了组织中相关人员对工作绩效的共同认识。

2.关键绩效指标体系的设计

构建关键绩效指标体系时通常使用基于战略目标的成功关键因素分析法。该方法的基本思想是首先找到组织目标实现的关键成功领域；然后把关键成功领域层层分解为关键绩效要素；再进一步将各关键绩效要素细分为可以进行量化考核和分析的各项具体指标，即关键绩效指标。作为一种系统化的指标体系，关键绩效指标体系包括三个层面的指标：组织级关键绩效指标、部门级关键绩效指标和个人级关键绩效指标。这三个层面形成一个相互联系的系统。

（四）平衡计分卡

平衡计分卡（balanced score card，BSC）是 20 世纪 90 年代出现的理论体系，1992 年由哈佛商学院罗伯特·卡普兰（Robert S. Kaplan）教授与复兴全球战略集团创始人兼总裁戴维·诺顿（David P. Norton）提出。平衡计分卡是从财务、客户、内部运营、学习与成长四个角度，将组织的战略落实为一种可操作的衡量指标和目标值的新型绩效管理体系。平衡计分卡以组织战略和使命为基础，依托战略地图中所描述的组织战略，对战略目标进行分解，确定衡量指标和目标值，同时辅以实现目标的行动方案，形成一套对战略进行衡量的考核指标体系。

1. 平衡计分卡系统

设计平衡计分卡的目的就是要建立"实现战略制导"的绩效管理系统，从而保证企业战略得到有效的执行。因此，人们通常认为平衡计分卡是加强企业战略执行力的最有效的战略管理工具。平衡计分卡能有效解决制定战略和实施战略脱节的问题，堵住了"执行漏斗"。平衡计分卡系统包括战略地图、平衡计分卡、个人计分卡、指标卡、行动方案、绩效考核量表等。在直观的图表及职能卡片的展示下，抽象而概括性的部门职责、工作任务与承接关系等，显得层次分明、量化清晰、简单明了。以战略为中心的组织的五项关键原则如下：

（1）将战略转变为业务术语；

（2）使组织与战略一致；

（3）使战略成为每个人的日常工作；

（4）使战略成为连续的过程；

（5）通过果断、有效的领导方式动员变革。

2. 平衡计分卡的实施步骤

（1）明确组织的使命、愿景和战略。通过绘制组织的战略地图，帮助管理者明确组织财务层面、客户层面、内部流程层面、学习与成长层面的战略以及它们之间的相互关系。

（2）制定组织级平衡计分卡指标，包括财务、客户、内部流程及学习与成长四个层面。

（3）制定部门级平衡计分卡指标。对组织级平衡计分卡指标进行分析，并将其分成三类，即组织通用指标、部门通用指标和部门专用指标。再将这三类指标分别归入相应部门，从而得到部门级平衡计分卡指标。

（4）制定岗位级平衡计分卡指标。对部门级平衡计分卡指标进行分析，并将其分成三类，即部门通用指标、岗位通用指标和岗位专用指标。再将这三类指标分别归入相应岗位，从而得到每个岗位的平衡计分卡指标。

3. 平衡计分卡的作用

平衡计分卡被誉为近年来世界上最重要的管理工具。平衡计分卡的引入弥补了企业以往只关注财务指标的考核体系的缺陷。仅关注财务指标会使企业过分关注短期行为而牺牲长期利益。平衡计分卡最大的优点在于：它从企业的四个方面来建立衡量体系。这四个方面（财务、客户、业务管理及人员的培养与开发）是相互联系、相互影响的，其他三类指标的实现，最终保证了财务指标的实现。

同时平衡计分卡设立的考核指标既包括对过去业绩的考核，也包括对未来业绩的考核。它的作用主要体现在：

（1）平衡计分卡的出现，使传统的绩效管理从人员考核评估的工具转变成为战略实施的工具。

（2）平衡计分卡的出现，使领导者拥有了全面统筹战略、人员、流程和执行四个关键因素的管理工具。

（3）平衡计分卡的出现，使领导者拥有了可以平衡长期和短期、内部和外部，确保持续发展的管理工具。

平衡计分卡把组织的使命和战略转化为具体的目标和测评指标，实现了战略与绩效的有机结合。这种方法使企业一方面能追踪财务结果，另一方面能监视自己在提高竞争力、获得企业增长所需的各种无形资产等方面的进展。平衡计分卡的四大指标也是企业绩效管理的四大指标。但是平衡计分卡也存在要求条件较高、管理难度较大和指标修订难度大等缺点。

（五）目标与关键成果

目标与关键成果（objectives and key results，OKR）于20世纪80年代由英特尔公司创始人安迪·葛洛夫（Andy Grove）提出，是一套明确和跟踪目标及其完成情况的管理工具和方法。在Google、Facebook、Linked in等企业广泛使用。2014年OKR传入中国，百度、华为、字节跳动等企业都逐渐使用和推广。目标与关键成果的主要目标是明确组织和团队的"目标"，并且明确每个目标达成的可衡量的"关键结果"。OKR可以在整个组织中共享。

1. 目标与关键成果的内涵

目标与关键成果本质上是一套定义与跟踪目标及其完成情况的管理工具与方法。它在强调设定的目标达成关键结果的同时，更强调员工的主观能动性和绩效沟通的有效性，通过员工价值创造以实现组织绩效的提升。目标与关键成果由两部分组成：一是目标，即想要实现什么；二是关键成果，即如何衡量目标是否完成，它是直接实现目标的关键行动。

好的目标是鼓舞人心的且与组织的长期目标有关，导向组织愿景与战略，是经过管理者和员工之间充分沟通达成共识的结果。关键成果是明确描述和衡量既定目标要达成成果的标准，回答的是"做到什么程度就是好"的问题。好的关键成果一般是可量化的、有挑战性的、具体化的和自主设定的。

2. 目标与关键成果的设置与实施要点

（1）上下沟通共同确定目标。目标与关键成果改变了通常只是由上而下分解指标的做法，转变为上下级相互协商共同制定目标。每个人的目标与关键成果都要与组织期望实现的大目标相关联。

（2）目标与关键成果是重要且具体直接的。设定目标与关键成果时，目标必须鼓舞人心，关键成果必须具体量化，关键成果能直接支撑目标的达成，做到目标可视化，结果可追踪。

（3）倡导公开透明、客观公正。除需要保密的职位外，目标与关键成果的操作过程和结果都要求公开透明。每个层级目标、关键成果和考核评价都要在组织内公开发布，使组

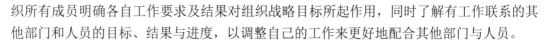

织所有成员明确各自工作要求及结果对组织战略目标所起作用，同时了解有工作联系的其他部门和人员的目标、结果与进度，以调整自己的工作来更好地配合其他部门与人员。

（4）推进执行。围绕关键成果来分解任务，制订行动计划并交由员工负责实施。

（5）评分不追求最高。满分为 1 分时，考核得分 0.6～0.7 为最佳。如果得分为 1 分，则说明原先制定目标偏低；如果得分小于 0.4，则表示原先制定目标偏高，与当前实际工作能力不符。

（6）定期回顾复盘。目标与关键成果的考评周期一般确定为季度。一个考评周期结束后，要对上一轮的目标与关键成果进行复盘，评估目标及关键成果的合理性，并将评估结果应用到下一轮目标与关键成果的制定及实施中。通过不断复盘、评估、修订下一轮目标与关键成果，最终达成组织战略目标。

3. 目标与关键成果的优势与不足

（1）目标与关键成果的优势。一是充分激发员工。在向员工清晰传递组织核心目标的前提下，强调自下而上设置、沟通个人的绩效目标，倡导员工自主思考达成目标的方法与路径，这有利于激发员工的使命感、主观能动性和创造性。二是促进沟通与协作。提倡上下级密切沟通，上级应加入下级的目标制定及实现过程，并对其提供指导与帮助。同时，目标与关键成果的透明性可以实现资源信息、成功经验在组织和团队中的有效传播与分享。三是实现绩效提升。目标与关键成果的绩效考评，通常会设定一个具有挑战性的目标，激励团队向更好的结果迈进。四是注重长期目标。目标与关键成果管理方法不提倡将关键成果达成情况与短期薪酬和奖金挂钩，这样能让员工把注意力放在组织或团队整体目标上，而不会急功近利，只考虑个人利益和短期利益。

（2）目标与关键成果的不足。一是对员工素质要求高，这既体现在做事的能力和素质要求上，又体现在要求员工具有相当的自驱力与主动创造价值的热情。二是沟通成本较高，对管理者的要求较高。三是对公开透明的组织氛围要求较高。因此，目标与关键成果更适用于组织架构趋于扁平化、员工平均素质高、善于创新、主动适应环境变化的组织。

从以上的分析中可以看出，目标管理（MBO）、标杆管理（BM）、关键绩效指标（KPI），平衡记分卡（BSC）、目标与关键成果（OKR）都有其自身的缺点和局限性，它们所适用的企业类型和规模也是不同的。另外，不同的文化背景对其有效性也有所影响。在实践中，这五者之间存在着密切的联系，它们实际上代表了不同的管理水平。例如，企业要成功实施平衡计分卡，必须首先引入目标管理，将员工的工作方向统一到为达成企业总目标而展开，并且控制关键点。因此，目标管理和关键绩效指标是实施平衡计分卡的两大基石。对于企业而言，没有必要刻意去追求或模仿那些世界先进企业的绩效工具，关键要吃透企业自身的管理实际，选择最适合自己的绩效管理工具，最适合的才是最有效的。

六、绩效辅导的含义与内容

（一）绩效辅导的含义

绩效辅导是指管理者依据绩效计划的内容，对员工的绩效实施进程进行监督、指导、支持和帮助，及时发现员工工作中存在的现实问题和潜在问题，并与员工共同分析产生问题的原因，提供有针对性的辅导和帮助，使员工更好地实现绩效目标的过程。绩效辅导是绩效管理的重要组成部分，贯穿于绩效管理全过程，素有绩效管理生命线之称。在这一过程中，管理者扮演着积极的角色，他们可以及时发现员工在工作中出现的问题与困难，还能及时为员工提供资源、指导与帮助，以便迅速解决问题、纠正偏差。

绩效辅导的根本目的是及时发现目标偏差，指导员工探寻问题解决之道，顺利达成绩效目标。同时，管理者也应充分利用绩效辅导的机会帮助员工提升发现问题、分析问题、解决问题的能力。因此，在绩效辅导过程中，管理者的任务更多的是提出问题，不仅是为了了解绩效偏差的具体状况，更重要的是为了激发员工主动思考，鼓励员工自己寻找解决问题的思路和方法。

（二）绩效辅导的内容

绩效辅导的内容包括对员工的绩效进行实时监控，对员工的工作进行及时沟通与指导，帮助员工解决工作中的问题与困难，对员工进行持续激励与鼓励，必要时对绩效计划进行修正等，以便员工更好地实现绩效目标。具体来说，绩效辅导主要包括以下内容：

1. 有效监督

有效监督是通过对员工绩效周期内的工作进行持续监控和检查，及时发现问题，工作重点在于帮助员工而不是为了监督员工。常用的监督方法有书面报告、工作会议和走动式管理。管理者可以运用绩效监控表对绩效监控过程进行规范记录，包括绩效周期、绩效指标完成情况、关键事件和原因分析等，以获得员工绩效方面的详细信息，并根据这些信息对员工进行指导，或对绩效计划进行调整和修订，以适应组织内外部条件的变化，使员工更好地实现绩效目标。

2. 持续指导

在绩效计划实施过程中，员工会不可避免地遇到困难与问题，管理者要及时提供必要的帮助和指导，可以是解决员工困难的对策与方法或员工缺乏的知识和技能培训，也可以是保障员工顺利开展工作的人力、物力、财力的支持等。管理者不仅要在出现问题时提供辅导，更应着眼于提升员工的综合素质与工作能力，与员工的个人职业发展规划相结合，使员工在未来能为组织作出更大的绩效贡献。在这一过程中，管理者也要做好工作记录，记下员工的关键活动、核心困难、指导建议、改进措施、效果说明等，并尽可能列出具体事例，以便于员工改进绩效，并为下一步的绩效考评与反馈做准备，也为组织储备绩效管理资料。

3. 适时调整

绩效计划是管理者和员工基于组织内外部环境对绩效周期内的工作做出的计划安排。但是组织内外部环境和员工自身都是在不断变化的，因此可能导致原来的绩效计划不适应新变化的要求。这就要求管理者密切关注环境变化的趋势与强度，如果变化过大导致员工无法实现绩效计划目标时，就要适时调整或修订绩效计划，避免"教条化"和"僵化"地执行绩效计划。

4. 有效激励

绩效辅导的目的在于帮助员工解决工作中的问题与困难，以便顺利实现绩效目标。管理者在这一过程中扮演的是支持者和帮助者的角色，但不能包办员工的工作，要注意对员工实施有效激励。管理者要帮助员工树立工作自信，让员工相信自己有能力解决工作中出现的一切困难，不断提升绩效水平；管理者可以帮助员工设置有挑战性的目标，让员工将个人目标与组织期望结合起来，设置有一定高度、需要全力以赴才能实现的发展目标，同时为员工提供强大的工作指导和资源支持；与员工建立友好的绩效辅导关系，以获得员工对管理者的充分信任，从而使员工更愿意对管理者的绩效要求做出回应，努力实现管理者的绩效期望。

七、绩效辅导的风格

管理者在对员工进行绩效辅导时，会表现出具有倾向性的辅导风格。根据管理者个性特点和行为偏好的不同，可将绩效辅导风格划分为推动型、说服型、温和型与分析型四种类型，见表 6-1。

表 6-1 四种绩效辅导风格

绩效辅导风格	个性特点	行为偏好	行为示例
推动型	极其自信，只讨论工作，很少流露个人感受	直截了当，语速很快，非常坚决	你必须……
说服型	非常自信，更多地谈论人际关系，流露丰富的个人感受	采用劝说的方式说服员工，尽力向员工解释，倾向于使用丰富的肢体语言	你应该……，这样对组织和你本人会有……好处
温和型	适度自信，希望每个人都快乐，主观性往往多于客观性	指导员工如何去做，语气较柔和，喜欢做很多有条件的陈述	如果……，你可以……
分析型	不是很自信，更多地谈论工作任务和事实而不是个人感受	喜欢用系统性、逻辑性较强的方式进行绩效分析，提出建议时依据相关规则和流程	员工手册里是这样说的，所以你应该……

资料来源：《人力资源管理》编写组 . 人力资源管理 [M]. 北京：高等教育出版社，2023，第 205 页。

绩效辅导风格没有好坏之分，最重要的是适合员工的特点与需求。管理者要认真分析员工的个性特征及工作需求，针对性地采取员工最期望的方式进行绩效辅导。由行为学家保罗·赫塞博士（Paul.Hersey）和肯尼思·布兰查德（Kenneth Blanchard）提出的领导情境理论也可以帮助我们选择绩效辅导风格。该理论认为，管理者要根据员工的成熟程度来选择自己的辅导风格，并从任务行为和关系行为两个维度将辅导风格分为（1）命令型（高任务—低关系），即管理者定义角色，告诉下属应该干什么、怎么干以及何时何地去干；（2）说服型（高任务—高关系），即管理者同时提供指导性的行为与支持性的行为；（3）参与型（低任务—高关系），即管理者与下属共同决策，管理者的主要任务是提供便利条件与沟通；（4）授权型（低任务—低关系），即管理者提供极少的指导或支持。

拓展阅读 6.4

绩效辅导：用"好问题"激发思考

管理者在进行辅导时可以根据员工的成熟程度来选择合适的辅导风格。例如，对于员工成熟程度较高、个人能力与素质较强、善于自我管理的员工来说，领导应该采取"低任务—低关系"的授权型辅导风格；而对于员工成熟程度较低、能力与素质一般、习惯服从的员工来说，"高任务—低关系"的命令型辅导风格则更适用。

第三节 绩 效 考 评

一、绩效考评的含义

绩效考评又称绩效考核、绩效评估等，是指评价主体根据组织的战略目标和员工的绩效计划及目标，采用科学的评价方法，对员工在绩效周期内的工作行为和工作结果进行考核和评价的过程。绩效考评是绩效管理的核心环节，是管理者和员工关注度最高的一个环节。组织对员工的绩效考评是否及时客观公正，决定了绩效管理的有效性及绩效结果在人力资源管理中的合理应用。只有正确评定员工对团队或组织绩效的贡献，才能找出实际绩效跟目标绩效之间的差距，并且通过沟通协商，找到改进绩效的方法，有效开发员工潜能，以顺利实现组织战略目标。绩效考评是对员工的实际贡献进行评价的活动，强调每个人、每个岗位的特殊性，从执行结果来看，它包含对人的管理、监督、指导、教育、激励等功能。

二、绩效考评的分类

（1）根据绩效考评的性质不同划分为定性考评与定量考评。

（2）根据绩效考评的依据不同划分为主观考评与客观考评。

（3）根据绩效考评的主体不同划分为上级考评、同级考评、下级考评与自我考评。

（4）根据绩效考评的内容不同划分为综合考评与单项考评。

（5）根据绩效考评的形式不同划分为口头考评与书面考评、直接考评与间接考评、个别考评与集体考评。

（6）根据绩效考评的时间不同划分为日常考评、定期考评、长期考评与临时考评。

（7）根据考评标准的特征划分为绝对标准考评与相对标准考评。

（8）根据绩效考评的目的和用途划分为例行考评、晋升考评、转正考评、转岗考评、评定职称考评等。

三、绩效考评的主体

绩效考评的主体是指对员工的绩效进行考评的人员。一般来说，直接上级是最主要的考评主体，因为他们通常比较熟悉员工各方面的工作情况，而且对考评内容、绩效目标与标准等比较了解。但是，由于组织中层级结构和岗位的复杂性，只靠一个人的评价很难对员工作出全面公正的绩效评价。为确保绩效考评结果的客观公正，我们把直接上级作为主要考评者，同时让同事、下级、客户等利益相关者和员工本人都参与考评。

（一）直接上级

直接上级与员工接触最多，比较熟悉员工的工作情况，能实地观察员工的工作表现，并了解组织的战略目标，清楚绩效要求，所以直接上级是最主要的考评主体。

（二）同事

被考评员工的同事可以作为考评主体之一。这里的同事包括与被考评员工打交道的组织内部的相关员工，既可以是同一部门的，也可以是不同部门的。因组织内工作流程要求，这些同事都与该员工有工作上的接触与合作，对其在工作中的表现就有较多了解，因此可以作为考评主体。

（三）员工本人

员工能参与自己的绩效考评，是对员工的信任和激励，可以提高其对绩效考评的认可度与公平感。而且，员工是最熟悉自己工作的人，只要培训沟通得当，员工会提供其他考评主体无法了解到的真实考评信息，有助于考评结果的公正性、民主性和准确性。但员工本人作为考评主体需要注意和克服的问题是：员工通常会对自己更宽容，对自己的评价会比真实情况更高。

（四）下级

被考评者的下级也是跟其在工作中接触最多的对象之一。同时，下级会对被考评者的领导风格、沟通方式、工作效率等有独特的视角与认识，这是其他考评者无法提供的。但是，将下级作为考评者需要上下级之间的充分信任与开诚布公，也要对下级进行相应的考评标准与技能培训，确保其能全面公正地评价上级，避免因对上级考评产生精神压力或恶意报复等消极行为。

（五）客户等利益相关者

员工的绩效信息不能只在组织内部获取，在组织外部，客户等利益相关者同样可以提供有价值的绩效信息，因此可以将其作为考评主体之一。从客户等利益相关者处获取绩效信息，一方面是为了了解只有特定外部人员才能感知到的绩效情况，如客户对营销人员的服务质量、服务态度、客户满意度等绩效指标最有发言权，供应商对采购人员的工作态度、责任心、工作规范度等最了解。另一方面，可以引导员工的行为，使其更关注与外部相关人员的沟通，提升服务意识与工作责任感，但应避免因刻意讨好客户而损害组织利益。

四、绩效考评的原则

（一）公平原则

公平是确立和推行绩效考评制度的前提。不公平，就不可能发挥考评应有的作用。

（二）严格原则

考评不严格，就会流于形式，形同虚设。考评不严，不仅不能全面地反映员工的真实绩效，而且还会产生消极的后果。考评的严格性包括：要有明确的考评标准，要有严肃认真的考评态度，要有严格的考评制度与科学而严格的程序及方法等。

（三）公开性原则

除保密因素外，绩效考评标准、考评程序、考评方法与考评结果应明确规定并全程对全体员工公开，这是保证考评民主的重要手段。这样做，一方面可以使被考评者了解自己的优点和缺点、长处和短处，从而使考评结果优秀的人再接再厉，继续保持先进；也可以使考评结果不好的人心悦诚服，奋起上进。另一方面，有助于防止考评中可能出现的偏见以及种种误差，以保证考评的公平合理，从而使员工对绩效考评产生信任感，对考评结果保持理解、接受的态度。

（四）客观性原则

绩效考评主体应当根据明确规定的考评标准，依据收集到的客观考评资料，对考评对象进行客观公正的考核与评价，避免掺入主观倾向和感情色彩。绩效考评一定要建立在客观事实基础上，尽量用数据、事实、事件、结果来考评员工，减少主观臆断与随意猜测，最大限度地降低考评结果的偏差。

（五）直接上级考评原则

在对各级员工的考评中，"上级考评者"必须由被考评者的"直接上级"来担任。直接上级相对来说最了解被考评者的实际工作表现（成绩、能力、适应性），也最能反映真实情况。间接上级（即上级的上级）对员工的考评可能会因其不了解情况而失真。直接上级考评明确了考评责任所在，并且使考评系统与组织指挥系统保持一致。

（六）反馈沟通原则

考评的结果（评语）一定要及时反馈给被考评者本人，并通过正式沟通渠道与被考评者就考评结果进行平等交流，获得其认可。如发现结果出现偏差要及时纠正，否则就起不到考评的教育作用。在反馈考评结果的同时，应当向被考评者就评语进行说明解释，肯定成绩和进步，说明不足之处，提供今后努力的参考意见等。

（七）结合奖惩原则

组织应根据绩效考评结果的优劣，对员工论功行赏，有赏有罚，有升有降，而且这种赏罚、升降不仅与职位及精神激励相联系，更要与工资、奖金等物质激励相联系。这样才能有效实现绩效考评的最终目的，提高组织整体绩效水平。

（八）差别原则

绩效考评的等级之间应当有鲜明的差别界限，针对不同的考评等级在工资、晋升、使用等方面应体现明显差别，使考评带有激励性，激发员工的上进心。

五、绩效考评的方法

绩效考评的方法有许多，组织需要根据绩效目标的特点，选取适合的方法进行考评。一般情况下，绩效考评需要与一种以上的方法结合使用，并以客观考评和结果考评方法为主，主观考评方法为辅。

（一）比较法

比较法是主观考评法，是通过对员工之间绩效的相互比较而得出绩效考评结果的方法。这类方法因操作简单，而广泛应用。但由于比较法是凭考评者对考评对象的整体绩效印象而得出考评结果，具有主观性，且无法准确分析绩效不佳的原因，因此在实践中很少单独使用这一类方法，而是跟其他方法结合使用。

1. 简单排序法

简单排序法是对需要考评的员工按照绩效优劣进行排序的一种方法。具体做法如下：

（1）将所有需要排序的员工名单列出；

（2）选择绩效最优的员工排在第一位；

（3）在剩余员工中选择绩效最优的员工排在第二位；

（4）再在剩余员工中选择绩效最优的员工排在第三位；

（5）依次将所有员工排序。

这种方法一般适用于考评人数不多，考评者对所有员工的绩效比较熟悉，处于同一部门或同一职位的员工绩效不容易量化和标准化且规模较小的组织。

2. 交替排序法

交替排序法相对于简单排序法来说，可操作性与准确性较高。具体做法如下：

（1）将所有需要排序的员工名单列出；

（2）选择绩效最优的员工排在第一位；

（3）选择绩效最差的员工排在倒数第一位；

（4）在剩余员工中选择绩效最优的员工排在第二位；

（5）在剩余员工中选择绩效最差的员工排在倒数第二位；

（6）依次将所有员工排序。

交替排序法的适用条件与简单排序法基本相同。

3. 配对比较法

配对比较法也称相互比较法、两两比较法、成对比较法。它是就某一绩效要素或总体绩效对员工进行两两比较，绩效较好的员工记"1"，绩效较差的员工记"0"。所有员工相互比较完毕后，将每个人的成绩进行相加，总数越大，绩效考评的成绩越好。这种方法需要将每一位员工与其他人的绩效进行比较，考评的误差相对较小，但工作量较大，只适用于人数较少的员工考评。

配对比较法与其他比较法不同，它采用配对比较的方法，将所有参加考评的员工逐一配对进行比较。例如，对 5 位员工采用配对比较法进行考评（见表 6-2），把每一位员工与另外 4 位员工逐一进行比较，总共进行 10 次配对比较。每一次配对比较之后，绩效较好的员工得"1"分，绩效较差的员工得"0"分。配对比较完毕后，将每个人的得分相加，得到总分数。分数越高，考评成绩越好。由表 6-2 可知，五位员工中 A 得分为 4，绩效水平最高，E 得分为零，绩效水平最低。参加配对比较法的员工人数不宜过多，一般在 5 至 10 人为宜。

表 6-2　员工配对比较表

比较对象	A	B	C	D	E	得分
A	—	1	1	1	1	4
B	0	—	1	1	1	3
C	0	0	—	1	1	2
D	0	0	0	—	1	1
E	0	0	0	0	—	0

4. 强制分布法

强制分布法是在绩效考评前将员工绩效考评结果划分为若干等级，每一等级强制规定一个固定百分比，要求考评者根据员工的总体绩效水平将其分别划入不同的等级中。这种方法的优点是操作简单、有一定的公平性，避免考评中出现"过严、过松、趋同"等问题。但其缺点也非常明显：在绩效考评前就确定了考评结果，容易使考评固化，易产生"轮流坐庄"现象，不能正确反映员工的真实绩效水平；对某一等级的强制分布，可能会给员工带来极大的工作压力，不利于调动员工的工作积极性与主动性。例如，某高校教师考评采用强制分布法（见表6-3），其中优秀10%，良好15%，中等50%，合格20%，不合格5%，要求从低一级职称序列晋升为高一级职称序列，必须在近五年年终考评中取得两个优秀以上、无中等以下成绩。而如果绩效考评结果为不合格，则与该教师解除聘用关系。正是强制分布法及绩效考评结果在职称评定中的应用，使得该高校教师尤其是青年教师的工作压力较大，许多人承受不了这种高强度的工作压力而选择了离职。

表 6-3　某高校绩效考评采用强制分布法示例

教师总数量	分布比例				
500	优秀 10%	良好 15%	中等 50%	合格 20%	不合格 5%
	50	75	250	100	25

强制分布法虽然有不足，但在实践中仍然被广泛应用，尤其是在政府和事业单位等公共部门应用较普遍。

（二）描述法

描述法又称事实记录法、叙述法等，是指考评者用描述性的文字记录员工在工作过程中的业绩、态度、能力及关键事件等，据此对员工的绩效进行考评。运用这类方法时，需要及时、准确地记录各类事实，并对被考评者的绩效进行客观公正的评价。描述法在使用上比较容易，适用于任何职位员工的考评。但是，由于该方法没有统一的标准，不利于员工的横向比较，还受到考评者文字水平的影响，考评结果难以量化，记录和整理资料需要大量时间，因此描述法经常作为其他考评方法的辅助方法来使用。描述法有自我评估、评语法、关键事件法等。

1. 自我评估

自我评估是利用书面形式对自己的工作所作的总结。这种方法适用于中高级管理人员的考评，并且考评人数不宜太多。自我评估是个体对自己在考评阶段工作的总结，使被考评者主动对自己的表现加以反省、评估，对自己作出评价。

自我评估通常要求被考评者以书面形式，对照岗位要求，回顾绩效周期内的工作并列出下一阶段的打算，举出绩效周期内 1 ～ 3 件重大贡献事例及 1 ～ 3 件失败的事例，并对不足之处提出改进建议。一般在每年年终进行，要求大家集中在一起，预先不告知集中的目的，且要求没有助手参加，自己独立完成总结。

2. 评语法

评语法要求考评者用一段文字来描述被考评者的总体绩效，没有形式和语言等限制。采用这种方法时，绩效管理人员应给考评者明确的提示信息，使其明白应该描述哪些方面

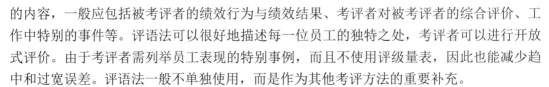

的内容，一般应包括被考评者的绩效行为与绩效结果、考评者对被考评者的综合评价、工作中特别的事件等。评语法可以很好地描述每一位员工的独特之处，考评者可以进行开放式评价。由于考评者需列举员工表现的特别事例，而且不使用评级量表，因此也能减少趋中和过宽误差。评语法一般不单独使用，而是作为其他考评方法的重要补充。

3. 关键事件法

关键事件法（critical incident method，CIM）是由美国学者福莱诺格（John C. Flanagan）和伯恩斯（Baras）在 1954 年共同创立的，它是由上级主管记录员工平时工作中的关键事件：做得特别好的和做得不好的，对工作有创新意义的，造成较大事故或损失的。在预定的时间，通常是半年或一年之后，利用积累的纪录，由主管与被考评者讨论相关事件，为考评提供依据。关键事件是指对组织、部门或个人的工作绩效产生积极或消极影响的重大事件。包含了以下要点：

（1）关键事件发生的时间、地点、经过；

（2）员工特别有效或特别错误的行为；

（3）关键事件导致的后果及对组织的意义；

（4）员工自己能否支配或控制上述后果；

（5）关键事件产生的原因和背景。

在管理实践中，应用关键事件法进行绩效考评，可以将其与绩效计划、绩效目标及工作规范结合使用。以绩效计划与工作规范界定的内容为依据，并选择其中最重要、最关键的部分作为关键事件的判定标准。同时，还要注意两点：一是考评者要有足够的时间来观察被考评者的工作；二是主管要按照工作规范要求每天做好员工的工作记录。

关键事件法可以作为其他绩效考评方法的重要补充，具有许多优点：一是为向员工解释绩效考评结果提供了事实证据；二是确保对员工的绩效考评是依据整个绩效周期内的表现（关键事件记录贯穿了这一过程）；三是关键事件记录中对原因的分析，为员工提供了改进绩效的途径。但这种方法的不足是没有对员工进行定量的考评和与其他员工的比较，使员工无法明确自己的绩效结果在组织中的等级与位置。

（三）量表法

量表法是根据设计的等级评价量表来对被考评者进行评价的方法，这是应用最广泛的绩效考评方法。无论被考评者的人数是多还是少，这种方法都适用；而且该方法评价的内容较全面，故多为各类企事业单位所选用。

这是一种比较科学的量化考核方法，在考评中，考评人员主要按照预先设计好的量表来对被考评人进行全面评价。实际运用中的量表形式多种多样，但其基本结构主要由两大部分构成，一部分是用以规定考评内容的指标体系，另一部分是用以表示各种指标相对重要程度的权数体系。量表法的优点在于考评者必须根据量表上提供的各项评价指标对被考评者进行评价，评价的视角比较全面、客观。缺点在于有时由于过于量化，操作起来比较困难。量表设计的好坏也直接引导着考评方向，影响着考评的质量。

量表法包括数字等级评定量表、图示等级评定量表、图示描述评定量表、检选式评定量表、脸谱图形评定量表、行为观察量表、行为锚定考评量表等。下面简要介绍数字等级评定量表、行为观察量表和行为锚定考评量表。

1. 数字等级评定量表

数字等级评定量表是量表法中最简单的一种方法，具体操作步骤如下：

（1）先设计等级评价表，列出有关业绩因素及权重；

（2）把每一业绩因素分成若干等级并根据权重给出分数；

（3）说明每一等级分数的具体含义；

（4）考评者根据给定的等级对被考评者进行打分或评级，最后加权得出每位员工总的绩效分数（示例见表 6-4）。

表 6-4　数字等级评定量表示例

考评要素	最差	较差	中等	良好	优秀
工作质量	2	4	6	8	10
工作数量	2	4	6	8	10
工作纪律	1	2	3	4	5
设备维护和物耗	1	2	3	4	5
创新意识与行为	1	2	3	4	5

考评得分：　　　考评人签名：	最差：不能完成任务
评价意见：　　　人力资源部意见：	较差：勉强完成任务
员工意见：　　　部门负责人意见：	中等：基本完成任务
员工签名：	良好：较好地完成任务
	优秀：出色地完成任务

相对于比较法和描述法来讲，数字等级评定量表具有更客观、公正，受考评者主观影响较少的优点。缺点是对绩效要素的等级设定过于笼统，没有量化标准，会在一定程度上影响考评的准确性。

2. 行为观察量表

行为观察量表也被称为"行为清单"，是 20 世纪 70 年代末期开发的。行为观察量表列举出一系列工作行为，这些行为一般是特定工作的优秀绩效所要求的。行为观察量表的开发要求收集关键事件并按维度分类。在使用行为观察量表时，评估者通过指出员工表现出各种行为的频率来评定工作绩效。例如，某一行为出现频率从"极少或从不"到"总是"，得分则从 1 分到 5 分，将员工在每一行为项上的得分相加得到总评分，高分表示员工经常表现出组织希望的行为。表 6-5 列举了某行为观察量表的一部分。

表 6-5　员工人际沟通能力行为观察量表举例

姓名：	部门：	岗位：
请根据某员工的实际表现，用 1～5 表示下列每种行为的频率，将相应数字写在对应的行为之后。		

5= 总是；4= 经常；3= 有时；2= 偶尔；1= 极少或从不	
（1）主动与其他员工进行交流	
（2）沟通过程中注意倾听对方的观点	
（3）能与本部门员工或上级就工作内容开诚布公地交谈	得分
（4）在人际交往中能巧妙地回避令人尴尬的问题	
（5）能较好地控制谈话过程	
（6）能很好地借助肢体语言表达自己的观点，并注意观察对方的肢体语言	

续表

姓名：		部门：		岗位：
评分标准				
分数	13 分以下	14 ～ 16 分	17 ～ 19 分	20 ～ 22 分	23 分以上
等级	很差	较差	良好	优秀	杰出

资料来源：改编自：行为观察量表法实例 - 百度文库 [EB/OL].（2022-12-05）https://wenku.baidu.com/view/e54f0db79889680203d8ce2f0066f5335b816777.html.

3. 行为锚定考评量表

行为锚定考评量表起始于 20 世纪 60 年代，也称行为期望量表，是一种基于关键行为的考评量表，是用反映不同绩效水平的具体关键工作行为来锚定每个绩效因素的不同等级特征，再将员工的实际行为跟锚定的行为进行比较。其操作步骤如下：

（1）获取关键事件。邀请一组熟悉工作内容和标准的人员，围绕优秀绩效和劣等绩效，找出和描述有代表性的关键事件。

（2）建立绩效考评等级。这一组人员继续讨论，将关键事件合并，逐步形成 5 ～ 10 个绩效要素，并界定每一个绩效要素的内容。

（3）对关键事件重新分配。邀请另一组对工作内容和标准熟悉的人员，重新排列关键事件，并放入他们认为合适的绩效要素中。如果第二组中 50% ～ 80% 的人员将同一关键事件放入的绩效要素与第一组相同，则关键事件的位置可以确定。

（4）对关键事件进行评定。第二组人员对关键事件中所描述行为进行评定（一般 7 ～ 9 点等级尺度），以进一步判断它们能否有效代表某一绩效要素要求的绩效水平。

（5）建立最终的行为锚定考评体系。在这一体系中，每一个绩效要素都有一组关键事件作为其"行为锚"。

行为锚定考评量表跟其他方法相比，具有各绩效要素之间的独立性较强、准确性更高、考评尺度更精确等优点，但行为锚定考评量表的难点在于"行为锚"的确定。表 6-6 列举了行为锚定考评量表的部分示例。

表 6-6 行为锚定考评量表示例（部分）

评价维度：能力	
9	能够灵活运用各方面的技能，可以出色地完成任何具有挑战性的任务
8	能够熟练运用各方面的技能，可以较好地完成任何任务
7	能够充分运用相应技能，解决分配的常规任务
6	能够较充分运用相应技能，恰当完成绝大多数任务
5	能够基本运用相应技能，偶然有任务无法正常完成
4	能够初步运用相应技能，但至少三分之一的任务无法正常完成
3	在运用相应技能时存在一定困难，常常有任务无法正常完成
2	大部分技能无法掌握和运用，大多数任务无法正常完成
1	在应掌握的技能前束手无策，常因技能不足而影响整个工作

资料来源：张德 . 人力资源开发与管理 [M]. 5 版 . 北京：清华大学出版社，2016，第 186 页。

（四）工作标准法

工作标准法是根据员工绩效计划与绩效目标，为员工设置可以量化的工作标准，然后将员工的工作结果与这一标准进行比较得出绩效考评结果的方法。这是基于工作结果的绩效考评方法，在实践中应用非常广泛。工作标准越明确，业绩评价就越准确。例如，针对营销人员的工作标准，设计为销售额、回款率等标准就较为合理；针对生产人员的工作标准，则设计为生产量、次品率、安全生产率等标准较为合理。

这种方法的优点是：考评者和员工都了解工作的要求，便于操作，考评结果客观公正，考评者的主观干扰很小。缺点是：可能会导致员工过度追求工作业绩而产生"短视行为"；员工的绩效结果受外部环境等许多因素影响，只根据工作标准和工作结果考评员工可能会导致对员工的考评出现偏差；只用员工个人的工作标准与结果进行考评，可能会使员工过度关注个人绩效，而忽略团队和小组的绩效完成情况，不利于组织目标的实现。

因此，实践中很少单独采用工作标准法进行绩效考评，会综合运用几种绩效考评方法来全面考评员工的绩效结果，但工作标准法通常占的权重较大。

（五）小组评价法

小组评价是指将小组所有成员的工作看作一个整体来评价的绩效考评方法。随着组织扁平化与内外环境的高度变化，以个人为单位独立完成某项工作任务的组织越来越少，更多的是以团队和小组为单位，成员共同努力完成工作任务。而在一个小组或团队内，很难将每个人的贡献单独区分开来，因此，以团队或小组为单位进行绩效考评成为一种必然趋势。小组认同的不是个人的表现，而是整个小组共同的成就。

采用小组评价的目的就是让小组成员之间学会合作、学会关心、学会以团队的力量去竞争。这样的评价，对于形成小组成员的集体观念、促进团队成员的合作是十分有效的。目前波音公司、丰田公司等企业已经开始采用小组评价的方法。

（六）360度考评法

360度考评法又称为全方位考评法，最早被英特尔公司（Intel Corporation）提出并加以运用。该方法是指通过员工自己、上司、同事、下属、顾客等不同主体来了解其工作绩效，通过评论知晓各方面的意见，清楚了解员工的长处和短处，进而制定针对性的改进措施来达到提高员工绩效的目的。

1. 360度考评法的优点

（1）打破了由上级考评下属的传统考评制度，可以避免传统考评中考评者极容易产生的"光环效应""居中趋势""偏紧或偏松""个人偏见"和"考核盲点"等现象。

（2）一个员工想要影响多个人是困难的，使管理层获得的信息更准确。

（3）可以反映出不同考评者对于同一被考评者不同的看法。

（4）防止被考评者急功近利的行为（如仅致力于与薪酬密切相关的业绩指标）。

（5）使下级有参与感，形成组织内的民主风格。

（6）全面的考评信息有助于被考评者多方面能力的提升。

2. 360度考评法的不足

（1）人缘好的人往往得到好评，但人缘好未必表示其绩效优。

（2）可能会使员工过度关注人际关系。

（3）易造成同事间彼此猜忌、内部失和、帮派之争等情形。

（4）易受到部门主管抵制，他们认为一方面这会加大自己的工作量，另一方面还可能导致下属瓜分自己的权力。

（5）考评成本高。当一个人要对多个员工进行考评时，耗费时间多，由多人共同考评导致的成本上升可能会超过考评所带来的价值。

（6）成为某些员工发泄私愤的途径。个别员工不正视上司及同事的批评与建议，将工作上的问题上升为个人情绪，利用考评机会"公报私仇"。

（7）考评培训工作难度大。组织要对所有的员工进行考评制度、考评意义、考评方法及技能的培训，因为所有的员工既是考评者又是被考评者，从而导致工作难度加大。

拓展阅读 6.5

海尔的绩效考评模式："三工并存，动态转换"

六、绩效考评中常见的问题

1. 考评指标理解误差

它是指由于考评人对考评指标的理解的差异而造成的误差。同样是"优、良、中、合格、不合格"等标准，但不同的考评人对这些标准的理解会有偏差。针对同一个员工，对于某项相同的工作，甲考评人可能会选良，乙考评人可能会选合格。为避免这种误差，可以采取以下三种措施：

（1）修改考评内容，让考评内容更加明晰，尽可能采用量化指标，这样可以让考评人更加准确地进行考评；

（2）避免让不同的考评人对相同职位的员工进行考评，尽可能让同一名考评人进行考评，员工之间的考评结果就具有了可比性；

（3）避免对不同职务的员工考评结果进行比较，因为不同职务的考评人不同，所以不同职务之间的比较可靠性较差。

2. 光环效应误差

当一个人有一个显著优点的时候，人们会误以为他在其他方面也有同样的优点。这就是光环效应。在考评中也是如此，比如被考评人工作非常积极主动，考评人可能会误以为他的工作业绩也非常优秀，从而给被考评人较高的评价。在进行考评时，被考评人应该将所有考评人的同一项考评内容同时考评，而不要以人为单位进行考评，这样可以有效地防止光环效应。

3. 趋中误差

当考评人倾向于给大部分被考评人中等的考评结果时，就会产生趋中误差。这主要是由于考评人害怕承担责任或对被考评人不熟悉所造成的。在考评前，对考评人员进行必要的绩效考评培训，消除考评人的后顾之忧，同时避免让其对不熟悉的被考评人进行考评，可以有效地防止趋中误差。也可使用"强制分布法"，即要求考评人按规定的百分比对所有被考评人强制划分等级，以有效避免趋中误差。

4. 近期误差

由于人们总是对最近发生的事情记忆深刻，而对以前发生的事情印象浅显，考评人容易将被考评人近期的绩效行为及结果当作整个绩效周期的绩效进行评定，从而产生近期误差。例如，考评人往往会用被考评人近一个月的表现来评判整个季度的表现，用被考评人最近一个季度的表现来评判整个年度的表现。消除近期误差的最好方法是考评人每月进行一次当月考评记录，在每季度进行正式考评时，参考月度考评记录来得出正确考评结果；在进行年度考评时，参考每季度的考评结果来进行考评。

5. 宽大化误差

宽大化误差是最常见的评价误区行为。受这种行为倾向的影响，评价者对评价对象所作的评价往往高于其实际成绩。这种现象产生的原因主要有：

（1）评价者为了保护下属，避免留下不良绩效的书面记录，不愿意严格评价部下；

（2）评价者希望本部门员工的绩效优于其他部门的绩效；

（3）评价者对评价工作缺乏自信心，尽量避免引起评价争议；

（4）评价要素的评价标准不明确；

（5）评价者想要鼓励工作表现有所提高的员工。

6. 个人偏见误差

考评人对被考评人的个人主观印象（喜欢或不喜欢、熟悉或不熟悉）会干扰和影响其对被考评人的客观评价。考评人往往会给自己喜欢（或熟悉）的人较高的评价，而对自己不喜欢（或不熟悉）的人给予较低的评价，这就是个人偏见误差。采取小组评价或员工互评的方法可以有效防止个人偏见误差。

7. 压力误差

当考评人了解到本次考评的结果会与被考评人的薪酬或职务变更有直接的关系，或者惧怕在考评沟通中受到被考评人的责难等心理压力时，可能会对被考评人作出偏高的评价。解决压力误差，一方面要注意对考评结果的用途进行保密，另一方面在考评培训时让考评人掌握考评沟通的技巧。如果考评人不适合进行考评沟通，可以让人力资源部门代为进行。

8. 完美主义误差

考评人可能是一位完美主义者，他往往放大被考评人的缺点，从而给予被考评人比实际绩效更低的评价，从而造成了完美主义误差。解决该误差，首先要向考评人讲明考评的原则和方法，另外可以增加员工自评，与考评人考评进行比较。如果差异过大，应该对该项考评进行审核与分析，看是否出现了完美主义误差。

9. 自我比较误差

考评人会不自觉地将被考评人与自己进行比较，以自己作为衡量被考评人的标准，这样就会产生自我比较误差。解决办法是将考评内容和考评标准明确与细化，并要求考评人严格按照考评要求进行考评。

10. 后继效应

后继效应亦称记录效应，即被考评人在上一个考评期内考评结果的记录，会影响考评人在本期内对被考评人的考评结果。其原因是考评人不能认真地按照考评标准且不受上期考评记录的影响，对每个被考评人独立地进行每一次考评。解决方法是训练考评人一次只评价全体被考评人绩效的某一方面，然后再评价另一方面，最后再将每个被考评人的所有评价结果汇总起来。

第四节 绩效反馈与结果应用

绩效反馈（performance feedback）是绩效评估工作的最后一环，也是最关键的一环。能否达到绩效评估的预期目的，则取决于绩效反馈的实施。

一、绩效反馈的含义与内容

（一）绩效反馈的含义

绩效反馈是指在绩效考评结束后，管理者通过正式沟通渠道，及时将绩效考评结果反馈给员工，并通过反馈面谈，肯定员工取得的成绩，同时就绩效存在的问题与员工进行平等充分沟通，分析该问题产生的原因，探讨有效的改进措施，帮助员工制订绩效改进计划。绩效反馈在整个绩效管理系统中起着重要作用，但它在管理实践中通常会被忽视。

（二）绩效反馈的内容

绩效反馈包括五个方面的内容：

（1）在遵循保密原则的基础上，及时公布员工的绩效考评结果，确保绩效考评的公开透明。

（2）在绩效反馈面谈环节，要详细说明员工的绩效结果，尽量用具体事例进行说明。

（3）表扬与鼓励绩效考评结果优秀的员工。

（4）帮助绩效较差者分析原因，并与员工共同讨论改进方案。

（5）说明绩效结果的应用，即不同的绩效会面临什么样的奖励和处罚。

（6）阐明组织对绩效管理的重视，激励全体员工在下一考评期继续努力工作。

二、绩效反馈的作用

绩效反馈通过全面回顾员工在绩效周期内的工作行为与工作结果，对其成绩给予肯定，并帮助其找出绩效不佳的原因，制定改进策略与计划。绩效反馈对组织绩效管理起着重要作用。

（一）提高员工对绩效考评结果的接受程度

绩效反馈为管理者和员工构建沟通的桥梁。管理者将员工的绩效表现反馈给员工，员工也可以就绩效评价结果提出自己的意见与建议，双方本着友好交流的原则进行沟通，有分歧及时协调，提升了员工对考评结果的接受程度。

（二）帮助员工改进绩效

在绩效反馈过程中，管理者会就员工的工作表现和工作完成情况与员工进行沟通，对其取得的成绩给予肯定与鼓励，并就其存在的问题深入分析原因，给出改进建议，帮助员工制订改进工作计划，以有效提升员工绩效水平。

（三）有利于员工制订个人发展计划

绩效反馈过程中，管理者更多地关注员工绩效中存在的问题及解决方案。管理者会与员工共同探讨改进绩效和进一步发展所需要的知识、能力与技能，以及通过何种培训与开发来获得相应素质的提升。这对于员工制订个人发展计划具有重要的指导意义，还可以确保员工个人发展计划与组织发展目标相一致。

三、绩效反馈面谈的原则

绩效反馈面谈是管理者和员工就绩效考评结果进行的面对面的检视和讨论。绩效反馈面谈需要遵循的原则通常有以下几点：

（一）常态原则

绩效反馈应当是经常性的，而不应当是一年一次。这样做的原因有两点：（1）管理者一旦意识到员工在绩效中存在缺陷，就有责任立即去纠正它。如果员工的绩效在 1 月份时就低于标准要求，而管理人员非要等到 12 月份再去对绩效进行反馈面谈，就意味着企业要蒙受 11 个月的生产率损失。（2）绩效反馈面谈有效性的一个重要决定因素是员工对于评价结果基本认同。因此，考评者应当向员工提供经常性的绩效反馈，使他们在正式的评价过程结束之前就基本知道自己的绩效评价结果，并尽早认同这一结果。

（二）相互信任原则

绩效反馈面谈是对员工在绩效周期内的工作表现进行回顾和审视的过程，员工可能会产生防御心理，会将绩效不佳的原因归结为内外部环境变化、他人干扰、同事不配合等。因此，管理者要注意与员工建立一种相互信任的关系，使绩效反馈面谈在良好的氛围中进行，让员工敢于讲真话，以便达成绩效反馈面谈的预期目标。

（三）平等交流原则

在组织日常运营中，管理者通常处于指挥地位，员工则处于执行者的地位。绩效反馈面谈则是上下级平等沟通的过程。管理者要想了解真实情况，就要为员工提供平等交流的平台和畅所欲言的机会。要允许员工发表不同观点，并针对不同观点冷静地开展讨论，保持友好的面谈氛围，避免出现激烈的矛盾冲突。

（四）针对性原则

在绩效反馈面谈中双方应该针对性地讨论和评估员工的工作行为与绩效，而不应讨论员工的个性特点。员工的个性特点不能作为评估绩效的依据，比如个人气质的活泼或者沉静。但是在谈到员工的主要优点与不足时，可以谈论其某些与工作绩效相关的个性特征。例如，一个员工个性特征中有不太喜欢与人沟通的特点，这个特点使他的工作绩效受到影响，这样关键性的个性特征应该指出来，从而使员工清楚地明白自己哪些地方做得好，哪些地方还有不足，而不应泛泛而谈或笼统性地评价。

（五）基于工作原则

绩效反馈面谈主要针对员工工作中的绩效表现及结果。因此，管理者在面谈时应以员工的工作绩效为核心，以工作情况为基础，对事不对人，尤其是不能对员工进行人身攻击，不能掺杂与工作无关的因素及个人情感因素。

（六）优缺点并重原则

在绩效反馈面谈中，管理者既要肯定员工的成绩，激励其继续保持优秀的绩效；又要帮助员工寻找并解决工作中的问题，不能因为员工绩效很好就掩盖其缺点，也不能因为员工绩效较差就认为员工一无是处。

四、绩效反馈面谈的步骤

（一）绩效反馈面谈准备

1.管理者的准备

管理者应做好以下准备工作：

（1）收集资料，主要包括以下内容：

①部门的目标管理卡和绩效计划。这是管理者和员工共同沟通达成的共识的，也是绩效管理整个过程的依托，因此在绩效反馈环节，它依然是重要的信息来源。

②职位说明书。职位说明书是绩效面谈的重要内容之一。管理活动是一个动态的过程，员工的工作内容会在这一过程中发生改变，可能会增加一些当初制订绩效目标时所未能预料的内容，也可能有部分目标因为某种原因未能组织实施。此时，职位说明书将作为文件依据发挥重要作用。

③绩效考评表。绩效考评表填好后，各评价主体要认真分析数据，从中分析出员工的优势和劣势，在绩效反馈时需要员工签字认可。

④员工的绩效档案。所谓绩效档案，就是管理者在日常管理活动中，跟踪员工绩效目标时所发现和记录的内容。绩效档案是管理者实施绩效考评和绩效反馈面谈的重要依据。

（2）选择合适的面谈时间和地点。因为绩效反馈面谈是针对员工绩效结果进行的，所以一般在员工绩效考评结果出来后就可以开展面谈，面谈时间以不影响员工正常工作为前提。面谈地点可以灵活选择，一般要求安静、不受干扰，可以是会议室、办公室、接待室，也可以是工作场所之外的地方。另外，在面谈中还要注意保持手机静音，避免外来人员干扰等，营造良好的面谈氛围。

（3）制订面谈计划。在绩效反馈面谈开始之前，管理者要提前计划好面谈的内容、程序和进度。先谈什么，后谈什么，每位员工大概用时多少分钟，面谈的关键问题有哪些？重点沟通什么？得出什么结论？达成哪些共识？做出哪些工作改进计划？组织对绩效结果的奖惩政策是什么样的？并将这些内容以文字资料形式提前发给员工，使员工了解绩效反馈面谈的内容与程序，提前做好相关准备，确保面谈效果。月度考评面谈时间一般不少于30分钟；年度考评面谈一般应多于1小时。正常情况下，每次绩效考评结束后一周内完成绩效反馈面谈。

2.员工的准备

只有管理者做准备是不行的，面谈是管理者和员工双方共同完成的工作，只有双方都做了充分的准备，面谈才有可能成功。因此，在面谈计划下发的同时，要将面谈的重要性告知员工，让员工做好充分准备。员工应做好以下准备工作：

（1）主动搜集能够证明自己真实绩效的资料与证据。对于完成得好的工作任务，需要用事实来说明哪些地方做得好，要实事求是，有明确的、具体的业绩，以使人心服口服；

而对于完成得不好的工作任务，则要以事实为依据认真进行自我评估，客观真实地说明绩效不佳的理由及自己对问题的认识，并提出初步解决方案。

（2）准备好个人发展计划。绩效反馈面谈中很大一部分内容是对过去的工作绩效进行回顾和评估，但这并不等于绩效反馈面谈集中于过去。谈论过去的目的并不是停留在过去，而是从中总结出一些对未来发展有用的结论。因此，任何对过去绩效的讨论都应着眼于未来，核心目的是制订未来发展的计划，改进和提升员工未来的绩效水平。因此，员工在准备阶段应先制订一个初步的发展计划，以便在面谈时与管理者进行沟通讨论。

（3）准备好要向管理者提问的问题。绩效反馈面谈是管理者和员工双向交流的过程，管理者可以针对员工的绩效表现提出问题，员工也可以针对自己在工作中遇到的困难和疑虑以及自己关注的绩效结果的奖惩政策、绩效考评的公平性等展开提问，以获得管理者的帮助和资源支持。

（二）绩效反馈面谈过程

准备工作固然重要，但相对来说，面谈的过程更加重要。因此，我们一定要在面谈过程中注意方式、方法，使面谈在融洽的气氛中进行，真正起到帮助员工提高的目的，而不要演变成批斗会、辩论场。绩效反馈面谈过程一般分为面谈开始阶段、正式面谈阶段、面谈结束阶段三个部分。

1. 面谈开始阶段

绩效反馈面谈会重点涉及员工在绩效周期内存在的绩效缺陷与问题，面谈结果会与绩效奖惩、晋升等人力资源政策相关联。在我国传统的文化背景下，面对面地讨论如此敏感的问题对面谈双方都会产生较大的心理压力。因此，轻松愉快的开场白就显得非常必要。管理者可以从一个双方都感兴趣且比较轻松的话题开始，营造和谐的面谈氛围，帮助员工舒缓心情，使其愿意与管理者就绩效问题进行沟通。同时，管理者也要认真说明本次面谈的目的和程序，打消员工疑虑，从而敢于在面谈中阐述自己的真实想法与事实真相，使管理者了解问题产生的原因，针对性地提出对策，确保绩效反馈面谈的有效性。

2. 正式面谈阶段

这一阶段，管理者与员工就绩效考评结果进行深入交流，在员工取得的绩效成绩、存在的问题及原因、如何改进等方面达成一致意见。主要包括：

（1）管理者对员工在绩效周期内的表现进行总体回顾，告知员工绩效考评结果。对其取得的成绩进行鼓励和表扬；对其绩效不佳方面，采取员工易接受的方式提出。

（2）管理者耐心听取员工对自己绩效结果的意见与看法，如员工对结果有异议，管理者要认真听取原因并给予其满意的答复。

（3）在对绩效结果取得一致意见的前提下，管理者与员工重点围绕绩效问题深入分析，在探讨原因并达成一致的基础上，双方共同商定员工绩效并确定绩效改进计划，明确管理者和员工在此计划中应承担的职责与任务。

（4）在正式面谈结束后，管理者要和员工形成双方认可的备忘录，就面谈结果达成共识，对暂时还有异议没有形成共识的问题，可以和员工约好下次面谈的时间，就专门的问题进行二次面谈。

3. 面谈结束阶段

一般情况下，正式面谈阶段要实现绩效反馈面谈目标，取得员工对绩效结果的认可，并制订绩效改进计划。而在面谈结束阶段，管理者要注意采取友好真诚的态度勉励员工，使面谈在融洽的气氛中结束，并使员工保持积极的心态投身到下一个绩效周期内，提升自己的绩效水平，努力实现绩效改进计划，而不能让员工将消极的心态带入工作中。

在面谈过程中，可以用绩效反馈面谈记录表来进行记录（见表 6-7）。面谈结束后，由相关人员签字确认后作为绩效管理的重要资料存档。

表 6-7　绩效反馈面谈记录表

面谈对象		职位编号	
面谈者		面谈时间	
面谈地点			
绩效考评结果（总成绩）：			
工作业绩		工作能力	工作态度
考核期绩效不良的表现：			
考核期绩效不良的原因：			
下期绩效改进计划：			
面谈对象签字		面谈者签字	
记录者签字		时间	

资料来源：董克用，李超平 . 人力资源管理概论 [M]. 5 版 . 北京：中国人民大学出版社，2019，第 310 页。

（三）绩效反馈面谈评估

绩效反馈面谈结束后，管理者要就面谈效果进行评估，并明确需要改进的地方，为以后的绩效反馈面谈提供借鉴和参考。衡量绩效反馈面谈效果，可以从以下几个方面来进行：

（1）员工是否认同考评结果？

（2）是否与员工就绩效问题达成一致？

（3）是否与员工就绩效问题的原因达成一致？

（4）本次面谈对员工改进绩效是否有帮助？

（5）本次面谈是否在融洽的氛围中进行？

（6）员工对面谈结果是否满意？

（7）员工是否了解与接受组织对绩效考评结果的应用？

（8）是否与员工就绩效改进计划达成一致？

（9）本次面谈方法是否合理？如何改进？

拓展阅读 6.6

阿里巴巴的绩效管理之路

五、绩效考评结果的应用

绩效考评结果的应用是绩效管理系统的最后一个环节。绩效考评完成并不代表绩效管理的结束，在人力资源管理工作中合理运用考评结果以提升企业管理水平才是绩效管理的最终目的。绩效考评结果的应用范围很广，它可以为人力资源管理的决策提供信息，还可以为员工个人在绩效改进、职业生涯发展方面提供借鉴。

可以把结果应用分成"管理应用"和"开发应用"两部分。管理应用指的是将绩效考评的结果应用于人力资源管理中的计划、招聘、甄选、薪酬、晋升、调配、辞退等各项具体的人力资源决策中。开发应用指的是考评结果可以提供员工优劣的信息，据此帮助员工探讨如何在现有的岗位上提高其工作业绩，如何加强员工的学习和开发，以及为员工的职业生涯规划提供建议等。具体有以下几个方面：

（一）人力资源规划应用

绩效考评结果可以为组织提供总体人力资源质量优劣程度的详细信息，获得人员晋升和发展潜力的数据，这些信息为组织未来制定人力资源规划提供重要的参考依据。

（二）招聘与甄选应用

通过对绩效考评结果进行分析，可以发现考评结果优秀的员工的共同胜任力特征，经人力资源部门提炼后，可作为组织选拔人才的标准，从而提高员工招聘与甄选质量。

（三）内部晋升与职位调整应用

绩效考评结果可以作为员工晋升和进行职位调整的依据。绩效评价优秀的员工可以根据组织相关政策进行职位晋升或职位轮换，绩效评价不合格的员工则可以降职或转岗，直至解聘。

（四）培训与开发应用

通过与员工进行绩效考评结果的反馈与沟通，可分析绩效差距产生的原因。对于因员工的能力、态度或技能缺失而导致的绩效差距，可以针对性地制订培训与开发计划，从而有效激发员工参与培训与开发的积极性，提升组织培训与开发工作质量。根据绩效评价结果，组织可以针对员工在培养与发展方面的特殊需求，制订相应的培训项目与内容，增强培训效果，降低培训成本，实现组织与员工的共同发展。

（五）薪酬管理应用

将绩效考评结果运用到薪酬管理中，对绩效优秀的员工给予加薪、发放奖金、提高福利待遇等政策，激励和引导员工朝着组织希望的方向努力，具有积极的行为导向作用，能有效调动员工的工作主动性，有助于员工更好地为实现组织目标而努力。

（六）员工关系管理应用

在绩效目标达成的过程中，管理者与员工保持持续通畅的沟通渠道，并通过沟通加深了解，共同分析解决工作中的困难，培养良好的沟通氛围，促进员工关系的良性发展。同时，公平、透明、规范的绩效考评，是员工加薪、奖惩、晋升、降级、调动、辞退等人力资源管理活动的重要依据，能够减少人为因素对企业管理的干扰，有利于建立和谐的员工关系。

本 章 小 结

绩效管理是人力资源管理的一项重要职能，对于有效提升员工绩效、部门绩效和企业整体绩效起着关键作用，是保障企业人力资源管理目标实现的重要手段。本章主要介绍了绩效的含义与特点，绩效管理的特征与意义，绩效管理系统，绩效计划的内容与指标设计工具，绩效考评方法及绩效反馈与应用等。通过对本章的学习，使学生对绩效管理的原理与方法有一个全面、系统地掌握，为以后在相应领域开展工作或研究奠定较为扎实的理论基础。

复习与思考

一、简答题

1. 说明企业绩效管理包含的具体阶段，以及每个阶段的工作内容和实施要点。

2. 绩效计划的主要内容有哪些？

3. 简述绩效辅导的含义与内容。

4. 绩效考评的方法有哪些？

二、论述题

请论述绩效考评中可能出现的问题与解决方法。

三、案例分析

扫描阅读

腾讯的绩效
管理

思考题

1. 腾讯的绩效管理有哪些特点与优点？

2. 绩效管理应如何适应企业的发展？

3. 末位淘汰制有哪些优缺点？企业应不应该推行末位淘汰制？请说明理由。

【在线测试题】扫描二维码，在线答题。

第七章
薪 酬 管 理

1. 掌握报酬的含义与构成；
2. 掌握薪酬的含义与构成；
3. 了解薪酬的功能与影响因素；
4. 掌握薪酬管理的内容与作用；
5. 掌握基本薪酬体系设计的流程；
6. 掌握职位评价的主要方法；
7. 掌握可变薪酬的主要形式与内容；
8. 掌握福利的特点与内容，了解福利的发展趋势；
9. 了解和掌握薪酬管理的基本流程与方法。

素养目标

1. 培养学生科学的薪酬观，树立"全面薪酬"理念；
2. 培养学生正确看待物质激励与精神激励，不过度追求物质享受，提升精神文化追求；
3. 培养学生树立正确的价值观、人生观、大局观，在国家与民族利益面前，不计较个人的物质回报与一时得失。

导入案例

新生代员工①要怎样激励

问题导入

下班的时候，周总听到小维和小鑫在聊天。小鑫说："虽然我毕业不久，还只停留在让自己吃饱穿暖的阶段，但是我宁愿少拿点工资，也不想因为工作把自己搞得很累，连享受生活的时间都没有！"

伴随着新生代员工不断涌入职场，管理新生代员工的重要性也日益凸显。新生代员工的追求更广泛、更具个性化，简单的薪酬或者传统的奖励方式，已经不足以激励他们努力工作。

---

① 新生代员工是指拥有新思维和新技能的年轻一代，他们以全新的视角看待和对待工作，具有创新思维、快速学习能力、技术驱动、积极向上的性格等特点。他们更关注职业发展，更善于主动发现机会，把握机遇。

从心理学角度看，所谓的激励是持续激发心理动机的一个过程。人的需要激发动机，而动机支配行为。也就是说，想要起到激励动机的作用，就必须满足员工的需要。激励心理学在管理工作中的作用是：利用激励方式，调动员工的积极性和创造力、激发员工的潜能，让被动管理转化为主动管理，从而增强团队的竞争力和向心力，提高团队绩效。

一般情况下，新生代员工有以下特点：

（1）比较自我，个性张扬，追求自我价值。

（2）爱创新，敢冒险。

（3）有强烈的表现欲。

（4）追求平等和尊重，喜欢平等友好的沟通方式，厌恶传统的说教和严格的管理制度。

（5）追求情感享受。

（6）心理素质和抗压能力较差。

（7）情绪容易波动，缺乏团队意识。

如何有效激励新生代员工？

1. 温暖关怀，满足情感需求

由于新生代员工比较重视情感，管理者可以通过给予新生代员工更多的关注来实现情感上的激励。关注的方式很简单，如当员工买了一件新衣服或者换了一个发型时，可以适度赞美两句，或者对员工每天的工作状态以及完成工作的结果进行点评等。

2. 让员工快乐地工作

新生代员工喜欢追求有趣的工作，并且喜欢以组队的形式跟队友协作完成工作。这也是新生代员工喜欢玩游戏的原因，如 LOL、守望先锋以及绝地求生之类的游戏，其最大的特点就是玩家们通过组队进行竞争，最终决出胜利者。因此，管理者可以采取这种方式激励员工，对新生代员工进行分组，通过小组之间竞争排名，并对排名第一的小组进行奖励。

3. 让员工充分展示自我

新生代员工是有想法并且喜欢表达自己想法的一代。因此，管理者需要给他们一个展示的机会，满足他们的这种需求，进而激励他们努力工作。例如，可以根据员工的想法，搭建他们想要的平台。但是需要注意的是，只有表现优秀的员工才能通过平台展示自己，因为机会只留给有准备的人。

4. 给员工更多自由的空间

新生代员工喜欢自由，不喜欢受约束，约束会限制他们潜能的发挥。因此，为了满足他们对"自由"的需求，管理者需要通过适当的激励方式给予员工"自由"。

时间自由。采取弹性工作制，员工可以根据自己的工作任务，灵活安排自己的时间。前提是要保证自己完成工作，并确保工作质量。

自主选择。管理者可以根据工作任务的性质，将工作划分为不同的类别，员工可以根据自己的能力和兴趣，自主选择工作任务。

总之，要激励新生代员工，必须了解新生代员工的特点，并从这些特点中发掘其需求。

资料来源：周剑熙.带团队一定要会心理学[M].北京：人民邮电出版社，2018。

导入案例思考

1. 企业应不应该调整薪酬管理制度以更好地激励新生代员工？请说明理由。

2. 除以上案例中提到的方法外，你还能想到哪些激励员工的方法？

第一节　薪　酬　概　述

薪酬是企业吸引、留住和激励员工的最根本手段，也是人力资源管理职能中员工最关注、最敏感的内容，它对充分调动员工的积极性起着关键的作用。随着经济、社会与文化环境的不断发展变化，员工的价值取向呈现多元化的趋势，薪酬不再是员工工作的唯一目的。但是，薪酬的重要性仍然毋庸置疑。如何使薪酬管理成为促进企业健康发展的高效管理工具、帮助企业提高整体绩效水平，是当前人力资源管理实践亟待解决的核心问题。

一、报酬的含义与构成

（一）报酬的含义

劳动者在为一个企业或组织工作的时候，之所以愿意付出自己的劳动，是因为他们期望自己能够获得与个人劳动价值相符的回报。我们认为，报酬是员工为组织付出劳动而获得的各种类型的酬劳。报酬并不一定是金钱或物质回报。由于人的需求和价值观的差异，人们对报酬的感受并不相同。例如，部分员工认为自己的工作获得上级认可是一种非常有价值的报酬，但对于另外一部分员工来说，这种认可可能属于价值不大或毫无意义的报酬。

（二）报酬的构成

报酬可分为内在报酬和外在报酬两大类。

1. 内在报酬

它通常是指员工由工作本身所获得的心理满足和心理收益，如参与决策、工作自主性、个人的成长、挑战性的工作等。

2. 外在报酬

它通常是指员工所得到的各种货币收入和实物，分为经济性报酬和非经济性报酬。经济性报酬指薪酬，包括直接薪酬和间接薪酬，直接薪酬又包括基本薪酬和可变薪酬；非经济性报酬是指不以金钱形式提供的外在报酬，包括宽敞的办公室、私人秘书、动听的头衔、特定停车位等。报酬的构成如图7-1所示。

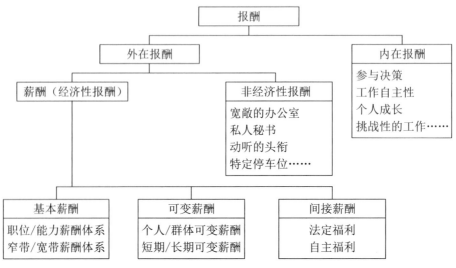

图 7-1 报酬的构成

二、薪酬的含义与构成

（一）薪酬的含义

不同的学者对薪酬的定义不同。广义的薪酬概念认为薪酬等同于报酬，即员工在工作中所获得的全部酬劳都是薪酬；狭义的薪酬概念则认为薪酬仅包括经济性报酬，而不包括内在报酬与非经济性报酬。本书采用大多数学者所接受和认可的表述，即薪酬是组织因雇佣关系的存在而支付给员工的各种直接和间接的经济收入，包括直接薪酬与间接薪酬（福利）。直接薪酬又包括基本薪酬和可变薪酬。

（二）薪酬的构成

一般来说，企业的薪酬包括基本薪酬、可变薪酬与间接薪酬。

1. 基本薪酬

基本薪酬又称固定薪酬，是指企业根据员工所承担的工作任务或所具备的技能和能力而支付给员工的相对稳定的经济性报酬。基本薪酬最重要的功能是保障功能，即为员工提供基本的生活保障，确保员工可以无忧地为组织工作。根据基本薪酬确定的基础不同，薪酬体系可分为职位薪酬体系与能力薪酬体系。职位薪酬体系是企业根据员工承担工作任务的重要性、难度和价值大小来确定员工的基本薪酬，是以"职位"为中心的薪酬体系。能力薪酬体系则是根据对每位员工能力或技能的评价来确定其基本薪酬，是以"人"为中心的薪酬体系。基本薪酬不仅为员工提供了稳定的收入来源与生活保障，而且往往还是确定可变薪酬的主要依据。基本薪酬的主要变动依据有：社会生活总成本的变动，企业的薪酬政策调整，市场平均薪酬水平变动。员工的知识、经验、技能、能力等发生变化可直接导致员工绩效的变化。另外，企业在行业中所处位置、核心竞争力变化等，都会对员工的基本薪酬水平产生影响。

2. 可变薪酬

可变薪酬也称变动薪酬或奖金，是指企业根据员工、部门、团队和企业绩效而支付给员工的具有变动性的经济性报酬。可变薪酬最明显的特征是它的激励性，它对于激励员工提升绩效水平具有重要作用。它的目的是在绩效与薪酬之间建立直接的联系，根据绩效结果调整可变薪酬水平。其依据的绩效既可以是员工个人的绩效，也可以是员工所属某部门、某团队及整个企业的绩效水平。它有助于企业强化员工个人、部门乃至企业的优秀绩效。

3. 间接薪酬（福利）

间接薪酬就是给员工提供的各种福利，与基本薪酬和可变薪酬不同，间接薪酬的支付与员工个人的工作绩效没有直接的关系，一般具有普遍性，全体员工都可以享受。根据法律强制性不同来划分，福利可以分为国家法定福利与企业自主福利两大类。国家法定福利是国家法律法规规定的福利，是企业必须为员工提供的福利，一般指基本养老保险、基本医疗保险、失业保险、工伤保险、生育保险、住房公积金和法定假期。企业自主福利是指企业额外给员工提供的福利，如住房补贴、生育补贴、工作午餐、生日贺礼、企业年金、持股计划、带薪休假、培训进修等。企业自主福利是近年来人力资源管理实践关注的热点之一，具有广阔的发展前景，对于有效激励员工起到积极的作用。

根据支付对象不同，福利可以划分为三种形式：全员福利、特种福利与特困福利。全员福利是全体员工都可以享受到的福利，跟员工的岗位、绩效等无关。特种福利是针对特定的员工或岗位群体发放的福利，如生育补助金、子女教育金、工龄满30年补助金等。特困福利则指针对困难员工发放的生活补助等福利。

员工福利同直接薪酬一样是员工的劳动所得，属于劳动报酬的范畴，但它又不同于直接薪酬，其不同表现在：

（1）直接薪酬是按劳付酬，员工的直接薪酬之间存在差别，而员工福利是根据工作任务和员工的需要支付，员工的福利差别不大。

（2）直接薪酬是直接的劳动力再生产费用，而员工福利是间接的劳动力再生产费用。

（3）直接薪酬与岗位需求和劳动力素质水平相关，很大程度上反映了市场工资率，而员工福利与之无关。

（4）直接薪酬作为人工成本随工作时间的变化而变化，而员工福利作为人工成本随人数的变化而变化，有些福利项目从利润中支付，不列入成本。

（5）直接薪酬具有个别性、稳定性，而员工福利具有集体性和随机性。

近年来，理论界和企业实践中开始实施全面薪酬管理，这里的全面薪酬的含义基本等同于报酬的含义，即员工从为企业工作中获得的物质的、非物质的全部回报和酬劳。它既包括员工在工作中获得的心理满足与归属感等内在报酬，也包括了基本薪酬、可变薪酬及福利等外在经济性报酬，还包括社会地位、工作条件等外在非经济报酬。

三、薪酬的功能

自从人类从农业社会进入工业社会，与之相伴随的雇佣关系便成为一种普遍现象，薪酬就成了一个影响千家万户、企业等组织以及整个社会的重要事物。员工之所以愿意将自己的劳动（包括时间、技能等）贡献给一个企业，很重要的原因是他们期望获得与个人劳动价值相符的经济回报或经济报酬，这种回报最主要的体现形式就是薪酬。薪酬既是企业为员工提供的收入，又是企业的一种成本支出，它代表了企业与员工之间的经济交换关系。这一交换具有如下主要功能：

（一）经济保障功能

从经济学的角度来说，薪酬实际上就是劳动力这种生产要素的价格，其作用在于通过市场将劳动力尤其是具有一定知识、技能和经验的稀缺人力资源配置到各种不同的用途中去。因此，薪酬最终表现为企业和员工之间达成的一种供求契约，企业通过员工的工作来创造市场价值，同时企业对员工的贡献提供经济上的回报。在市场经济条件下，薪酬收入是绝大多数劳动者的主要收入来源，它对于劳动者及其家庭生活所起的保障作用是其他任何收入保障手段都无法替代的。当然，薪酬对于员工的保障并不仅仅体现为满足员工在吃、穿、用、住、行等方面的基本生存需要，而且体现为它要满足员工在娱乐、教育、自我开发等方面的发展需要。员工薪酬水平的高低对员工及其家庭的生存状态和生活方式所产生的影响是非常大的。

（二）激励功能

从心理学的角度来说，薪酬是个人和企业组织之间的一种心理契约，这种契约通过员工对于薪酬状况的感知而影响其工作行为、工作态度及工作绩效，即产生激励作用。根据马斯洛的五层次需求理论，我们可以发现，员工对于薪酬的需求在这五个层次上都有所表现：①员工期望所获得的薪酬能够满足自己的基本生活需要；②员工期望自己的薪酬收入更加稳定或者稳定的薪酬部分有所增加；③员工期望自己所获薪酬与同事相比具有公平性；④员工期望自己能够获得比他人更高的薪酬，以作为对个人能力和所从事工作的价值肯定；⑤员工期望自己能够获得过上更为富裕、质量更高的生活所需要的薪酬，从而进入一种好的生存状态，充分实现个人的价值。

一般情况下，当员工的低层次薪酬需求得到满足以后，通常会产生更高层次的薪酬需求，并且员工的薪酬需求往往是多层次并存的。因此，企业必须注意同时满足员工的不同层次薪酬需求。

从激励的角度来说，员工的较高层次薪酬需求得到的满足程度越高，薪酬对于员工的激励作用就越大。反之，如果员工的薪酬需求得不到满足，则很可能会产生消极怠工、工作效率低下、人际关系紧张、缺勤率和离职率上升、组织凝聚力和员工对组织的忠诚度下降等多种不良后果。

事实上，从对许多企业进行员工满意度和组织承诺度调查的统计结果来看，现阶段员工对于企业薪酬制度与薪酬水平的满意度总体不高。这种情况不仅在薪酬水平较低的企业中存在，而且在一些薪酬水平较高的企业中同样存在。其根本原因是员工对于薪酬的心理期望和企业实际薪酬水平之间存在差距。无法满足员工合理薪酬期望的企业很容易出现员工满意度低和流动率高的现象，这一点需要引起高度重视。

（三）吸引功能

企业为员工提供的薪酬向社会传递了重要信息，当企业支付给员工的薪酬与同类企业相比具有竞争力时，就会对外部人员产生较强的吸引力，可以吸引到优秀的人才加入企业。企业支付给某类职位的员工薪酬越高，则说明企业对这种人才有迫切需求，也就会吸引更多的外部人员关注这一职位。

（四）保留功能

如果企业为员工提供的薪酬对外具有竞争性，对内具有公平性，能够体现员工的能力与贡献，则可以有效提升员工对企业的归属感与忠诚度。这使大部分员工心甘情愿地为获得此薪酬而选择继续留在企业工作，最大限度地留住优秀的员工，从而起到保留员工的作用。

（五）优化配置劳动力资源功能

薪酬具有优化配置社会劳动力资源的功能，不同区域、不同行业、不同职业的薪酬水平不同，劳动力供给和需求之间的矛盾在劳动力价格形成过程中起着非常重要的作用。当某地区劳动力供不应求时，会导致这一地区薪酬水平增加，薪酬的增加会吸引其他地区劳动力向该地区流动，这样就会增加该地区劳动力的供给，将薪酬维持在适当水平；当某行业劳动力供过于求时，会导致这一行业薪酬水平降低，薪酬的降低会导致该行业劳动力向其他劳动力紧缺的行业流动，这样则会减少此行业劳动力的供给，将薪酬维持在适当水平。

当然，上述流动过程并不是自然而然实现的，会受到诸多因素的制约。劳动力跨区域流动会受到地域、生活习惯、生存成本等因素的制约；跨行业流动会受到行业政策、行业经验的制约；跨职业人才流动会受到知识技能、职业经验等的制约。

四、影响薪酬的因素

薪酬的确定受许多因素的影响，包括企业自身条件、劳动力市场、工作特征及价值、员工需求等。

（一）企业自身条件

企业给予员工的经济报酬，从反映劳动力成本的意义上来讲是费用。然而，当它作为促使员工尽最大努力工作并使之得以保持的一种动力时，它就成了一种资产。薪酬方案对于员工的工作态度和行为有很大的潜在影响，它能够激励员工提高生产率与工作业绩、降低缺勤率，这是所有企业持续追求的目标。因此，薪酬受到企业高层管理者的密切关注。

企业通常会根据战略发展目标与自身的经济实力，所处行业，在本行业、本地区的竞争力及所处位置，支付能力等制定相应的薪酬政策，以确定其在劳动力市场中是薪酬领先者、居中者还是居后者。因此，企业自身条件是决定薪酬的最重要因素，它决定着企业能否制定具有竞争力的薪酬方案。同时，企业文化与管理模式也会对薪酬方案产生较大影响。对于集权型的企业，薪酬决策主要由高层管理者作出，有可能脱离企业与员工的实际需求；而对于民主型的企业，薪酬决策更多地由管理者与员工共同讨论而确定，员工对薪酬的满意度相对较高，薪酬的激励作用更容易实现。

（二）劳动力市场

某一区域内具有劳动能力且能满足企业需求的人力资源构成了企业所处的劳动力市

场。对于部分职位来说，劳动力市场的范围远远超出企业所在地，在全国乃至全球范围内进行招聘也是比较常见的。同时，不同区域劳动力市场中相同职位的薪酬会有很大不同，如一个一线城市的行政秘书年薪 8 万~ 15 万元，而一个中小城市的行政秘书年薪可能只有 5 万元或更少。薪酬管理人员必须注意这些差别，以使企业顺利招聘到合适的员工。企业要定期进行薪酬调查，以确定整个劳动力市场的现行薪资水平，这些调查为企业提供了劳动力市场中现有职位的最低、最高和平均薪酬水平，使企业能够很好地了解其他企业对同类职位员工支付什么样的薪酬。另外，通货膨胀率、工会、政府的政策法规以及本地区经济发展水平等都对薪酬方案的设计有影响。

（三）工作特征及价值

员工所从事的工作特征及价值是决定其经济报酬的最重要因素。企业根据员工所从事工作的特征、价值、责任以及其他与工作相关的因素来确定其薪酬水平。企业可以采用工作分析、工作说明书以及工作评价等管理技术来确定工作的相对价值。

企业在确定某工作相应难度和价值之前，必须首先确定工作的内容，通常通过工作分析来确定。工作分析是确定从事某项工作需要何种知识与技能的一个系统过程。工作说明书是工作分析的一个成果性文件，它是描述工作任务和职责的书面文件。工作说明书有多种不同的用途，包括工作评价。工作评价的成功与否很大程度上取决于工作说明书的准确性和明晰度。

工作评价是薪酬系统的一部分，组织据此决定工作的相对价值。工作评价的目的在于消除由于不合理的薪酬支付结构而造成的内部不公平。工作评价的潜在作用有：确认组织的工作结构、使工作间的联系公平有序、建立一个工作价值的等级制度并据此形成薪酬支付结构，从而使管理者和员工之间在内部工作和薪酬方面达成一致意见。

工作评价一般由专门的委员会进行。委员会的构成通常取决于被评价工作的类型和水平。中型和小型的组织通常缺乏专业评价人员，这时可聘用外部顾问并要求顾问开发一个内部工作评价方案，培训组织有关人员熟练掌握和运用此方案。

（四）员工需求

由需求理论可知，员工的需求是多样化和多层次的。员工的需求不同，对应有效的薪酬方案也不同。例如，对于知识型员工来说，物质回报固然重要，但员工会更关注企业中的发展机会、成长、受尊重和参与管理的程度等非经济报酬。而对于普通员工来说，薪酬的竞争性与公平性可能对其影响更大。因此，企业应当针对不同类型的员工，制定不同的薪酬政策，以达到吸引、保留和激励员工的目的。

拓展阅读 7.1

中国企业招聘薪酬报告·2023 第四季度

第二节　薪酬管理概述

一、薪酬管理的含义

所谓薪酬管理，是指企业在战略目标与战略规划的指导下，根据员工所提供的劳动与贡献及组织内外部条件，确定企业的薪酬水平、薪酬体系、薪酬结构、薪酬调整等政策，以激励员工不断提高工作绩效的管理过程。

可以从以下四个方面来理解薪酬管理的含义：

（1）薪酬管理要在企业战略目标和战略规划的指导下进行。作为人力资源管理的一项重要职能，薪酬管理必须服从和服务于企业的发展战略，为战略目标的实现提供有力的支持。

（2）薪酬管理具体表现为薪酬水平、薪酬体系、薪酬结构、薪酬调整等各种薪酬决策与政策。同时，作为一个系统的管理过程，企业还要持续不断地制订薪酬计划，拟定薪酬预算，就薪酬管理问题与员工进行沟通，对薪酬系统的有效性作出评价并不断改进与完善。

（3）各种薪酬政策制定的依据是员工为企业所提供的劳动与贡献及企业内外部条件，既要考虑员工的贡献程度，体现薪酬的公平性与竞争性；又要考虑企业的经济实力、行业地位、发展前景、所处区域等内外部的现实条件，据此制定切实可行的薪酬政策。

（4）薪酬管理的最终目标是不断提高员工的工作绩效，进而促进企业战略目标的实现。薪酬管理的目的不仅是让员工获得一定的经济收入，维持和提高自身的生活水平，更重要的是要引导员工的工作行为，激发员工的工作热情，不断提高工作绩效。

薪酬管理对于大多数企业来说可能都是一个比较棘手的问题，主要是因为企业对薪酬管理的要求越来越高，一般薪酬管理系统要同时实现公平性、有效性和合法性三大目标。但薪酬管理受到的限制因素越来越多，除了企业经济承受能力、政府法律法规外，还涉及企业不同发展时期的战略目标、内部人才定位、外部劳动力市场以及行业竞争者的薪酬策略等诸多因素。

二、薪酬管理的特征

薪酬管理与人力资源管理中的其他职能相比，具有以下三个独有的特征：

（一）敏感性

薪酬管理是人力资源管理中最敏感的部分，因为它涉及企业每一位员工的切身利益。特别是在人们的生存质量还不是很高的情况下，薪酬直接影响其生活水平。另外，薪酬是员工在企业中工作能力和水平的直接体现，员工往往通过薪酬水平来衡量自己在企业中的地位，所以每一位员工都会对薪酬管理问题很敏感。

（二）特权性

薪酬管理是员工参与最少的人力资源管理项目，它几乎是企业高层管理者的一项特权。企业高层管理者普遍认为员工参与薪酬管理会使企业管理矛盾增加，并会影响投资者的利益。因此，在许多企业中，员工对于薪酬管理的过程几乎一无所知。

（三）特殊性

由于敏感性和特权性，不同企业之间的薪酬管理差别会很大。另外，由于薪酬管理本身就有许多不同的体系，如职位薪酬体系、技能薪酬体系、资历薪酬体系、绩效薪酬体系等。因此，不同企业、不同组织之间的薪酬管理几乎都具有特殊性，参照与借鉴意义较

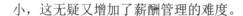

小，这无疑又增加了薪酬管理的难度。

三、薪酬管理的原则

（一）合法性原则

合法性是指企业的薪酬管理政策要符合国家和地区的相关法律法规，这是薪酬管理应遵循的最基本原则。例如，企业要与员工签订劳动合同并明确约定薪酬水平与支付方式；企业要给全体员工购买法律规定的各种社会保险；企业支付的薪酬水平不低于当地的最低工资标准；需要员工加班，应按照法律规定支付员工加班薪酬或调休等。薪酬的合法性可以保障劳动者的合法权益、保持社会稳定和经济健康发展，对企业的薪酬体系具有一定的约束力和影响力。

（二）公平性原则

公平性是薪酬管理的各项职能得以履行的基础和前提。员工只有在认为薪酬系统是公平的前提下，才可能产生认同感和满意度，薪酬系统才能对其产生激励与引导作用，薪酬管理的目标才能实现。因此，公平性原则是薪酬管理应遵循的最重要原则。公平性原则包括外部公平、内部公平和个体公平三个方面的含义。

1. 外部公平

它是指同一行业、同一地区或同等规模的不同企业中类似职位的薪酬水平基本相同。企业必须定期进行薪酬调查，掌握当前同行业或同区域中其他类似企业的薪酬水平，以适时调整本企业的薪酬体系。

2. 内部公平

它是指在同一企业中不同职位所获得薪酬与职位贡献成正比。因此，企业应当在确定薪酬制度与薪酬体系之前进行职位评价，并根据评价结果确定职位薪酬。

3. 个体公平

它是指在同一企业中相同或相似职位的员工的薪酬应当与其能力、贡献成正比。该原则要求薪酬分配要全面考虑员工的绩效、能力及劳动强度、责任等因素，确保个体间的薪酬公平。

（三）补偿性原则

它指企业给员工支付的薪酬要足以补偿员工恢复工作精力所必要的衣、食、住、行费用，还要足以补偿员工为获得工作能力以及身体发育所先行付出的费用。如果企业的薪酬无法补偿员工的基本生活及教育费用支出，则员工很难继续留在企业，更不用说积极主动地投入工作岗位了。因此，企业要关注本地区的消费与物价水平，如果发现生活成本上升，则企业应提高平均薪酬水平。

（四）及时性原则

及时性是指薪酬的发放应当及时，按照约定的日期足额发放，不以任何理由拖欠、少发或以物相抵。这样做，一方面可以保障员工的基本生活，使员工在工作中没有后顾之忧；另一方面，可变薪酬的及时发放会对员工产生较强的激励作用。

（五）经济性原则

经济性是指企业在制定薪酬政策和薪酬体系时要量力而行，根据自身的经济实力来进行，设计的薪酬水平应当与企业财务能力相适应。高水平的薪酬确实可以更好地吸引和激励员工，但如果超出企业的承受能力，就会成为企业的沉重负担，制约企业的发展。有效的薪酬应该兼顾经济性与竞争性。

（六）动态性原则

当前，企业面临的内外部环境都在不断发展变化，薪酬管理也应顺应这些变化，根据环境因素的变动趋势调整薪酬政策，使企业的薪酬保持持续的竞争力和激励性。这主要体现在两个方面：一是企业整体的薪酬水平、薪酬结构和薪酬体系等要保持动态性；二是员工个人的薪酬水平和结构等要保持动态性，根据其绩效变化、职位变动、能力提升等进行调整。

四、薪酬管理的内容

（一）薪酬目标管理

薪酬目标管理是指企业要明确薪酬管理应该达到的目标，并且确保该目标能够支持企业的战略目标，同时满足员工的需要。

（二）薪酬水平管理

薪酬水平管理是指薪酬既要满足内部一致性和外部竞争性的要求，又要根据员工绩效、能力特征和行为态度进行动态调整，具体包括：确定企业中管理团队、技术团队和营销团队薪酬水平；确定跨国企业各子公司员工和外派员工的薪酬水平；确定稀缺人才的薪酬水平以及确定与竞争对手相比的薪酬水平等。

（三）薪酬体系管理

薪酬体系管理的内容不仅包括基础工资、绩效工资、期权股权、福利的管理，还包括给员工提供个人成长、工作成就感、良好的职业预期和就业能力的管理。

（四）薪酬结构管理

薪酬结构管理既包括合理划分薪等、薪级，还包括如何适应组织结构扁平化和员工岗位轮换的需要，合理地确定宽带薪酬等内容。

（五）薪酬制度管理

薪酬制度管理指企业薪酬制度的制定、修订与实施，包括薪酬政策向员工公开和透明化的程度，谁负责设计和管理薪酬制度，薪酬管理的预算、审计和控制体系如何建立和设计等。

五、薪酬管理的目标

（一）宏观目标

从宏观角度来看，要使薪酬发挥其应有的作用，薪酬管理应达到三个目标：效率、公

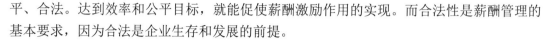

平、合法。达到效率和公平目标，就能促使薪酬激励作用的实现。而合法性是薪酬管理的基本要求，因为合法是企业生存和发展的前提。

1. 效率目标

效率目标包括两个层面：第一个层面是从产出角度来看，薪酬能给组织绩效带来的最大价值；第二个层面是从投入角度来看，实现薪酬的成本控制。薪酬效率目标的本质是用适当的薪酬成本给组织带来最大的价值。

2. 公平目标

公平目标包括三个层次，即分配公平、过程公平和机会公平。

（1）分配公平是指企业在进行人力资源决策、决定各种奖励措施时，应符合公平的要求。如果员工认为受到不公平对待，将会产生不满。员工对于分配公平的认知，来自其对于工作的投入与回报进行主观比较后的结果。在这一过程中，员工还会与过去的工作经验、同事、同行、朋友等进行对比。

（2）过程公平是指在决定任何奖惩决策时，企业所依据的决策标准或方法符合公正性原则，程序公平一致，标准明确，过程公开等。

（3）机会公平是指企业赋予所有员工同样的发展机会，包括企业在决策前与员工互相沟通，企业决策考虑员工的意见，主管考虑员工的立场，建立员工申诉机制等。

3. 合法目标

合法目标是企业薪酬管理的最基本前提，要求企业实施的薪酬制度符合国家、省区的法律法规、政策条例要求，如不能违反最低工资制度、发放法定保险福利、遵守薪酬指导线制度等要求规定。

（二）具体目标

（1）吸引和留住企业需要的优秀员工。

（2）激励员工积极提高工作所需要的技能和能力。

（3）激励员工高效率地工作。

（4）营造企业所希望的文化氛围。

（5）控制运营成本。

六、薪酬管理的作用

（一）薪酬管理是"以人为本"管理思想的重要体现

薪酬是劳动者为企业提供劳动的回报，是对劳动者各种劳动消耗的补偿，所以薪酬水平既是对劳动者劳动力价值的肯定，也直接影响着劳动者的生活水平。所谓"以人为本"的管理思想就是要尊重人力资本所有者的需要，解除其后顾之忧。在我国物质生活水平日益提高的今天，企业不仅要确保员工的基本生活，更要适应社会和个人的全方位发展需要，提供更全面的生活保障，建立起适应国民经济发展水平的薪酬制度。

（二）有助于吸引和保留优秀员工

有效的薪酬管理能够在企业内外部同时体现薪酬的公平性与激励性，能够吸引外部优秀的人才加盟，同时留住和激励企业内部的优秀员工，并通过薪酬的差异性来突出重点业务与重点岗位的作用，保障企业总体战略目标的实现。

（三）提升企业的盈利能力

薪酬对于劳动者来说是报酬，对于企业来讲则是成本。虽然现代人力资源管理理念不能简单地从成本角度来看待薪酬，但保持先进的劳动生产率，有效控制人工成本，发挥既定薪酬的最大作用，可以有效增加企业利润，增强企业盈利能力进而提高企业竞争力。

（四）改善企业经营绩效

员工积极的工作状态是任何企业经营战略成功的基石，也是企业达成优秀绩效的基本保障。薪酬管理对于员工的工作行为、工作态度以及工作业绩具有直接的影响。薪酬管理不仅决定了企业能够保留的人力资源的数量和质量，还决定了企业可以吸引到的人员的数量和质量。同时，它也决定了现有员工受到激励的状况，可影响他们的工作效率、对组织的归属感与组织承诺度，从而直接影响企业的生产能力和生产效率。因此，如何充分利用薪酬这一利器来改善企业经营绩效，是企业薪酬管理的一个重大课题。

（五）塑造和强化企业文化

薪酬会对员工的工作行为和态度产生很强的引导作用，因此，合理的和富有激励性的薪酬制度有助于塑造良好的企业文化，并对已经存在的企业文化起到积极的强化作用。但是，如果企业的薪酬政策与企业文化或价值观之间存在冲突，则会对企业文化产生严重的消极影响，甚至导致原有的企业文化体系解体。例如，如果企业推行的是以个人为单位的可变薪酬方案（如计件工资制），就会在企业内部起到强化个人主义的作用，使员工崇尚独立、注重彼此之间的相互竞争，从而导致一种个人主义的企业文化。反之，如果薪酬的计算和发放主要以小组或团队为单位，则会强化员工的合作精神和团队意识，使得整个企业更具有凝聚力，从而形成一种团队协作式的企业文化。事实上，许多企业的文化变革往往都伴随着薪酬制度和薪酬政策的变革，甚至是以薪酬制度和薪酬政策的变革为先导，这也从侧面反映了薪酬对于企业文化的重要影响。

七、薪酬管理与其他人力资源管理职能的关系

由于现代人力资源管理的整体性特征，薪酬管理与其他人力资源管理环节具有密切的联系。

（一）薪酬管理与工作分析的关系

工作分析是薪酬设计的基础，尤其对于职位薪酬体系来说，它更是建立内部公平薪酬体系的必备前提。工作分析所形成的职位说明书是进行职位评价、确定薪酬等级的依据，职位评价信息大都来自职位说明书的内容。即使在新的技能薪酬体系中，工作分析仍然具有重要的意义，因为评价员工所具备的技能，仍然要以他们从事的工作为基础来进行。

（二）薪酬管理与人力资源规划的关系

薪酬管理与人力资源规划的关系主要体现在人力资源供需平衡方面，薪酬政策的变

动是改变内部人力资源供给的重要手段，如提高加班工资的额度可以促使员工增加加班时间，从而增加人力资源供给量，当然这需要对正常工作时间的工作严格加以控制。

（三）薪酬管理与招聘录用的关系

薪酬管理对招聘录用工作有着重要的影响，薪酬是应聘者选择工作时所考虑的重要因素之一，较高的薪酬水平有利于吸引大量应聘者，从而提升招聘的效果。此外，招聘录用也会对薪酬管理产生影响，录用人员的数量和结构是决定组织薪酬政策调整的主要因素。

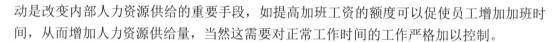

拓展阅读 7.2

提高薪酬管理满意度的六大技巧

（四）薪酬管理与绩效管理的关系

薪酬管理和绩效管理之间是一种互动的关系。一方面，绩效管理是薪酬管理的基础之一，激励薪酬的实施需要对员工的绩效作出准确的评价；另一方面，针对员工的绩效表现及时地给予不同的薪酬激励，有助于增强激励的效果，确保绩效管理的有效性。

（五）薪酬管理与员工关系管理的关系

因薪酬问题而导致的员工与企业的冲突及劳动争议是员工关系管理中最主要的内容之一。有效的薪酬管理能够减少劳动纠纷，建立和谐的劳动关系，提升员工关系管理质量。此外，薪酬管理也有助于塑造良好的企业文化，维护稳定的劳动关系。

第三节　基本薪酬体系设计

在企业薪酬体系中，基本薪酬是最基础的部分，通常也是员工薪酬中最主要的部分。基本薪酬的设计，主要考虑两个方面：一是内容公平性，主要通过职位评价和技能评价来实现；二是外部公平性，通过薪酬调查来实现。通过前面的学习我们知道，基本薪酬有职位薪酬体系和技能薪酬体系两种体系，一个关注"职位"，一个关注"人"。但是从基本薪酬设计的思路来看，两者基本一致。目前，大部分企业采用的是职位薪酬体系，所以本节主要介绍职位薪酬体系的设计。

基本薪酬的设计一般包括以下流程：进行合理而详尽的工作分析，明确各职位的工作职责和任职资格要求；进行职位评价，确定各职位的价值大小；进行薪酬调查，再根据薪酬调查结果与职位评价结果，确定薪酬曲线与薪酬等级；拟定薪酬方案，经讨论与测评后正式施行。

一、职位分析

职位分析是企业薪酬管理的基础。职位分析也称为工作分析或岗位描述，即根据企业发展战略的要求，通过采用问卷法、观察法、访谈法、日志法等手段，对企业各类职位的工作内容、工作方法、工作环境以及工作执行者应该具备的知识、能力、技能、经验等进行详细的描述，最后形成职位说明书和工作规范。职位分析是一项基础工作，分析活动需要人力资源部、员工及其主管上级的共同努力来合作完成。员工的薪酬是与自己的工作职位所要求的工作内容、工作责任、任职要求等紧密相连的。因此，科学合理地分配薪酬必须同员工所从事职位的内容、责任、权利、任职要求等所确立的该职位在企业中的价值相适应。这个价值是通过科学的方法和工具分析得来的，这样能够从根本上保证薪酬的公平性和科学性，也是破除平均主义的必要手段。职位分析的主要内容在第三章有详细介绍，这里不再赘述。

二、职位评价

职位评价是指采用专业的方法来评价企业内部各职位相对价值大小的过程。职位评价是职位薪酬体系设计的关键环节，要充分发挥薪酬机制的激励和约束作用，最大限度地调动员工的工作主动性、积极性和创造性。在设计职位薪酬体系前必须进行科学有效的职位评价。职位说明书和工作规范是职位评价的主要依据。对于以职位作为基本薪酬确定基准的薪酬体系来说，其核心工作是对职位本身的价值及其对组织贡献度的大小进行评价，然后根据这种评价及外部劳动力市场的薪酬状况来确定薪酬水平。职位评价是职位薪酬体系制定的基础，一般有四种方法：排序法、归类法、要素计点法和要素比较法。

（一）排序法

排序法是一种最简单的职位评价方法，它根据职位的相对价值和对组织的贡献大小，对职位进行从高到低的排列。这种方法要求评价者对需要评价的职位工作内容和责任等相当熟悉，通常由人力资源管理人员或职位评价委员会来完成。在实际操作中，要对企业全部职位进行排序很难做到，更常见的是对某一个部门或某个系列的职位进行排序评价。排序法有三种类型：直接排序法、交替排序法和配对比较法。

1. 直接排序法

直接排序法是指简单地根据职位的相对价值大小，按照从高到低或从低到高的价值顺序对职位依次进行排序。

2. 交替排序法

交替排序法与直接排序法类似，只是排列职位时的顺序不同：首先从待评职位中找出相对价值最高和相对价值最低的职位，分别排到第一位和最后一位；然后再从剩余职位中找出相对价值最高和相对价值最低的职位，分别排到第二位和倒数第二位……依此循环，把所有职位排列完毕。

3. 配对比较法

配对比较法是将待评的职位两两进行比较，以最终比较的结果对职位进行排序，跟绩效考评中的配对比较法实施步骤完全一致。

排序法的优点是操作简单，成本较低；缺点是主观性很强，没有明确的评价标准和评价尺度。尤其是在职位层次较多、结构复杂的情况下，它很难避免主观因素的影响，从而导致评价结果存在较大误差。因此，排序法一般适合规模较小、结构简单、需评价的职位总量较少的情况。

（二）归类法

归类法是按照明确的标准将各种职位分别归入事先确定的职位等级中的职位评价方法。归类法最早由美国政府对其文职职位进行评价时使用，其主要特征是能够快速对大量职位进行评价。目前，归类法在政府部门、公共事业单位与企业中仍广泛运用。

归类法的操作方法是先进行总体职位等级划分，再确定职位等级数量。这要根据企业的具体情况来定，一般企业的职位数量与类型越多，职位等级的划分相应也要更多。然后对所有职位等级进行界定与描述，给出具体定义并进行比较。最后，把各职位按照相应的定义分别归入不同的等级。表 7-1 列举了办事员职位系列依据归类法进行的职位等级划分与界定。

表 7-1　办事员工作类别体系

第一级	简单工作，没有监督责任，不需要与公众交往
第二级	简单工作，没有监督责任，需要与公众交往
第三级	中度复杂工作，没有监督责任，需要与公众交往
第四级	中度复杂工作，有监督责任，需要与公众交往
第五级	复杂工作，有监督责任，需要与公众交往

归类法的优点是操作简单、易解释，实施速度较快，对评价者的要求较少。尤其是当需要评价的职位较多时，可以有效节省评价时间。跟排序法相比，归类法有了较明确的评价标准，主观因素影响相对较低。但是，在企业实践中，很难建立全部职位都通用的职位等级评价标准，特别是职位类型差异较大、工作内容完全不同时，进行等级定义的难度更大，这在一定程度上制约了归类法的使用。

（三）要素计点法

要素计点法，也称计点法，是一种比较复杂的职位评价量化方法，是目前组织中最常用的职位评价方法。它根据各职位在报酬要素上的得分来确定其价值的相对大小。

要素计点法包括以下步骤：

（1）进行工作分析和准备工作说明书，在此基础上确定报酬要素。确定组织为评价职位的价值需要运用的报酬要素，一般有责任、技能、努力、工作条件等。

（2）在确认了报酬要素后，建立结构化量表，确认各要素的权重。根据影响和重要程度的差别对每个报酬要素进行等级划分和等级定义，并赋予每个报酬要素不同的权重（见表 7-2）。

（3）在报酬要素表的基础上，相应赋予每个报酬要素等级不同的点数值（见表 7-3）。

（4）确定各职位在每个报酬要素上的点值并加总，计算各职位最终获得的总点数值。

（5）根据各职位的总点数值大小对所有职位进行排序，完成职位评价。

表 7-2　某企业职位评价报酬要素表（示例）

报酬要素	一级	二级	三级	四级	五级	权重（%）
技能						30
教育	30	60	90	120	150	15
经验	20	40	60	80	100	10
知识	10	20	30	40	50	5
努力						20
体力	20	40	60	80	100	10
精神	20	40	60	80	100	10

报酬要素	一级	二级	三级	四级	五级	权重（%）
责任						35
组织政策	20	40	60	80	100	10
他人工作	30	60	90	120	150	15
公共关系	20	40	60	80	100	10
工作条件						15
劳动条件	20	40	60	80	100	10
危险性	10	20	30	40	50	5

表 7-3　某企业职位等级点数划分表（示例）

等级	点数	等级	点数
1	300 点以下	5	451～500
2	301～350	6	501～550
3	351～400	7	551～600
4	401～450	8	600 以上

要素计点法的优点有：可以对不同性质的职位进行评价，评价结果可以量化，更加精确，也更容易让员工接受；不但可以比较职位的相对价值，还可以明确职位之间的价值差距，有利于基本薪酬的确定；职位评价选择的报酬要素可以反映企业的文化特征，强调组织认为有价值的要素。这种方法的缺点是操作复杂，方案的设计和应用费时费力，在报酬要素的界定、等级定义、权重与点数的确定等方面存在一定的主观性。要素计点法广泛适用于企业各类型职位的评价。

（四）要素比较法

要素比较法也是一种量化的职位评价方法，它本质上是一种复杂的排序法。在一般排序法中，通常是把每个职位视为一个整体，并根据某些指标对职位进行一次性排序。而在要素比较法中，根据不同的报酬要素对选取的标杆职位进行多次排序，如第一次根据"心理要求"对职位进行排序，第二次则可能根据"身体要求"对职位排序（见表 7-4）。同时，这种方法要求提前通过薪酬调查了解每一种标杆职位的市场薪酬水平，并将其分解到具体的报酬要素中，将待评价职位的报酬要素分别与标杆职位相比较，找出与待评价职位的同一报酬要素重要程度相同的标杆职位，将标杆职位的这一报酬要素的货币价值作为待评价职位的相同报酬要素的货币价值（见表 7-5）。最后，将待评价职位的全部报酬要素的货币价值加总即为该职位的总货币价值。

表 7-4　标杆职位报酬要素排序举例

	心理要求	身体要求	技术要求	职责	工作条件
职位 A	1	4	1	1	2
职位 B	3	1	3	4	4
职位 C	2	3	2	2	3
职位 D	4	2	4	3	1

表 7-5　标杆职位各报酬要素的工资率排序

	小时工资	心理要求	身体要求	技术要求	职责	工作条件
职位 A	9.8	4.0（1）	0.4（4）	3.0（1）	2.0（1）	0.4（2）
职位 B	5.6	1.4（3）	2.0（1）	1.8（3）	0.2（4）	0.2（4）
职位 C	6.0	1.6（2）	1.3（3）	2.0（2）	0.8（2）	0.3（3）
职位 D	4.0	1.2（4）	1.4（2）	0.4（4）	0.4（3）	0.6（1）

要素比较法的优点有两点：一是它是一种比较精确、系统、量化的职位评价方法，相对于排序法和分类法而言，将职位特征具体到报酬要素有助于评价人员进行正确评价，也容易向员工解释；二是这种方法不仅可以对职位价值排序，而且可以得出被评价职位的市场价值和货币薪酬水平。但其缺点是过程太过复杂，操作成本很高。因此，该方法在企业实践中应用不多。

通过职位评价，可以将企业中的全部职位按照其相对价值的高低划分出职位等级，根据这个等级划分就可以确定薪酬等级。在职位等级和薪酬等级的数量和顺序确定之后，就可确定每一个职位等级对应的薪酬水平。

三、薪酬调查

（一）薪酬调查的含义

薪酬调查指是企业采用科学的方法，通过各种途径采集其他相关企业各类人员的薪酬福利待遇以及支付状况的信息，并进行处理分析的过程。按照市场竞争的基本原则，确定员工的薪酬水平，支付劳动者的报酬，是企业确保薪酬公平性与竞争性的有效措施。

（二）薪酬调查的作用

（1）为企业调整员工的薪酬水平提供依据。
（2）为企业调整员工的薪酬制度奠定基础。
（3）有助于掌握薪酬管理的新变化与新趋势。
（4）有利于控制劳动力成本，增强企业竞争力。

（三）薪酬调查的过程

1. 确定调查目的

薪酬调查的目的一般有：调整整体薪酬水平，调整部分职位薪酬水平，调整薪酬结构，调整薪酬晋升政策等。

2. 确定调查范围

确定调查范围包括确定调查企业与确定调查职位两个步骤：

（1）确定调查企业。一般情况下，调查者会选择同行业中同类型的其他企业；其他行业中有相似相近工作职位的企业；与本企业雇佣同一类劳动力的企业；与本企业在本地区同一劳动力市场招聘员工的企业；经营策略、信誉、报酬水平和工作环境合乎一般标准的企业。

（2）确定调查职位。调查者只能针对典型性、代表性的职位进行调查，然后将调查数据推广应用到其他非典型职位上。确定被调查职位时，应当遵循可比性原则，注重职位之间在时间和空间等多个维度上的可比性。调查者应掌握最新的职位说明书，且必须采用比较常见的或者是普遍使用的职位名称。

3. 确定调查内容

薪酬调查的内容一般包括：

（1）与员工基本薪酬相关的信息。

（2）与年度奖金和其他类型的奖金相关的信息。

（3）股票期权或股票计划等长期激励计划。

（4）与企业各种福利计划相关的信息。

（5）与薪酬政策有关的其他信息。

要全面了解薪酬信息，既要调查货币性薪酬，也要调查非货币性薪酬，同时关注调查数据资料的动态性，通常需要掌握所调查企业同类职位过去三年以上的数据资料，因此收集数据时间应不少于三年。

4. 确定调查时间与方式

明确开始调查的时间和结束时间并确定调查方式，可以采取企业之间相互调查、委托中介机构进行调查、采集社会公开的信息与调查问卷四种方式进行调查。在目的、范围、内容、时间、方式等确定的基础上，制订薪酬调查计划与具体实施方案。

5. 实施调查

根据薪酬调查计划与实施方案，开展薪酬调查工作。为了保证调查的效果，要严格按照调查计划及方案执行，确保收集信息的真实性与有效性。在条件允许的情况下，除了采用其他调查方式，还要尽可能采用调查问卷法来收集除薪酬之外的、企业管理和职位本身的其他信息。

6. 调查数据的统计分析

首先要对收集到的信息进行整理，删除明显不真实或无效的信息，然后对有关数据进行分析。可以采用数据排列法、频率分析法、趋中趋势分析法、离散分析法、回归分析法、图表分析法等统计分析方法，确定所调查企业的薪酬水平、薪酬等级、薪酬结构、市场的平均薪酬水平等，最终形成薪酬调查分析报告，为本企业薪酬体系设计提供决策依据。

四、薪酬水平与薪酬曲线

（一）薪酬水平

薪酬水平是指企业相对于其他竞争对手或相关企业来说，为员工支付的薪酬的高低。企业的薪酬水平决策有三种策略。一是薪酬领先策略，即企业的薪酬水平远高于市场平均水平。较高的薪酬水平可能带来许多收益，但往往也会导致企业成本的上升和管理压力增加。二是市场追随策略，即根据市场平均水平确定本企业的薪酬水平。这种策略可以帮助企业吸引足够数量的员工，但对优秀员工的吸引力不足。三是拖后策略。实行这一策略的企业一般经济效益较差甚至亏损，无法为员工提供更高水平的薪酬。薪酬水平会影响企业在劳动力市场上的竞争能力。如果企业支付的薪酬水平过低，将很难招聘到合适的员工；还可能导致企业现有员工忠诚度下降，流失率上升。反之，如果企业薪酬水平较高，则较容易招聘到适合的员工，也能有效降低员工流失率，这有助于保持企业的竞争优势。较高水平的薪酬还可以防止员工的机会主义行为，激励员工努力工作，从而降低企业的监督管理费用。

（二）薪酬曲线

薪酬曲线是各职位的市场薪酬水平和职位评价点数或序列等级之间的关系曲线。一般在薪酬调查结束之后，将调查结果与职位评价结果相结合，并根据企业实际情况确定薪酬曲线。

从理论上讲，各职位的市场薪酬水平和职位评价点数或序列等级之间应是一种线性关系，因此薪酬曲线一般都采用最小二乘法进行拟合。如果将职位评价点数或序列等级设为X，市场薪酬水平设为Y，就可以得出薪酬曲线的方程$Y=bX+a$。将各职位的评价点数或序列等级代入方程，就可以得出它们的市场薪酬水平。图7-2是采用要素计点法确定市场薪酬水平的薪酬曲线模型。

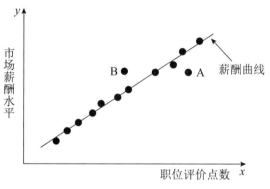

图7-2　薪酬曲线模型

一般来说，薪酬调查的结果和职位评价的结果是一致的，即外部公平性和内部公平性是一致的，市场薪酬水平和职位评价点数或序列等级确定的薪酬点都分布在薪酬曲线的周围。但有时也会出现不一致的情况，即个别薪酬点会明显偏离薪酬曲线，如图7-2中的A、B两点，说明内部公平性和外部公平性之间出现了矛盾。例如，A点表示该职位按照内部公平性确定的薪酬水平低于市场薪酬水平。当内部公平性与外部公平性不一致时，通常按照外部公平性优先的原则调整职位薪酬水平。否则，要么该职位的薪酬低于市场薪酬水平，导致无法招聘到合适人员；要么该职位薪酬高于市场薪酬水平，企业承担了不必要的成本。

最后，企业还要根据自身的薪酬策略对薪酬曲线进行调整。先根据薪酬调查确定市场薪酬曲线，再根据企业薪酬策略进行调整。如果企业实行领先型或拖后型薪酬策略，就要将薪酬曲线向上或向下平移，平移的幅度取决于领先或拖后的幅度。如果实行的是市场追随型策略，薪酬曲线则可以保持不变。

五、薪酬结构

薪酬结构设计是根据职位评价与薪酬调查的结果，确定企业内部的职位等级数量、不同职位等级之间的基本薪酬差距及标准。薪酬结构是内部一致性和外部竞争性相平衡的结果，有时考虑内部一致性因素较多，有时则考虑外部竞争性因素多一些。

完整的薪酬结构包括三项内容：一是基本薪酬的等级数量；二是同一薪酬等级内部的基本薪酬变动范围；三是相邻两个基本薪酬等级之间的交叉和重叠关系。薪酬结构模型如图 7-3 所示。

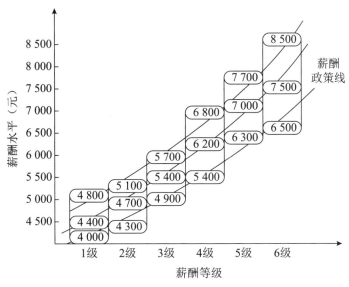

图 7-3 薪酬结构模型

（一）基本薪酬的等级数量

基本薪酬的等级划分依据是职位评价的结果。每一等级中的职位，其职位评价的结果应当接近或类似。如果使用的是排序法，则同一等级包括相邻的几个职位；如果使用的是要素计点法，则应包括一定点值范围的职位；如果使用的是要素比较法，就应包括一定薪酬范围的职位。职位等级划分的数量取决于企业内部职位的数量、职位评价结果、薪酬政策等，基本准则是能够反映职位的价值差异，又不会过度增加企业的管理成本。

（二）基本薪酬的变动范围

基本薪酬变动范围又称为薪酬区间，是指在某一薪酬等级内部允许薪酬变动的最大幅度。它是指在同一薪酬等级内部，最低薪酬水平和最高薪酬水平之间的绝对差距。薪酬变动比率则指同一薪酬等级内部的最高值与最低值之差与最低值之间的比率。通常情况下，薪酬变动比率的大小取决于特定职位所需的技能水平等综合因素。要求技能水平较低的职位所在薪酬等级的变动比率较小；而要求技能水平较高的职位所在薪酬等级的变动比率较大。薪酬区间或薪酬变动范围的中值是薪酬结构中一个非常重要的标准，它一般代表该等级职位的市场平均薪酬水平。多数企业会尽力将自己的实际薪酬水平与市场平均薪酬水平保持一致。员工个人薪酬与该等级中值的比率取决于员工的资历、能力、经验、绩效等。工作年限较长、技能与能力水平较高、经验丰富、取得优秀绩效的员工薪酬与中值的比率通常会超过 100%。

（三）相邻两个薪酬等级的交叉与重叠

在同一企业中，相邻薪酬等级的薪酬区间既可以有交叉重叠，也可以无交叉重叠。有交叉重叠表示相邻薪酬等级的最高值和最低值之间有交叉和重叠的区域。无交叉重叠又可分为衔接式和非衔接式。衔接式薪酬等级指上一个薪酬等级的薪酬区间下限与下一个薪酬等级的薪酬区间上限在同一水平线上。非衔接式薪酬等级指上一个薪酬等级的薪酬区间下限高于下一个薪酬等级的薪酬区间上限。在实践中，多数企业倾向于将薪酬结构设计成有交叉重叠的，如表 7-6 所示的某企业薪酬等级与对应薪酬区间采取的就是这种设计方式。这是因为，如果相邻两个薪酬等级的薪酬区间水平差异过大，会使员工过于注重职位等级的晋升而忽略在同一等级中的成长与贡献。当由于上一级职位数量有限而导致员工无法晋升时，可能会打击员工的工作积极性。而如果相邻等级的薪酬区间有交叉重叠时，员工可能职位等级没有晋升，但会因为绩效优秀及技能提升等原因而获得本等级区间内较高的薪酬水平，甚至会比上一级薪酬的区间下限还要高。这就能够很好地激励员工在同一职位等级内持续努力工作，力争获得更高的薪酬，避免因晋升机会不足而影响员工积极性。但是，重叠的区域也不应该太大，否则会出现员工职位晋升、薪酬却下降的现象，挫伤员工追求职位晋升的积极性。

表 7-6　职位等级与薪酬区间对应表示例

基本薪酬等级	对应薪酬区间（元／月）
一级	24 000 ～ 30 000
二级	16 000 ～ 27 000
三级	12 000 ～ 20 000
四级	9 000 ～ 15 000
五级	7 500 ～ 11 000
六级	6 000 ～ 8 500
七级	5 000 ～ 6 500

六、薪酬方案的确定与执行

（一）薪酬方案的草拟

在完成了上述五个阶段的工作、掌握了详尽的资料之后，就要着手进行薪酬方案的草拟工作。薪酬方案的草拟就是在对各项资料及情况进行深入分析的基础上，运用人力资源管理的知识开始薪酬方案的书面设计工作。

（二）薪酬方案的测评

薪酬方案草拟结束后，不能立刻实施，必须对草案认真的测评。测评的主要目的是通过模拟运行的方式来检验草案的可行性、可操作性，预测薪酬草案的双刃剑作用是否能够很好地发挥。

（三）薪酬方案的宣传和执行

经过认真测评，并对薪酬方案中发现的问题和不足进行修改与调整后，就可以定稿。在正式实施前，要对全体员工就薪酬方案的具体内容进行必要的宣传和培训。薪酬方案不仅要得到企业高层管理者的支持，更应该得到广大员工的接受与认同。在经过充分的宣传、沟通和培训后，薪酬方案才会进入执行阶段。

拓展阅读 7.3

对员工的正
向激励

（四）薪酬方案的反馈及修正

薪酬方案在执行过程中要及时进行反馈和修正，还应定期开展市场薪酬调查与员工薪酬满意度调查，定期对薪酬体系、薪酬结构、薪酬水平和薪酬政策进行调整，以适应内外部环境的变化与企业发展的需要，使薪酬始终保持较高的激励性。

第四节　可 变 薪 酬

一、可变薪酬的含义与优缺点

（一）可变薪酬的含义

可变薪酬是薪酬体系中与绩效直接挂钩的经济报酬，有时也被称为浮动薪酬、绩效薪酬、激励薪酬等。可变薪酬是指以员工个人绩效或团队、部门、企业绩效为依据而支付给员工的薪酬。与基本薪酬相比，可变薪酬更容易通过调整来反映组织目标的变化。在动态环境下，可变薪酬能够针对员工和企业所面临的变革和复杂的挑战做出灵活的反应，以一种积极的方式将员工和企业联系在一起，为双方建立伙伴关系提供便利，同时还能起到鼓励团队合作的效果。此外，可变薪酬一方面对员工所达成的有利于企业成功的绩效提供灵活的奖励；另一方面，在企业经营不力时还有利于控制成本开支。

（二）可变薪酬的优缺点

1. 可变薪酬的优点

可变薪酬的目的在于，通过将员工的薪酬与绩效挂钩，鼓励员工为企业、部门或团队的绩效作出更大的贡献。跟基本薪酬相比，可变薪酬具有较明显的特点与优势，主要表现在：

（1）以绩效为基础，对员工的激励性更强。

（2）更能把员工的努力集中在组织、部门或团队认为重要的目标上，推动目标的实现。

（3）可以增加薪酬的灵活性，节约企业成本。

2. 可变薪酬的缺点

可变薪酬也存在明显不足，主要表现在：

（1）绩效考评的难度较大，容易使可变薪酬流于形式。

（2）员工会为了能获得可变薪酬而为自己设定较低的目标。

（3）有可能会加剧企业内部竞争。

因此，企业在实施可变薪酬时，一定要建立科学、规范的绩效管理体系，以充分发挥可变薪酬的积极作用。

二、可变薪酬的分类

（一）根据支付期限划分

根据支付期限长短，可变薪酬可划分为短期可变薪酬和长期可变薪酬。短期可变薪酬的支付期限较短，一般以月或季度为单位进行核算支付，通常建立在非常具体的绩效目标基础之上，如月度绩效目标、季度绩效目标等。而长期可变薪酬的支付期限为一年以上，有时会伴随员工在企业的整个职业生涯过程。最常见的就是股票期权以及员工持股等长期激励计划，目的在于激励员工努力实现跨年度或多年度的绩效目标。

（二）根据支付对象划分

根据支付对象不同，可变薪酬可划分为个体可变薪酬与群体可变薪酬。个体可变薪酬是指主要以员工个人的绩效表现为基础而支付的薪酬。这种支付方式有助于员工不断提高自己的绩效水平，但由于它支付的基础是个体，因此不利于团队的相互合作。群体可变薪酬是指以团队、部门或企业的绩效为依据来支付薪酬。它的优点在于可以使员工更加关注团队和企业的整体绩效，增进团队合作，有利于整体绩效的实现。

三、可变薪酬的实施要点

（一）可变薪酬要与其他薪酬计划密切配合

可变薪酬只是企业整体薪酬体系中的一个重要组成部分，它对激励员工的行为与绩效具有重要作用，但不能取代其他薪酬计划。只有与其他薪酬计划密切配合，才能确保可变薪酬正常发挥作用。

（二）可变薪酬要与战略目标及组织文化保持一致

可变薪酬是对实现绩效目标的员工，或绩效和行为与组织目标要求一致的员工给予的奖励。而组织目标通常与战略计划及组织任务相联系，所以可变薪酬必须与组织战略目标及组织文化保持一致，并且与其他经营活动相协调。

（三）建立公平合理的绩效考评系统

要有效实施可变薪酬计划，企业必须首先建立有效的绩效考评体系。如果不能建立公平合理、准确全面的绩效考评系统，可变薪酬就成了无源之水、无本之木。

（四）建立绩效与奖励之间的联系

可变薪酬要在绩效与奖励之间建立紧密的联系。因为无论企业目标多么清晰，绩效考评多么准确，反馈多么及时，如果绩效与奖励之间不存在联系，就达不到激励员工的目的，就无法实现绩效最大化。

（五）建立正式沟通渠道

可变薪酬会因员工、团队、部门及企业的绩效变动而变动，从而使员工的薪酬收入具有一定的风险性。因此，这要求企业能够建立正式沟通渠道，及时为员工提供所需的各种信息，帮助员工作出正确的行为决策，以取得更好的绩效，获取理想的可变薪酬回报。

（六）可变薪酬要保持一定的动态性

因为可变薪酬是以员工实现的绩效为基础，而员工绩效是随着企业战略目标、内外部经营环境、员工工作内容和工作方式的不断变化而变化的，所以可变薪酬是在持续变化的，在不同时期、不同阶段都是不同的。

四、个体可变薪酬

个体可变薪酬主要有计件制薪酬、计时制薪酬、绩效薪酬三种形式。

（一）计件制薪酬

1. 计件制薪酬的含义

计件制薪酬是最常见的个体可变薪酬形式，它是根据员工的产出水平和对应的工资率来支付相应的薪酬。计件制薪酬是以劳动定额为标准，预先规定计件单价来计算劳动报酬的一种薪酬形式。例如，规定每生产一件产品可以得到 5 元的工资，当员工生产 20 件产品时，就可以得到 100 元工资。计件制薪酬由五个因素构成：员工从事某项工作的单位时间工资标准、员工从事该项工作时的单位时间劳动定额或工作量要求、计件单位、计件单价、计件工资额的具体计算和支付规定。计件制薪酬适用于生产产品单一，变化少，易于统计的生产工人。计件制薪酬以实际的业绩计酬，计算简便，能有效激发员工的生产效率。

2. 计件制的常用形式

（1）无限计件制，员工工资收入完全取决于其单位时间内生产合格产品数量的多少和事先规定的不变的计件单价。

（2）有限计件制，对工人个人在单位时间所得计件工资收入总额给予一定限制（规定最高限额、超额累退计件单价、可变计件单价）。

（3）全额计件制，将企业全部工资总额一并列入计件制的分配形式。

（4）超额计件制，又称计时计件混合制，即将工人完成的工作量划分定额内和定额外两部分，分别计发工资。

（5）差额单价计件制，按照工人生产合格产品数量的不同阶段，按一定的差额比例规定不同的计件单价，分别计算计件工资额，然后按月一并计发总收入，包括两段单价计件、累进计件、累退计件等。

（6）联质计件制，是以产品质量好坏为主要计算依据的工资形式，包括按质分等计件、质量否决计件等。

（7）产值单价计件制，即按照社会平均劳动消耗量并借助价值指标确定计件单价，然后再按合格产品量计发计件工资。

（8）最终产品计件制，是以整个企业或车间为单位，以最终产品计数的计件工资形式。

3.计件制的优点

（1）计件制能够很好地体现按劳分配原则。计件制的显著特点是将劳动报酬与劳动成果最直接、最紧密地联系在一起，能够直接、准确地反映出劳动者实际付出的劳动量，使不同劳动者之间以及同一劳动者在不同时间的劳动差别在劳动报酬上得到合理反映。

（2）计件制的计算与分配事先都有详细、明确的规定，具有很强的物质激励作用。

（3）计件工资收入直接取决于劳动者在单位时间内生产合格产品的数量，可以引导劳动者关注自己的劳动成果，有利于提高企业员工素质和劳动生产率。

（二）计时制薪酬

1.计时制薪酬的含义

计时制薪酬是根据员工在企业中的有效工作时间来支付相应的薪酬。最基本的计时制是标准工时制，是首先确定正常技术水平的员工完成某项工作的标准时间，然后确定完成这种工作任务的标准工资率。当员工在少于标准时间内完成工作任务时，依然按照标准工作时间来支付薪酬。由于员工的工作时间缩短了，就相当于工资率提高了。例如，正常技术水平的员工维修一台机器的标准工作时间是一小时，企业确定的标准工资率是50元；当某员工维修一台机器实际使用时间为半小时时，企业仍按照标准工资率支付薪酬，即支付员工50元。这就相当于员工工作半小时的薪酬为50元，是标准工资率的2倍。

2.计时制的特点

（1）直接以劳动时间来计量报酬，适应性强。

（2）考核和计量容易实行，具有适应性和及时性。

（3）具有明显的不足，即不能直接反映劳动强度和劳动效果。

3.计时制的种类与构成

计时制包括小时工资制、日工资制、月工资制、年薪制四种，包括计量劳动与支付报酬的时间单位、计量劳动量与相应报酬量的技术标准、劳动者所付出的实际有效劳动时间三方面的内容。

4.计时制的作用

（1）计时制主要取决于与劳动者本人技术业务水平或本人所在岗位（职务）相对应的工资标准。在相同的技术、业务级别和工资标准下，员工的计时工资收入就取决于个人实际有效劳动时间的长短，因此计时制对提高出勤率有显著作用。

（2）计时制强调员工本人技术业务水平的高低，有利于激励员工努力学习科技文化和业务知识，提高劳动工作质量。

（3）计时制有较大稳定性，能避免员工在工作中情绪过度紧张，对员工收入、生活水平及身心健康有较大的保障性。

（4）计时制取决于预先确定的工资标准和相对变化不大的实际有效劳动时间，因此可以对产品的总人工成本进行预算，有利于企业的经营管理。

（三）绩效薪酬

绩效薪酬是指根据员工个人或团队的绩效考评结果来支付给员工的可变薪酬。由于企业中除生产部门的职位外，许多职位的工作结果很难用数量和时间进行量化，不适用于计件制和计时制，所以应用绩效考评结果来支付可变薪酬。绩效薪酬主要有三种形式：绩效调薪、绩效奖金、特殊绩效认可计划。

拓展阅读 7.4

金融机构
"反向讨薪"

1. 绩效调薪

绩效调薪是指根据员工的绩效考评结果对其基本薪酬进行调整。调薪的周期一般按年度进行，调薪比例根据绩效考评结果等级不同而不同，考评等级越高，调薪比例相应越大。

进行绩效调薪时，需要注意：一是调薪不仅包括加薪，还包括减薪，这样才更具激励性；二是调薪要在员工所处职位归属的薪酬等级对应的薪酬区间范围内进行。一般不允许超过该等级的薪酬区间越级进行调薪。因为越级意味着员工的职位等级发生变化，被升职或降职，这涉及人力资源管理的人员晋升与调配问题，而不仅仅是薪酬调整的问题了。

2. 绩效奖金

绩效奖金也称为一次性奖金，是根据员工的绩效考评结果给予的一次性物质奖励。绩效奖金根据支付周期不同可以分为：月度绩效奖金、季度绩效奖金、年度绩效奖金等。企业往往会同时考虑员工个人绩效、团队绩效、部门绩效、企业绩效，根据不同比例来综合计算员工的绩效奖金。员工个人绩效奖金计算基数可以根据员工的基本薪酬来确定，也可以根据企业规定的基数来确定。

绩效奖金与绩效调薪虽然都是依据绩效考评结果和基本薪酬水平，但二者具有明显的区别。首先，绩效调薪是对基本薪酬的调整，一旦调整，员工每个月的基本薪酬都会按照调整后的水平发放；而绩效奖金不影响基本薪酬水平，一般是在绩效考评后一次性确定发放金额，发放完毕后不影响员工原有的薪酬收入。其次，支付周期不同，绩效调薪因为涉及基本薪酬的调整，所以不宜过于频繁使用，以免增加企业成本和负担；而绩效奖金发放周期一般较短，可以按月或季度支付。最后，绩效调薪的幅度受薪酬区间的限制，而绩效奖金可根据绩效考评结果和企业预先制定的奖金发放规则来确定，不受区间限制。

3. 特殊绩效认可计划

特殊绩效认可计划是指在个人或部门远远超出工作要求，表现出特别的努力而且实现了优秀的绩效或作出重大贡献时，企业或组织额外给予的一种奖励与认可。这种特殊绩效认可计划具有非常高的灵活性，它可以对那些出人意料的单项高水平绩效给予一次性的现金或其他奖励。其类型多种多样，如可以授予员工"终身成就奖""企业永久公民"等荣誉称号，或给予一次性高额奖金、奖励住房等。如《中国机长》的故事原型刘传健机长因其卓越的风险处置能力被中国民航授予"英雄机长"荣誉称号，并给予 500 万元人民币作为奖励。特殊绩效认可计划提高了报酬系统的灵活性和自发性，使员工体会到被企业所重视的感觉，并为员工提供了实现个人价值的机会。

五、群体可变薪酬

与个人可变薪酬相对应，群体可变薪酬指以团队或企业的绩效为依据来支付薪酬。其最突出的优点是可以使员工更加关注团队和企业的整体绩效，促进团队合作。当前，以团队为单位的工作方式日益普及，群体可变薪酬也越来越受到重视。

（一）利润分享计划

利润分享计划是指根据对某种企业绩效指标（通常是利润等财务指标）的衡量结果，向员工支付薪酬的一种绩效薪酬模式。根据这一计划，所有或某些特定群体的员工按照事先设计好的公式，分享所创造利润的某一百分比。员工根据企业整体业绩获得年终奖或股权，或以现金形式及延期支付形式获得企业红利。

利润分享计划有两个优点：一是将员工的薪酬和企业绩效联系在一起，可以促使员工从企业角度去思考问题，增强员工的责任感；二是利润分享计划所支付的薪酬不计入基本薪酬，有助于企业根据整体绩效水平灵活调整支付比例与标准，经济效益好时支付较高薪酬，经济效益差时支付较低薪酬，避免额外增加企业成本。

利润分享计划一般有三种形式：一是现金支付制，以现金的形式即时兑现员工应得到的分享利润，如年终奖等。二是递延滚存制，将企业利润中应支付给员工的部分转入员工个人账户，留待未来支付。企业通常会设置这部分资金的提现条件，如必须在企业服务达到一定年限等，如未达到年限，则无权得到或部分得到这部分薪酬。三是混合制，是将前两种支付形式相结合，将企业利润中应支付给员工的薪酬划分为两部分，一部分以现金的形式立即兑现，另一部分转入员工账户将来支付。

另外，在实施利润分享计划之前，通常要求企业绩效水平能达到一个最低标准。如低于这一标准，则说明企业本绩效周期经营存在困难，则不再执行利润分享计划，不支付员工这部分薪酬，以减少企业经营成本。

（二）收益分享计划

收益分享计划是企业提供的与员工分享因生产率提高、成本节约和质量提高等而带来的收益的绩效薪酬模式。通常情况下，员工按照事先设计好的收益分享公式，根据本人所属部门或群体的总体绩效改善状况获得绩效薪酬。收益分享计划的基础是群体绩效而不是个人绩效，并且立足于群体绩效的改善与提升。它有三个优点：一是并不使用企业整体绩效指标（如利润），而是对某一群体或部门的绩效改进进行衡量；二是相比其他绩效薪酬形式，它的支付周期更短，更为频繁，可以是一周甚至更短，只要发生了绩效改进就可以实施，因此绩效激励更及时；三是它具有自筹资金的性质，收益分享的资金是员工努力之后创造的。

（三）员工持股计划

员工持股计划是近年来出现的对员工激励的新形式，在大型企业中使用较普遍。最初实施时主要针对高层管理人员，目前逐渐普及到普通员工。它是根据员工和部门及企业的绩效考评结果与企业相关制度规定，赋予员工一定的企业股票或股权。这种绩效薪酬与员工所在团队、部门和企业整体绩效紧密联系，因此将它归入群体可变薪酬中。员工持股计划是长期激励计划的一种主要形式，绩效考评周期通常在一年以上，以 3～5 年为一个周期。员工持股计划强调长期规划和对企业未来可能产生影响的决策。同时，它能够塑造"主人翁意识"，使员工认识到自己身份的变更，由建立在雇佣关系基础上的"员工"变为企业的"股东"，有权利拥有企业股权，参与股票分红，个人收入与企业整体绩效紧密联系，也更有利于构建和谐、稳定、长期的员工关系，促进企业长远发展。

常见的员工持股计划主要有三类：现股计划、期股计划和期权计划。

1. 现股计划

现股计划是指企业通过奖励的方式向员工直接赠予股票或参照股票当前市场价格向员工转让股票，使员工立即获得现实的股权。这种计划一般会规定员工在一定期限内不得出售股票。

2. 期股计划

期股计划是指企业和员工约定在未来某一时期员工要以一定的价格购买一定数量的企业股票，购买价格一般参照股票的当前价格确定，同时也会对员工购股后出售股票的期限作出限制。如果未来股票价格上涨，员工按照约定价格买入股票，就可以获得收益；如果未来股票价格下跌，员工就会有损失。

3. 期权计划

期权计划与期股计划类似，但存在一定区别。期权计划是指企业给予员工在将来某一时期以一定价格购买一定量的企业股票的权利，购股价格一般参照股票的当前市场价格确定，但员工到期可以行使这个权利，也可以放弃。该计划同样会对员工购股之后出售股票的期限作出规定。

拓展阅读 7.5

构建"三元"薪酬结构，让科研人员尽享改革红利

第五节　员 工 福 利

一、福利概述

（一）福利的含义及特点

1. 福利的含义

福利是指企业为实现战略目标，依据国家相关法律法规与企业实际情况，向员工及其家庭提供的，以非货币形式和延期支付为主的补充性报酬与服务的总称。可以从以下几个方面来理解福利的含义：

（1）福利的合法性。企业必须遵守国家和地方的相关法律法规，依法为员工购买法定的各种社会保险。

（2）作为企业的合法成员，员工有权享受企业提供的各种集体福利。福利既可以提供给员工个人，也可以提供给员工家庭成员。

（3）福利的发放形式多样化，可以实物、服务、培训等形式发放。

（4）福利发放的目的在于提高员工满意度和对企业的归属感。

2. 福利的特点

与其他形式的报酬相比，福利有四个主要特点：

（1）补偿性。福利是对员工为企业提供劳动的一种物质性补偿，也是员工直接薪酬收入的一种补充形式。

（2）均等性。对于一般福利来说，企业内履行了劳动义务的员工，都可以平等地享受企业的福利。但对于一些特殊福利来说，企业仍会采取差别对待方式，如交通工具配备等

就跟职位级别有关，实行不同福利待遇。

（3）集体性。员工集体消费或共同使用公共物品等是员工福利的主体形式，也是员工福利的一个重要特征。集体消费主要体现在通过集体购买、集体分发的方式为员工提供一些生活用品或服务。

（4）多样性。员工福利的多样性，可以体现为现金、实物、带薪休假以及各种服务，也可以采用多种组合方式，要比其他形式的报酬更为复杂，更加难以计算和衡量，最常用的方式是实物给付形式，并且具有延期支付的特点。

以上特点，决定了福利是企业总薪酬的重要组成部分，在薪酬系统中发挥着独特的作用。

（二）福利的影响因素

影响福利的因素很多，可分为外部环境因素和企业内部条件因素两大类。

1. 外部环境因素

（1）国家和地方的政策法律法规。这是所有企业在制定福利政策与制度时必须遵守的基本准则，企业必须依法为员工购买法定社会保险与住房公积金，提供法定休假等。

（2）人力资源市场的供求状况。如果人力资源市场中某类职位员工供不应求，则该类员工就会有较强的薪酬谈判能力，自然可以要求更高的薪酬水平与更好的福利待遇；相反，如果人力资源市场中某类职位员工供大于求、供给过剩，则员工的薪酬谈判能力降低，会要求较低的薪酬水平与较少的福利待遇。

（3）市场薪酬水平。如果企业薪酬低于市场薪酬水平，通常员工对薪酬的满意度较低，就需要企业提供较好的福利来弥补员工收入不足，减少员工流失，增强企业竞争力。如果企业薪酬与市场薪酬水平持平，通常员工对薪酬的满意度为中等，企业只需提供一般水平的福利。如果企业薪酬远高于市场薪酬水平，通常员工对薪酬的满意度较高，这时员工对福利的要求一般较低，企业在提供法定福利外，可以根据自身情况为员工提供灵活的福利。

2. 企业内部条件因素

（1）企业发展战略与薪酬策略。如果企业的发展战略是扩张型战略，那就需要吸引大量的优秀人才加入企业，则应采取市场领先的薪酬策略与较高的福利水平。如果企业的发展战略是保持型战略，则可采取市场跟随的薪酬策略与一般的福利水平。如果企业的发展战略是收缩型战略，则可采取成本导向的薪酬策略与较低的福利水平，尽量降低企业的运营成本。

（2）企业的经济效益。企业效益是实施福利的基础与保障，经济效益好的企业，具有较强的经济实力，有能力为员工提供丰富的福利项目。而经济效益差的企业，及时足额发放基本薪酬与可变薪酬都有困难，更没有能力为员工提供较好的福利。

（3）管理者的管理理念。管理者如果具有"以人为本"的管理理念，则会更加关注员工的生活与家庭，尽可能为员工提供更好的福利。而如果管理者只把员工看成企业运营的"成本"，则会只关注员工的工作与绩效，认为福利是企业的成本支出，除法定福利外只为员工提供极少的福利项目。

除以上因素外，本地区的物价水平、医疗费用、同行业竞争对手的薪酬福利政策，都会影响企业的福利体系。

（三）福利的作用

福利作为薪酬的重要组成部分，对员工和企业都起着积极的作用，主要表现在以下几方面：

1. 福利对员工的作用

（1）增加员工的收入。福利是一种保障性收入，与绩效无直接关系。

（2）形式灵活多样，可以满足员工不同的需求。

（3）保障员工家庭生活及退休后的生活质量。

（4）满足员工的平等和归属需要。

（5）具有税收方面的优惠，可以使员工获得更多的实际收入。

（6）由企业集体采购某些福利项目，具有规模效应，可以为员工节省支出。

2. 福利对企业的作用

（1）福利作为吸引和保留人才的有效手段，有助于企业建立长期的竞争优势。从经济学的角度讲，大多数员工都是风险规避型的，他们会追求收入的稳定性。与直接薪酬相比，福利具有更强的稳定性。如果企业福利项目丰富，就能够增加企业对员工的吸引力，减少员工流失，增强企业凝聚力。

（2）营造和谐的企业文化，树立企业形象。企业通过福利为员工提供各种形式的照顾和便利，可以让员工感受到企业的关怀和重视，加强员工与企业之间的心理契约，有助于营造以人为本的和谐的企业文化。

（3）享受国家的税收优惠政策，提高企业成本支出的有效性。员工福利计划的税收待遇要比直接薪酬的税收更优惠，同等金额的福利可能产生更大的潜在价值。

二、福利的类型与内容

不同的企业，福利的类型与内容差别很大。福利根据法律强制性不同可划分为国家法定福利与企业自主福利两大类。其中，国家法定福利包括社会保险福利、住房公积金项目和法定假期等。企业自主福利又分为经济性福利和非经济性福利两大类。

（一）国家法定福利

它是由国家相关法律法规规定的福利内容，具有强制性，所有企业与组织都必须执行。法定福利为员工提供了工作和生活的基本保障，当员工遭遇失业、疾病、伤残等特殊困难时给予及时救助。我国目前的法定福利主要包括以下内容。

1. 法定社会保险

它包括基本养老保险、基本医疗保险、失业保险、工伤保险和生育保险，即"五险"。企业要依照法律规定按照员工薪酬的一定比例为员工缴纳保险费用。

2. 住房公积金

它是用人单位和在职员工按照薪酬的一定比例共同缴存的长期住房储蓄金。住房公积金的缴纳标准比例通常是 5%～12%，用人单位可以在这个范围内自主决定，最常见的缴纳比例是 8%。一般情况下，企业和员工会按照 1∶1 的比例等额供款，即个人缴纳多少，企业也会缴纳相同金额。具体的缴费基数是根据员工上一年度的月平均工资来确定的，且该基数不应低于上年度当地社会平均工资的 60%，也不得高于 300%。此外，企业还可以根据自愿原则为员工额外缴纳补充公积金，这种补充公积金不需要员工自己支付，而是由企业全额承担。

3. 法定假期

主要包括以下几类：

（1）公休假日。公休假日是指企业要在员工工作满一个工作周后让员工休息一定的时间，我国目前实行劳动者每日工作时间不超过 8 小时，平均每周工作时间不超过 44 小时的工时制度。《中华人民共和国劳动法》第三十八条规定：用人单位应当保证劳动者每周至少休息一日。

（2）法定休假日。法定休假日是指员工在法定节日要享受休假，我国的法定节日包括元旦、春节、清明节、国际劳动节、端午节、中秋节和国庆节等。《中华人民共和国劳动法》规定，法定休假日安排劳动者工作的，应支付不低于原工资 300% 的劳动报酬。

（3）带薪年休假。《中华人民共和国劳动法》规定，国家实行带薪年休假制度。《职工带薪年休假条例》规定，员工连续工作 1 年以上的，享受带薪年休假。累计工作已满 1 年不满 10 年的，年休假 5 天；已满 10 年不满 20 年的，年休假 10 天；已满 20 年的，年休假 15 天。国家法定休假日、休息日不计入年休假的假期。

（4）其他假期。除以上假期外，我国员工还可以享受探亲假、婚假、丧假、产假与配偶陪产假等。探亲假的享受对象是企业中那些与直系亲属不在一个区域的员工。达到法定结婚年龄的员工可享受婚假，符合生育政策的女员工可以享受产假，男员工则可以享受配偶陪产假。直系亲属去世，员工可享受丧假。这些假期具体时限都按照有关法律法规执行。

（二）企业自主福利

除法定福利外，许多企业为了吸引和留住优秀员工，提升企业凝聚力，根据自身情况和经济实力自愿向员工提供种类繁多的福利项目。

1. 自主经济性福利

自主经济性福利是指除国家法定福利外，企业为员工提供的其他经济性补贴福利项目。这些福利项目旨在减轻员工的经济负担，提高员工的生活质量，进而提高员工的工作满意度和工作效率。具体包括以下内容：

（1）补充保险计划，包括补充养老保险、补充医疗保险、集体人寿保险、个人财产保险、离退休福利等。

（2）额外酬金，包括年终和法定节日的酬金、物价补贴、购物券等。

（3）住房性福利，包括住房贷款利息给付计划、住房津贴、免费单身公寓、公租房、购房补贴、无息贷款等。

（4）交通性福利，包括免费通勤车、市内交通补贴、个人交通工具低息贷款或津贴、燃料费补助等。

（5）生活福利，包括免费或低价工作午餐、伙食补助、发放生活用品、生日礼金、结婚礼金等。

（6）文体旅游福利，包括组织集体公费旅游、购买电影票、音乐会门票等。

（7）教育培训福利，包括在职或脱产培训、公费进修、员工子女入托补助、子女教育补助等。

（8）医疗保健福利，包括免费体检和防疫注射、医药费报销或补贴、职业病免费防护、免费或优惠疗养、举办健康讲座等。

（9）意外补偿福利，包括意外工伤补偿、伤残生活补助、死亡抚恤金等。

（10）特种福利，包括针对特定困难人员的低息贷款、预支薪金、额外困难补助；针对特殊优秀人才的星级住宿福利，高级住宅津贴、特殊补贴等。

2. 自主非经济性福利

自主非经济性福利是指企业通过提供服务或改善环境等形式为员工所带来的福利。自主非经济性福利的根本目的在于全面改善员工的"工作生活质量"，包括但不限于以下几个方面的内容：

（1）咨询性服务，即免费为员工个人职业发展设计的咨询服务、心理健康咨询、法律咨询等。

（2）保护性服务，包括平等就业权利保护（反对种族、性别、年龄等就业歧视）、投诉检举反报复保护、隐私保护等。

（3）工作环境保障，包括实行弹性工作时间、缩短工作时间、工作环境设计、企业内部提升政策、员工参与民主化管理等。

（4）文体娱乐服务，员工可免费使用运动场、游泳池、健身房、阅览室、棋牌室等，企业定期或不定期组织团建、晚会、舞会、郊游、野餐等文体活动。

（5）除法定假期之外的各种假期、休假等。

三、福利的管理

为了使企业为员工提供的福利能够充分发挥作用，企业需要进行科学的福利管理，一般遵循以下步骤：

（一）确定福利目标

在制订福利计划前，首先要明确企业的福利目标是什么，是满足员工的个性化需求，还是尽量降低企业福利成本。目标不同，相应的福利计划也就不同。福利目标应该以企业的战略目标和薪酬目标为基础，并能促进薪酬目标的实现。

（二）进行福利调查

为了使企业提供的福利能够真正满足员工的需要，在确定目标后，要进行福利调查。了解员工切实需要的福利项目是什么，可以列出一个备选"菜单"，采用问卷调查的方式让员工自由选择并排序，对于菜单上没有列到的，可以在问卷上留出空白供员工填写。同时，可采用跟部分员工座谈等方式，听取员工的意见建议，做好记录。企业外部的福利调查可以跟薪酬调查同时进行。通过对以上调查方式收集的资料进行统计整理，可以得到员工真实的福利需求项目。

（三）制订福利计划

福利调查结束后，就要制订福利计划。首先，根据调查结果确定的员工福利需求和企

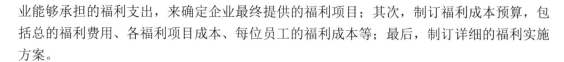

业能够承担的福利支出，来确定企业最终提供的福利项目；其次，制订福利成本预算，包括总的福利费用、各福利项目成本、每位员工的福利成本等；最后，制订详细的福利实施方案。

（四）实施福利计划

福利计划制订后，企业要安排专门的部门与人员负责福利计划的实施，遵照计划的内容与方案购买福利，如期保质保量为员工提供福利产品与服务，确保福利目标的实现。同时，如果环境条件发生较大变化，对企业经营管理产生较大影响时，要根据实际情况适时进行调整，保障福利的实施效果。

（五）评估与反馈

在福利实施过程中，要及时收集和听取员工对福利项目的意见建议，定期对福利项目进行评估和调研，了解员工对福利的认可度与满意度，并将这些信息及时反馈给相关部门，根据评估结果调整和改进福利方案，以提高员工福利的质量和效果。

四、福利的发展趋势

随着社会的不断发展和进步，福利已成为现代企业吸引和留住人才的重要手段之一。福利不仅能够提高员工的工作积极性和幸福感，还能够提高企业的竞争力。未来福利的趋势将更加注重弹性福利模式、福利的个性化和可持续发展。

（一）弹性福利模式成为福利的基本特征

人们的需求越来越多样化，员工对福利的期待也在不断提高，传统的福利方案已经无法满足员工的需求了。未来，企业将更加注重根据员工的个性化需求来设计福利，也就是实施弹性福利模式。例如，提供弹性工作时间，灵活的假期安排，个性化的培训和发展计划等。

弹性福利又称为自助式福利，是由员工自主选择福利项目的福利管理模式，主要有三种类型：一是全部自选，即全部福利项目均可自由挑选；二是部分自选，部分福利项目可以自选，部分则是规定项目；三是小范围自选，可选择的福利项目较少。但是，无论哪一种福利模式都体现了福利的个性化、可选性，员工在规定的时间和金额范围内，可以根据自己的需要选择有价值的福利项目。弹性福利从本质上改变了传统的福利制度，使其从一种福利保险模式转变为一种薪酬管理模式，从固定的福利方案转变为固定的资金投入方案。这样不仅能够满足员工的需求，还能够提高员工的工作满意度和忠诚度。

（二）健康福利成为福利的重要组成部分

健康是最重要的财富，越来越多的人意识到了健康的重要性。未来，企业将会加大在健康福利上的投入，如提供健身房，鼓励员工参加体育活动，定期进行健康体检等。此外，一些企业还会提供健康保险和各种健康促进活动，如健康讲座、生活习惯培养等。这样不仅能够提高员工的身体素质和抵抗力，还能够减少员工的请假和医疗费用，提高员工的工作效率和生产力。

（三）可持续发展福利是未来的发展方向

随着人们对环境保护和社会责任的重视度不断提高，未来企业将会加大在可持续发展方面的投入，并将可持续发展作为福利的重要组成部分。例如，企业可以提供环保的办公设备和绿色的办公环境，鼓励员工节约用水用电等。此外，企业还可以支持员工参与公益活动和社会责任项目，如捐款、义务劳动等，这样不仅能够提高员工的工作满意度和幸福感，还能提升企业的形象与声誉。

（四）数字化福利成为未来的发展趋势之一

随着信息技术的快速发展，数字化福利将会成为未来福利的重要形式。例如，企业可以提供在线培训和学习平台，让员工随时随地进行学习和提升；也可以提供在线健康管理平台，让员工方便地了解和管理自己的身体健康状况；还可以提供在线员工服务平台，让员工方便地申请福利和解决问题。数字化福利不仅能够方便员工，还能提高福利的透明度和可操作性。

拓展阅读 7.6

"弹性福利"3.0
时代到来
企业该如何
留住员工

总之，未来福利的趋势将更加注重个性化、健康、可持续发展和数字化。企业需要根据员工的需求和社会发展需要来设计福利，并不断创新和调整福利方案。只有这样，企业才能吸引和留住优秀的人才，提升企业的竞争力。

本 章 小 结

薪酬是企业因雇佣关系的存在而支付给员工的各种直接和间接的经济收入，是企业获取、保持和激励员工的重要手段。本章从薪酬的基础理论入手，介绍了薪酬与薪酬管理的基本含义与作用，基本薪酬体系的设计流程，可变薪酬的分类与实施，员工福利的含义、功能、类型与构成等。通过本章的学习，可使学生了解薪酬管理的基本理论，熟悉现代企业薪酬的主要结构和作用，掌握薪酬管理的基本内容及薪酬设计的策略技巧，培养科学的薪酬观，树立"全面薪酬"理念，为以后参与企业的薪酬管理工作和进行深入研究奠定理论与实践基础。

复习与思考

一、简答题

1. 简述薪酬的构成与功能。
2. 薪酬管理的作用有哪些？
3. 职位薪酬体系的设计流程有哪些？
4. 简述薪酬调查的作用。

二、论述题

1. 薪酬管理与企业战略之间的匹配关系是怎样的？
2. 在当前的社会环境下，企业应如何进行有效的福利管理？

三、案例分析

扫描阅读

娃哈哈的薪
酬福利体系

思考题

1. 娃哈哈的薪酬福利体系反映了什么样的企业文化特征？

2. 娃哈哈的薪酬福利体系对我们有什么样的启示？

【在线测试题】扫描二维码，在线答题。

第八章
员工关系管理

学习目标

1. 掌握员工关系的内涵与特点；
2. 掌握员工关系管理的内涵与目的；
3. 掌握劳动合同订立的程序和包含的内容；
4. 掌握劳动合同变更和解除情况；
5. 掌握员工离职面谈的程序；
6. 掌握人际关系的概念和基本特征；
7. 掌握不同的沟通方式和沟通的基本过程。

素养目标

1. 培养学生树立法律意识，明确从事人力资源管理各项工作时须遵守的有关法律法规；
2. 培养学生用法律武器维护自己合法权益的能力；
3. 提升学生的沟通协调能力、有效处理冲突的能力。

导入案例

顺丰员工管理"四心法"

顺丰控股有限公司（以下简称顺丰）是国内的快递物流综合服务商，经过多年发展，已具有为客户提供一体化综合物流解决方案的能力，其物流服务不仅包含配送端，还延伸至价值链前端的产、供、销、配等环节，从消费者需求出发，以数据为牵引，利用大数据分析和云计算技术，为客户提供仓储管理、销售预测、大数据分析、金融管理等一揽子解决方案。2019 年 12 月，顺丰速运入选"2019 中国品牌强国盛典榜样 100 品牌"。2019 年 12 月 18 日，顺丰在中国品牌发展指数 100 榜单中排名第 61 位。2020 年 1 月 4 日，顺丰获得 2020 年《财经》长青奖"可持续发展创新奖"。

管理好员工、充分发挥人的作用，是企业人力资源管理中的重要一环。很多管理者强调规范的员工管理系统，但是顺丰总裁王卫认为，管理体系只是企业管理的"外功"，要练好"外功"，还必须有"心法"协助，否则很容易"走火入魔"。

心法第一诀：爱心。爱心的前提是同理心。顺丰强调以家人一般的感情关心、关爱身边的员工和同事。无论是领导者还是普通员工，只有有了同理心，才能设身处地为其他员工着想，比如他们辛不辛苦、工资够不够用、生活是否有其他困难等。管理者要深入一线体验员工的工作和生活，业务体验的意义不仅是让管理层不脱离业务，更是在精神层面上让所有员工都知道，管理者不是高高在上的，他们也要做业务，这对于增强公司凝聚力有非常大的作用。

心法第二诀：舍心。什么是舍心？舍心就是企业要与员工慷慨分享，而企业对员工最大的舍心应该就是福利待遇了，顺丰在这方面也是出了名的大方。顺丰上市敲钟时，王卫豪掷十余亿元为员工发红包，感谢员工的辛勤付出，这是顺丰"舍心"的最好体现。正所谓舍得舍得，有舍方有得，与员工共享公司的财富，换回的是员工更死心塌地地工作，从而实现共赢。

心法第三诀：狠心。顺丰强调慷慨分享，但管理员工并非这么简单，就像父母对待子女一样，管理者也要让员工接受艰苦历练，当然这并非出于功利目的，而是爱心与舍心的结果。快递行业会有缺乏职业道德的行为，如员工顺走某些没有保价的贵重物品等，顺丰对此类行为会不惜一切代价追查到底，严惩不贷。管理是一种严肃的爱，如果企业真心爱员工，就要考验他、逼迫他成长，如果碍于情面，低目标、低要求，不仅会损害企业，更不利于员工的长远发展。

心法第四诀：恒心。所谓恒心，就是长期坚持这样做下去。只有坚持修炼这些心法，一层层真正地落实，才有机会管理好员工。恒心作为最后一诀，能够保证整个过程的连贯性。员工有了恒心，无论面对什么困难，都能勇于挑战。

资料来源：殷凤春，等.人力资源管理实践案例分析[M].北京：电子工业出版社，2021.

导入案例思考

你认为顺丰为什么要强调对员工的关心？

在企业发展的诸多要素中，人力资源已上升为首要要素。企业管理的本质在于对人力资源的科学管理，相较于其他资源，人力资源需要更加精细的管理思维与方式。员工作为企业的核心资源，其积极性和创造性的发挥，必须以和谐的劳动关系和人际关系为前提。对于健康且优秀的企业而言，无论其行业归属、所有制性质或是发展阶段如何，一个共同且显著的特征便是拥有和谐的员工关系。一个员工关系管理得当的企业，不仅能够吸引并留住优秀的员工，更能提升劳动生产率，降低缺勤率和离职率，减少劳动争议和劳资冲突，进而提升员工的士气和忠诚度，最终实现员工与组织之间的互利共赢。

第一节　员工关系管理概述

一、员工关系的含义与特点

（一）员工关系的含义

员工关系，通常指的是组织与其员工之间建立和维护的相互关系，主要包括工作条件、工作满意度、沟通与冲突解决、员工参与度以及员工对组织的忠诚度等。这些关系对组织的成功至关重要，因为它们直接影响员工的工作效率、工作态度和整体的组织氛围。良好的员工关系有助于营造一个积极的工作环境，可提高员工的工作动力和效率，促进组织的长期健康发展。

员工关系深刻反映了企业与员工之间的动态联系。尽管其中涉及多个层面的复杂互动，但总体上可以归结为合作与冲突两大核心要素。

合作表现在企业运营中，管理方与员工共同努力生产产品或服务，这依赖于双方共同遵循的一套协商一致的制度与规则。这些规则可能由管理方预先制定，员工有选择地接受；也可能通过员工在工作过程中的行为与企业潜移默化的规则相互磨合而逐渐形成。要使合作得以持续，必须满足两个关键前提：一是企业的制度和规则不应成为管理方的特权，而应充分考虑员工的意愿和诉求；二是管理方需确保员工在企业的长期发展中能够获得合理的利益保障。

冲突则发生在具体的实质性问题上，管理方与员工由于情绪上的对立导致分歧，进而产生摩擦。冲突的根源可分为本质根源和环境根源两类。本质根源涉及员工关系的核心属性，如雇佣关系的本质及客观利益差异等；而环境根源则涉及更广泛的社会不平等、就业环境恶化及工作场所的不公平等问题。这两类根源均在不同程度上影响员工的行为及员工关系，最终可能表现为罢工、怠工及不服从等形式。

（二）员工关系的特点

员工关系展现出以下四个核心特征：

1. 个别与集体的双重性

员工关系可分为个别性员工关系和集体性员工关系。前者关注个别员工与管理层之间的关系，涉及员工在职业劳动中的角色和管理层给予的报酬。后者则涉及员工团体，如工会与管理层在维护或改善劳动条件方面的互动。

2. 平等与不平等的交织性

员工在劳动关系中处于从属地位，通过劳动换取报酬，并须服从管理层的指示，这体现了双方的不平等性。然而，在劳动合同签订前或劳动关系存续期间，员工与管理层就劳动条件进行互动交涉，这一过程展现出双方的平等性。因此，员工关系存在着平等和不平等的交织性。

3. 对等与非对等的共存性

对等性指的是当一方未履行某项义务时，另一方有权免除其相对义务的履行。而非对等性则意味着即使一方未履行某项义务，另一方仍需履行其义务。在人力资源管理实践中，管理层支付劳动报酬与员工提供劳动之间存在对等性，但员工提供劳动与管理层的照顾义务之间则存在非对等性。

4. 经济、法律与社会的融合性

员工关系涉及经济性要素，表现为员工通过劳动获得报酬和福利。除此之外，员工关系还在法律层面上通过劳动合同实现，并在工作中体现归属感、成就感和满足感等社会性要素。这些要素共同体现了员工关系在经济性、法律性和社会性方面的特点。

二、员工关系管理的含义与目的

（一）员工关系管理的含义

员工关系管理是指为了促进企业经营活动的正常进行，以缓和化解内部员工间的冲突为基础，追求管理方与员工间和谐合作为目标的系统性、综合性管理策略与手段的总和。其宗旨在于构建管理方与员工间的有效沟通机制，旨在减少乃至消除员工在工作过程中可能遭遇的不满、摩擦与冲突，进而塑造积极向上的工作氛围，使员工能以愉悦的心态为企业贡献力量。员工关系管理的核心在于心理契约的维系。心理契约是指员工与企业在正式雇佣合同之外，所存在的隐性、非正式且未明确说明的相互期望与理解。心理契约与劳动合同共同构成了企业与员工之间的基本契约关系，前者侧重于情感与道德的交换，后者则强调工作与报酬的对等。心理契约在组织构建中扮演着举足轻重的角色，它深刻影响着雇佣双方权利义务关系的形成。一旦心理契约受到破坏，将导致员工与组织间的信任度降低，进而对组织的正常运作产生不利影响。

（二）员工关系管理的目标

员工关系管理的核心目标在于促进管理者与员工间的顺畅沟通，激发员工的合作意愿，并充分调动其工作积极性。通过实施有效的员工关系管理能够缓解员工对组织的不满情绪，化解员工间的矛盾冲突，解决员工个人面临的困难，从而使员工能够全身心地投入工作中。具体而言，员工关系管理的目标涵盖以下几个方面。

1. 实施以人为本的管理策略

与传统的工作导向型人事管理不同，员工关系管理更加注重从员工的视角出发，强调对员工工作价值观的转变、工作满意度的提升以及工作与家庭和谐关系的建立等方面的关注。这些均体现了以员工为核心的管理理念，并构成了员工关系管理的核心目标。

2. 优化员工关系以推动组织绩效提升

实现组织目标、提高组织绩效以及有效管理员工行为都是人力资源管理的核心目标。针对这些目标，存在多种不同的人力资源管理模式。其中，以员工关系为核心的管理模式，着重关注员工的态度、行为、情绪以及心理契约的管理，这种模式更加强调民主管理和员工自我管理的重要性，通过积极倡导构建和谐的员工关系推动组织绩效的全面提升。

3. 推动人力资源管理职能的进一步拓展

员工关系管理在广义上已经超越了传统的人力资源管理范畴，对人力资源管理职能起到了补充、拓展和深化的作用。相较于传统模式，员工关系管理更加侧重于为员工提供优质服务，倡导以人为本而非以物为本的管理理念，并致力于提升人力资源部门在企业整体运营中的地位和影响力。

4. 实现企业与员工双赢的局面

通过实施有效的员工关系管理，企业能够充分激发员工的工作热情，培养员工的敬业精神，进而提升员工的忠诚度。这不仅丰富了人力资源管理的文化内涵，更直接促进了组织绩效的提升，从而增强了企业的整体竞争力。同时，企业也将致力于优化员工服务，提高员工福利待遇，以共同发展的理念为导向，实现企业与员工之间的双赢局面。

三、员工关系管理的作用

员工关系管理的核心理念在于视企业员工为企业最宝贵的资产，致力于通过全面优化的人力资源服务来满足员工的个性化需求，进而提升企业整体绩效，推动企业的稳健发展。在这一理念的指导下，员工关系管理发挥着以下重要作用：

（一）提升员工满意度

当前社会竞争日益加剧，众多企业纷纷聚焦于提高客户满意度。然而，令人遗憾的是，相对较少的企业给予员工满意度足够的重视。事实上，员工对于工作的满意度与客户满意度之间存在着紧密的关联。当员工对工作感到满意时，他们将更加积极地为客户提供优质的服务；反之，若员工工作满意度较低，则可能导致人才流失、工作效率下降等一系列问题。因此，实施有效的员工关系管理显得尤为重要，与员工保持良好的关系可以显著提升员工的工作满意度，进而为企业的稳健发展奠定坚实基础。

（二）降低员工的关系冲突、激发员工的工作热情和缓解员工的工作压力

为了优化企业内部运营环境、提高员工的工作效率与满意度，企业必须采取一系列措施来降低员工关系冲突、激发员工的工作热情并减轻其工作压力。企业内部成员在教育背景、立场、观点、态度和职责等方面存在差异性，这些差异在企业发展进程中会不可避免地产生各类矛盾和冲突。尽管并非所有冲突都会对企业产生负面影响，但大部分内部冲突确实会降低生产效率，削弱员工的工作积极性，从而阻碍企业发展。因此，在当前强调员工关系和谐的企业管理实践中，员工关系管理在化解冲突以及构建有效的冲突解决机制方面扮演着至关重要的角色。

（三）增进员工间的沟通与交流

员工关系管理对于营造和谐、积极的工作环境以及塑造有利于员工互动交流的企业文化具有重要意义。通过有效的员工关系管理，企业能够及时了解员工的心理状态，化解员工间的矛盾与误解，为员工创造一个积极向上、富有活力的沟通和交流环境。

（四）培育员工的团队合作精神

团队合作精神是企业凝聚力的源泉，它激励每一位成员产生归属感，使其深知为团队作出的贡献也是对自己荣誉的争取。可以说，企业的团队合作精神越强烈，其生命力就越加旺盛和持久。一个士气高昂、充满活力的团队能够紧密团结整个企业，从而更有效地发挥整体战斗力。员工关系的和谐是团队合作精神的核心，只有当员工关系融洽时，团队合作精神才能得以强化。因此，实施有效的员工关系管理对于培养员工的团队合作精神、提升企业的战斗力具有重要意义。

第二节　劳动关系管理

一、劳动合同管理

（一）劳动合同的含义

劳动合同是劳动者与用人单位之间确立劳动关系、明确双方权利和义务的协议。建立劳动关系应当订立劳动合同。自 2008 年 1 月 1 日起施行的《劳动合同法》是我国第一部较完整的劳动合同关系的法律。该法的颁布和施行，为我国的用人单位和劳动者依法保护自己的合法权益提供了更完整的法律依据。

（二）劳动合同的特点

劳动合同除具有合同的一般特点外，还具有自身的法律特征。

（1）劳动合同的主体是劳动者与用人单位。劳动者必须是依法具有劳动权利能力和行为能力的公民。作为劳动合同另一方当事人的用人单位，必须是依法设立的企业、事业组织、国家机关、社会团体或个体经济组织。

（2）劳动合同的内容是劳动者与用人单位双方的权利和义务。劳动者要承担一定的工种、岗位或职务的工作，完成劳动任务，遵守用人单位的内部规则和其他规章制度；用人单位为劳动者提供法律规定或双方约定的劳动条件，给付劳动报酬，保障劳动者享有法定或约定的各项政治经济权利和其他福利待遇。

拓展阅读 8.1

《中华人民共和国劳动法》中规定劳动者的权利（节选）

（3）劳动合同的标的是劳动者的劳动行为。劳动者实现就业权利后，相应地有完成其劳动行为的义务。用人单位实现用人权利后，组织管理劳动者完成约定的劳动行为，并有义务支付劳动者的报酬，还需要为员工缴纳社会保险和提供福利。

（4）劳动合同的目的在于确立劳动关系，使劳动过程得以实现。劳动合同是确立劳动关系的法律形式，劳动合同一经订立，就成为规范双方当事人劳动权利和义务的法律依据。

（三）劳动合同的订立原则

（1）平等自愿原则。平等自愿是订立劳动合同的核心原则。平等是指劳动合同当事人在签订劳动合同时法律地位平等，不存在任何依附关系，任何一方不得歧视、欺压对方。只有在法律地位平等的基础上订立、变更合同条款，才具有协商的前提条件。自愿是指劳动合同当事人应完全出于自己的意愿签订劳动合同。凡是采取强迫、欺诈、威胁或乘人之危等手段，将自己的意志强加于对方，或者所订条款与双方当事人的真实意愿不一致，都不符合自愿原则。

（2）协商一致原则。协商一致是指合同双方当事人对所发生的一切分歧要充分地协商，在双方意思表示一致的基础上签订劳动合同。我国正在推行行业集体合同制度，从业者在利益一致、对于劳动合同内容要求一致的情况下，由工会负责人或其他人作为其代表，与用人单位方面进行集体协商。

（3）依法订立原则。依法订立是指劳动合同不得违反法律、法规的规定，这是劳动合同有效并受法律保护的前提条件。依法订立包括主体合法、目的和内容合法、程序合法、形式合法。主体合法即订立劳动合同的双方当事人必须具备法律、法规规定的主体资格。劳动者一方必须达到法定劳动年龄、具有劳动权利能力和劳动行为能力，用人方必须具备承担合同义务的能力。目的和内容合法，是指劳动合同所设定的权利义务要符合法律规定的要求，合同条款必须符合法律、法规，不得以合法形式掩盖非法意图和违法行为。程序合法要求订立合同遵循法定的程序和步骤，要约和承诺要符合法律规定的要求。形式合法，是指按照我国的法律规定，劳动合同应采用书面形式，一式两份，劳动者和用人单位各执一份。

（四）劳动合同订立的程序

劳动者和用人单位在签订劳动合同时，应遵循一定的手续和步骤，根据《中华人民共和国劳动法》的有关规定及订立劳动合同的具体实践，签订劳动合同的程序一般如下：

（1）要约、承诺。在签订劳动合同前，劳动者或用人单位提出签订劳动合同的建议称为要约；用人方通过相关的招聘渠道提出招聘要求，另一方接受建议并表示完全同意，则称为承诺。一般由用人单位提出和起草合同草案，并提供协商的文本。

（2）协商。双方对签订劳动合同的内容进行认真磋商，包括工作任务、劳动报酬、劳动条件、内部规章、合同期限、保险福利待遇等。协商的内容必须做到明确、清楚、具体、可行，充分表达双方的意愿和要求，经过讨论、研究，相互让步，最后达成一致意见。要约经过双方反复提出不同意见，最后在新要约的基础上表示新的承诺。在双方协商一致后，协商即告结束。

（3）签约。在认真审阅合同文书，确认没有分歧后，用人单位的法定代表人或者其书面委托的代理人代表用人单位与劳动者签订劳动合同。劳动合同由双方分别签字或盖章，并加盖用人单位印章。订立劳动合同可以约定生效时间；没有约定生效时间的，以当事人签字或盖章的时间为生效时间；当事人签字或盖章时间不一致的，以最后一方签字或盖章的时间为准。

（五）劳动合同的内容

劳动合同的内容是指在合同中需要明确规定的当事人双方的权利义务及合同必须明确的其他问题。劳动合同的内容是劳动关系的实质，也是劳动合同成立和发生法律效力的核心问题。劳动合同的内容主要包括法定条款和协定条款。

1. 法定条款

法定条款是由法律、法规直接规定的劳动合同必须具备的内容，主要包括：

（1）劳动合同期限。劳动合同期限即劳动合同的有效时间，是由劳动者和用人单位双方协商而确定的，劳动合同得到顺利履行后，合同期满即行终止。劳动合同分为固定期限、无固定期限和以完成一定的工作为期限三种形式。固定期限劳动合同，是指用人单位与劳动者约定合同终止时间的劳动合同。无固定期限劳动合同，是指用人单位与劳动者约定无确定终止时间的劳动合同。无固定期限劳动合同只要不出现法律、法规规定或双方当事人约定的可以解除劳动合同的条件，以及当事人双方协商一致自愿解除的情况，则不能解除。以完成一定的工作为期限的劳动合同，是指当事人双方把完成一定工作的时间确定为劳动合同的有效时间，工作任务完毕，合同即告终止，即以工作结束的时间为合同终止期限的劳动合同。

（2）工作内容。工作内容主要指用人单位安排劳动者从事什么工作，包括劳动者从事劳动的工种、岗位、部门、职务，以及劳动生产任务所要达到的效果、质量指标等。

（3）用人单位的劳动保护和劳动条件。劳动保护和劳动条件是我国劳动关系管理中备受关注的内容。劳动保护和劳动条件是指用人单位对劳动者所从事的劳动必须提供的生产、工作条件和劳动安全卫生保护措施，包括劳动安全卫生制度、设施、防护措施及劳动者的工作时间、休息休假等。2008年以后，劳动者的年工作日调整为250天，法定假日为11天，且法定假日也包括在计薪日中。《安全生产法》等职业安全管理相关法规的实施都标志着我国劳动者的劳动条件正在逐步改善；《中华人民共和国劳动法》等相关法规，要求用人单位必须依法为劳动者缴纳社会保险（如养老保险金、医疗保险金、失业保险金、住房公积金等）。

（4）劳动报酬。劳动报酬是指用人单位根据劳动者劳动岗位、技能及工作数量、质量，以货币形式支付给劳动者的工资，主要包括劳动报酬的构成、工资标准、工资发放日期和发放方式等。劳动合同中不得约定用实物或有价证券支付工资，当劳动者提供正常劳动后，用人单位不得低于当地政府规定的最低工资标准支付工资，若低于最低标准的要支付经济补偿金。

（5）劳动纪律。劳动纪律是指劳动者在劳动过程中必须遵守的劳动规则，包括国家法律、法规，用人单位内部制定的企规、企纪，如工作制度、岗位纪律、奖惩条件等。

（6）合同终止条件。劳动合同终止条件即劳动合同终止的事实理由。被约定为劳动合同终止条件的事实应当符合以下两个要求：一是应该在劳动合同生效时尚未出现的，即应为将来出现的不确定情况；二是应该由双方当事人选定的，而不是法律直接规定的。

（7）违反劳动合同的责任。违反劳动合同的责任是指在劳动合同履行过程中，当事人一方故意或过失违反劳动合同，致使劳动合同不能正常履行，给对方造成经济损失时应承担的法律后果。

2. 协定条款

协定条款是合同的有些内容不需由法律、法规直接规定，而是由当事人自愿协商确定的条款，协定条款只要不违反法律和行政法规，则与法定条款具有同样的约束力。劳动合同的协定条款主要包括以下内容：

（1）双方同意的其他条款。它包括员工与用人单位协商签订的其他方面的内容。

（2）保守商业秘密条款。用人单位一方，可以在劳动合同中规定"保守用人单位商业秘密的有关事项"。这一规定的目的是防止劳动者一方在解除劳动合同后给用人单位的经济利益带来损失，以保护该单位的合法权益。

（3）用人单位规章制度。规章制度可以作为附件，视同于协定条款，列在劳动合同书的正文之后，但应当在劳动合同书中写明。

（六）劳动合同的变更

劳动合同的变更是指劳动合同在履行过程中，经双方当事人协商一致，对原定部分劳动合同的条款进行修改、补充或废止的行为，具体包括工作内容、工作地点、工资福利的变更等。劳动合同的变更，其实质是双方的权利、义务发生改变。合同变更的前提是双方原已存在着合法的合同关系，变更的原因主要是客观情况发生变化，变更的目的是继续履行合同。劳动合同的变更一般限于内容的变更，不包括主体的变更。劳动合同的变更主要依据三个条件：一是订立劳动合同时所依据的法律、法规、规章制度发生变化的，应当依法变更劳动合同的相关内容。二是订立劳动合同时所依据的客观情况发生重大变化，致使劳动合同无法履行，当事人一方要求变更其相关内容的；劳动者部分丧失劳动能力或身体健康状况发生变化而引起的合同变更等。三是用人单位发生合并或分立等情况，原劳动合同继续有效，劳动合同由继承权利义务的用人单位继续履行；用人单位变更名称的，应当变更劳动合同的用人单位名称。

（七）劳动合同的解除

劳动合同解除是指劳动合同在未履行完毕之前，由于某种因素导致当事人提前终止合同效力的法律行为。劳动合同解除分为法定解除和协商解除。法定解除是指法律、法规或劳动合同规定可以提前终止劳动合同的情况；协商解除是指合同双方经协商一致而提前终止劳动合同法律效力的情况。劳动合同的解除主要包括以下情形：

1. 双方合意解除

即经劳动合同双方当事人协商一致，劳动合同可以解除。

2. 劳动者提前通知解除

劳动者解除劳动合同，应当提前三十日以书面形式通知用人单位。提前通知这一要求既是劳动者单方解除劳动合同的条件，也是解除劳动合同的程序。

3. 劳动者随时通知解除

有下列情形之一的，劳动者可随时通知用人单位解除劳动合同：一是在试用期内的；二是用人单位以暴力、威胁或非法限制人身自由的手段强迫劳动者劳动的；三是用人单位未按照劳动合同约定支付劳动报酬或者提供劳动条件的。

4. 用人单位无过失性解除

有下列情形之一的，用人单位可解除劳动合同，但应当提前三十日以书面形式通知劳动者本人：一是劳动者患病或非因工负伤，医疗期满后，不能从事原工作也不能从事由用人单位另行安排的其他工作的；二是劳动者不能胜任工作，经过培训或调整工作岗位仍不能胜任工作的；三是劳动合同订立时所依据的客观情况发生重大变化，致使原劳动合同无法履行，经当事人协商不能就变更劳动合同达成协议的。用人单位解除劳动合同未按规定提前三十日通知劳动者的，自通知之日起三十日内，用人单位应当对劳动者承担劳动合同约定的义务。

5. 用人单位过失性解除

劳动者有下列情形之一的，用人单位可以随时解除劳动合同：一是在试用期间被证明不符合录用条件的；二是严重违反劳动纪律或用人单位规章制度的；三是严重失职，营私

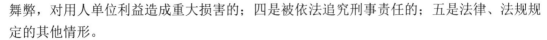

舞弊，对用人单位利益造成重大损害的；四是被依法追究刑事责任的；五是法律、法规规定的其他情形。

6. 用人单位不得解除的情形

为了保护劳动者的合法权益，防止不公正解雇，《劳动合同法》规定了用人单位不得解除劳动合同的情形。劳动者有下列情形之一的，用人单位不得解除劳动合同：患职业病或因工负伤并被确认丧失或部分丧失劳动能力的；患病或者负伤，在规定的医疗期内的；女职工在孕期、产期、哺乳期内的；法律、法规规定的其他情形。

7. 经济性裁员

用人单位在濒临破产法定整顿期间或因生产经营状况发生严重困难、确需依法裁减人员的，应当向工会或全体职工说明情况并听取意见。裁员方案应当在与工会或者职工代表协商采取补救措施的基础上确定，并向劳动保障行政部门报告。用人单位实施裁员方案，应当提前三十日通知工会和劳动者本人。用人单位依据本条规定裁减人员，在六个月内录用人员的，应当优先录用被裁减的人员。同时，对于解除劳动合同的经济性补偿也做了明确规定：用人单位依照劳动法的有关条款解除劳动合同的，应当给予从业者经济补偿；用人单位解除劳动合同，工会认为不适当的，工会有权提出意见；如果用人单位违反法律、法规或有关合同，工会有权要求重新处理，如果从业者或被辞退者申请劳动仲裁或提起法律诉讼，工会应当依法对员工给予支持。

（八）劳动合同的终止与续订

1. 劳动合同的终止

劳动合同的终止是指合同期限届满或双方当事人约定的终止条件出现，劳动合同规定的权利、义务即行消灭的制度。劳动合同的终止，并非双方的积极行为所致，一般是由于合同本身的因素或法律规定、不可抗力所致。符合下列条件之一的，劳动合同即行终止：

（1）劳动合同期满的；

（2）当事人约定的劳动合同终止条件出现的；

（3）用人单位破产、解散或者被撤销的；

（4）劳动者退休、退职或者死亡的。

2. 劳动合同的续订

劳动合同经双方当事人协商一致，可以续订。续订劳动合同不得约定试用期，具体内容包括：

（1）双方协商续订劳动合同；

（2）劳动者在同一用人单位连续工作满10年以上，当事人双方同意续延劳动合同的，如果劳动者提出订立无固定期限劳动合同，用人单位应当与劳动者订立无固定期限劳动合同；

（3）劳动者患职业病或因工负伤并被确认达到伤残等级，要求续订劳动合同的，用人单位应当续订劳动合同；

（4）劳动者在规定的医疗期内或女员工在孕期、产期、哺乳期内，劳动合同期限届满时，用人单位应当将劳动合同的期限顺延至医疗期、孕期、产期、哺乳期期满为止。

二、纪律惩戒管理

（一）惩戒的概念和标准

1. 惩戒的概念

惩戒在不同情境下有不同的含义，从员工管理的视角出发可将其界定为：对于在工作绩效、职场行为规范和遵守公司规章制度等方面未达到既定要求的员工，企业根据内部管理规定所采取的一种正式且具有惩罚性质的纠正措施。实施惩戒管理的目的一方面在于纠正员工的违规行为，另一方面则在于保障其他员工免受不公与不合理的待遇。同时，这也为企业和管理层提供了一个筛选和剔除不符合标准的员工的机会。

2. 惩戒的标准

企业和组织对员工实施惩戒管理，主要是基于员工未能遵循既定规则和契约，或未达到组织所设定的期望。这一前提为管理者提供了合理且正当的依据以采取相应的惩戒措施。为确保惩戒的公正性和合理性，必须明确界定何种行为应受惩戒，何种行为不应受到惩戒。一般而言，员工若违反以下三类规则，可能会受到相应的惩戒。

（1）违反社会准则。员工的所有行为，无论是在工作场合还是在个人生活中，均应受到社会公认的行为规范的约束。身为社会的一员，员工有义务遵守这些社会准则，它们不仅指导员工在工作中的行为，也适用于工作之外的个人行为。例如，任何形式的暴力行为（如打架斗殴），以及侵犯他人财产和生命安全的行为（如偷盗和抢劫），均被视为严重的违法行为。无论是在工作场所内还是工作场所外，这些行为一旦发生，都将受到法律的严厉惩罚和企业的纪律惩戒。

（2）违反法律规定。国家的法律是全体公民必须遵守的行为准则。任何违反国家法律的行为都将受到法律的制裁。同时，企业也会根据内部规定对涉事员工进行纪律惩戒。企业的管理者或雇主在员工职务行为上也负有管理和指导责任，因此，如果员工在工作中发生与职务相关的违法行为，根据法律规定，雇主也需承担连带责任。例如，如果员工违反安全健康法规定，导致严重后果和损失，员工和雇主都将依法承担相应的法律责任。

（3）违反组织规则。为了维护企业的正常生产和经营秩序，企业会制定并实施一系列内部制度和规则。这些规则的制定必须依法进行，并且不能仅由企业单方面决定，而应充分听取员工或工会的意见。任何违反这些内部规则的行为，无论是员工的行为还是管理者的行为，都被视为违反契约，并须承担相应的违规责任。

（二）受惩戒的行为类别

界定受到惩戒的行为类别至关重要，尽管各企业在具体规定上存在差异，但总体上可将其归纳为以下几类：

1. 非直接工作行为

这些行为虽非直接与工作相关，但可能对企业或员工管理的正常运行造成负面影响。这主要是由某些员工具有的不良品质和行为所引发，诸如斗殴、盗窃和欺诈等。同时，工作场所中出现的种族歧视、性骚扰等行为亦属于应受惩戒的非直接工作行为范畴。

2. 一般性工作行为

这些行为包括旷工、缺勤和怠工等一般性工作行为，对组织的正常工作秩序和氛围造成了直接冲击。例如，员工无故缺勤或旷工，特别是那些持续、有规律的缺席，显著增加了企业的运营成本。怠工行为则体现在员工的迟到、早退，以及工作过程中的"偷懒""磨洋工"等现象，甚至包括滥用组织的设施和资源的行为。这些行为均违反了劳动契约的精神，若放任其发生，将严重干扰和阻碍工作和生产的正常进行。因此，企业必须采取有力措施，坚决杜绝这些不良行为的发生，以维护组织的正常运转和员工的合法权益。

3. 不胜任工作或工作绩效差行为

随着企业对绩效管理的日益重视，制定规则和措施以提升员工工作绩效或约束绩效不达标的员工行为已成为常态。然而，鉴于影响员工绩效的因素众多，对于绩效未达标的员工，处理时务必审慎。若问题并非由员工违规行为引发，建议避免采用严厉的惩戒程序，转而采取更为灵活和人性化的管理措施，如调整岗位或提供培训机会等。

4. 危及安全健康行为

目前，法律对企业员工的安全健康行为规范要求日趋严格，特别是在高危行业中，绝不容许员工有任何违规之举。这些行为不仅对企业利益构成威胁，同时还危及员工本人、同事、顾客及其他人员的安全健康。一旦发生重大事故，还将对社会产生深远的不良影响。因此，对于员工危害安全健康的行为，不仅要有法律的制约，更需要企业建立严格的管理制度，并加强员工关系管理。我国的《安全生产法》《职业病防治法》等相关法律法规，已经明确规定了企业与员工之间的法律责任、义务和权利，以法律的形式保障双方的权益。

5. 对企业利益和形象造成伤害行为

这些不当行为包括泄露企业的生产和经营机密、篡改记录、接受或给予贿赂，以及捏造事实以损害公司形象的言论或行为等。

（三）违纪员工惩戒处理的原则

在对违纪员工的惩戒处理时，企业和管理者必须遵循以下原则：

1. 不调查不惩戒

任何惩戒行动都必须在全面了解事实的基础上进行。在事件查明之前，不得轻率地采取任何惩戒措施。这一原则确保了处理过程的客观性和公正性，防止了草率行事和主观臆断。

2. 保障员工的知情权和申诉权

保障员工的知情权和申诉权至关重要，在调查过程中，员工应被及时告知处理的原因和依据，并赋予他们提出异议和申诉的权利，这一原则确保了员工的合法权益得到尊重和维护。

3. 事件处理保持公平公正

公平对待也是处理违纪事件的基本原则之一，所有员工都应受到公平、公正和非歧视的对待，确保惩戒处理的一致性和公正性。

4. 事件处理合法合规

合法合规是处理违纪事件的基本要求。在处理过程中，必须严格遵守相关法律法规和企业正式规则及程序，确保处理结果的合法性和合规性。

5. 秉承教育为主的人本理念

实施渐进惩戒体现了教育为主的人性化管理理念，对于违纪或行为不当的员工，应采取逐步升级的惩戒措施，以促使其改正错误并回归正轨。这一原则旨在通过教育和引导，而非单纯的惩罚，来帮助员工纠正行为并重新融入团队。

（四）违纪员工惩戒处理的程序

企业对于违纪员工应实施渐进式的惩戒处理。在处理过程中，企业应依据员工违纪行为的严重程度，将其分为不同的处理阶段，以确保公正与合理。

第一阶段为口头警告。对于违纪行为较轻或初次违纪的员工，应给予口头警告，并明确告知其违纪原因。员工在此阶段享有上诉权，且管理者需记录相关档案。口头警告的有效期一般为数月至半年。若员工在警告期内有显著改善，可取消相关记录。

第二阶段为初次书面警告。当员工违纪行为较为严重或再次发生时，应给予书面警告。书面警告应详细列明惩戒原因、处理细节、改进要求及期限等。员工在接受书面警告时，应被告知其上诉权，并将警告副本存入个人档案。书面警告的有效期通常比口头警告长，为一年左右。若员工在警告期内表现良好，则不会进入后续处理阶段。

第三阶段为再次或最后书面警告。若员工在初次书面警告后仍未改正或违纪行为严重，应给予最后一次书面警告。其处理方式和内容与初次书面警告相同。

第四阶段为解雇或停职。若员工在经过上述处理阶段后，行为仍未改善，企业应考虑解雇。解雇时应给予员工书面通知，列明解雇原因、解雇日期，并告知其上诉权。对于严重不当行为，企业有权即时解雇而不需事先通知或给予经济补偿。对于严重违纪行为，企业应进行调查和处理。在调查期间，可暂停员工职务并相应减少工资。停职期不宜过长，调查结束后应立即作出处理决定。需要注意的是，停职本身并非理想的惩戒手段。

在整个惩戒处理过程中，员工均有权对处理决定提出申诉和上诉。申诉应在规定期限内，如接到通知后 3 个工作日内向直线经理和人事主管提出申诉，并提交书面材料。部门经理将负责受理申诉并作出处理决定。在可能的情况下，所有上诉应通知越级领导或经过更高级别管理层的听证。在上诉审理中，仅可对处理决定进行复查，不得增加处理措施，并须保存所有惩戒和申诉处理的完整原始记录。

（五）纪律惩戒管理的类别

现代纪律惩戒管理注重于"引导员工行为转变"的过程。根据其功能与作用的不同，可以分为预防性纪律惩戒管理和矫正性纪律惩戒管理两种类型。

1. 预防性纪律惩戒管理

预防性纪律惩戒管理侧重于通过积极有效的激励机制，促使员工自觉遵守劳动标准和规则，以达到预防违规行为发生的目的。其根本目标是激发员工的自律意识，推动其积极进取。

2. 矫正性纪律惩戒管理

矫正性纪律惩戒管理主要是针对员工出现违规行为时采取的管理措施，旨在阻止违规行为的持续发生，并引导员工未来的行为符合标准规范。矫正性纪律惩戒管理更加注重惩戒手段的运用。常见的矫正性措施包括警告、处分、降职等，旨在改造违规者，防止类似行为的蔓延和再次发生。

三、员工离职管理

随着经济社会的稳步发展和劳动力市场的日益成熟，员工流动已成为一种普遍且趋于常态的现象。然而，当员工尤其是核心员工频繁流动时，对组织可能会产生极为不利的影响。因此，对员工离职进行高效且有序的管理，不仅是员工关系管理中不可或缺的一环，更是组织实现其人力资源管理目标的必要条件。

（一）员工离职的概念

员工离职的概念在不同学者的界定中存在差异，通常分为广义和狭义两种理解。广义上，员工离职涵盖了员工在组织内部职位、工作任务或身份状态的所有变化，这包括员工离开现有组织，以及员工在组织内部的岗位变动，如晋升、降级或平级转岗等情形。而狭义的员工离职特指员工在离开就职组织的同时，与该组织终止雇佣关系的行为。两者的核心区别在于在维持与组织雇佣关系的前提下，员工是否发生了工作岗位的变动。因此，广义的员工离职可被视作员工流动，反映了员工工作状态的多方面变化，包括工作岗位、工作地点、职位职务、工作对象和工作性质等。本章节所探讨的员工离职管理，主要聚焦于狭义的员工离职，即员工与组织终止雇佣关系的情形。

（二）员工离职的类型

1. 按照离开组织的意愿划分

（1）员工主动离职。员工主动离职是指员工自行作出最终离职决定的行为。主动离职可分为功能性离职与非功能性离职两种情形。功能性离职是员工个人有意离开组织，且组织亦无意挽留的离职行为；非功能性离职，指的是员工个人有意离开组织，但组织希望挽留的离职行为。

（2）被动离职。员工被动离职是指离职决策由企业或管理者作出，员工在非自愿情况下离开工作岗位的行为，常由解雇、开除、辞退、裁员、病残等原因所致。

（3）自然离职。员工自然离职是指由雇佣合同到期、到达退休年龄或病残死亡等自然原因引起的行为，与主动离职及组织强制性要求的离职行为相区别。

2. 按照离职的行为差异划分

（1）显性离职。显性离职指的是员工实际上已经与企业解除了正式的雇佣契约关系的行为，这种情况可能由员工主动发起，也可能由于企业的决定而被动发生。

（2）隐性离职。隐性离职指的是员工虽未与企业正式解除雇佣契约关系，但实际上已不再为本组织提供劳动服务的行为。例如，临时下岗的员工、未达到法定内退条件的员工，以及人事关系仍在原组织，却在其他单位从事工作并获取相应报酬的员工。这些员工在法律上仍属于原组织的一部分，但在实质上已经形成了离职的状态。

3. 按照主客观原因划分

（1）可预防离职。可预防离职指的是在组织和员工个人的共同努力下，原本可以避免的离职情况。这包括因工作条件不满意或管理决策失误引发的裁员等。这些离职问题的根源多在于企业内部，而非员工，只要企业积极采取预防措施，便可有效减少此类离职现象的发生。

（2）不可预防离职。不可预防离职涉及的是那些因无法抗拒或不可改变的原因而导致的员工离职，包括员工怀孕分娩、非工伤事故性死亡、重病致残等所导致的临时性或永久性的离职。这些离职情况的主要原因在于员工，而非企业。因此，企业在单方面很难有效地减少或避免这种情况的发生。

（三）员工主动离职的管理程序

尽管组织采取了多元化的策略与措施以预防员工主动离职及其潜在的不利影响，但离职行为依然难以完全避免。鉴于此，人力资源部门应建立全面且系统的制度，以规范员工的离职行为，从而将组织因员工离职而遭受的损失最小化。员工主动离职的管理过程通常涉及以下一系列流程。

1. 辞职申请

员工决定辞职时，须按时提交辞职报告至指定接收人，报告中应明确表明辞职意愿及辞职时间。同时，辞职报告需包含个人基本信息、辞职原因、工作交接安排等内容。

2. 挽留程序

一旦收到员工的辞职报告，该员工的直接主管应尽快与员工沟通，了解辞职原因，并尽力挽留表现优秀、业绩突出的员工。若直接主管挽留无效，可上报至上一级主管进行二次挽留。在挽留过程中，应为员工提供收回辞呈的机会，以最大限度地保留人才。

3. 辞职审批

若挽留无效或不需要挽留，员工可进入辞职审批流程。审批过程需遵循组织内部相关程序，完成后须将相关书面文件提交至人力资源部门确认。

4. 工作交接

人力资源部门在收到书面审批文件后，将通知相关部门主管安排员工进行工作交接。交接工作完成后，须由交接双方及负责人书面确认，以确保交接工作的顺利完成。

5. 证件及办公用品回收

员工离职时，组织需收回工作证、名片等证件，并检查办公设备是否完好。同时，组织需收回办公用品、图书、资料、宿舍及车辆等，并及时关闭企业内网权限。

6. 财务结算

组织需与离职员工进行财务结算，包括借款、贷款等应收款项，工资、奖金、福利，违约金，承诺合同期未满的补偿费用等。同时，需处理好离职员工持有的股票、福利及长期激励等事宜。

7. 劳动关系解除

按照法律和契约规定，组织需为离职员工出具相关证明，办理退工手续，并转调人事关系、档案、党团关系及各项社会保险关系等。

8. 离职员工后续管理

虽然员工离职后不再是组织的正式成员，但组织仍应对其进行后续管理。这不仅可以规避风险、树立良好形象，还可为组织积累重要的社会资源与合作伙伴。

（四）离职面谈

离职面谈是离职管理的一个重要环节，特别是涉及主动辞职的员工时不应忽视。

1. 离职面谈的目的

离职面谈旨在探究员工离职的深层次原因，以缓解员工离职产生的消极情绪对企业形象造成的不利影响。同时，通过离职面谈企业能够发现员工管理中存在的问题，并采取有针对性的措施进行改进。此外，对于有价值的离职员工，企业也将通过离职面谈尽力进行最后的挽留。

2. 离职面谈的作用

（1）彰显企业管理的人性关怀。离职面谈作为人力资源管理的重要环节，不仅体现了公司对员工的尊重与关怀，更能够通过细致入微的交流，让员工留下深刻的印象，使离职员工成为组织形象的有力传播者。

（2）积极采纳员工建议，优化组织与员工的关系。在离职面谈中，已决定离职的员工往往能更坦率地表达对公司的看法和建议。这些真实的反馈，对于公司改进管理、提升效率具有不可估量的价值，因此，应予以客观、理性的对待。

（3）双向沟通化解矛盾与冲突。离职前的沟通为员工提供了一个表达不满和困惑的平台，有助于消除误解、澄清事实，从而避免不必要的矛盾升级。同时，这也是预防劳动争议和维护组织稳定的有效手段。

（4）为员工提供重新审视决策的机会。离职可能是员工在情绪冲动或沟通不畅时的选择。通过离职面谈，公司可以给予员工更多的思考和冷静空间，通过晓之以理、动之以情的交流，帮助员工重新审视自己的决策，或许能够挽回一些原本打算离职的优秀员工。

（5）评估组织政策的实施效果。离职面谈是检验组织政策有效性的重要途径。通过了解离职员工对组织政策的看法，特别是对新政策和改革措施的评价，公司可以及时调整策略，优化人力资源管理，确保政策的有效性和适应性。

3. 离职面谈的流程

离职面谈流程包括以下几个关键环节：

（1）制定面谈方案。制定面谈方案是离职面谈的基础，这项工作一般由人力资源部门负责策划。在此过程中，人力资源部门需全面收集信息，确立面谈的目标、内容、方式及处理意见。具体任务包括：向员工的主管经理收集信息，并明确主管经理对离职事件的期望，与主管经理协商初步的面谈方案；查阅员工的劳动合同及相关附属协议（如培训协议、保密协议、服务合约等）、财务借款记录、设备使用情况及工作中的款项往来情况。

（2）面谈沟通。与员工进行面谈沟通时，需保持专业态度，注重沟通方式与技巧，确保平等、有效的交流。

（3）作出判断。根据收集的信息，判断离职的性质是主动辞职还是公司辞退，进而确定员工是否保留或准予离职。

（4）办理离职手续。根据相关法律和公司政策，为离职员工办理相应的离职手续。

4.离职面谈信息的处理

经过对员工离职面谈所获取的信息和数据进行深入分析得以窥见公司目前所处的状况，并从中探寻出改进工作的潜在方向。这项工作能够为公司提供有价值的参考，以帮助推动公司朝更好的方向发展。

（1）书面总结。有关部门应确保及时记录离职面谈的核心内容，将报告按照既定格式整理并妥善分类存档。在积累一定数量的报告后，应进行批量分析。通过书面总结，企业可以发现一些规律性的问题，从而观察和预测未来的员工流失趋势。

（2）深入分析离职原因。在离职面谈和调查中，必须努力探寻员工离职的真正原因。员工在辞职报告上给出的原因往往只是表面现象，真正的原因需要通过深入的交流和细心观察才能发现。在分析离职原因时，必须深入挖掘导致这些表面现象的根源性原因。例如，如果员工因薪酬水平低而离职，那么背后的原因可能是公司的绩效考核机制不合理或薪酬分配管理不善等。

拓展阅读 8.2

腾讯：用"南极圈"圈住前员工

（3）研究改进措施。在明确问题实质后，应确定有针对性的解决方案，并争取得到企业高层管理者的认可和支持。通过实施这些改进措施，企业可以更有效地解决员工离职问题，降低流失率，提高员工满意度和忠诚度。

第三节　人际关系与沟通管理

一、人际关系的概念和特征

（一）人际关系的概念

人是群居的社会性动物，有人的地方，就有人际关系。人际关系（interpersonal relationship）是指人们在社会交往过程中形成的心理联系，主要表现为人与人之间心理上的距离远近、个人对他人的心理倾向及相应行为。在任何聚集的人群中，都可以观察到一种微妙而复杂的人际关系网络。

企业员工需要社会交往和人际关系，员工并非独立工作，他们要顺利完成工作任务、实现绩效目标与个人职业发展目标，就必须与他人密切配合、相互合作。员工与同事、上下级、客户之间的关系会影响员工的工作效率。通过建立和维护良好的人际关系，员工可以实现自我成长，提升个人价值。

在团队互动的过程中，员工的个性、态度和情感会影响彼此之间的和谐程度，吸引力或排斥力会影响人际关系的亲密度。一般来说，人际关系包括认知、行为和情感三个方面：员工彼此之间的了解与认识、沟通交流活动以及情感反应。情感是人际关系的核心，反映了员工之间满足彼此需求的程度。当员工能够相互满足对方需求时，就会建立亲密的人际关系；反之，则可能导致人际冲突和排斥的产生。在人力资源管理中，重视和培养积极的人际关系对团队凝聚力和工作效率至关重要。

（二）人际关系的基本特征

在人力资源管理领域，人际关系的基本特征如下。

1. 团队合作性

在组织内部，人际关系的团队合作性是不可或缺的。员工之间的社会性和相互依存关系是建立在共同目标和生产活动的基础上的。通过有效的团队合作，不仅可以更好地发展员工各自的技能，还能提高整个团队的绩效和创造力。在现代组织中，团队成员之间的社会交往更为频繁和多样化，这有利于促进团队的凝聚力和合作性。

2. 沟通直接性

在人力资源管理中，员工之间的人际关系是通过直接的面对面交流来构建的。有效的沟通是促进团队合作和解决冲突的关键。然而，随着科技的发展，通过电子邮件、视频会议等方式进行远程沟通和协作变得日益普遍。尽管虚拟化的沟通方式提供了便利，但直接面对面的交流仍然是建立深入人际关系和解决问题的最有效途径。

3. 情感互动

在组织中，人际关系的建立也离不开员工之间的情感互动以及所产生的情感共鸣。情感互动是团队合作和员工发展的重要动力。积极的情感互动可以促进员工之间的信任、理解和支持，从而提高团队的凝聚力和工作效率。反之，消极的情感互动可能导致冲突和疏远，影响团队的稳定性。

4. 互惠关系

在组织中建立人际关系也要符合互惠原则。员工之间的交往应当是互相帮助、互相支持的关系。通过互惠关系，员工可以得到精神上和物质上的回报，并满足各自的心理需求。在人力资源管理中，重视建立互惠关系有助于促进团队的协作和员工的发展，同时也有助于提升组织绩效和员工满意度。

二、沟通的意义与形式

在人力资源管理的视角下，沟通是指员工与员工之间，或者员工与管理层之间，通过语言或非语言的形式，传递并理解工作相关的信息、知识和意图的活动。这一过程不仅是双向互动的，更是建立有效工作关系、提升团队协作和实现组织目标的关键。沟通对于人力资源管理的成功至关重要，因为它不仅促进了员工之间的相互了解，还加强了员工与组织之间的联系，从而有助于实现组织的长远发展。

（一）沟通的意义

1. 沟通是构建和发展员工关系的关键基石

沟通是员工互动的起点，是建立稳固员工关系的基础。员工关系在持续的沟通中得以形成和发展，缺乏有效的沟通，员工关系便无法稳固和深化。任何性质和类型的员工关系都是员工间持续沟通的结果，员工关系的改善或恶化，同样是员工间沟通的结果。顺畅的沟通有助于促进员工关系的和谐，而良好的员工关系也会使沟通更为顺畅。相反，沟通不畅可能导致员工关系紧张甚至恶化，不良的员工关系也会加剧沟通难度，形成沟通障碍。因此，沟通是员工关系形成和发展的基石，是构建和发展员工关系的核心途径。

2.沟通的状况直接决定员工关系的状况

虽然并非所有问题都能通过沟通解决，但许多员工关系问题确实源于沟通不畅。在人力资源管理中，员工不可能脱离与其他同事的关系而独立工作，他们需要与同事建立一定的关系。员工关系的状况直接受沟通状况的影响。如果两位员工在思想和情感上存在广泛而持久的沟通联系，这表明他们之间已经建立了紧密的员工关系。如果他们在情感上对立，在行为上疏远，平时缺乏沟通，这表示他们之间存在隔阂，关系紧张或不密切。一旦员工关系确立，它就会影响和制约员工之间沟通的频率、深度和态度。因此，沟通是员工关系在行为上的直接反映。

3.有效的沟通是建立良好员工关系的重要保障

有效的沟通能够全面、深入地交换或分享员工间的思想、情感和信息，增加积极的情感体验，减少负面的情感体验，从而达到消除误解、增进共识、加深了解和加强情感联系的效果。和谐、团结、融洽、友爱的员工关系能够使员工在工作中相互尊重、关照、体贴和帮助，营造出充满友情和温暖的工作环境。可以说，沟通是实现员工间情感联系的最美桥梁，而这种情感联系是构建良好员工关系不可或缺的因素。

（二）沟通的形式

沟通是指不同个体间围绕各类信息进行的传播、交换、理解和说服工作，其形式多样，灵活多变。依据不同的分类标准，沟通可划分为多种类型：

1.语言沟通与非语言沟通

沟通可根据信息传递方式的不同，分为语言沟通和非语言沟通。语言沟通，建立在语言基础之上，包括书面语言沟通和口头语言沟通。口头语言沟通在日常生活中最为常见，如交谈、讨论、会议、演讲、面试等，具有即时反馈和高度互动的特点，对沟通效果产生显著影响。非语言沟通则通过语言符号以外的方式进行，如副语言、体态语、人际距离、环境等，能增强语言沟通的表现力和生动性。

2.正式沟通与非正式沟通

根据组织管理系统和沟通情境的不同，沟通可分为正式沟通和非正式沟通。正式沟通发生在正式社交场合，如会议、面试等，沟通者通常更加注意语言和非语言符号的准确性、规范性以及形象塑造。非正式沟通则发生在非正式场合，如闲聊、聚餐等，沟通者更为放松，沟通方式更为自然随意。

3.上行沟通、下行沟通与平行沟通

根据信息传播方向的不同，沟通可分为上行沟通、下行沟通和平行沟通。上行沟通是指从低层次向高层次的信息传递，如下属向上级汇报工作；下行沟通是指从高层次向低层次的信息传递，如领导向下属发布指示；平行沟通则指同一层次或职级人员之间的信息交流，常用于协调合作和部门间沟通。

三、沟通的基本过程

沟通，即信息的传递与接收过程，发送者通过特定渠道，将信息传递给接收者，并期望接收者能够准确理解。沟通过程涵盖了发送者编码思想、传递信息，以及接收者接收、

解码、理解和反馈信息的多个环节，如图 8-1 所示。在此过程中，可能受到噪声干扰，导致沟通障碍。现对沟通的基本过程及其潜在障碍进行详细分析。

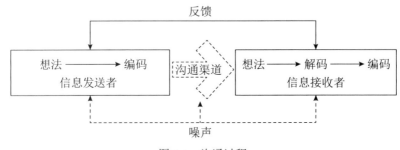

图 8-1　沟通过程

（一）想法的形成

在沟通之前，发送者需明确欲传递的信息，即其思想和意图。若想法不明确，或沟通目的和目标不清晰，则可能导致信息编码出现问题。

（二）信息的编码

发送者将想法转化为可接收的形式，如声音、文字或表情等。此环节需注意两类障碍：一是发送者编码能力不足，如表达不清、逻辑混乱等；二是选择性知觉编码发送噪声，即发送者受个人情感、兴趣等因素影响，对信息进行不当增删或过滤。

（三）信息的传递

选择适当的传递渠道至关重要，它会影响信息传递的速度、有效性和完整性，选择不当的信息传递渠道可能导致信息丢失、误解或延误。

（四）信息的接收

接收者通过倾听、记录等方式接收信息。此环节可能遇到的障碍包括接收能力不足和选择性知觉接受。前者可能是由于倾听技巧不足或理解能力有限等；后者则指接收者因个人因素而对信息进行主观增删或过滤。

（五）信息的解码

在这个环节，接收者会对接收到的信息进行解读。完美沟通需要发送者和接收者的编码和解码过程完全对称。因此，为了保证信息的正确，接收者在解码时也应该充分考虑发送者的背景和现实情景，以更准确地理解其意图。

（六）信息的反馈

接收者将理解的信息反馈给发送者，以核实理解是否准确。有效的沟通必须包含反馈环节，否则沟通行为可能失控。

四、有效沟通的原则

为了优化沟通流程、减少误解并提升沟通效率，沟通技巧的培养显得尤为重要，在人际交往中，需要遵循以下原则，以确保信息的有效传递：

（一）准确性

沟通双方，特别是信息发出者，在传达信息和表达观点时，应具备换位思考的能力。信息发出者应考虑信息接收者的个人特质、背景、情境和地位等因素，通过选择并运用适当的词汇准确传达信息，避免误解和歧义。

（二）完整性

无论面临时间还是环境的压力，传递信息时都应努力确保所表达的内容既全面又简洁，关键信息不得遗漏或省略，以确保沟通的完整性和有效性。

（三）及时性

对于紧急信息，应尽量减少传递层级，确保沟通迅速、及时和高效，以便及时应对突发情况，减少不必要的延误和损失。

（四）策略性

沟通方式的选择对沟通效果具有重要影响。在沟通过程中，应注意表达的态度、技巧和效果，选择适当的沟通策略或方式。通过灵活调整沟通方式，可以更好地适应不同情境和受众，提高沟通效果。

五、有效沟通的策略

有效的沟通对于人力资源管理至关重要，它不仅有助于建立组织成员对组织愿景的共识并理解成员的物质与精神需求，还可以提升组织的管理效能和成员的工作效率。通过激发成员的积极参与和团队精神，有效的管理沟通可以帮助组织发现并迅速解决问题，实现组织目标，并促进各级别之间、部门之间以及组织内外的沟通，使组织更好地适应外部环境变化。

为了实现有效的沟通，组织和管理者应该关注以下几个方面：

（一）重塑组织结构

在竞争激烈的市场环境中，传统的组织结构已经无法适应快速变化的需求，为了跟上时代步伐并在市场中立于不败之地，组织需要进行结构重组，使新的组织结构更好地促进思想交流和传播。

拓展阅读 8.3

总被责骂的
耕柱

（二）建立新型组织文化氛围

随着技术和员工结构的变化，组织应该创造一种开放的、学习型的、合作互助的文化氛围，以满足员工不断变化的需求。

（三）建立完备高效的沟通网络

管理者需要建立一个完备、高效的沟通网络体系，以确保信息的及时传递和决策的准确性，以适应快速变化的环境。

（四）提升管理者的沟通能力

管理者应该具备出色的沟通能力，包括同理心、前瞻性、随机应变和自我超越等方

面。只有通过不断改进和调整沟通方式，管理者才能真正实现有效的管理并引领组织走向成功。

第四节　员工关系管理的新挑战

一、数字经济下的多元雇佣关系

（一）数字技术是职场雇佣关系变更与就业变化的主要推动力

以互联网、大数据、云计算等为代表的数字技术，不仅推动了数字产业的迅猛增长，同时也对传统行业进行了深刻的改造，使得传统行业中的生产和服务流程得以分解。以外卖配送为例，此过程涵盖了餐饮烹饪、广告推广、配送服务以及售后服务等多个环节，每个环节均由不同的主体负责执行。在提供服务的过程中，外卖骑手发挥着不可或缺的作用。这种生产服务流程的细化分解，明显降低了就业参与的门槛。骑手只需拥有一辆电动自行车，即可参与到这一流程中，提供所需服务并获取相应收入。与此同时，骑手与平台或商家之间的雇佣关系也转变为更加灵活的形态，不再局限于传统的紧密雇佣关系。由此可见，数字技术的持续进步是推动员工关系变革的关键因素。旧的固定时间、固定地点、固定雇主的单一雇佣模式，正逐步被灵活多样的就业模式以及多元化的雇佣形态所取代。视频博主和主播能够在多个平台上发布个人作品并进行直播带货，外卖骑手也能在不同的平台接单，这些现象均体现了雇佣关系的多元化发展趋势。

（二）雇佣关系的多元化导致许多新兴职业应运而生

根据 2023 年智联招聘公布的数据显示，平台数字化的相关职位占比逐年上升，从 2019 年的 4.6%，提高到 2023 年的 19.7%。雇佣关系的多元化导致了新兴职业的蓬勃发展。在当今社会，随着科技的不断进步和全球化的深入发展，雇佣关系正经历着前所未有的变革。这种变革最显著的特点就是多元化，它不仅打破了传统的雇佣模式，还为许多新兴职业提供了生长的土壤。在过去，雇佣关系往往局限于"全职员工"与"雇主"之间的固定模式。然而，现在这种关系已经变得日益复杂和多样化。远程工作、兼职、自由职业、项目制合同工等新型雇佣形式层出不穷，它们不仅满足了企业灵活用工的需求，也为劳动者提供了更多的选择和机会。这种雇佣关系的多元化，催生了众多新兴职业。例如，随着数字经济的崛起，数据分析师、社交媒体经理、UI/UX 设计师等职业迅速兴起。同时，随着健康意识的提高，营养师、健身教练、心理咨询师等职业也逐渐受到人们的青睐。这种新兴的数字化技术进步和新职位的涌现，实际上也为弱势群体提供了更多就业机会。例如，现在许多残疾人可以通过云客服等远程形式参与工作，偏远山区的农民则可以利用直播平台销售当地特产，数字技术为这些群体赋能。这些新兴职业不仅为劳动者提供了更多的就业机会，也推动了相关产业的发展和繁荣。此外，雇佣关系的多元化还促进了人才的流动和共享。通过远程工作和自由职业等形式，人们可以更加自由地选择自己喜欢的工作和合作伙伴，实现个人价值的最大化。同时，企业也可以更加灵活地利用人才资源，提高组织的竞争力和创新能力。

（三）多元雇佣关系给人力资源管理的保障功能带来挑战

在如今复杂多变的雇佣环境中，劳动者、平台与商家之间的关系已不再是简单的一对一固定模式，而是呈现出了多元、动态的特点。这种变革无疑给传统的就业保障模式带来了巨大的冲击。众多劳动者选择不签订正式劳动合同，选择更为灵活的就业方式，但这也意味着他们失去了许多传统就业方式所带来的保障。北京大学国家发展研究院 2022 年的简报数据显示，即使在由企业直接发布的职位中，提供五险一金的比例也仅为六成，这一比例还呈现出渐进的下降趋势。这一数据无疑揭示了一个令人担忧的现象：在多元化的雇佣关系中，劳动保障的供给并未能跟上劳动者的需求。尤其值得关注的是，新一代就业群体，他们主要是"00后"的年轻人，对于劳动保护的需求和呼声尤为高涨。有超过七成的人在接受调研时明确表示，反对任何形式的劳动权益侵害行为。这反映出新一代劳动者对于公正、公平就业环境的期待和追求。然而，现实是劳动保障的供给与需求之间存在显著的不匹配现象。一方面，许多企业出于成本考虑，不愿意或无法提供充足的劳动保障；另一方面，劳动者对于劳动保障的需求日益增强。这种不匹配，无疑给多元雇佣关系下的人力资源管理带来了巨大的挑战。面对这一挑战，我们需要重新审视和思考如何在保障劳动者权益的同时，满足企业的运营需求。这需要我们深入研究多元雇佣关系的特点，理解劳动者的真实需求，同时也需要我们在政策制定和实施上，更加注重劳动保障的公平性和可持续性。因此，如何有效应对多元雇佣关系下的人力资源管理挑战，已成为学者和政策制定者亟待深入研究的课题。这不仅关乎劳动者的权益保障，也关乎企业的长远发展，更关乎整个社会的和谐稳定。

二、新生代员工关系管理

新生代员工原本是指出生于 1980 年后的员工，随着劳动力代际更替，"90后"员工步入职场，并占据了显著的比例。依据《中国统计年鉴》所公布的统计数据，我国 1980 年至 1989 年出生的人口数量达到了 2.04 亿，1990 年至 2000 年间出生的人口数量更是高达 2.49 亿。由此可见，无论是"80后"还是"90后"员工，均已成为推动社会发展的核心力量。越来越多的"90后"人才在各行各业中崭露头角，并逐步成为多个行业的支柱。

猎聘大数据研究院所发布的《2020 年"90后"职场人洞察报告》中明确指出，在文教传媒、互联网和金融这三大领域中，"90后"从业者的占比均超过了四成，具体数据分别为 47.58%、46.64% 和 40.32%。在关于工作动机的调查中，排名前三的动力因素分别为"实现理想""展现个人价值""兴趣爱好"，有超过半数的"90后"员工将这三个目标视为自己工作的主要驱动力。

随着个性鲜明、充满活力的"90后"员工逐渐在职场上崭露头角，如何在既有的"80后"员工管理模式的基础上，融入并调整新的思维和方法，以更有效地管理这一年轻群体，已成为企业所面临的重要挑战和课题。

（一）新生代员工的主要特点

随着社会变迁和人们生活方式的演进，新生代员工逐渐崭露头角。他们在价值观、工作态度以及沟通方式等方面，展现出了独有的特征和差异。

1. 数字"原住民"

新生代员工成长于数字化时代，自幼接触并熟练掌握互联网、社交媒体、智能手机等数字化工具，是数字时代的原住民。自 2000 年至 2022 年，中国网民数量从 890 万人迅猛增长至 10.32 亿人。2008 年后中国全面进入移动互联网时代，人们的工作和生活方式发生了根本性变革。"96 后"新生代员工更是名副其实的互联网"原住民"，移动上网已成为他们生活中不可或缺的一部分，而非仅限于发达城市、高文化家庭或富裕人群。

2. 尊重多元性

新生代员工在成长过程中接触到的文化、价值观等更为多元化，因此，他们更加开放、包容并尊重多元文化和差异。从小使用淘宝购物，用 ipad 上课，通过美团、饿了么订购外卖，使用滴滴打车出行并频繁使用哔哩哔哩（Bilibili）网站、小红书、抖音等平台，使他们能够轻松获取国内外信息，这些都深刻影响了他们的思想和认知。

3. 追求意义感

新生代员工不仅追求物质回报，更追求工作与个人价值观的契合，希望在工作中实现个人价值和成就感。他们注重自我发展和提升，更关注个人成长和自我实现，倾向于选择能够带来社会积极影响的有意义工作。

4. 高度社交化

新生代员工擅长社交，他们通过社交媒体和网络平台与朋友、同事保持紧密联系，并从中获取信息、交流经验。他们与身边的亲朋好友以及网络世界中的各类兴趣群体保持互动。聚会方式也愈发多样化，不仅限于线下面对面交流，还经常通过虚拟网络在线上进行沟通和学习互动。网络的去中心化特点深刻影响了他们的生活方式和内在心态，其外在表现为强烈的去权威性和去中心化特征。

5. 自我意识强

新生代员工更加注重个体价值和个人发展，他们更加自信、独立，拥有强烈的自我意识。他们倾向于选择符合自己价值观的工作和生活方式，注重长期发展，并勇于表达自己的意见和想法。他们往往自信、自主和自律，能够为自己设定明确的职业发展目标并努力实现。

6. 对工作环境有要求

新生代员工对工作环境和公司文化有着一定要求，他们期望工作环境充满活力与创新氛围，并倾向于选择开放、轻松的工作环境。同时，他们更加注重环境保护和社会责任，如气候变化、环境污染和社会不公平现象等问题，并可能采取实际行动来改变世界。

（二）新生代员工管理的具体策略

1. 构建有效的沟通机制

（1）实施多元化沟通策略。对于新生代员工，在沟通的时候可以实施多元化的沟通策略，包括面对面会议、电子邮件交流、使用内部社交网络平台及在线视频会议等方式，以确保员工能在不同情境下获取及时、明确的信息。

（2）设置信息反馈路径。新生代员工在职场中很重视自己的情绪和感受，因此为员工提供反馈意见的渠道，如设立员工建议箱、定期开展匿名问卷调查等，可以更好地掌握员工的需求与意见，能够有效帮助建立长期友好的新生代员工关系。

（3）确保信息传达明确。公司应保证信息的透明度和准确性，并通过企业公告、内部通信等方式，清晰、准确地传达相关信息，帮助新生代员工更深入地理解公司的发展战略与目标。

2. 提供培训与发展机会

（1）制订个性化培训计划。企业需根据新生代员工的个人需求及职业发展蓝图，量身打造培训方案。这些方案可能涵盖技能精进、专业素养提升以及职业路径规划等内容，从而全面提高员工的工作效能及价值贡献。

（2）提供外部培训与交流机会。企业应积极为员工提供参与行业研讨、访问其他企业的机会，以拓宽新生代员工的视野，并使其掌握最新的行业动态与技术发展，促进新生代员工实现自我意义和自我价值。

（3）建立内部导师制度。通过建立内部导师制度，企业能够确保新生代员工在经验丰富的同仁指导下迅速成长，从而提高整体工作效率和员工能力。

3. 采用多元化的激励机制

（1）构建具有吸引力的薪酬与福利体系。企业应提供灵活的薪酬制度、全面的健康保险以及充足的年假等福利，以满足新生代员工的基本生活需求和工作期望。

（2）实施个性化的激励策略。企业应根据员工的个人需求和偏好，提供定制化的纪念章与奖励、灵活的工作时间安排以及学习与交流的机会等，以增强新生代员工对企业的归属感和忠诚度。

（3）组织丰富多彩的文化与团队活动。企业可定期举办公司聚餐、团队建设等活动，以促进员工之间的沟通与协作，增强团队的凝聚力和员工的工作积极性。

拓展阅读8.4

求职路上，更加务实的"00后"

新生代员工作为企业发展的核心力量，其有效管理已成为企业面临的重要课题与挑战。鉴于新生代员工在沟通、团队合作及激励等方面的独特特点与需求，企业需制定相应的管理策略以满足员工的需求，实现有效的激励效果。这不仅有助于提高员工的工作满意度和忠诚度，还有助于提升企业的整体竞争力，为企业在激烈的市场竞争中培养并留住优秀的新生代骨干力量。

本 章 小 结

员工关系管理是人力资源管理中非常重要的一个板块，旨在维护和促进组织与员工之间的良好关系以实现共同的目标。本章节学习了员工关系的内涵与特点、员工关系管理的内涵和目的以及员工关系管理的作用；劳动合同的特点和内容、劳动合同的订立原则、订立程序，劳动合同的变更、解除、终止和续订的相关内容；员工惩戒的概念、标准，员工受惩戒的行为，违纪员工惩戒处理的原则和程序；员工离职的类型、员工主动离职的管理程序，离职面谈的目的、作用和程序；人际管理的概念和基本特征，沟通的意义和形式，沟通的过程和障碍；数字时代下多元雇佣的关系和新生代员工关系管理的挑战。良好的员工关系管理对于组织的长期成功至关重要。通过建立和维护良好的员工关系，组织可以建立稳固的基础，提高员工满意度和忠诚度，实现持续的发展和成长。

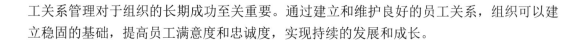

一、简答题

1. 什么是员工关系和员工关系管理？

2. 劳动合同的内容主要包括什么？

3. 员工的哪些行为会受到企业惩戒？

二、论述题

1. 请说明违纪员工惩戒处理的程序。

2. 员工离职之后人力资源管理者还需要做什么工作？

3. 沟通的形式按照不同的分类标准有哪些？请具体解释。

三、案例分析

扫描阅读

数字经济背
景下劳动关
系的认定

思考题

1. 数字经济背景下，如何认定企业与员工的劳动关系？

2. 数字经济背景下，如何有效地解决劳动争议？

【在线测试题】扫描二维码，在线答题。

第九章
国际人力资源管理

学习目标

1. 掌握国际人力资源管理的含义与特点；
2. 掌握国际人力资源管理的几种模式及其优缺点；
3. 掌握跨文化管理的内涵和对策；
4. 掌握跨国公司的员工来源和特点；
5. 掌握跨国公司员工招聘的标准和方法；
6. 掌握跨国公司培训与开发的具体对策；
7. 掌握跨国公司绩效管理的流程与适应多元文化的策略；
8. 掌握跨国公司薪酬管理的特点与薪酬设计流程。

素养目标

1. 培养学生的全球化视野和跨文化沟通能力；
2. 提升学生的国际包容度，理解不同文化背景下的人力资源管理实践；
3. 促进国际人才交流和合作，培养具有国际竞争力和社会责任感的人力资源管理者。

导入案例

聚焦中国企业国际化人才管理的"痛"与"通"

出海企业人才管理的问题主要集中在国际化人才选配、培养和激励管理这几个关键环节，表现为国际化人才短缺、人才培养和发展体系不完善等问题。基于此，中智咨询针对百余家中国出海企业开展专题研究，发布了《中国企业国际化经营中的管理挑战及应对研究报告》，希望能够通过借鉴成功的案例经验，为"走出去"的中国企业提供有益的参考和借鉴，帮助其在全球化进程中取得更大的成功。

直面挑战，企业国际化人才管理布局和培养能力是影响出海的关键

海外发展企业的核心关注点——人才、合规和文化融合。人才是企业顺利出海的驱动因素，合规是企业正常运营的前置因素，文化融合是企业落地扎根的关键因素。《报告》显示，55%的企业表示目前在人才管理布局方面存在着较大的挑战。国际化经营和出海，本质上都是人的问题。国际化业务在规划时要从战略层面思考问题，提前做好人才储备。目前，很多企业都是在做业务的时候才开始选拔人才，并且大多数选拔的员工只具备基本的语言能力，而不具备国际化的业务、经营和管理能力。这对于企业国际化发展形成了挑战和阻碍。具体看来，国际化人才管理的挑战可分为两类，一是贯穿于国际化全过程的共性挑战，二是国际化不同阶段较为突出的个性问题。

针对人才发展挑战，企业通过体系化培养推动国际化人才梯队建设。跨国公司在开展国际化业务时需要具有全球化管理思维的高水平人才。在人才培养过程中根据不同层次人才发展需求进行细分，有针对性地进行业务实践与全球轮岗，通常能够更有效地促进员工全球化视野以及能力的提升，从而满足国际业务发展需要。

中国某大型国有车企针对不同地区的差异化人才配置策略

该企业对于海外机构的核心业务人才选拔，会根据海外分支机构的规模和实际情况来定，主要考虑两种方案：一是新开拓业务、海外机构规模较小的地区，为了更快地打开业务市场、把控风险，大部分业务的员工选择外派人员，与当地律师或机构合作解决业务合规问题，通常雇佣当地后勤人员及其他基础人员以节约成本。二是业务稳定扩张、海外机构规模扩大、成立了子公司并平稳运转的地区，通常只派驻高层管理人员，负责贯彻总部战略思想与风险管控，中层管理人员以及业务、技术人员均选择当地雇佣人员。

针对国际化人才短缺，企业可通过优化人才选拔和配置策略来应对挑战：海外业务核心人才选择外派还是当地雇佣，是中国企业"走出去"过程中普遍关注的问题。跨国公司管理的本土化，即管理岗位与核心业务岗位倾向于选择当地雇佣员工是国际化企业的主要发展趋势。另外企业基于安全性和经济性因素进行用人方式的决策，合理配置海外派遣和本地雇佣人员，可以最大程度地发挥人才团队的潜力与合力。

华为向外派员工提供全方位福利保障，在欠发达地区尤其关注风险保障

针对欠发达地区的外派员工，华为着重搭建了完善的风险保障机制，并且提供了丰富的人文关怀，为同样在欠发达地区开展海外业务的中国企业提供了有价值的参考案例。华为的外派人员福利政策包含红线、黄线、蓝线三条管理基线。其中，"红线"指外派人员的福利待遇要严格遵守法律和合规要求；"黄线"要求为员工提供完善的风险保障，包括保险配备，突发事件管理，以及在治安环境较差的地区雇佣安保公司在园区、员工住宅区持械巡逻；"蓝线"则充分体现了华为的人文关怀，如为外派员工配备中国厨师以解决饮食习惯问题，每年为员工及其家属提供三套往返探亲机票，家属跟随外派的额外补贴以及子女的国际学校教育问题等。

针对人才保留的挑战，企业通过完善薪酬体系和福利保障提升人员稳定性：一方面，针对海外人才激励和保留的问题，企业可以从派遣人员的薪酬体系设置方式进行考虑，依据出海阶段和管理需求适时调整；另一方面，需结合海外业务的激励导向设计奖金机制。同时，派遣人员激励需关注全面薪酬回报，综合考量多种因素设计津贴方案，并通过职业发展路径的优化设计，提升对于派遣人才的激励性。

展望未来，从出海到航海，中国企业将进一步拓展全球市场，通过多元化的业务和自主创新能力的提升，巩固和提高在全球市场的竞争地位。国际化经营是一个长期而复杂的

过程，只有通过制定清晰适配的战略，持续打磨自身的核心竞争力，并不断提升国际化经营管理能力，中国企业方能在全球市场中取得更优的竞争地位并实现高水平的可持续发展。

资料来源：中智咨询.聚焦中国企业国际化人才管理的"痛"与"通"[EB/OL].（2024-04-10）[2024-09-28]. https://www.sohu.com/a/770673308_100082376.（有删减和调整）。

导入案例思考

1. 中国企业如何解决国际人才短缺问题？

2. 企业在海外分支机构的人才配置策略中，应如何平衡外派人员与当地雇佣人员的比例？

第一节　国际人力资源管理概述

自 20 世纪 80 年代以来，全球经济环境发生了巨大变化，全球化已成为经济发展的不可逆转的趋势。跨国公司如雨后春笋般涌现，企业的经营覆盖范围扩展至全球。国际化经营的结果要求企业实行全球化管理，因此国际人力资源管理在 21 世纪的经济发展中扮演着至关重要的角色，越来越多的中国企业在实现全球化经营的同时必须应对人力资源管理国际化带来的多方面挑战。

一、国际人力资源管理的含义与特点

（一）国际人力资源管理的含义

国际人力资源管理是指随着企业经营的国际化而导致的企业人力资源管理的国际化。虽然国际人力资源管理与常规的人力资源管理在基本功能、常规程序上相同，但由于企业经营的国际化，人力资源管理的所有活动都会变得更加复杂。国际人力资源管理实际上在人力资源管理学的基础上加入了跨文化和国际化的因素。国际人力资源管理（international human resource management，IHRM）是指在全球范围内，企业根据发展战略与人力资源战略的要求，有计划地对不同文化背景的人力资源进行的招聘、培训、考核、激励等一系列管理活动，以提高员工的绩效水平，实现企业发展目标。赵曙明教授在 2001 年指出，区分国内人力资源管理和国际人力资源管理的关键变量是后者在若干不同国家经营并招募不同国籍的员工所涉及的复杂性。

企业需要依靠国际人力资源管理来应对全球人力资源管理的挑战。国际人力资源管理更加关注三个方面的问题：一是全球公司的人力资源管理（对于在国外工作的员工的甄选、培训、绩效和薪酬管理等相关活动）；二是外派员工的管理（即被企业派到国外工作的员工的管理）；三是人力资源管理的实践在不同国家间的比较和优化。

摩尔根（Morgan）提出了国际人力资源管理的模型，他将国际人力资源管理定义为人力资源活动中国家类型、企业经营和雇员类型三个方面的相互作用，其中每个方面都与人力资源的招募、配置和使用有关。在这个模型中有三个重要概念：①人力资源管理活动，包括人力资源的获取、分配与使用。②国家类型。国家类型分为东道国、母国和第三国。东道国是指跨国公司经营国外业务的所在国；母国是指公司总部所在的国家；第三是指除东道国和母国之外的与跨国公司有劳动力供给关系的国家。③员工类型。员工类型分为东道国员工、母国员工、第三国员工。

孙进海和柳朝晖（2013）等从战略管理学家亨利·明茨伯格（Henry Mintzberg）的战略 5P 模型和美国学者罗纳德·舒勒（Randall Schuler）的人力资源 5P 模式入手，通过仔细地筛选和总结，提出了国际人力资源管理的 5P 战略，如表 9-1 所示。

表 9-1　国际人力资源管理的 5P 战略

项　　目	内　　容
定位（position）	跨国公司未来希望达到的境界
方案（program）	形成各种不同的人力资源战略
运作（practice）	针对每一种战略提出不同的运作方式
模式（pattern）	将每种运作方式结合定位标准化
哲学（philosophy）	将每种模式抽象从而形成文化

资料来源：孙进海，柳朝晖. 跨国公司人力资源管理模式研究——从国际人力资源获取的角度 [J]. 2013（6）：29.

（二）国际人力资源管理的特点

经济全球化与人力资源管理的发展变化是分不开的。没有人才流动的全球化以及人力资源管理与开发的国际化，实质上就没有真正意义的全球化。国际人力资源管理对新时代下经济全球化发展的作用是不可低估的。

企业国际化运营中，人力资源管理活动与其国内管理的情况可能不同，具体表现为国际人力资源管理将面对更为动荡的、多样化的管理环境，需要执行更多的管理职能，同一管理职能的多样性与复杂性大大提高，管理会受到更大的外部制约，管理过程中需更多地介入员工个人生活。因此，许多企业国际化运营中，其人事管理已发展成全方位的人力资源管理，企业的人事部门已转变为人力资源管理与开发的战略性角色。

1. 国际人力资源管理更复杂

由于企业经营的国际化，导致组织界限越来越模糊，管理制度越来越有弹性，需要有更强的管理灵活性。比如，招聘员工时需要从全球的视角来考虑其来源，培训过程中还要注意培训文化的适应与融合性，以及如何在更大的地理范围内更有效地配置培训资源。企业员工来自不同的国家、不同的文化环境，在工作过程中不可避免地会产生文化冲突，如何解决这种文化冲突问题，促进不同文化之间的融合就显得非常的重要。

2. 国际人力资源管理更注重与企业的发展战略相结合

企业在国际化运营中需要根据公司发展战略，创新人力资源管理理念和方式，转变和完善与公司建设相适应的人力资源管理运行机制，加快构建适应公司发展战略和实施国际化运营要求的人力资源管理模式，从而发挥企业国际化运营过程中的人力资源协同优势。国际人力资源管理需要更注重与企业的发展战略相结合，是因为这种结合有助于确保人力资源策略与企业的整体目标保持高度一致。在全球竞争日益激烈的环境下，企业不仅需要拥有优秀的人才，更需要这些人才能够围绕企业的核心战略展开工作，共同推动企业的持续发展和创新。通过将人力资源管理与企业发展战略紧密结合，企业可以更精准地识别并吸引关键人才，优化人才配置，提升员工绩效，从而为企业创造更大的价值，确保企业在全球市场中保持领先地位。

3. 国际人力资源管理更重视人力资源的开发与员工素质的培养

在全球化的大背景下，国际人力资源管理更加重视人力资源的开发与员工素质的培养。随着跨国企业不断拓展业务，对具备跨文化交流能力、国际视野和创新精神的高素质人才的需求日益增加。因此，国际人力资源管理部门不仅致力于招聘具备这些素质的人才，还通过制定一系列的培训和发展计划，不断提升员工的综合素质。这些计划可能包括跨文化沟通培训、专业技能提升、领导力培养等，旨在帮助员工适应国际工作环境，提升工作效率，从而为企业的发展提供有力支持。

4. 国际人力资源管理更注重与员工的沟通与协调

与员工的沟通与协调是跨国企业有效管理的必要条件。管理层内部、管理层与员工之间、员工与员工之间常常会出现由于文化和语言不同而产生的沟通障碍甚至是误会，从而阻碍了企业的正常运行。例如，在合资企业中，不同投资者任命的管理人员会在共同进行管理和决策时，出现管理层内部难以沟通和协调的情况；而独资企业的沟通问题主要产生在母公司所任命的管理者与其下属员工之间。在全球化的背景下，企业的员工来自不同的文化背景和地域，他们的思维方式、工作习惯和价值观可能存在差异。为了确保企业的高效运作和团队的和谐统一，国际人力资源管理部门需要积极与员工进行沟通，了解他们的需求和期望，协调解决各种问题和矛盾。

5. 国际人力资源管理更注重构建符合自身发展需要的企业文化

企业文化的核心内容，主要是指企业内部具有明确统一的思想、意识、精神、信仰和价值观。企业文化所蕴含的管理哲学和企业核心价值所形成的企业人格，对于企业的经营行为起着至关重要的作用。随着企业跨国经营的不断深入，一个强大而独特的企业文化对于吸引和留住全球顶尖人才、提升员工凝聚力和企业竞争力至关重要。国际人力资源管理部门通过深入了解企业的价值观、愿景和使命，积极塑造和传播企业文化，能够确保员工深刻理解并践行这些理念。同时，注重跨文化沟通与交流，促进不同文化背景下的员工相互理解、尊重和融合，构建一个包容性、多元化和创新性的企业文化。这样的企业文化能够为企业的可持续发展提供源源不断的动力，确保企业在全球竞争中保持领先地位。

6. 国际人力资源管理更关注员工个人生活

为了对母国员工和第三国员工进行有效的管理，国际人力资源管理需要对员工的个人生活给予更大程度的关注。人力资源部门需要确保驻外人员的国外住房安排、医疗保险及各种薪酬福利等。许多跨国企业还设有"国际人力资源服务"部门负责协调上述工作。各国劳动关系的历史背景、政治背景和法律背景等都不同，如果不了解东道国的劳动关系现状，则较容易出现冲突与摩擦，因此劳动关系的问题成为国际人力资源管理的一个重要而敏感的问题。为了避免劳动冲突和矛盾，国际人力资源管理部门需要更加关注员工的个人生活，将冲突和矛盾化解在萌芽初期。

7.国际人力资源管理更注重完善薪酬激励机制

人才流动和资本的流动一样，哪有机会，人才就往哪里走。任何国家的人才都有表现价值的需求，当企业在国际化运营过程中开阔眼界，在全球范围内寻找需要的人才时，就能更好地降低成本，提升竞争力。由于存在经济体制、发展水平、政治制度情境以及传统文化方面的差异，企业国际化运营中的薪酬管理的具体手段并无一定之规，这加大了薪酬问题研究的难度。在薪酬制度设计中，跨国企业不仅应考虑各国的购买力、劳动力市场竞争状况、财务制度和对派出人员的额外补偿，而且要提高员工对公司总体目标和文化的认同和支持水平，从而降低其协调和管理成本。这意味着，企业的报酬系统不仅需考虑那些直接物质报酬，还应重视非物质报酬的管理作用，如管理人员的职业前景、国际信息交流及参与企业战略计划的可能性等。

拓展阅读 9.1

中国互联网企业"出海"走俏

二、影响国际人力资源管理的因素

在经济全球化的过程中，国内人力资源管理和国际人力资源管理相比有很大差异，因为国际人力资源管理会受许多因素的影响，主要可总结为以下几类：文化、经济制度、法律制度、目标国的人力状况、公司的经营价值观、跨国企业的战略等。以下是对文化因素、经济体制因素、法律和产业关系因素的具体说明。

（一）文化因素

在全球化的商业环境中，文化因素对国际人力资源管理的影响至关重要。文化是指一个社会群体共享的价值观、信仰、行为规范和交流方式，它塑造了人们的行为和工作方式。在国际人力资源管理中，文化差异可能导致管理实践和策略的有效性出现显著差异。文化因素主要从以下几个方面对国际人力资源管理产生影响。

（1）沟通和交流。不同文化背景下的沟通风格和交流习惯可能导致误解和沟通障碍。例如，高语境文化（如日本）的成员可能依赖非言语线索和背景信息进行交流，而低语境文化（如美国）的成员则可能更直接和明确。在高语境文化中，人们通常期望对方能够理解隐含的意思，而在低语境文化中，人们更倾向于明确表达自己的意图和需求。

（2）工作价值观。不同文化特征下员工对工作的认识不同，这会影响员工的工作动机、职业发展期望等。例如，某些国家与民族的文化特征更重视集体和长期就业，而另外一些国家与民族的文化特征则更强调个人成就和工作流动性。具有集体文化特征的员工会更倾向于为团队和组织的利益而努力，而具有个人主义文化特征的员工则更注重个人职业发展和自我实现。

（3）领导和管理风格。文化背景影响领导和管理风格，包括权力距离、决策过程和对权威的接受程度等。在某些国家和民族的文化特征中，权威和等级制度被高度尊重，而在另外一些国家和民族文化中则更倾向于平等和参与式的管理。

（4）人力资源政策和实践。文化差异要求企业在制定人力资源政策和进行管理实践时要考虑当地的文化特征。例如，招聘和选拔过程、绩效评估体系、薪酬和福利计划等都需要符合当地的文化期望和法律要求。

为了有效地进行国际人力资源管理，企业必须认识到文化因素的重要性，并采取相应的策略来应对不同国别和不同民族与地区的文化差异，如进行文化敏感性培训、实施本地化管理策略、建立多元化的团队以及制定灵活的人力资源政策等。

（二）经济体制

经济体制的不同也会演化出不同的人力资源管理实践。有些国家比另外一些国家更信守自由企业的理想。例如，法国对雇主解雇工人的权利施加了严格的限制，并且对员工每周法定的工作小时数也作出了严格规定。

不同国家不同经济体制下，劳动力成本的差异非常大。在市场经济体制下，劳动力成本通常由供求关系决定，雇主和雇员之间的自由竞争导致工资水平的自然波动。例如，在美国或欧洲的一些国家，劳动力成本较高，这可能与较高的生活标准、较强的工会力量和较高的生产率有关。相比之下，在计划经济体制或转型经济中，政府可能对工资和就业有更大的控制权，这可能导致劳动力成本较低，但同时也可能伴随着较低的生产效率和创新能力。例如，在改革开放前，中国劳动力成本较低，但随着经济体制的改革和市场机制的引入，劳动力成本逐渐上升。除此之外，发展中国家由于较低的人均收入水平和较低的生产率，其劳动力成本通常较低。然而，这些国家往往拥有庞大的劳动力市场和潜在的增长动力，随着经济的发展和工业化进程，劳动力成本也可能随之上升。

（三）法律和产业关系因素

法律和产业关系（工人、工会和雇主之间的关系）因素在不同的国家也不相同。例如，美国实行的是自由雇佣制，这在欧洲是不存在的。欧洲的企业要想解雇一个工人，既耗时间又费钱。在许多欧洲国家，工作委员会取代了美国公司中典型的非正式的或者以工会为基础的劳资关系调节机制。工作委员会是一个由员工选举的工人代表所组成的团体，这个团体每个月都要与经理们会面，讨论从禁止吸烟的政策到裁员的各种问题。在德国等一些国家实行的是共同决策制度。共同决策意味着员工在公司政策的制定过程中有发言权。工人选出自己的代表参加雇主的监事会，在高层管理人员中要有一位副总裁代表劳方。而在美国，像薪酬和福利等这些方面的人力资源管理政策，大多是由雇主单方面决定或者是雇主与工会进行谈判后决定的。在很多德国企业，共同决策的法律（包括《工人宪章法案》）在很大程度上决定了人力资源管理政策的特征。

三、国际人力资源管理的研究视角和模式

（一）国际人力资源管理不同的研究视角

1. 制度比较视角

所谓制度比较视角，指的是比较管理学对人力资源管理的研究。该研究主要着眼于国家间管理体系的异同及由此带来的制度特征，所以又称为国际比较管理。这一角度主要是从体系、制度特征方面对人力资源管理加以阐述。

比较管理学是一门新兴的管理学科，于1950年年末到1960年年初起源于美国。现在比较管理学已引起各国企业界和管理学者的普遍关注与重视。一般认为，比较管理学是建

立在比较分析基础上对管理现象进行研究的一门管理学分支学科，它采用系统比较分析的方法，对各国的企业管理理论和实践进行综合研究，探索企业管理的规律和最佳的管理模式，为学习和借鉴外国企业的先进管理经验提供理论指导。

在比较管理学的发展过程中，许多来自不同领域的学者，如人类学家、社会学家、心理学家、政治学家、生态学家、经济学家、管理学家等，都参与了比较管理学的理论研究，他们用各自的方法、模式研究不同的问题，得出不同的结论，从而形成了不同的比较管理学的理论学派。主要有经济发展与环境学派、行为学派、折中经验主义学派和应变管理学派。

纵观各国的比较管理学著作体系，大致可分为以下三类：一是"国别体系"，就是将比较管理学需要比较研究的所有对象按一定顺序排列，分别加以论述，阐明各国企业管理的异同、影响与联系；二是"分论体系"，就是把比较管理学所要研究的主要问题按某种逻辑顺序排列，再分别阐述；三是"混合体系"，即先分若干章节论述比较管理学的理论问题，再分若干章节论述不同国家管理过程的各种要素和环节。

要想有效地运用以上模型开展管理可行性比较研究，还应注意如下几个方面的问题：

（1）被比较对象的可通约性，即不同对象之间的可比性；

（2）管理活动的差异性；

（3）文化的对等性；

（4）要素对比的整体全面性；

（5）比较研究的深入性。

2. 跨文化管理视角

跨文化管理的视角是从文化、价值观的角度来关注人力资源管理的各项活动，它主要着眼于文化观念的异同及由此引起的行为价值特征，所以又称为跨文化人力资源管理。世界上研究跨文化管理最著名的学者是荷兰学者霍夫斯泰德（Geert Hofstede），他提出的国家文化模型即跨文化比较五维度为各国管理学者所熟知。而他对 IBM 公司分布于全球员工所进行的行为、价值观等的比较研究，至今仍是跨文化管理研究的范例。

文化的全球化首先意味着一种世界的秩序，有共同的价值观、财富和组织结构，即国家与文化都更为开放，彼此之间的影响更大了；不同群体、不同种族、不同宗教信仰的人们的个性和共性都得到足够的承认；不同意识形态、不同价值观的民族相互合作与竞争，但没有一种意识形态凌驾于其他意识形态之上；从历史的角度看，文化的全球化是独一无二的，但它的组成仍是多元化的。就像现在我们认为的开放、人权、自由和民主是有价值的一样，尽管具体的解释会有所不同，但一些价值观会逐步成为共同的价值观。

在跨文化环境中，积极创造跨国组织文化变得比消极地同化于占主导地位的伙伴民族文化更重要。要想建立一个把全球雇员整合成为一个全球性的、紧密结合在一起的组织文化，同时提高地方敏感意识，跨国管理人员必须懂得跨文化的相互作用。事实证明，对存在民族差异的单一文化和比较文化研究在处理跨国管理的问题时为人提供的知识，不如针对相互作用研究所提供的知识多。

迄今为止，人们对跨文化管理进行了很多研究，也形成了不少的理论观点。根据学者们的研究，如下一些主要结论是可以达成一致的：首先，在世界上不同经济制度的地方，文化的价值是不同的，观察得到的结论也是这样；其次，不同文化群体由于价值观和态度的不同，他们的行为也不同；最后，文化在形成组织和企业运营的组织环境中的作用是很重要的，所以应该关注组织行为的跨文化差异。

3. 跨国企业视角

该视角主要研究跨国企业人力资源管理职能活动，着眼于跨国企业层面的人力资源管理及由此产生的职能活动特征，所以又叫跨国企业人力资源管理。

在中国，对于跨国企业人力资源管理的研究是与改革开放同步的，或者说，它是与跨国公司进入中国的时间表相一致的。早在 1980 年，中山大学的凛文荃教授就通过问卷调查对日资企业的人力资源管理进行了比较规范的研究。1990 年以来，南京大学的赵曙明教授等对合资企业进行了大量调查研究，其中又以美、日、英、德较为突出，并对跨国企业人力资源管理进行了开拓性的理论与实际研究。其他许多学者也对这一领域给予极大的关注，进行了许多研究。

在研究跨国企业人力资源管理的问题中，主要分两个问题进行讨论：一是探讨国际企业的发展给现代组织的人力资源管理带来的挑战，尤其是跨国企业的跨文化管理问题；二是研究国际企业中人力资源管理的具体问题，包括人员的配备、培训教育、工资报酬等待遇，以及我国企业跨国经营的人才问题。

（二）国际人力资源管理的几种模式

国际人力资源管理一般分为 4 种模式，各种模式的优缺点如表 9-2 所示。

1. 国家中心主义

有些跨国企业出于成本考虑采取了本土化的高管人员配置模式，这些跨国企业的本土化程度比较高。子公司根据当地环境采取合适的人力资源政策，其重要管理岗位可以由东道国员工承担，这实质上是本土化的一种做法，即采用国家中心主义。张瑞敏认为，雇用当地人管理海外企业，实行管理人力当地化政策，总体上对母公司来说是十分划算的。虽然付给外国管理人才的薪金要远远高于国内，但通过综合比较与权衡，也只有符合东道国的薪金，才能雇用到合适的当地人才，而当地人利用其自身的优势为企业创造的价值是中方管理人员难以达到的。海尔在美国的生产中心虽然是海尔的独资企业，但目前除了几个中国派去的人员外，其主要管理人员都是美国人。

2. 本国中心主义

本国中心主义的总部人事部门一般会统一安排国内外重要职位，分公司管理人员直接从本国派遣。管理人员多为母国公司人员，东道国人员一般升到中层管理人员之后，就很难继续有上升空间。由于补贴、生活水平的差异，外派人员的薪水普遍高于东道国人员，也高于其母国的同事。在其所担任的工作未必多于同事的情况下，外派人员的生活水平明显高于同事，这很有可能引起不满情绪。同时，这也预示着需要一笔很大的开支，一笔未必会带来等效收益的巨大开支。此类型的管理方式多见于海外子公司初建阶段。目前，不少在中国外资企业的高级管理人员多为本国派遣。

3. 地域中心主义

人员可以自由流动但仅局限于特定区域，比如亚洲地区的管理人员可以互相交流，但极少会与欧洲地区的人员产生交流。地区主管不能提升至总部高层，但是享有该地区决策自治权。它在一定程度上是前两种战略的中和，地理界限开始趋于模糊，但在某种程度上是一种以全球中心主义为最终目的的过渡期政策。它的缺陷就是即使是一个优秀的区域管理人员，仍然未必具备全球性战略眼光，毕竟一个区域和全球依然有很大差别。

4. 全球中心主义

全球中心主义即在全球范围内配置母国人员、东道国人员和第三国人员。例如，可口可乐公司出于战略考虑，在中国采取了全球中心的策略，即各部门的高级管理人员基本上来自世界各地。可口可乐公司的全球中心模式是在世界范围内招聘和选拔雇员，满足当地对高管人员的需求，同时在全球范围内培养和配备人才。可口可乐公司将人力资源管理的重点放在协调全球目标与当地反应能力上，将文化差异转化为企业经营的机会，使用不同国家的高管人员来提高企业的创造力和灵活性，并为有潜质的管理人员提供成长的机会。微软公司也是采取全球化的人才设置策略。

表 9-2　国际人力资源管理不同模式的优缺点

	国家中心主义	本国中心主义	地域中心主义	全球中心主义
优点	（1）本土化程度很高 （2）费用较低 （3）管理有连续性 （4）容易得到东道国政府的优惠政策	（1）意外风险小 （2）统一管理风格，内部冲突小 （3）母国人员忠诚度更高	（1）地理界限开始趋于模糊 （2）费用降低 （3）具有区域性战略眼光	（1）资源共享，全球性战略眼光 （2）公平、公正 （3）有利于人才的开发、流动
缺点	（1）东道国子公司的可控性以及与总公司的一致性减弱 （2）不适于跨国公司全球一体化的促进	（1）限制东道国员工的发展 （2）母国人员适应期较长 （3）收入分配问题可能引起不满情绪	（1）属于过渡期政策 （2）跨文化管理难度大 （3）仍然缺乏全球性战略眼光	（1）人员管理的相关费用较高 （2）员工适应期较长 （3）跨文化管理难度大

第二节　跨文化管理

一、跨文化管理的含义

文化是一组共享的、通常被视为理所当然的价值观。据荷兰学者霍夫斯泰德（Geert Hofstede）的研究，因价值观和信仰的差异，不同文化背景的个体在态度与行为上展现出明显的差异，他将跨文化管理定义为"研究组织中文化差异对管理和工作的影响的学科"。埃德华兹（Edward T. Hall）将跨文化管理定义为"管理和组织工作的问题的研究，这些问题涉及不同国家和文化之间的差异"。

跨文化管理通常是指在不同文化背景下，对组织和团队以及跨文化沟通等问题进行的有效管理。跨文化管理强调在全球化和多元化背景下，管理人员应具备跨文化管理技能和思维，以便成功地领导和管理多元文化团队和组织。

跨文化管理是一个涵盖广泛的领域，涉及企业国际化经营的所有层面和领域，包括战略、人力资源、财务、研发、营销等。在组织行为和人力资源管理领域，跨文化管理主要关注全球化经营的跨国公司中，对来自不同国家和文化背景的员工及其关系的管理。其核心在于探讨文化与组织行为之间的相互关系，并涉及微观、中观和宏观等多个层面。

在微观层面，跨文化管理关注文化与个体动机、认知和情绪等要素的管理。这包括理解和适应不同文化背景下的员工动机、认知过程和情绪反应，以更有效地激励和引导员工。

中观层面则侧重于文化与团队、领导力和谈判等方面的管理。这要求管理者能够理解和应对不同文化背景下的团队协作、领导风格和谈判技巧，以促进团队的有效沟通和协作。

在宏观层面，跨文化管理关注文化与组织文化、组织结构等要素的管理。这包括构建和维护一个包容多元文化的组织文化，以及设计适应不同文化背景的组织结构，以确保组织的稳定和高效运作。

对于众多跨国企业而言，妥善处理多元化的员工队伍已成为一个亟待解决的实际问题。跨文化人力资源管理的核心目标在于，通过合理手段协调不同国籍、文化背景的员工与其所在组织之间的关系，从而打造出一支稳定高效的工作团队，这对提升企业核心竞争力以及实现长期稳定发展具有至关重要的意义。

二、跨文化管理的主要策略

在全球化背景下，跨文化管理已成为企业组织取得成功的关键。有效的跨文化管理策略涉及多个方面。

（一）增强跨文化沟通

有效的沟通是确保信息准确传达和理解的关键。在跨文化沟通中，管理者需要注重语言、非语言沟通以及文化差异。语言差异可能导致信息误解或传递不准确，而非语言沟通如肢体语言、面部表情等在不同文化中也有不同的解读。此外，不同文化的沟通方式、礼仪和期望也有所不同。例如，在一些文化中，直接和坦率是优点，而在其他文化中可能被视为不礼貌或冒犯。因此，了解并适应不同文化背景下的沟通习惯至关重要。管理者可以通过培训、文化敏感性训练等方式提高跨文化沟通能力，确保信息能够准确、有效传达。

（二）提升文化理解和敏感度

了解不同文化的价值观、信仰和行为习惯对于避免误解和冲突至关重要。管理者需要尊重并适应当地文化，这包括理解并遵守当地的习俗和规则。例如，在一些文化中，送礼是一种常见的社交行为，而在其他文化中可能被视为贿赂。对文化的敏感度和理解能够帮助管理者更好地适应和融入不同的文化环境。为了提高文化敏感度和理解，管理者可以学习不同文化的基本知识、历史背景和价值观念，与不同文化背景的人进行交流，参加跨文化交流活动等。

（三）建立有效多元化团队

一个多元化的团队能够带来不同的视角和思维方式，从而提高团队的创造力和绩效。

管理者需要具备建设和领导多元化团队的能力，包括促进团队合作和协作，鼓励团队成员分享彼此的观点和经验。为了建设有效的多元化团队，管理者可以制定包容性政策，提供多元文化培训，建立有效的沟通机制，并注重团队成员的多样性和差异性。

（四）提供跨文化培训

为员工提供跨文化培训和教育，可以帮助他们了解不同文化间的差异，提高他们的跨文化能力。这包括了解不同文化的价值观、信仰、习俗和行为习惯等。通过培训和教育，员工可以更好地应对跨文化管理的挑战，并与不同文化背景的同事进行有效沟通和合作。此外，定期组织团队建设活动或开展文化敏感性培训也可以增强团队之间的沟通和理解。

（五）发展和塑造跨文化领导力

管理者需要具备灵活性、包容性和跨文化领导能力。这意味着他们需要有开放的心态，能够适应不同文化环境，倡导多样性和包容性。一个具有跨文化领导能力的领导者能够激发团队成员的潜力，促进团队的成功和发展。为了发展跨文化领导能力，管理者可以学习不同文化的管理方式和领导风格，参与跨文化培训项目，积极寻求反馈和指导。

（六）及时解决跨文化冲突和问题

由于文化差异和沟通障碍，可能会出现文化冲突和问题。管理者需要及时处理和解决这些问题，建立有效的沟通和解决冲突的机制。同时，建立一种开放和包容的组织文化，鼓励员工提出问题和建议，也是解决冲突和问题的关键。在处理冲突和问题时，管理者需要保持冷静、客观和尊重的态度，积极寻求双方都能接受的解决方案。

跨文化管理是一项复杂而重要的任务。通过有效的跨文化沟通、文化理解和敏感度、多元化团队建设、跨文化培训、领导力发展以及解决冲突和问题等策略与实践，管理者可以更好地应对跨文化管理的挑战，确保跨文化团队和组织的成功。在全球化的背景下，这些策略对于企业和组织的长期发展具有重要意义。

三、跨文化视角下的国际人力资源管理

跨文化视角下的国际人力资源管理是指在国际化的背景下，跨越不同文化和地域限制，有效地管理和发展组织的人力资源。在这种情境下，国际人力资源管理需要考虑到不同文化在员工管理、招聘、培训、绩效评估等方面的影响，以确保组织能够在全球多元化的环境中取得成功。在跨文化视角下的国际人力资源管理中，以下几个方面需要特别考虑：

拓展阅读 9.2

做好跨文化管理

（一）跨文化招聘与人才管理

国际人力资源管理需要面对不同文化背景的员工，因此在招聘和人才管理过程中，管理者需要了解和尊重不同文化对于职业发展、工作态度等方面的影响，同时能够适应和满足多元文化员工的需求。

（二）跨文化培训与发展

国际人力资源管理需要为员工提供跨文化培训和发展的机会，帮助他们适应新的文化

环境，提升跨文化沟通和合作能力。培训内容可能包括文化差异的认知、跨文化沟通技巧和文化适应策略等方面。

（三）跨文化沟通与冲突解决

跨文化管理往往伴随着不同文化之间的沟通障碍和冲突。国际人力资源管理者需要具备跨文化沟通技能，能够解决因文化差异而产生的沟通障碍，并有效地化解跨文化冲突，维护团队和谐。

（四）多元化团队建设与领导力

在跨文化环境中，国际人力资源管理需要构建和领导多元文化的团队。管理者需要能够欣赏和利用团队成员的文化多样性，鼓励团队合作，有效协调不同文化间的利益关系，促进团队的成功和发展。

总体来说，跨文化视角下的国际人力资源管理需要管理者具备跨文化意识、沟通技能、团队建设和领导能力，以应对不同文化背景下的员工管理挑战，并推动组织在全球化环境中取得成功。通过有效的跨文化管理实践，国际人力资源管理可以促进员工的发展和组织的全球化竞争力。

第三节 跨国企业的员工招聘与培训

一、跨国企业的员工招聘

国际人力资源管理中，人才的招募与选拔是构建企业核心竞争力的关键环节。跨国企业在寻求人才时，不仅要考量应聘者的专业技能、教育背景和工作经验，更应重视他们的跨文化沟通能力、全球视野以及策略性思维。具备这些能力的员工能够更好地适应多元文化的工作环境，理解并满足全球市场的多样化需求，进而为企业创造更多价值。为了实现这一目标，跨国企业需运用多种选聘方法，精心挑选合适的候选人。这包括深入的市场调研，以发现潜在的优秀人才；创新的面试和评估流程，如案例分析、模拟实际工作场景、心理测试和团队合作讨论等，来全面评估候选人的各项能力；与专业的猎头公司或人才中介机构合作，提高招聘效率和精准度。

在全球化的大背景下，本土化战略对于跨国企业同样至关重要。通过招聘当地人才，企业不仅能够更好地融入当地市场，减少文化冲突，还能利用当地人才丰富的行业经验和人脉资源，加速企业在当地市场的拓展。这种策略不仅有助于提升企业的市场竞争力，还能为企业带来长期的稳定和发展。

（一）跨国企业的员工来源及特点

跨国企业国际人力资源管理的一项重要职能就是人员配备，由于跨国经营覆盖不同的国家，跨国企业人力资源库构成呈现多样化的特征，因此跨国经营人员配备所涉及的重要选择就是对具有不同国籍和不同文化背景的雇员的选择。国际化企业使用的人力资源有三个来源：一是母公司人员；二是东道国人员；三是第三国人员。

1. 母公司员工

母公司员工是从母公司选拔或在母国公开招聘的人员，经过必要的培训后，派往海外子公司担任经理或其他重要职务。

人员母国化存在很多优点：一是母公司员工更熟悉母公司的战略、目标、政策和经营观念等，因而较容易与母公司进行有效的沟通；二是母公司员工忠于母公司，从而可以加强母公司对子公司的控制；三是母公司员工更了解母公司的生产技术，这就有利于新产品新技术引入海外子公司；四是母公司员工在同样情况下更倾向于母公司的利益并把自己的民族利益放在首位。

人员母国化也存在一些缺点：一是母公司员工可能需要很长时间适应东道国文化、语言、政治和法律环境，难以对子公司的日常经营活动作出正确判断和决策；二是母公司员工有可能会增加跨国企业的经营成本；三是母公司员工同当地员工之间短期内很难进行合作与沟通；四是这种人员配备方法限制了东道国员工的提升机会，可能会导致这部分员工的低生产率和高流动率，也不利于海外分公司的管理层与下属的有效沟通与合作。

2. 东道国员工

东道国员工指的是那些在海外子公司工作的当地员工。东道国员工一般为中层和基层管理人员及一线的操作工人。

从东道国招聘员工有许多优点：一是雇用当地人员可以避免因文化差异而造成经营管理方面的问题；二是雇用当地人员可以降低人事成本；三是可以加深东道国政府和当地社会对分公司的良好印象，进一步与其建立良好关系；四是利用当地人员管理海外子公司，为当地管理人员提供了晋升及实现自身价值的机会，进一步调动了他们的工作热情和积极性。

从东道国招聘员工也存在一些缺点：一是东道国员工与公司总部的其他子公司或外国供应商和客户打交道时会有许多困难；二是可能受强烈的民族意识影响，难以做到全心全意为母公司服务；三是管理人员当地化减少了母公司人员到国外任职的机会，因而不利于母公司人员取得跨国经营所必需的经验和知识。

3. 第三国员工

第三国员工是指母国和所在国之外，在全球的范围内，寻找最优秀的人员担任国外子公司的要职，即管理人员国际化。

从第三国招聘员工的优点有：一是从第三国招聘员工的选择面广，容易发现有良好的管理知识和经验的经理人员；二是作为职业型的国际经理人员，他们按职业道德、准则和国际惯例办事，不具有民族主义倾向，因而能够被母国和东道国所接受；三是招聘第三国员工在薪酬和福利方面的成本要低于母公司的外派人员，在全球范围内合理地调配和使用人力资源，可使跨国企业的经营优势得到充分发挥；四是有利于公司塑造真正的国际形象。

从第三国招聘员工的缺点有：一是这种策略要求对人员及其工作实行高度集中化控制，从而削弱了当地经理选择自己所需人员的自主权；二是员工可能存在与东道国员工和母国员工之间沟通上的困难；三是管理人员国际化策略的花费较大。

近年来，跨国公司为了缓和与东道国的关系，纷纷实施本土化经营战略，他们在其东道国的子公司中任用当地管理人员，沿袭当地文化传统，最终形成适应当地经营环境的跨国公司经营模式。根据研究，企业国际化运营初期的人员本土化程度较低；企业国际化运营中期的人员本土化程度逐步提高；企业国际化运营后期，企业更倾向于在全球范围内挑选合适的人选。

（二）跨国企业人力资源招聘的标准

企业国际化运营中的人力资源甄选的程序与国内企业有许多相似之处，所招聘人员都必须具备完成工作所必需的技术知识和技能以及人际关系能力等。然而，企业国际化运营中的人力资源管理工作与在本国的工作还是有很大的差异，因此，人力资源选聘的标准也会有不同的要求。

1. 专业技术能力和管理能力

近年来，有关对英国、美国、德国的跨国企业的研究表明，企业在国际化运营中的人力资源甄选时要非常重视技术技能、行政技能和领导技能等标准。其中，有三种关键技能值得关注：自信、自尊以及面对压力的能力；与其他人交流的能力；对不确定性的承受能力。

2. 文化适应能力

企业国际化运营中的人力资源还需具备一定的跨文化适应能力，能够适应生活、工作和商业环境，以便确保在新的环境中正常开展工作。由此，在对国际化企业工作人员进行面试的时候，应该特别注意应聘者思想的开放性以及对文化差异的接受程度。应聘者应该能接受不同的风俗习惯、宗教观念、生活环境和人情世故的能力，以及很快适应东道国的政治体制、法律法规和管理方式的能力。

3. 外语能力

熟练地使用东道国的语言，是筛选跨国工作人员的一个重要的标准。语言方面的差异是进行跨文化沟通最大的障碍。所以对中国的跨国企业来说，筛选母公司外派人员或第三国人员时，候选人是否能熟练掌握英语无疑是一个重要标准。

拓展阅读 9.3

招聘会技巧：
应聘外企的
英语提问清单

4. 家庭背景

国际企业的员工在国外工作时间可能比较长，家庭所扮演的角色也不容低估（配偶是否支持和适应跨国外派；子女的教育问题；员工与其配偶的双重职业生涯规划的问题等）。研究人员找出了五种有助于国际企业的员工成功完成工作任务的因素：工作知识和动机、处理人际关系的能力、灵活性或适应能力、文化上的开放性以及家庭情况（配偶的积极态度、配偶愿意到国外生活等）。一般情况下，家庭情况最为重要，这一发现与其他有关国际性人员配置和工作调动的研究所得出的结论是一致的。

5. 应聘者的国外工作经历

跨国企业在挑选外派人员或第三国人员的时候，最好的一条规则通常是：候选人过去的工作经历是对他在将来的工作岗位上能否取得成功的一种最好预测。公司主要注重选择其个人工作经历和非工作经历、教育背景和语言技能等方面的特点可以证明其能够在不同的文化环境中生活和工作的那些人。因此，不少公司在挑选应聘者时，非常注重考察员工的这些方面，甚至

拓展阅读 9.4

跨国企业成
功的外派人
员的家庭特征

包括候选人曾经有几次海外旅行经历，是否参加过外国留学生项目等。

（三）跨国企业员工招聘的实施

采用本土化管理政策和第三方国家招聘政策的大型跨国公司数量正在缓慢而稳定地增加，同时在母公司总部任职的外国经理人员的数量也在增加。因此，人员选聘已经成为企业国际化运营过程中人力资源管理的焦点问题。

1. 建立人才储备库

建立人才储备库的目的在于任何时候公司若出现职位空缺，都能在最短的时间内找到合适的候选人来填补。构建人才储备库，首先需要进行预测。预测可从两方面着手：一是与企业高层充分沟通，了解公司发展战略方向与可预计的未来，企业可能面临的经营变化及相应的人员需求状况；二是分析企业以往的离职规律，包括离职率的时间规律、离职原因等要素，对企业未来的人员流动作出预测。

2. 优化人才评价指标

提高企业国际运营中的竞争力必然需要有一套科学、统一、完整、专门的人才竞争力考评指标体系。人才竞争力评价指标体系的建立要着重考虑以下几个主要原则：科学性原则、系统优化原则、可比较性原则、可操作性原则、灵敏与时效性原则。

企业国际化运营中的人力资源应具备的知识结构、实践能力和素质可集中体现为思想品德素质、基础能力素质、专业能力素质和创新能力素质四个方面。将这四个方面作为国际化人才综合素质一级评价指标并对其进行再分解，进而形成二级评价指标和主要观测点，共同构成了国际化人才综合素质评价指标体系的核心内容。指标体系由五个部分组成，其中目标层是由人才规模指标体系、人才素质指标体系、人才投入指标体系、人才产出指标体系、人才环境指标体系组成。

3. 选择有效的招聘方法

（1）面试。面试是公司挑选职工的一种重要方法。初步面试通常是由公司的人力资源部主管主持进行的，通过双向沟通，由表及里测评国际员工的知识、能力、经验等有关素质的一种考试活动。具体操作程序是：第一轮面试一般由公司人力资源部的人员担任考官，他们就应聘者的明显的兴趣、经验、合理的期望、职务能力、所受教育、是否马上能胜任、过去雇佣的稳定性等项目测试。有些公司会请员工用英语做一个自我介绍，主要考查应聘者基本的语言运用能力。第二轮面试则由部门主管经理出面，这时有关业务方面的问题成了面试的重点，所以英语面试也从个人情况转向了专业领域。比如应聘市场部，应聘者通常会被要求谈一谈以往最成功的一个案例或者自身的业务强项等。

（2）标准化测试。标准化测试通常由公司外聘的心理学者主持进行。通过测试进一步了解应聘人员的基本能力素质和个性特征，包括其基本智力、认识思维方式、内在驱动力等，也包括管理意识、管理技能技巧。目前，这类标准化测试主要有《16 种人格因素问卷》《明尼苏达多项人格测验》《适应能力测验》《欧蒂斯心智能力自我管理测验》《温得立人事测验》，这类标准化测试的评价结果，只是为最后确定人选提供参考依据。

（3）职业素质测试。它是运用计算机等科学化手段，采用情景模拟、系统仿真、心理测试等方法，对被测试者的职业能力、职业兴趣、职业个性等素质状况进行系统、全面和科学的评价，从而为职业指导工作和单位用人提供科学的依据。整个过程由专家和公司内部的高级主管组成专家小组来监督，一般历时两天左右，最后小组成员对每一个应试者作出综合评价，提出录用意见。职业素质测试有四项：职业兴趣测试；职业人格（个性）测试；职业能力测试；应试焦虑（情绪）测试。

（4）书面测试。书面测试仍然是有效选拔驻外人员的重要方法。一般而言，这种书面测试的设计和使用必须紧扣企业的特点。许多公司设计和使用一些用于一般目的的测试，这些测试的主要目的是考察候选人的态度和个性特点等是否有利于他们成功地完成海外工作。不少企业利用"海外派遣测试题库"对外派候选人进行笔试，这项测试是要鉴别出外派候选人是否具备国际性人员配置工作所要求的性格和态度。

（5）情景模拟技术。情景模拟技术是指将应聘者置于某种模拟或者现实的工作情境中，通过对应聘者的观察来进行评价的一种方法，评价结果通常具有较高的预测性。目前，使用比较多的情景模拟技术有：无领导小组讨论、公文筐、工作样本、演讲和商业游戏等。但是，由于情景模拟技术对评价者的要求高，同时成本也比较高，一般主要用于中高级管理人员的选拔。

跨国企业在东道国招募员工时，除了采用上述推荐的方法，还必须深入了解并适应当地的文化和习惯。在选择招聘方式时，企业需要仔细权衡，是遵循母国的招聘习惯以吸引"合适"的候选人，还是遵循东道国的传统，同时考虑这两种方法的成本与收益。显然仅仅在东道国招募员工是不够的。因此，通常在招募新员工后，企业还需要对员工进行适当的培训，以确保他们能够满足公司的具体需求和期望。

二、跨国企业人力资源培训与开发

（一）跨国企业人力资源培训与开发分析

1. 经济全球化条件下国际人力资源培训与开发的跨文化特征

国际人力资源培训与开发需要适应整个社会背景已经发生变化的现实，并且应该反映出这一变化，识别、珍视新的行为，并将它们整合到个人和组织的行为中。技术、交通和通信为我们提供了创造新的文化沟通方式的可能性。国际人力资源培训与开发需要强化跨文化培训的内容，但这一内容不再仅仅局限于课堂，而是贯穿于跨国经营与管理的全过程。通过跨文化培训，可以加强人们对不同文化环境的反应和适应能力，促进不同文化背景人们之间的沟通和理解，将企业共同的文化传递给员工，形成企业强大的文化感召力和文化凝聚力。同时，由于世界上每一种文化都有自己的精华，来自不同文化背景的员工会用不同的视角来看待同一问题，所以进行跨文化培训可以促进不同文化背景的员工交流沟通，取长补短。

目前，人力资源已经成为跨国公司竞争的核心，跨文化培训正是通过合理控制和科学管理来自不同国家、民族、地区、组织的员工与生俱来的文化差异，以提高人力资源产出效益的重要手段。通过跨文化培训，可以提高企业的跨文化管理水平，端正员工对异域文化的态度，使他们能够理解、接受乃至欣赏异域文化、风俗。通过跨文化培训，可以减少员工可能遇到的文化冲突，加深员工对企业经营理念的理解，保持组织内良好稳定的人际关系。因此，成功的跨文化培训能够使企业改变传统的单元文化管理的状况，充分发挥文

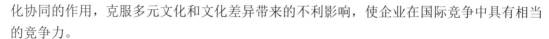

化协同的作用，克服多元文化和文化差异带来的不利影响，使企业在国际竞争中具有相当的竞争力。

2. 经济全球化背景下跨文化培训中存在的问题

在经济全球化即后全球化的时代，大多数组织在日常经营中不可避免地要接触到许多不同的文化，即所谓的跨文化接触，然而并不是所有的组织都能很好地进行跨文化培训。尽管有些企业的确提供跨文化培训项目，但是它们只是提供给被派往国外的人员，很少向组织中的其他成员提供跨文化培训。大多数组织都没有意识到，在经济全球化的今天，驻外人员以外的其他员工同样会接触许多来自其他文化的人，同样需要对不同的文化具有敏感性，文化意识和文化敏感对所有的员工都很重要。

尽管许多组织已经向驻外人员提供了广泛的跨文化培训，但是普遍存在的一个问题是：这种培训的效果并不十分显著。最重要的原因之一是，组织中的经理自己都没有弄清楚到底什么是文化，以及文化是如何影响人们态度并决定人们行为的，尽管他们意识到文化差异是一个需要解决的问题，但是他们没有真正意识到跨文化培训是解决该问题的方法。

大多数组织在对驻外人员提供跨文化培训时采用的是一种"四点"培训方法，即出发前培训、到任后培训、归国前培训和归国后培训。在这四点以及各点之间的任何时间点上，组织可以对所有的成员提供不同形式的培训、支持和咨询，包括课堂培训、在线培训，现场指导等。而实际上，有关调查发现，许多组织在提供跨文化培训时经常忽略归国前培训和归国后培训，尤其是归国后培训，他们没有意识到当驻外人员在国外工作很长一段时间之后，由于与母国失去了联系，再次回到母国的公司和生活社区时，同样会有文化上的逆冲击，仍需要进行跨文化培训。

3. 经济全球化条件下国际人力资源培训与开发的主要策略

对于推行国际化经营策略的企业来讲，往往要将员工特别是管理人员派往海外，因而这部分员工就将在完全不同于母国文化的另外一种文化环境下工作和生活。为了让他们发挥出应有的作用，必须进行跨文化培训，使其具备跨文化交往和跨文化管理的知识以及驾驭文化差异的能力，克服文化差异给交流和管理带来的障碍。

企业跨国经营中，在东道国的文化环境中，要面临两种不同的适应策略。一种是"被人改变"，即追随文化策略；另一种是"改变人"，即创新文化策略，由被动适应转向能动改观。当然比较友好的策略当属第一种。这样的结果是使企业的跨国经营成为东道国的"本地化经营"。在这一种过程中，最重要的环节是学习过程，即对东道国文化的学习。因此，追随文化策略又称为学习策略。

（二）跨国企业人力资源培训与开发的操作

国际人力资源培训的主要内容是对文化的认识，如敏感性训练、语言学习、跨文化沟通及冲突处理、地区环境模拟等。这样可减少驻外经理人员可能遇到的文化冲突，使之迅速适应当地环境并发挥有效作用；维持企业内良好的人际关系，保障有效沟通；实现当地员工对企业经营理念的理解与认同等。在具体培训的过程中，企业可针对具体的情况提出不同的培训方案，如东道国与本国的语言差异较大就应该更加偏重语言培训，如文化差异较大就应该加深对国外文化的了解等。企业跨文化培训是跨文化管理的重要策略之一，可培养员工的跨文化意识，增强员工的跨文化交流和跨文化沟通能力。在跨文化交流过程中，信息发送者和信息接收者之间都会存在一个信息转换的过程。首先信息发送者会根据自己文化背景下的思维方式将信息打包并传递出去，如果经过第三方转发则还可能受到更多文化影响，直至信息最终抵达信息接收者。当信息接收者获得信息后，则将其翻译成自己熟悉的内容并以自己的文化思维模式去解读它。在实际的跨文化交流过程中，每一个信息发送者同时也是信息接收者，他们本身在自身的文化背景下所做的信息传达是没有失误的，但是信息在传递的过程中或多或少地会受到其他因素干扰和影响，因此信息到达接收者时可能已经变形。

为此，国际人力资源培训与开发在实际操作中应该注意以下几点：

第一，经理人员应该意识到跨文化培训的重要性。只有当组织的经理人员意识到跨文化培训的重要性，才能使组织内的跨文化培训更有效率。

第二，要认识到不仅驻外人员需要跨文化培训，组织内的其他成员也需要培养文化敏感性。即使是国内的经理和员工也会接触到来自国内外的不同文化的人，如国外的客户、供应商等。当国内的经理和员工出差到国外时，也会遇到文化适应的问题。

第三，要认识到跨文化培训不是一时一地的一次性的培训，而是一个过程。

第四，要认识到培训的目的不仅在于改变员工的技术、态度、知识，开发员工的潜能，使其能力达到公司的需求，并且需要为员工提供职业安全，提升其就业能力。现在越来越多的公司意识到，培训不是仅仅为员工提供一种工作安全，而且要为员工提供一种职业安全。

第五，培训的方式与过去不同。国际人力资源培训与开发要求更有效、更节约成本的培训，比如通过一个项目，由导师带领，通过工作提高员工的技术。此外，还有工作轮换、代理职务、易地派遣、学校教育、外部培训及内部培训等。

第四节　跨国企业的绩效与薪酬管理

一、跨国企业的绩效管理

（一）跨国企业绩效管理的流程

由于跨国企业在员工绩效管理上存在一定的特殊性和复杂性，所以在操作上需要注意文化背景及其不同的具体情况。绩效管理的重点由以往对员工的态度和特质转向与动态目标管理相结合的管理体系，将员工的个人目标和企业的经营目标完美地统一起来，从而激发更大的工作热情。绩效管理所采用的方法与国内企业的基本相同，但在建立绩效管理系统的流程上有其特殊性，主要包括以下步骤：

1. 选择科学的绩效评估指标

选择评估指标时要注意以下几个方面：要考虑国外因素，在战略层次上评估子公司经理人员的关键在于确定评估指标；行为也可以作为评价标准之一；慎重对待财务指标。

2. 确定评估执行者

对外派人员的评估一般由分公司的总经理、该员工的直接东道国主管或母公司的管理

人员进行，这要视该员工的职位性质以及层次高低而定。

3. 制定绩效目标和绩效指标

绩效项目是指要从哪些方面来对员工的绩效进行考核，绩效考核项目有三个：工作业绩、工作能力和工作态度。绩效指标是指绩效项目的具体内容，它可以理解为是对绩效项目的分解和细化，如对某一职位，工作能力这一考核项目就可以细化为分析判断能力、沟通协调能力、组织指挥能力、开拓创新能力、公共关系能力以及决策行动能力六项具体的指标。对于工作业绩，设定指标时一般要从数量、质量、成本和时间四个方面进行考虑。对于工作能力和工作态度，则要具体情况具体对待，根据各个职位不同的工作内容来设定不同的指标。绩效指标的确定，有助于保证绩效考核的客观性。

4. 进行持续不断的绩效沟通

为了确保绩效管理的有效性，需要进行持续不断的绩效沟通。沟通不应仅限于年终的考核环节，应当是全年持续以及全方位的沟通。持续不断的绩效沟通应注意以下几个方面：首先，明确沟通是一个双向的过程，其目的是追踪绩效的进展情况，识别并确定存在的障碍，同时为双方提供所需的信息；其次，沟通应具有前瞻性，预见并规划未来的绩效发展；最后，沟通可以是定期或非定期的、正式或非正式的，甚至是针对某一具体问题进行的专门对话。

5. 进行事实的收集、观察和记录

员工业绩考核的标准和执行方法要取决于开展业绩考核的目的。对评价信息的选择与评价目的之间的配合关系可以从两个方面来认识：一方面，不同评价者提供的信息对人力资源管理中的各种目标具有不同的意义；另一方面，根据不同的评价标准得到的员工业绩考核信息对人力资源管理中的各种目标也具有不同的意义。

6. 召开绩效评估会议

绩效评估会议讲究效率，一般集中在一个时间，所有的主管集中在一起进行全年的绩效评估。它主要包括以下四个方面：做好准备工作（员工自我评价）；对员工的绩效达成共识，根据事实而不是印象；评出绩效的等级；不仅是评估员工，而且可作为解决问题的机会。根据绩效评估会议，最终形成书面的讨论结果，并以面谈沟通的形式将结果告知员工。但是到此为止，绩效考核并没有结束，此后还有一个非常重要的诊断过程。

7. 进行绩效诊断和提高

这是对绩效管理系统的评估，用来诊断绩效管理系统的有效性，改进和提高员工绩效，主要包括以下四个方面：确定绩效缺陷及原因；通过指导解决问题；明确绩效不只是员工的责任；应该持续不断进行。

（二）适应多元文化背景的绩效管理策略

在全球化的商业环境中，绩效管理不仅是衡量员工工作成果的工具，更是跨文化交流的桥梁。随着企业跨国经营的不断扩展，绩效管理策略必须适应多元文化背景，以确保全球团队的协同工作和组织目标的实现。

1. 多元文化背景分析

（1）分析文化敏感性。文化敏感性是指对不同文化特征和价值观的理解和尊重。在设计和实施绩效管理系统时，文化敏感性至关重要。例如，某些文化可能更重视集体成就而

非个人表现，这就需要绩效管理策略能够适应这种集体导向，鼓励团队合作而非单纯的个人竞争。此外，对于权力距离和不确定性回避等文化维度的理解，也会影响绩效反馈的方式和频率。

（2）了解沟通风格的差异。不同文化背景下的沟通风格对绩效管理的实施有着显著影响。例如，高语境文化（如日本）的沟通往往含蓄且依赖非言语线索，而低语境文化（如美国）更倾向于直接和明确的交流。因此，绩效评估过程中的沟通应当考虑到这些差异，确保信息的准确传达和理解。在高语境文化中，管理者可能需要更加关注员工的非言语行为和团队动态，而在低语境文化中，需要明确和直接地表达期望和反馈。

（3）平衡公平性和激励性。在多元文化环境中，公平性和激励性是绩效管理的两大核心目标。公平性意味着所有员工都按照相同的标准来评估，而激励性旨在通过奖励和认可来提高员工的工作动力。在不同文化中，对公平和激励的理解与期望可能有所不同。例如，某些文化可能更重视程序公平（即评估过程的公正性），而其他文化可能更关注结果公平（即评估结果的公正性）。因此，绩效管理系统需要灵活地调整奖励机制和认可方式，以满足不同文化的需求。

2. 制定绩效管理策略

为了适应多元文化背景，绩效管理策略应当包括以下几个关键要素：

（1）进行文化适应性培训。为管理者和员工提供文化适应性培训，增强他们对不同文化的理解和尊重，提高跨文化沟通的能力。

（2）设计定制化的绩效指标。根据文化特点和工作性质，定制化绩效指标，确保评估标准既具有全球一致性，又能够反映地方特色。

（3）构建多维度反馈机制。建立包括自评、同事评价、下属评价和客户反馈在内的多维度反馈机制，以全面评估员工的绩效。

（4）设置透明的沟通渠道。确保绩效管理流程和结果的透明性，通过定期的沟通会议和反馈环节，让员工了解自己的表现和改进方向。

（5）采取灵活的激励措施。设计灵活的激励措施，包括非金钱奖励、职业发展机会和工作生活平衡的支持，以满足不同文化背景下员工的需求。

通过上述策略，跨国企业可以在国际环境中有效地实施绩效管理，促进全球团队的协作和组织目标的达成。

二、跨国企业的薪酬管理

（一）跨国企业薪酬管理制度制定的要点和措施

薪酬管理与企业发展是相辅相成的。一方面，薪酬管理的目的是在保障员工基本生活的同时，充分激励员工发挥自身潜能，从而实现企业国际化运营中所需要的核心竞争力。另一方面，企业核心竞争力的发挥，能促进企业发展，为公司薪酬管理提供有力的支持。

1. 跨国企业薪酬管理制度制定的要点

（1）加强预见性和计划性。在人工成本的预算中还要重点考虑的一个因素是物价和城镇居民消费水平的增长。随着当地物价水平和居民消费指数的不断上涨，员工薪酬水平也

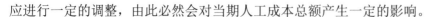

应进行一定的调整，由此必然会对当期人工成本总额产生一定的影响。

（2）掌握足够的理论和政策依据。国家及地方政府有关工资管理的法律法规规定是企业制定薪酬制度的基本政策依据和必须遵守的基本原则。人力资源部应当充分了解和掌握相关法律法规关于企业工资管理的有关规定和要求，制定的薪酬制度和人力资源管理相关制度均不得违反相关法律法规的规定。

（3）符合员工的收入期望值。每个企业的企业规模、企业文化、工作环境、发展前景等各有不同，员工对企业或项目部薪酬要求也会有所不同。人力资源部应充分了解员工的收入期望，及时进行沟通，在制定薪酬制度时尽可能在人力资源部的成本控制范围内使薪酬水平与员工的期望值达到平衡，这样才能充分发挥薪酬的激励作用，使效益最大化。

（4）建立合理的绩效评价体系。人力资源部发放薪酬的各项经济指标取决于各个部门和岗位员工的业绩的高低，员工的收入水平也主要取决于企业整体的经济效益的好坏。因此，人力资源部应将主要任务和各项经济指标逐级分解到各部门、各岗位，建立科学合理的绩效评价体系。员工的薪酬水平和业绩考核结果直接挂钩，这样才能更好地激励员工提高工作效率。

总之，薪酬管理的原则包括：合理确定工资水平；员工之间的工资差距体现能力、岗位、绩效的差别；薪酬与岗位评价、能力评价与绩效考核挂钩；奖励创造新产品和改进工作流程的员工等。

2.跨国企业薪酬管理制度的制定措施

设计完善的企业薪酬制度是企业薪酬管理的一项重要任务，具体包括工资结构设计完善，即确定并调整不同员工薪酬项目的组成，以及各薪酬项目所占的比例，还包括工资等级标准设计、薪酬支付形式设计，即确定薪酬计算的基础，是按照劳动时间，还是按照生产额、销售额来计算。不同的企业薪酬制度有不同的适用对象和范围，它们有的简单，有的复杂，关键是要选择与企业总体发展战略以及实际情况相适应的薪酬制度。

（1）薪酬调查。确定员工薪酬原则时要保持一个合理的度，既不能多支付，造成成本增加；也不能少支付，难以保持企业发展所需的人力资源，保持对外竞争力。要做到这点，企业必须进行薪酬调查，了解市场薪酬水平25%点处、50%点处和75%点处。薪酬水平高的企业应注意75%点处甚至是90%点处的薪酬水平，薪酬水平低的企业应注意25%点处的薪酬水平，一般的企业应注意中点（50%点处）的薪酬水平。

（2）职位分析与评价。职位分析是企业人力资源管理的重要基础和必要前提，它是对企业各个岗位的设置目的、性质、任务、职责、权力、隶属关系、工作条件、劳动环境，以及承担该岗位所需的资格条件等进行系统分析和研究，并制定出岗位规范和职位说明书的过程。工作岗位评价是在岗位分析的基础上，对企业所设的岗位的难易程度、责任大小等相对价值的大小进行评价。

（3）明确掌握企业劳动力供给与需求关系。了解企业所需要的人才在劳动力市场上的稀缺性：如果供大于求，薪酬水平可以低一些；如果供小于求，薪酬水平可以高一些。

（4）明确掌握竞争对手的人工成本状况。为了保持企业产品的市场竞争力，应进行成本与收益的比较，通过了解竞争对手的人工成本状况来决定本企业的薪酬水平。

（5）明确企业总体发展战略规划的目标和要求。企业薪酬管理的目的是实现企业战略，为了使薪酬管理成为实现企业战略成功的关键因素，薪酬管理原则的制定应以企业战略为转移。

（6）明确企业的使命、价值观和经营理念。企业价值观和经营理念统领企业的全局，指导着企业经营管理的诸多方面，对企业薪酬管理及其策略的确定具有重大的影响。例如，企业的价值观是提倡团队合作，如果薪酬管理的原则是拉大同等级薪酬差距，就是与企业价值观背道相驰的薪酬管理原则；又如，企业的价值观是迅速扩张、人才引进，相应的薪酬管理原则应是工资水平位于市场中上等水平；再如，企业价值观是重视质量和客户的满意程度，那么将奖金与销售业绩紧密挂钩的薪酬管理原则就是不正确的。

（7）掌握企业的财力状况。根据企业战略目标、企业价值观等方面的总方针和总要求，从企业的财务实力的状况出发，切实合理地确定企业员工的薪酬水平。采用什么样薪酬水平，不仅要根据薪酬市场调查的结果，明确把握不同地区、同行业同类或者不同行业同类岗位薪酬的市场总水平，还要充分分析各类岗位的实际价值，最终决定企业某类岗位薪酬水平的定位，是在 90% 点处、75% 点处，还是在 50% 点处、25% 点处。

（8）掌握企业的生产经营特点和员工特点。企业生产经营特点和员工特点也会影响企业薪酬管理。如果企业是劳动密集型企业，大多数员工是生产工人，每个工人的工作业绩不受其他人的影响，则可以采用量化的指标来考核。工作业绩完全取决于个人的能力和主动性，那么企业薪酬管理的原则将主要以员工的生产业绩决定其薪酬。如果企业是知识密集型企业，员工大多是高素质的人才，对于企业来说，员工所承担的岗位的重要程度并不是非常重要，重要的是员工能力的大小。如果员工能力强，在业内非常知名，则会给企业带来更多的收益，这些企业在薪酬管理时可以提高员工能力、吸引高能力的人才为目的，制定基于员工能力的薪酬制度。

（二）跨国企业薪酬管理的特征

跨国企业薪酬管理相对复杂，因为它需要在不同的国家法律、税收政策、文化差异、生活成本和经济环境下，设计并实施一套既公平又具有竞争力的薪酬体系，同时还要兼顾企业内部的职位评价、绩效管理体系以及员工福利与激励措施，确保在全球范围内吸引和留住人才，支持企业的国际化战略。这些因素相互交织，使得薪酬管理变得极为复杂。具体而言跨国企业薪酬管理主要有以下特征：

1. 国际薪酬的多样性

国际薪酬的多样性包括由于员工类型的多样性而引起的不同的薪酬待遇问题，国家差异引起的薪酬货币购买力问题，以及文化差异引起的薪酬福利或激励问题等。薪酬专业人员需要知道东道国员工、第三国员工和驻外人员之间的区别，这些区别需要在薪酬上有所体现。同时，对于各国的生活水平或生活方式、通货膨胀与货币稳定性，甚至于法律以及人际关系水平而体现的货币的购买力，也需要在薪酬体系中有所体现。例如，货币稳定性的因素使得在用母国货币支付工资时，要时常随着两国汇率的变化而变化。此外，由于国家文化的差异，子公司可能采用与母公司不同的薪酬制度，而不同国家企业的福利开支或者激励制度也会有很大不同，这些都增加了跨国公司在海外进行薪酬管理的复杂性。

2. 薪酬成本与公平问题兼顾

如果单纯从驻外人员而言，由于需要吸引总公司的员工前往海外工作，通常会给予其一定的补偿，其总工资往往较高，这对于薪酬管理人员是一种挑战。但是这种高成本需要与跨国企业的全球竞争战略相结合，并且可以由雇员所作的贡献获得弥补。此外，由于受外派人员到国外的薪酬与在国内得到的薪酬（包括内在性薪酬）的比较，驻外人员与公司当地员工的工资的比较，甚至所有驻外人员群体的工资的比较等诸多因素的影响，兼顾公平就成了跨国企业薪酬管理的一个重要课题。

3. 全球协同和法规合规

全球协同的薪酬管理对于跨国企业至关重要。由于企业在多个国家运营，每个国家的经济环境、文化背景和劳动力市场状况都有所不同，这就要求企业在制定薪酬策略时考虑到这些因素。全球协同的薪酬管理意味着企业需要在全球范围内统一薪酬体系，确保员工在不同国家之间能够享受公平、合理的薪酬待遇。这有助于激发员工的工作积极性，提高整体绩效，从而实现公司的全球战略目标。薪酬管理还需要符合当地的法律法规。每个国家都有自己的劳动法和税收法规，对薪酬的构成、发放和税务处理等方面都有明确规定。跨国企业在制定薪酬策略时，必须遵循当地的法律法规，以确保薪酬管理的合规性。这不仅可以避免法律风险和劳动争议，还有助于维护企业的声誉和形象。

总之，合理的国际薪酬方案，不仅可以吸引全球各地的优秀人才，而且能对企业现有雇员发挥行为导向的功能，还能对提高工作质量和工作效率、降低经营成本起到重要作用。

（三）跨国企业员工的薪酬构成

跨国企业员工的薪酬一般由基本薪酬、津贴、奖金、福利和内在薪酬构成。

1. 基本薪酬

外派人员的基本薪酬是与其所任职务相联系的，通常是确定奖励薪金、津贴及其他报酬的基础。基本薪酬可以用母国货币或所在国货币支付。

2. 津贴

津贴是跨国公司对员工在海外工作支付的补助，通常包括以下项目：住房津贴、生活费用津贴、子女教育津贴、安家补贴等。

3. 奖金

跨国公司外派任职人员获得的奖金通常以津贴的形式发放，主要包括以下项目：海外任职津贴、工作期满津贴、探亲津贴、艰苦条件津贴等。

4. 福利

与薪酬相比，外派人员福利的管理更加复杂。通常，大部分美国企业的外派人员均享受母国的福利计划，而有些国家的驻外人员只能选择当地的社会保险计划。在这种情况下，企业一般要支付额外的费用。欧洲的母国人员和第三国人员在欧盟内享受可转移的社会保险福利。一般情况下，跨国企业为母国员工退休而制订的计划相对较好，对第三国人员则相对较差。

5. 内在薪酬

近年来，有关研究发现，外在薪酬在驻外员工身上所起的作用越来越小，而内在薪酬的作用越来越大。也就是说，驻外员工更注重企业对于自己在工作、家庭和职业生涯等方面的关注与支持。所以对于驻外人员而言，福利比高薪有效，所在国的支持又比福利与高薪更有效。

拓展阅读 9.5

建设和完善企业文化的八大原则

驻外人员薪酬的决定除了常用的方法外，还有一些特殊方法，如谈判工资。在跨国企业里，谈判意味着雇员和雇主之间达成一个工资与业绩之间的协议。这种协议相对来说，成本会比较高，对于雇主来说，雇员可能完不成任务；对于雇员来说，国外多变的环境会使他们有许多顾虑，这些顾虑要用很高的协议工资来抵消。

本地雇员的工资通常会高于这些国家企业里相同工作员工的工资。另外，第三国员工的工资问题，在很大程度上应该和驻外人员的薪酬一致。因为第三国员工可能已经熟悉了如何与不同国籍同事交往的一些技巧或者是总公司的战略和文化，所以他们可能有更好的表现。对于他们的薪酬，应当按照驻外期限、职务以及本职工作的完成情况来决定，并给予与母国人员相同的报酬。

此外，跨国企业支付员工薪酬也要讲究艺术，如在基本工资和福利之间的分配比要跟所在国员工的要求一致；应该时刻关注驻外员工的困难，提供适当的补助；应该给驻外员工家庭以支持等。

本 章 小 结

国际人力资源管理在全球化背景下逐渐被管理者重视和关注，它涉及跨国企业如何管理和发展其在全球范围内的人力资源。随着全球化的不断深化，跨国企业需要拥有高效的人力资源管理策略，以应对多元文化、法律和管理环境带来的挑战。本章讲解了国际人力资源管理的含义与特点，国际人力资源管理的影响因素，国际人力资源管理的几种模式及优缺点；跨文化管理的内涵，跨文化管理的主要对策；跨国企业员工来源与特点，跨国企业人力资源管理招聘的标准，跨国企业员工招聘的实施，跨国企业人力资源的培训与开发；跨国企业的员工绩效管理的流程和适应多元文化的绩效管理策略；跨国企业员工的薪酬管理制度制定的要点和措施，国际人力资源薪酬的构成与设计流程等。国际人力资源管理是一个复杂而重要的领域，需要企业领导者和人力资源专业人士不断学习和创新，以适应不断变化的全球商业环境。

复习与思考

一、简答题

1. 什么是国际人力资源管理？
2. 跨文化管理的主要对策是什么？
3. 国际人力资源管理会受到哪些因素的影响？
4. 国际人力资源管理的几种模式的优缺点是什么？
5. 简述国际人力资源薪酬的构成和设计流程。

二、案例分析

扫描阅读

中国企业出海
国际人力资源
管理战略及建
议——以海
尔为例

思考题

1.海尔在进入美国市场时，如何通过其国际人力资源管理战略适应当地市场？

2.海尔的国际人力资源管理战略在促进企业品牌本土化方面发挥了哪些作用？

【在线测试题】扫描二维码，在线答题。

参 考 文 献

[1] 《人力资源管理》编写组 . 人力资源管理 [M]. 北京：高等教育出版社，2023.

[2] 董克用，李超平 . 人力资源管理概论 [M]. 5 版 . 北京：中国人民大学出版社，2019.

[3] 张德 . 人力资源开发与管理 [M]. 5 版 . 北京：清华大学出版社，2016.

[4] 荆炜，等 . 人力资源管理与开发 [M]. 北京：清华大学出版社，2016.

[5] 杨蓉 . 人力资源管理 [M]. 4 版 . 大连：东北财经大学出版社，2013.

[6] 陈维政，等 . 人力资源管理与开发高级教程 [M]. 3 版 . 北京：高等教育出版社，2019.

[7] 赵曙明 . 人力资源战略与规划 [M]. 4 版 . 北京：中国人民大学出版社，2017.

[8] 彭剑锋 . 人力资源管理概论 [M]. 3 版 . 上海：复旦大学出版社，2018.

[9] 何筠，陈洪玮 . 人力资源管理理论、方法与案例分析 [M]. 北京：科学出版社，2023.

[10] 彼得·道林 . 国际人力资源管理 [M]. 7 版 . 北京：中国人民大学出版社，2022.

[11] 林新奇 . 国际人力资源管理：理论与实践 [M]. 北京：高等教育出版社，2016.

[12] 刘雪梅 . 人力资源管理 [M]. 北京：高等教育出版社，2020.

[13] 范围，白永亮 . 人力资源管理理论与实务 [M]. 2 版 . 北京：首都经济贸易大学出版社，2023.

[14] 颜爱民，方勤敏 . 人力资源管理 [M]. 3 版 . 北京：北京大学出版社，2017.

[15] 黄维德，董临萍 . 人力资源管理 [M]. 5 版 . 北京：高等教育出版社，2020.

[16] 朱勇国，刘昕，柳学智 . 人力资源管理专业知识与实务 [M]. 北京：中国人事出版社，2020.

[17] 萧鸣政 . 职位分析的方法与技术 [M]. 北京：中国人民大学出版社，2014.

[18] 李新建，等 . 员工管理 [M]. 2 版 . 北京：中国人民大学出版社，2020.

[19] 唐鑛，嵇婷 . 人力资源与劳动关系管理 [M]. 北京：中国人民大学出版社，2022.

[20] 徐斌 . 人力资源管理导论 [M]. 北京：人民邮电出版社，2020.

[21] 潘泰萍 . 工作分析：基本原理、方法与实践 [M]. 2 版 . 上海：复旦大学出版社，2018.

[22] 陈俊梁，陈瑜 . 工作分析：理论与实务 [M]. 2 版 . 北京：中国人民大学出版社，2022.

[23] 方振邦，杜义国 . 战略性人力资源管理 [M]. 3 版 . 北京：中国人民大学出版社，2020.

[24] 于桂兰，苗宏慧 . 人力资源管理 [M]. 北京：北京交通大学出版社，2013.

[25] 夏征家，陈至立 . 辞海 [M]. 6 版（缩印本）. 上海：上海辞书出版社，2010.

[26] 李煜萍 . 腾讯人力资源管理法 [M]. 北京：中华工商联合出版社，2021.

[27] 黄鸿涯 . 董明珠：不忘初心，方得始终 [M]. 北京：中华工商联合出版社，2021.

[28] 刘明飞 . 曹德旺：尝遍艰辛，秉承善心 [M]. 北京：中华工商联合出版社，2023.

[29] 周剑熙 . 带团队一定要会心理学 [M]. 北京：人民邮电出版社，2018.

[30] 殷凤春等 . 人力资源管理实践案例分析 [M]. 北京：电子工业出版社，2021.

[31] 阿姆斯特朗 . 战略化人力资源基础 [M]. 张晓萍，何冒邑，译 . 北京：华夏出版社，2004.

教师服务

感谢您选用清华大学出版社的教材！为了更好地服务教学，我们为授课教师提供本书的教学辅助资源，以及本学科重点教材信息。请您扫码获取。

≫ 教辅获取

本书教辅资源，授课教师扫码获取

课件

≫ 样书赠送

人力资源类重点教材，教师扫码获取样书

 清华大学出版社

E-mail: tupfuwu@163.com
电话：010-83470332 / 83470142
地址：北京市海淀区双清路学研大厦 B 座 509

网址：https://www.tup.com.cn/
传真：8610-83470107
邮编：100084